감정과 미디어

컬처룩 미디어 총서 019

감정과 미디어

나은영 지음

컬처룩 미디어 총서 019
감정과 미디어

지은이 나은영
펴낸이 이리라

책임 편집 이여진
편집 에디토리얼 렌즈
표지 디자인 엄혜리

2021년 6월 15일 1판 1쇄 펴냄
2024년 9월 30일 1판 2쇄 펴냄

펴낸곳 컬처룩
등록번호 제2011-000149호
주소 03993 서울시 마포구 동교로 27길 12 씨티빌딩 302호
전화 02.322.7019 | 팩스 070.8257.7019 | culturelook@daum.net
www.culturelook.net

ISBN 979-11-92090-27-6 95300
ISBN 979-11-85521-31-2 (세트)

* 대한민국학술원 우수학술도서
* 한국언론학회 학술상 희관언론상(저술부문) 수상

* 이 책은 2017년 대한민국 교육부와 한국연구재단의 지원을 받아 수행된 연구입니다
(NRF-2017S1A6A4A01018953).

culturelook

차례

일러두기

- 한글 전용을 원칙으로 하되, 필요한 경우 원어나 한자를 병기하였다.
- 한글 맞춤법은 '한글 맞춤법' 및 '표준어 규정'(1988), '표준어 모음'(1990)을 적용하였다.
- 외국의 인명, 지명 등은 국립국어원의 외래어 표기법을 따랐으며, 관례로 굳어진 경우는 예외를 두었다.
- 사용된 기호는 다음과 같다.
  신문 및 잡지 등 정기 간행물, 논문, 영화, 노래, 방송 프로그램, 공연 제목 등 : 〈 〉
  책(단행본): 《 》

머리말

이 세상의 모든 것들은 연결되어 있다. 심리학과 미디어 분야를 파고 들어 연구하다 보니 어느덧 내 연구의 키워드는 '연결'과 '변화'로 수렴되고 있다. 그 중심에는 항상 '인간'이라는 단어가 있었다. 인간을 연결하는 미디어도 계속 변화하고 있으며, 인공 지능 시대 감정 연구는 사람보다 더 사람의 마음에 더 잘 응대해 주는 로봇의 개발로까지 이어지고 있다. 기술, 생명, 마음의 융합 시대가 눈앞에 다가온 것이다. 미래를 두려워할 필요는 없으나 준비해 둘 필요는 있다. 융합이 어떤 형태로 나타나고 있는지를 가늠해 보면 미래를 위한 준비가 될 것이다.

여러 권의 책을 내보아도 새로운 책을 쓰는 일은 매번 쉽지 않다. 더욱이 여러 분야의 지식을 융합한 책을 쓰다 보니 노력이 몇 곱절은 드는 것 같다. 힘들게 작업하면서도 내가 융합 분야의 책을 쓰는 것은 그럼에도 재미있기 때문이다. 내가 이미 잘 아는 분야의 지식에 더해 새로운 영역의 지식을 찾아보고 배우며 연관성을 찾고 그 내용을 쓰다 보면 '아, 이런 것이 있었구나!' 하는 지점이 생긴다. 또한 점점 더 생각의 폭이 넓어짐을 느끼면서 협소하게만 생각했던 자신을 반성하게 된다.

미디어와 심리학을 연계해 단독으로 집필한 책《미디어 심리학》을 낸 지 정확히 11년 만이다. 물론 그사이에 공저 또는 이전 책의 개정판이나 번역서는 몇 권 있었다. 하지만 이번 책은 특히 '미디어 심리학'과 '뇌과학'을 '감정'의 측면에서 연계함으로써 인문사회과학과 자연과학의 융합을 시도해 보고 싶었던 오랜 희망을 녹여 냈기에 더욱 애착이 간다. 2010년《미디어 심리학》을 처음 출간했을 때만 해도 이것이 융합 학문의 종착지라고 생각했다. 그런데 이제 '미디어 심리학'과 '뇌과학'을 융합한 책을 내놓는다. 한국연구재단의 '2017 저술 출판 지원사업'의 지원이 없었다면 아마 생각만 하고 있었을 뿐 실제 결과물로 내놓기 어려웠을 것이다. 용기를 낼 수 있었던 것은 이 지원 사업 덕분이었다.

심리학 부전공을 시작하던 학부 시절 가장 이질적이었지만 가장 놀라운 지적 충격을 느꼈던 과목이 '생리심리학'이었다. 제아무리 똑똑한 사람도 뇌의 일부를 다치면 제 기능을 발휘할 수 없고, 몸은 내 의지대로 움직인다고 생각하지만 사실은 뉴런의 전기적, 화학적 활동으로 움직이고 있으며, 이것은 사람도 결국 생화학적 원리의 지배를 받을 수밖에 없음을 깨닫는 계기가 되었다. 그때는 어렵게만 느껴졌던 뇌의 작동 원리들이 최근의 뇌과학 연구들과 연결되었고 새로운 융합 연구가 가능해진 것이다.

요즘 학생들에게 자주 강조하는 것이 있다. 지금 당장 나와 무관해 보일지라도 관심이 가는 것에는 정성을 다해 주의 집중해서 하나의 점을 찍어 놓으라고. 그렇게 찍어 놓은 점들이 나중에 어느 순간 연결되어 아름다운 그림을 만들게 될지 모른다고.

이 책은 또 하나의 시작이지만, 사람들이 미디어를 통해 위로를 얻고 더욱 활기찬 삶을 살아가는 데 작게나마 도움이 된다면 마음 편히 책을 마무리할 수 있겠다. 우리 뇌가 긍정적인 나선의 방향으로 잘 작동되도록 주변의 미디어를 잘 활용할 수 있게 되기를 바라며, 뇌와 마음이 건강하고 즐거운 인생을 살아가는 이들이 많아지기를 바란다.

언제나 그렇듯 주변에 감사드려야 할 분들이 많다. 이 책을 마무리하는 동안 신설 융합학부의 학장을 맡게 되었다. 새로운 융합 커리큘럼 마련에 적극 협조해 주신 지식융합미디어학부의 교수님들께 감사드리며, 코로나 상황에서도 열정을 잃지 않고 매 순간 학업에 열중해 주었던 학생들에게도 고마움을 전한다. 또한 30년 넘게 한결같은 마음으로 곁에서 아낌없는 응원을 보내 주고 있는 남편, 이제 어엿한 성인이 되어 스스로의 일들을 소신 있게 처리하며 학문적 조언까지 해 줄 수 있게 된 아들과 딸, 그리고 무엇보다 일평생 헌신으로 희생적인 삶을 살아오신 부모님께 감사의 마음으로 이 책을 바친다. 이 책을 포함해 내 책들을 소중하게 여기고 정성껏 출판해 주신 컬처룩의 이리라 대표님과 이여진 편집장님께도 깊이 감사드린다.

나은영

뇌과학과 미디어 심리학의 만남

감정과 뇌에 열광하다

요즘 뇌과학에 대한 관심이 뜨겁다. 뇌과학 관련 책과 유튜브 콘텐츠도 엄청나게 나와 있다. 우리 뇌를 어떻게 하면 편안하게 만들 수 있을지에 초점을 두는 '마음 챙김'부터, 좋은 성과를 내게 만들어 준다는 집중 방법이나, 더 나아가 '브레인 짐brain gym'과 같은 구체적인 뇌 훈련 방법까지, 뇌를 잘 다루기 위한 콘텐츠는 더욱 증가하고 있다.

이러한 뇌과학 붐은 단순히 '뇌'에 대한 관심이라기보다는 우리의 '마음,' 더 정확하게는 '마음의 평화'에 대한 관심이고, 그만큼 평화로운 마음속에서 지내고 싶은 욕구가 반영된 것이라고 할 수 있다. 마침 뇌과학 연구가 발전하면서 '마음'도 그 신비가 하나둘 벗겨지기 시작했다. 마음의 평화를 얻는다는 막연한 방법보다 구체적인 방법을 사람들은 더욱 궁금해하고 있다.

그렇다면 우리는 왜 이렇게 뇌와 마음의 평화를 갈구하게 되었을까? 미디어 기술의 발전으로 너무나 다양한 자극과 정보를 접하면서 사람들은 온몸으로, 마음으로, 뇌로 피로감을 느낀다. 일상의 속도가 증가하면서 모든 일을 더욱 빨리 더 많이 해내야 하는 현대인의 상황과 무관하지 않다. 대부분 미디어를 통해 엄청난 속도와 엄청난 양으로 밀려 들어오는 자극에 압도되지 않고 우리의 뇌와 마음을 지키며 삶을 영위해 가고 싶은 것이다.

사람들은 서로 위로와 안심이 되어 주지만 때로는 서로 불필요한 갈등의 원천이 되기도 한다. 미디어 콘텐츠도 마찬가지로 개인에게 즐거움과 위안을 주기도 하지만 피로감과 공허함을 안겨 주기도 한다. 미디어를 통해 끊임없이 전달되는 소식은 우리 뇌를 필요 이상의 정보로 가득 차게 만들어 정작 필요한 뇌의 작동을 방해할 수도 있다.

바로 이 부분에서 '미디어 심리학'과 '뇌과학'의 접점이 발생한다. 미디어를 통해 수없이 접하게 되는 정보들을 뇌가 처리할 것이다. 그 과정에서 유용한 정보를 활용하며 긍정적 감정을 느낄 수도 있고, 불필요하거나 거짓된 정보를 발견하면 유용하지도 않을뿐더러 부정적 감정을 경험하게 된다. 미디어 심리학은 미디어를 통해 전달되는 정보가 우리의 생각, 감정, 행동에 미치는 영향을 연구하는 학문이다(나은영, 2010). 미디어가 우리에게 미치는 영향은 필연적으로 우리 머릿속, 즉 뇌의 처리 과정을 거칠 수밖에 없다. 그래서 미디어 심리학을 한 단계 깊이 들어가다 보면 자연스럽게 뇌과학과 만나게 된다. 게임을 하는 것이 뇌에 어떤 영향을 주는지, 공포 영화를 볼 때는 뇌가 어떤 처리 과정을 거쳐 공포를 느끼게 되는지, 이 공포가 실제 공포와는 어떤 점이 달라 우리로 하여금 도망치지 않게 하는지 등의 질문들은 미디어 심리학과 뇌과학의 접점에서 찾을 수밖에 없다.

뇌를 통해 처리하는 수많은 정보는 이처럼 우리에게 '생각'을 하게도 하면서 동시에 '느끼게'도 한다. 우리는 뇌를 통해 생각도 하고 느끼기도 한다. 예전에 비유적으로 '머리로 생각하고 가슴으로 느낀다'고 했지만, 실은 머릿속 뇌를 통해 생각과 감정을 함께 처리한다. 특히 '감정'은 우리의 생존에 매우 중요함과 동시에 우리의 생각과 행동이 감정의 지배를 받기도 할 만큼 핵심적이기 때문에, 이 책에서는 미디어 심리학과 뇌과학의 연계를 '감정'을 중심에 두고 풀어 보려고 한다.

이 책의 구성

서로 밀접한 관련이 있음에도 지금까지 서로 다른 영역에서 따로 연구되어 온 감정, 미디어, 뇌, 심리, 힐링(테라피) 등을 의미 있는 전체로 묶어 인간에게 실질적인 도움을 주면서 미래를 전망해 보는 것이 이 책의 목적 중 하나다. 이를 위해 크게 4부로 나누었다. 1부 감정에 관하여, 2부 감정과 미디어, 3부 뇌과학과 미디어의 감정 효과, 그리고 4부 미디어 테라피로 구성하였다.

먼저 감정에 관한 소개 부분인 1부는 두 개의 장으로 구성된다. 1장에서는 왜 감정이 중요하며 어떻게 발달해 왔는지를, 2장에서는 긍정, 부정, 복합 감정에는 어떤 것이 있으며 그 특성은 어떠한지를 살펴본다. 감정과 미디어의 관계를 다룬 2부는 3장에서 긍정 감정과 미디어의 관계를 살펴보고, 4장에서 부정 감정과 미디어의 관계를 살펴본다. 이어서 미디어 수용과 감정, 미디어 표현과 감정을 각각 5장과 6장에서 나누어 설명한다.

본격적으로 뇌과학과 미디어 심리학의 융합을 시도한 3부는 7장에서 '뇌과학과 미디어의 감정 효과'라는 대주제하에서 먼저 생각과 감정을 지배하는 뇌에 관해 설명한다. 8장에서 뇌와 미디어의 관계를 알아본 후, 9장에서 미디어-뇌-마음의 관계 모델인 복층 처리 모델을 제안한다. 이론화와 함께 실질적인 생활 속에서 미디어를 이용하며 뇌를 건강하게 유지하며 살아가기 위해 필요한 요소로 환경 리터러시, 미디어 리터러시 및 헬스 리터러시와 함께 소셜/감성 리터러시의 필요성도 언급한다. 이를 바탕으로 미디어 테라피의 가능성을 소개한 4부에서는 먼저 10장에서 건강한 삶을 위한 미디어의 중요성을 이야기한 후, 11장에서 미디어를 통한 힐링 과정을 정리하고, 12장에서 기술, 생명, 마음의 융합과 미래를 전망한다.

좀 더 구체적으로 살펴보자. 1부 '감정에 관하여'의 1장(왜 감정인가)에서는 감정이 인간의 생존에 필수적이며 감정과 인지는 우리 뇌에서 함께 작동하여 감정, 인지, 동기가 서로 밀접한 관련을 지닌다는 사실을 강조한다. 특히 우리가 아무런 과제를 하고 있지 않을 때 활성화되는 '기본신경망'은 우리가 타인들과 관계를 맺는 과정에서 중요한 역할을 한다. 이러한 사실은 인간의 뇌가 이미 진화 과정에서 '사회적 뇌'로 발달하여 인간 사회의 핵심을 구성하고 있음을 시사한다.

우리는 생각만 뇌로 하는 것이 아니라 감정도 뇌로 느낀다. 또한 뇌의 부위에 따라 특정 감정 경험이 정해져 있다고 보는 영역주의에서 점차 벗어나, 신경 네트워크가 여러 자극 신호를 종합하여 감정을 구성한다고 보는 심리적 구성주의 쪽으로 연구의 방향이 쏠리고 있다. 사람은 현재 처해 있는 상황에 잘 적응하는 성향을 지니고 있기 때문에 감정을 경험하는 것도 상대적이다. 또한 감정도 일종의 '자본'으로 기능할 수 있어 불신이나 혐오와 같은 부정적 감정보다는 신뢰나 관용과 같은 긍정적 감정이 많아야 감정 자본이 증가해 개인과 사회가 발전할 수 있는 원동력이 된다.

2장(감정의 종류)에서는 감정을 극성(긍정-부정) 차원과 각성(고각성-저각성) 차원으로 이루어지는 2차원 평면 위에서 분류해 보고, 부정 감정의 종류가 긍정 감정보다 더 세분화되어 있는 기능적 비대칭성의 이유를 진화 과정상의 생존 필요성과 연계하여 설명한다. 이어 기쁨, 관심과 흥미, 만족과 행복, 사랑, 감사와 연민이라는 긍정 감정의 특성을 소개하고, 분노, 공포와 불안, 슬픔, 미움과 혐오, 자기의식적 감정(질투와 경탄, 죄책감과 수치심, 오만과 자부심, 당혹감)을 설명한다. 더 나아가, 중립 감정 및 복합 감정에 해당하는 놀라움, 경멸 등의 설명에 이어 감정 언어 표현, 감정 강도와 사회적 공유, 집단 간 적대감 등을 논의한다.

2부 '감정과 미디어'에서는 감정을 미디어 경험과 연계하여 분석한다. 3장(긍정 감정과 미디어)에서는 공감, 놀라움과 참신함에 근거한 관심, 서스펜스 이후의 카타르시스 등을 소개하며 영화, 음악, 문학 속의 긍정 심리와 감정, 웃음과 유머 코드 등을 통한 심리적 상승 경험을 살펴본다. 등장인물에게서 느낄 수 있는 대리 만족과 선망 등의 정서도 이 부분에서 다룬다. 4장(부정 감정과 미디어)에서는 부정적 뉴스, 인터넷 토론장과 댓글 등에 표현되는 부정 감정, 슬픈 영화와 공포 영화를 보는 심리를 살펴본다. 사회적 배제가 뇌와 감정에 미치는 영향을 근거로 상호작용적 미디어 이용에서 나타나는 감정의 전이와 '항상 연결되어 있음'의 감정 피로 등을 다루며 미디어와 부정적 감정의 관계에 초점을 둔다. SNS(Social Networking Service/Site, 사회관계망 서비스) 시대의 감정 과잉 소비를 다루며 현대 사회에 주는 시사점을 살펴본다.

2부의 5장에서는 미디어 수용과 감정을, 6장에서는 미디어 표현과 감정을 분석한다. 미디어 수용 과정에서는 먼저 픽션 프로그램에서 스토리에 반응하는 감정을 살펴보고, 궁금증과 사회 비교 심리에 기반한 기억의 매칭matching 과정을 설명한다. 이어 사실 기반 프로그램을 수용할 때는 더욱 실감 나는 기억의 매칭이 발생하면서 현실 속 강한 태도와 연관된 감정이 촉발되기도 함을 강조한다. 또한 스포츠나 선거 캠페인과 같이 '경쟁' 구도가 강한 미디어 수용 과정에서는 샤덴프로이데(라이벌에게 좋지 않은 일이 발생할 때 느끼는 묘한 쾌감)와 글룩슈메르츠(라이벌에게 좋은 일이 발생할 때 느끼는 묘한 불쾌감)의 감정 등을 알아본다.

6장에서는 먼저 표현의 쾌감에 관해 언급한 후 노출을 통한 불안 치유의 원리를 다룬다. 이어 '감정 입자도'가 높은 사람은 감정을 세분화된 언어로 표현하지만 감정 입자도가 낮은 사람은 여러 비슷한 감정을 하나로 묶어 단일 단어로 표현하는 경향이 있어, 가능하면 극단적인 부정적 단어 하나로 일반화해 사용하는 언어 표현은 자제하는 것이 좋음을 강조한다. 댓글 달기, SNS 글쓰기 및 유튜브 영상 표현에서의 감정 연구도 살펴본다. 감정을 잘 드러내는 문화와 그렇지 않은 문화, 즉각적 표현과 시간차 표현의 차이 등도 언급된다.

이렇게 하여 1부에서 감정을 먼저 살펴보고 2부에서 감정과 미디어의 관계를 분석한다. 이어 지금까지 알려진 사실들을 뇌과학적 지식과 본격적으로 연계하는 3부 '뇌과학과 미디어의 감정 효과'를 살펴본다. 7장(생각과 감정을 지배하는 뇌)에서는 뇌의 생존 회로의 중요성을 언급하면서 생존 회로 연구에서 흔히 보이는 쥐의 '얼어붙기' 반응이 '공포감'의 표현이라고 해석하는 것은 실제로 쥐가 공포감을 느낀 것이라기보다는 인간이 인간의 기억 속에 있는 내용들을 적용해 붙인 이름일 뿐이라는 조지프 르두Joseph Ledoux(2015/2017)의 뇌과학 연구를 살펴본다. 우리 뇌로 들어오는 여러 비의식적 재료들을 종합해 인지적으로 처리한 이후에야 비로소 '공포감'임을 깨닫게 된다는 것이다.

　뇌에 관한 기본적이면서도 중요한 내용들을 살펴본 7장에 이어 8장(뇌와 미디어)에서는 뇌와 미디어의 관계를 살펴본다. 서스펜스 영화 관람 시 우리 뇌가 어떻게 달라지는지, 우리가 미디어 콘텐츠를 소비하는 동안 느껴지는 감정 중 배경 감정과 콘텐츠 감정이 어떻게 구분되는지, 설득 저항 시 뇌의 변화는 어떠한지 등을 이야기한다. 우리가 공포 영화를 안심하고 보는 상황을 생각하면, '안심하고 보고 있는' 우리 몸의 느낌이 배경 감정이며, 공포 영화 속에서 무서운 장면을 보고 무서워하는 감정이 콘텐츠 감정이다. 또한 중독으로 인해 뇌가 어떻게 달라지는지, 특히 게임 중독이 뇌에 어떤 영향을 주는지를 살펴보고, 미디어 이용 습관도 중독과 연계되어 매우 심각한 부작용들을 초래할 수 있으므로 주의해야 함을 강조한다.

　지금까지의 논의를 바탕으로 9장(미디어, 뇌, 심리의 상호 관계)에서는 먼저 긍정 미디어 심리학을 소개한 후, 미디어–뇌–마음의 관계에 관한 복층 처리 모델을 제안한다. 복층 처리 모델은 미디어 자극과 내용이 2단계의 자동 처리(생존 회로와 습관 경로) 과정과 2단계의 숙고 처리(거울 체계와 심리화 체계) 과정을 거쳐 감정으로 경험된다고 본다. 우리가 주목하지 않아도 생존 회로를 통해 처리되는 감정이 '배경 감정'으로 느껴지며, 콘텐츠에 주목함으로써 세 종류의 콘텐츠 감정을 느낀다. 습관 경로로 자동 처리되는 '점화 감정'은 기억에서 지속적으로 강하게 연합되어 의식적 처리 과정 없이 자동적으로 점화되는 감정을 말한다. 예를 들면, 집단 간 갈등 상황에서 외집단 메시지는 늘 불쾌한 감정을 유발해 오던 경험들이 쌓여 나중에는 외집단의 메시지라는 이야기만 들어도 부정적 감정이 자동적으로 느껴지는 상황이 점화 감정에 해당한다.

숙고 처리 중 거울 체계를 통한 '대상 공감'은 상대방 또는 등장인물이 '무엇'을 하는지에 초점을 둘 때 느껴진다. 반면에, 좀 더 깊은 심리화 체계를 통해서는 상대가 '왜' 그런 행동을 하는지, 그 이전의 상황은 어떠했는지 등을 포함한 의도 및 상황 파악과 관련된 깊은 처리 과정을 거쳐 감정이 발생한다. 따라서 뭔가 일이 잘 풀리지 않았을 때 느끼는 '고통 공감'과 원하는 방향으로 풀렸을 때 느끼는 '안도 공감' 사이를 시소처럼 왔다 갔다 하는 감정의 굴곡을 느끼는 것은 이렇게 가장 깊은 단계에서 가능하다.

4부 '미디어 테라피'의 10장(건강한 삶을 위한 미디어)에서는 공간과 환경의 뇌과학을 뇌 속 위치세포 발견과 더불어 설명하고, 우리가 물리적, 사회적 공간과 미디어 공간 속에서 감정을 조절하며 살아가기 위해 신체 예산을 잘 할당하여 처리하는 것이 중요함을 강조한다. 공간의 길 찾기와 마음의 길 찾기가 서로 연관되어 있음을 이야기하면서, 디지털 헬스케어와 미디어 기술의 관계도 '통해야 산다'는 측면에서 소개한다.

11장(미디어를 통한 힐링)에서는 기본적인 감정의 구분에서 힐링의 방향은 적절한 수준의 각성을 유지하면서 긍정적인 쪽으로 가는 것이라고 가정한다. 이전 책《엔터테인먼트 심리학》에서 제안했던 감정 굴곡의 기준선 모델(나은영·나은경, 2019)에서 한 단계 더 나아가, 개인별로 긍정 및 부정 감정의 변화에 대한 민감성이 다를 수 있음에 착안하여 '감정 굴곡의 민감성 모델'을 제안한다. 기본적으로 긍정적인 방향으로의 감정 변화가 더 쉽게 발생하고 부정적인 방향으로의 감정 변화가 더 더디게 일어난다면 훨씬 더 긍정적인 마음 상태를 유지하기에 유리할 것이다. 이어 명상 후의 뇌 변화와 긍정 정서의 관계, 음악이 뇌와 감정에 미치는 영향, 감정 및 기억 기반의 미술/사진 치료와 영상 치료를 간단히 소개한 후, 우리가 스스로 미디어 콘텐츠를 찾아 마음의 힐링을 추구할 수 있는 미디어 테라피의 가능성을 제시한다.

끝으로, 12장(기술, 생명, 마음의 융합)에서는 기술, 생명, 마음의 경계가 유효한지에 대한 질문에서 시작하여 인간의 뇌를 기술로 만들 수 있을지 전망해 보고, 인간, 자연, 예술이 감정에 끼치는 영향을 되짚어 본다. 또한 4차 산업 혁명 시대의 도래와 함께 핫 이슈로 등장한 인공 지능이 감성 예술에서 할 수 있는 역할에 대해 논의한다. 인간성과 감정, 그리고 미디어 기술이 현재 어디까지 연계되고 있으며 인간과 로봇이 함께하는 감성 예술은 어떠한 형태가 될 것인지를 상상해 본다. 궁극적으로 기술을 위한 인간이 되기보다는 인간을 위한 기술이 되어야 한다는 인간 친화적 기술의 미래를 희망하며, 미디어가 인간의 마음을 어루만져 인간과 행복하게 공존할 수 있기를 바란다.

미디어의 발전으로 인간의 소통 공간이 날로 확장되고 있다(나은영, 2015). 이제 미디어 기술과 네트워크는 단순한 소통 수단을 넘어 인간과 항상 함께하는 친구가 되었다. 일도 함께해 주고 놀이도 함께해 주고 대화도 함께해 준다. 이렇게 중요한 미디어가 인간에게 주는 부정적 영향만을 연구하기보다 긍정적 영향에 초점을 두어야 한다는 긍정 미디어 심리학의 대두(Raney et al., 2020; Reinecke & Oliver, 2017)와 맞물려, 엄청난 속도로 미지의 세계가 하나둘 드러나고 있는 우리 뇌 속의 신비는 이 둘을 연결하고 싶은 동기, 그리고 연결해야 할 필요성으로 내 마음을 가득 채웠다. 이 책에서 뇌과학을 긍정 미디어 심리학과 연계한 이유가 바로 여기에 있다.

이제 미디어와 지속적으로 함께 살아갈 수밖에 없는 인간의 진정한 행복을 찾기 위해서는 이러한 미디어가 우리 뇌에, 마음에, 건강에, 그리고 우리 사회 전체에 어떠한 영향을 주게 되는지를 정확히 이해해야 한다. 미디어가 일상생활 속의 기기들을 대체한 데 이어 서로를 돌보고 위로해 주는 사람들마저 미디어 기능을 장착한 로봇 비서로 대체해 가고 있다. 이렇게 인간의 옆에서 우리의 뇌와 마음에 엄청난 영향을 주는 미디어의 뇌 영향력을 잘 이해해야만 뇌의 긍정 나선 흐름을 통해 개개인이 행복한 삶을 영위해 갈 수 있다. 또 이것이 누적될 때 우리 사회도 긍정적 감정 자본을 바탕으로 더욱 발전할 수 있을 것이다.

1부

감정에 관하여

1장

왜 감정인가

1. 감정은 인간의 생존에 필수적이다

1) 감정은 왜 중요한가

인간의 감정은 사고 능력만큼이나 인간에게 필수적이다.[1] 감정이 있기에 위험을 즉각적으로 피할 수도 있고 생존에 필요한 단서를 파악할 수도 있다. 이러한 점에서 "감정은 환경과 더 효율적인 상호작용을 하기 위한 적응 체계"라고 할 수 있다(Soriano, Fontaine, & Scherer, 2015: 436). 이 환경에는 자연환경뿐만 아니라 주변 사람들로 이루어지는 사회적 환경도 포함된다. 감정이 유발되지 않으면 사랑도 자기 방어도 예술 작품의 감상도 모두 불가능해진다.

---

[1]   이 책에서는 '정서'와 '감정'을 구분하지 않았다. 둘 모두 인간의 인지적 과정인 '생각'과 대비되는 '느낌'을 뜻하는 용어로, 그리고 '이성적, 논리적' 처리와 대비되는 '감성적, 직감적' 처리를 뜻하는 용어로 사용한다.

그동안 '인간은 생각하는 존재'라는 측면이 더 부각되며, 오랜 기간 이성을 강조하고 감정과 연관된 것들을 열등한 것으로 치부해 왔다. 동물과 달리 인간을 인간답게 만드는 것은 감정이 아니라 이성과 사고 능력이라고 보았기 때문이다. 인간은 생각하는 동물이라는 말은 맞지만 '생각만' 하는 동물은 아니다. 인간의 사고 능력을 더욱 인간답게 발휘할 수 있으려면 그 에너지원인 감정이 뒷받침되어야 한다.

비록 이성에 비해 감정을 소홀히 다루어 왔지만, 현자들은 예로부터 감정의 중요성을 끊임없이 강조한다(Frank, 2001: 237).

> 실제로 세상을 형성하는 에너지는 감정에서 분출된다.
> — 조지 오웰George Orwell(1944)

> 장애물이 있음에도 불구하고 지능을 앞으로 나아가게 하는 것은 바로 감정이다.
> — 앙리 베르그송Henri Bergson(1932)

감정은 인간을 움직이게 하는 동력이다. 감정은 지능이 그 힘을 발휘하도록 긍정적 동기를 부여하기도 하고, 또는 그와 반대로 지능을 무력화시킬 수도 있는 강력한 에너지원이다. 이러한 감정은 한동안 이성의 중요성에 비해 활발히 연구되지 못했다. 20세기를 벗어나면서 이성과 감정의 이분법에서 차츰 탈피하며 감정도 이성 못지않게, 어떤 측면에서는 이성보다 더 큰 비중으로 인간의 행동을 좌우할 수 있다는 깨달음으로 감정 연구에 많은 관심이 모아졌다.

감정은 위험이 닥쳤을 때 생각하는 과정을 거치지 않고 거의 자

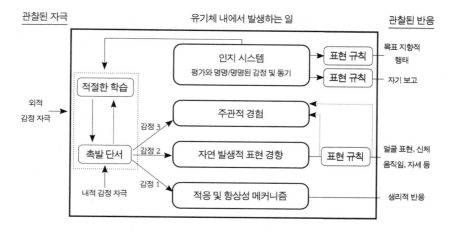

그림 1-1 감정의 일반 모델

출처: Buck, 1984/2000: 113; Wilson, 1979; Zajonc, 1980.

동적, 즉각적으로 반응하여 위험을 재빨리 피하게 하는 기능을 포함하고 있다. 그림 1-1과 같은 감정의 일반 모델을 살펴보면, 감정 중에서도 생각을 거쳐 표현되는 감정과 생각을 거치지 않고 비교적 자동적 또는 반사적으로 표현되는 감정이 있다. 처음에는 생각을 거쳐 표현되던 감정도 생각과 감정 사이의 반복된 연합 형성 및 강화로 인해 나중에는 거의 자동적으로 표현되기도 한다.

2) 감정과 인지

최근에는 감정과 인지를 대립적인 개념으로 보기보다는 이 둘 간에 밀접한 관련성이 있음을 강조하는 연구가 점점 더 많이 등장하고 있다. 인간의 인지를 이해하려면 반드시 감정을 고려해야 한다는 주장(Phelps, 2006)과, 감정은 평가적 판단으로서 느낌과는 다르다는 철학

분야의 주장(예를 들면, 황희숙, 2013)은 감정이 이성이나 의식 또는 판단과 밀접한 관련이 있다는 현대 뇌과학의 발견과 연관된다. 가령 분노에는 화나는 감정이 포함되는데, 이 감정에는 무엇이 분노를 일으켰으며 무엇에 대해 화가 났는지에 대한 평가까지 포함이 된다.

김혜련(2010)은 영화를 '감정 소통 미디어'로 보고, 영화가 관객에게 인지적, 정서적 효과를 어떤 방식으로 일으키는지를 설명한다. 그는 영화가 유도하는 허구적 감정은 일상적 감정과 상당 부분 중첩됨을 강조하였다. 감정 철학이 본격적으로 발전한 1980년대 후반, 인지주의 감정 이론가들은 감정 언어에 인지적 내용이 포함되는 것과 그렇지 않은 것을 구분한다. 인지적 내용이 없는 감각 경험과 구분하여 인지적 내용이 있는 정서 상태를 '감정'이라고 부른다. 대표적인 인지주의 감정 철학자 로버트 솔로몬Robert Solomon은 "감정은 판단(또는 판단의 집합), 우리가 행하는 어떤 것"이라고 본다(Solomon, 1976: 186~187; 김혜련, 2010: 262).

인지주의 감정 철학자의 주장은 심리학에서 '정서의 2요인설two-factor theory of emotion'과 통하는 바가 있다. 이는 그 당시 거대한 흐름을 주도하던 인지주의의 영향으로 나타난 현상이라 생각된다. 정서의 2요인설은 특정 감정을 느끼기 위해서는 '생리적 각성physiological arousal'과 '인지적 해석cognitive interpretation'이 모두 필요하다는 가설로, 이는 실험을 통해 증명되었다.

정서의 2요인설을 검증한 고전적 실험(Schachter & Singer, 1962)은 감정을 경험하는 데 사회적 단서와 그에 대한 판단이 매우 중요할 수 있음을 보여 준다. 이 연구의 가설은 생리적 각성은 있으나 그에 대한 적절한 설명이 없으면 사람들은 그러한 자신의 상태를 인지적으로 해석하기 위한 설명을 찾아 감정의 명명labeling을 한다는 것이었다.

특히 사회심리학자인 이 연구자들은 '사회적 상황'이 감정 경험 묘사에 어떠한 영향을 주는지에 관심을 두었다. 실험 결과, 이들의 예상대로 잘못된 정보를 주었을 때 감정의 표현 강도가 가장 강했고, 정보를 주지 않았을 때는 그다음으로 강했다. 생리적 각성 상태에 대한 올바른 정보를 주었을 때는 생리적 각성 자체를 일으키지 않았을 때와 유사한 수준의 감정 강도만을 표현했다.

이 실험의 결과는 생리적 각성 자체만으로 감정이 유발되는 것이 아니라, '주변의 (사회적) 상황을 단서로 이것을 어떻게 인지적으로 해석하느냐'가 최소한 겉으로 표현하는 감정의 강도에 중요하게 영향을 준다는 사실을 알려 준다. 감정을 논의할 때 반드시 인지적 판단도 함께 고려해야 한다는 점을 시사한다.

3) 사회적 뇌

감정은 인지, 이성, 판단 및 의식과 연계하여 발생한다. 이 과정은 우리 몸, 특히 인간의 뇌에서 생리적으로 발생하는 과정과 밀접한 관련이 있다. 이러한 과정이 감정의 '전부'라고 이야기할 수는 없지만, 감정의 핵심적인 부분을 구성하는 것은 분명하다.

인간의 감정은 살아 온 삶의 궤적과 떼어 생각할 수 없다. 그 삶의 과정에서 무수히 부딪치며 경험해 온 물리적, 사회적 환경 및 그에 대한 누적된 기억과도 떼어 생각할 수 없다. 동물이 아닌 인간의 감정은 자기가 살아 온 환경 속에서 수없이 만나며 관계를 맺어 온 사람들과의 활동 및 그에 대한 좋고 나쁜 기억들이 얽혀 함께 작용한다. 감정에 대한 진화론적 시각을 완전히 받아들이지는 않더라도 이를 완전히 무시할 수는 없다. 다음 절에서 더 상세히 논의한다.

더 중요한 점은 인간의 감정 경험이 상당 부분 사회적 경험, 즉 타인과의 관계에 대한 경험과 밀접히 관련된다는 것이다. 만약 인간이 다른 사람들을 만나지 않고 혼자서 산다면 단지 하루하루 삶을 이어가기 위해 필요한 생존의 감정만이 큰 비중을 차지할 것이다. 하지만 인간은 다른 사람과 함께 살면서 서로 협력하고 경쟁하고 도와주면서 행복을 느끼며 친구가 성공했을 때 함께 기뻐하면서도 시기심을 가질 수 있다. 또한 어떤 관계에서는 목표 지향적 삶에서 좌절, 안타까움, 아쉬움과 같은 부정적 감정뿐만 아니라 희망, 뿌듯함, 보람과 같은 긍정적 감정을 느끼기도 한다.

　매튜 D. 리버먼Matthew D. Lieberman(2013/2015)은 《사회적 뇌 Social: Why Our Brains Are Wired to Connect》에서 인류의 진화적 선택으로 사회적 뇌가 발달했다고 주장한다. 다른 사람과 연결되어 살아가는 것이 인류의 생존과 번영에 필수적이며 중요하기 때문에, 따돌림이나 연인의 죽음 등과 같은 중요한 타인과의 사회적 단절 자체가 마치 신체적 상해로 인한 고통과 유사한 생리적 반응, 심리적 상실감 및 뇌의 변화 등을 유발한다고 보았다. 키플링 D. 윌리엄스Kipling D. Williams 등(2000)의 연구에 따르면, 온라인상에서 한 사람이 다른 두 사람과 사이버볼 게임을 하다가 나중에 그들끼리만 그 게임을 하는 '배척' 상황에 처했을 때, 국적을 불문하고 기분이 나빠졌으며 통제감과 소속감을 상실했다.

　사람들은 이러한 배척이 주는 고통을 피하고 싶어 하고, 지속적으로 다른 사람과의 연결을 추구한다. 미디어를 통해 다른 사람과 연결되는 것, 또는 미디어에 등장하는 다른 사람들의 활동을 보며 우리가 다양한 감정을 느끼는 것 등을 설명하기 위해서는 이처럼 '사회적 뇌'와 관련하여 작동하는 우리의 감정 메커니즘도 이해해야 한다.

1984년 10월 21일, 미국 대통령 선거를 앞두고 두 번째 TV 토론회가 있었다. 당시, 고연령으로 인한 로널드 레이건의 건강 문제가 주요 이슈가 되었다. 사회자가 나이 때문에 걱정되지 않는지 물었을 때 레이건은 이렇게 대답했다. "저는 나이를 이번 선거의 이슈로 삼고 싶지 않습니다. 제가 정치적인 목적을 위해서 경쟁자의 젊음과 미숙함을 이용하는 일은 없을 것입니다"라고 말했다. 이 토론회를 시청한 7000만 명 정도의 미국인들이 이 발언을 계기로 그에 대한 우려를 불식시켰다(Lieberman, 2013/2015: 17~18). 이 발언에서 중요한 점은 레이건의 유머 자체가 아니라 이 말을 듣고 유쾌하게 웃었던 몇백 명의 현장 방청객 웃음소리가 방송을 타고 전국적으로 울려 퍼져 이것이 더 큰 영향을 주었다는 사실이다. 이 웃음소리는 그 당시 TV를 시청했던 대부분의 사람들을 안심하게 했다.

이와 관련한 스티븐 페인Steven Fein 등(2007)의 연구를 살펴보자. 이들은 이 토론회를 시청하지 않은 사람들을 두 집단으로 나누어 한 집단에는 청중의 웃음소리까지 포함된 생중계 녹화물을, 다른 집단에는 이러한 청중의 반응을 뺀 녹화물을 보여 주었다. 그 결과, 전자를 시청한 사람들은 레이건, 후자를 시청한 사람들은 먼데일이 토론을 더 잘했다고 평가했다. 이러한 연구 결과는 사람들이 주변의 반응에 따라 자신의 생각과 느낌을 어떻게 변화시킬 수 있는지를 잘 보여 준다. 사람들은 자신이 영향을 받는다는 사실을 인식하지 못하는 상태에서도 이처럼 타인의 암묵적 영향을 크게 받는 경향이 있다.

사회적 뇌는 '아무것도 하지 않을 때 활성화되는' 뇌의 부분이 관장한다(Lieberman, 2013/2015). 그만큼 '기본적인' 뇌의 영역이라는 것이다.[2] 뿐만 아니라 다른 사람으로부터 칭찬을 받거나 감동적인 말을 들을 때 활성화되는 뇌의 영역은 우리의 기본 욕구가 보상받을 때 활성화되는 영역과 동일하며, 전혀 모르는 낯선 사람으로부터 이런 말을 들었을 때도 마찬가지다(Izuma et al., 2008). 인간의 감정은 이처럼 다른 사람과의 연결을 필요로 할 뿐 아니라 다른 사람의 인정을 기본적으로 갈구한다.

2. 감정은 어떻게 발달해 왔는가

1) 진화심리학과 신경과학

감정의 모든 것을 진화심리학으로 설명할 수는 없다. 하지만 진화적 관점에서 감정의 발달을 어떻게 설명하는지 알아두면 도움이 된다. 찰스 다윈Charles Darwin(1859/2008)의 진화론적 관점을 이어받은 진화심리학자들의 주장에 따르면, "인간의 마음은 무엇보다 '적응적 도구함adaptive toolbox'이다"(Gigerenzer & Selten, 2002; Schwab & Schwender, 2011: 17). 인간의 감정도 마찬가지다.

　1980년대 초에 많이 연구가 된 변연계limbic system 이론에서는 인류 진화의 뿌리를 설명하기 위해 파충류까지 거슬러 올라간다. 파충류가 반사와 본능의 지배를 받다가, 포유류가 나타나면서 느낌을 관장하는 변연계가 나타나 적응력을 향상시켰다고 주장한다. 더 나아가 나중에 신피질이 발달하면서 추론과 생각이 가능해지고 이것이 감정을 제어하게 되었다는 것이다(LeDoux, 2015/2017 참조). 이러한 변연계 이론에 맞지 않는 부분들도 이후 상당수 발견되었지만, 이

2　이것을 '기본신경망default mode network'이라 하며, 그 설명은 2장에 다시 나온다.

이론은 아직까지도 많은 사람들이 기본 틀로 가정하고 있다.

　진화적 관점을 지지하는 학자들은 해부학적 증거를 예로 든다. 진화 초기에 만들어진 뇌 영역이 더 안쪽에 위치하며, 후기에 만들어진 뇌 영역이 더 바깥쪽을 차지한다. 기억을 관장하는 해마 hippocampus와 정서를 관장하는 편도체amygdala가 뇌의 구조상 서로 매우 가까운 곳에 위치하는데(박문호, 2017 참조), 이는 감정이 과거 경험의 기억과 매우 밀접한 관련을 지니고 있음을 보여 준다.

　진화적 관점을 유지하는 학자(예를 들면 이시카와, 2016)는 여전히 '감정이 사고를 조종한다'고 주장하며 '문명의 마음'이 '야생의 마음'을 쉽게 다스리기 어렵다고 이야기한다. 진화적 관점에서는 감정이 생명 보존을 위한 수단으로 삶의 과정에서 서서히 축적되어 왔다는 점을 중요시한다. 특히 '공포'가 없었다면 자신을 해치려는 대상으로부터 피할 수 없어 개체와 종족이 보존되기 어려울 것이므로 가장 이른 시기에 습득되었을 것이라고 추론한다. 그다음 단계로 '분노'나 '두려움'은 무리를 형성해 가며 더 적응적인 방식의 행동을 하는 데 도움을 주었다고 본다. 그 후 인간 집단의 협력이 필요한 상황이 되자 '죄책감'이라든지 '의리' 등과 같은 더욱 복잡한 인간의 감정이 발달하게 되었다는 것이다.

　18세기 말부터 19세기 중엽까지 낭만주의의 영향으로 이성 위주의 관점에 변화가 나타났다. 감정이 인간의 본성에 충실한 개념으로서 그 가치를 인정받은 것이다. 그러나 이러한 관점은 감정과 이성을 구분 짓는 이분법을 초래하였다(황희숙, 2013). 우리가 이 세상을 살아가면서 겪게 되는 다양한 경험이 우리의 머릿속에 지식으로 저장될 때 감정과 동떨어진 상태에서 저장되는 것이 아니라 특정 사건 경험에 대한 감정이 함께 저장되기 때문에, 어쩌면 감정적 반응과 이성적 판단을 명쾌히 구분하는 것은 애초부터 불가능했을지도 모른다. 그래서 인간이 아무리 객관적, 이성적으로 판단하려 애써도 다양한 사회심리학적 편향(확증 편향, 자기중심적 편향 등)에서 완전히 자유롭기는 어렵다.

20세기까지는 이성 중심의 연구가 주류를 이루다가, 21세기에 이르러 감정을 의식 과정과 연계하는 관점이 점차 주목을 받고 있다. 예를 들면 신경과학자 조지프 르두는 "우리 뇌가 비의식적으로 위험을 감지했다는 사실을 의식적으로 자각할 때 공포의 느낌이 발생한다"고 본다(LeDoux, 2015/2017: 41). 감정을 '인지적으로 조합된 의식적 느낌'으로 보는 이러한 관점은 감정을 '심리적 구성물psychological constructs'로 보는 인지 기반 이론(예를 들면 Barrett & Russell, 2014)과 같은 맥락이다.

이와 같은 새로운 관점을 지지하는 증거들이 축적되고 있다. 이는 무엇보다 뇌 손상을 일으키지 않고서도 뇌의 활동을 관찰할 수 있는 기술들이 발전하였고, 그에 힘입어 뇌신경과학이 번창한 덕분이다. 1969년 신경과학회Society for Neuroscience가 설립되어 신경과학이 독자적인 학문으로 탄생하였고, 약 10년 후에 전성기를 맞이하였다(LeDoux, 2015/2017: 49). 전쟁 등으로 뇌 손상을 입은 환자들이 없어도 자기공명영상(magnetic resonance imaging: MRI), 양전자단층촬영(positron emission tomography: PET), 기능성자기공명영상(functional MRI: fMRI) 등 다양한 방법으로 신경 및 뇌의 활동을 관찰할 수 있게 되면서, 감정뿐만 아니라 기억, 인지 등 다양한 마음 작용에 관여하는 생리적 근거들을 확보할 수 있게 되었다.

2) 미디어 연구와 감정 및 동기

1986년 미국심리학회American Psychological Association 산하에 '미디어 심리학과 기술Media Psychology & Technology' 분과가 탄생하였다(Konijn & Holt, 2011). 이어 1999년 〈미디어 심리학*Media Psychology*〉이라는 학술지가 발간되었고, 같은 제목의 책이 2003년에 출판되었다(Giles, 2003). 2008년에는 〈미디어 심리학 저널*Journal of Media Psychology*〉이라는 학술지도 출간되기에 이르렀다. 이로써 감정과 정서 변인이 미디어 연구에서 중요한 요소로 주목받기 시작한 것이다.

지금까지 미디어 심리학 영역에서 다루어 온 감정은 주로 픽션이나 엔터테인먼트 장르에 한정되었다. 예를 들면, 공감과 서스펜스, 동일시 등의 감정은 주로 드라마와 같은 픽션 장르를 중심으로 연구해 왔다(Zillmann, 1991a, 1991b). 유머의 효과, 즐거움 및 웃음 유발요인 등은 오락물과 같은 엔터테인먼트 장르와 광고 분야에서 연구해 왔다(Cantor, 1976; Zillmann & Bryant, 1991; Zillmann, Hezel, & Medoff, 1980). 또한 전통적으로 공포심이나 죄책감이 설득에 미치는 영향력 등은 주로 설득 연구에서 한정적으로 다루었다(Konijn, 2013; Turner, 2011 참조). 이제 좀 더 폭넓은 인간 감정 전체의 관점에서 미디어 관련 감정을 들여다보아야 한다.

감정의 바탕은 과거의 경험에 대한 기억이다(Carlson, 2013). 특히 생존에 중요했던 과거의 경험을 기억함으로써 유발되는 것이 감정이기 때문에(박문호, 2013; 이재신, 2014), 감정의 유발은 동기를 발생시킨다. 예를 들면, 뱀을 만났을 때 공포를 느끼면 도망쳐야겠다는 동기가 유발된다. 뱀을 볼 때 무서움을 느끼는 것은 우리가 개인적으로, 또는 과거 조상 때부터 집단적으로 생존에 중요한 역할을 해 왔던 경험을 기억하기 때문에 생기는 것이라 할 수 있고, 지금도 뱀을 만나면 우선 도망쳐야 생존 확률을 높일 수 있다.

미디어 이용 동기도 마찬가지다. 어떤 일로 화가 나 있거나 슬플 때, 우리는 바로 그런 감정 때문에 어떤 내용의 미디어를 보고 싶다는 동기가 생긴다. 그러면 우리는 그 내용(예컨대, 코미디 프로그램이나 리얼리티 쇼 또는 드라마 등)을 소비하고, 그로 인해 변화된 감정을 경험한다. 이 과정을 순차적으로 표현하면 '(선행 조건 →) 감정 → 동기 → 미디어 이용 → 감정 (→ 추후 행동)'이라 할 수 있다. 이 과정에서 선행 조건으로 유발된 어떤 감정이 유난히 강하면 그 감정이 유발한 동기로 인해 보통 때와는 다른 양상으로 발현될 수도 있다.

그런데 최초의 감정을 유발시킨 사건은 미디어 이용이 아니라 어떤 대상이나 개인적 또는 사회적 사건일 때가 많다. 가령 자신을 심하게 질책했던 상사를 마주쳤다면 그 상사는 공포심이나 미움과 같은 부정적 감정 중 하나를 유발시킬 것이고, 뭔가 추구하던 일이 잘 되지 않았을 때는 좌절감이나 분노 또는 실망 등을 느낄 것이다. 이와 같은 감정은 '개인적 사건이나 대상'에 의해 유발되는 감정이라 할 수 있다.

또 다른 맥락에서, 신문이나 TV 또는 인터넷 뉴스에서 자녀를 학대하여 사망에 이르게 한 부모의 이야기를 보며 우리 사회에 대한 혐오감이나 무력감 등을 느낄 수 있다. 또한 자신은 비정규직으로 하루하루 힘들게 살아가고 있는데 누군가 자신의 노력 없이 좋은 결과를 얻은 것처럼 보이는 페이스북 사진과 소식을 접했다면 이때도 역시 상대적 박탈감이나 분노를 느낄 것이다. 이런 상황에서 발생하는 감정은 미디어를 경유하거나 경유하지 않은 '사회적 사건이나 대상'에 의해 유발되는 감정이라 할 수 있다.

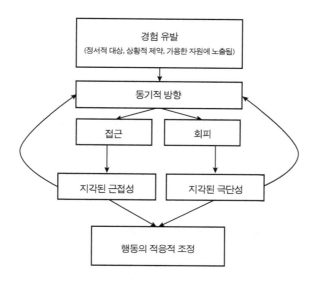

그림 1-2 동기화된 거리 지각 모델

출처: Balcetis, 2015: 5.

일단 감정이 유발되고 나면, 감정이 유발되지 않았을 때만큼 객관적으로 정보를 처리하기 어려워진다. 감정을 유발시키는 대상을 보거나 사건 메시지를 접하면 '동기화된' 처리가 일어나기 때문이다. 감정의 세분화 이전에 가장 기본적인 처리는 감정의 긍정성-부정성에 따른 동기와 행동의 차이로 나타난다. 그림 1-2에서 알 수 있듯이, 유발된 감정이 긍정적일 경우 '거리가 더 가까이 느껴짐'으로 인해 접근하고 싶은 동기가 유발되며, 유발된 감정이 부정적일 경우 '거리가 더 멀리 또는 극단적으로 느껴짐'으로 인해 회피하고 싶은 동기가 유발된다. 이 동기는 뒤따르는 적응 행동으로 이어진다.

최근의 디지털 미디어에서는 이 '거리'라는 개념이 반드시 물리적 거리만을 의미하지는 않는다. 먼 거리에 있는 대상이라 하더라도,

예컨대 페이스북을 통해 자기 자랑을 늘어놓는 대상을 본다면 질투심이나 박탈감, 얄미움 등의 부정적 감정이 유발되어 그 대상에 대한 심리적 거리감은 훨씬 더 멀리 느껴질 것이다. 그로 인해 그 대상과의 추후 만남을 차단하는 방법으로 적응 행동을 보일 가능성도 있다.

반대로, 유튜브를 통해 알게 된 저 먼 나라의 멋진 가수 노래를 들을 때 그 음악을 통한 마음의 위로와 평화, 즐거움, 기쁨 등과 같은 긍정적 감정을 느낄 수 있다. 이로 인해 물리적으로는 멀리 지구 반대편에 있는 대상이라 하더라도 이 미디어가 들려주는 노래 콘텐츠를 통해 그 가수가 매우 가까이 있는 것처럼 느낄 수 있다. 이 긍정적 감정으로 인해 그 대상의 페이스북을 찾아 접촉을 시도해 본다든지 하는 방법으로 적응 행동을 이어갈 가능성이 있다.

현시점에서는 감정의 단일 모델이 아니라, 감정 – 동기 – 인지가 유기적으로 작용하는 통합 모델의 구축이 필요하다. 그 이유 중 하나는 인간은 뇌의 구조상 이성적 판단과 감성적 판단 중 하나만 선택해 분리할 수 없기 때문이다(이재신, 2014: 182). 예전과는 달리 지금은 뇌과학도 상당 부분 발전한 상태다. 이미 커뮤니케이션의 핵심인 '공감'에 관여하는 거울 뉴런mirror neuron도 발견되었고(Rizzolatti et al., 1990; Rizzolatti & Craighero, 2004), 사람이 어떤 상황에 마주칠 때마다 그 상황이 일으키는 감정적 흥분까지를 뇌에 감정 지식으로 저장해 둔다는 '신체 표지 가설somatic marker hypothesis'이 검증되기도 했다(Damasio et al., 1996). 따라서 구체적 감정이 뇌의 어떤 작용으로 발생하며 추후 행동에 어떤 과정을 거쳐 영향을 주는지까지 분석이 가능해졌다. 뇌과학 자체를 다루는 것은 이 책의 영역을 넘어서는 일이다. 하지만 사람들이 미디어 내용에서 생각하고 느끼는 과정을 분석하고 해석하는 데 현재까지 밝혀진 뇌과학 지식을 최대한 활용할 것이다. '감정과 미디어' 연구의 통섭적 업그레이드를 이 책에서 시도하고자 한다.

3) 감정적 처리와 인지적 처리의 일원화 과정

감정에 관한 연구는 오랫동안 무시되어 왔다. 감정 연구가 등장한 이후에도 한동안 인지적 처리 과정에 밀려 감정적 처리는 부수적인 것으로 취급되었다. 간혹 감정적 처리에 관심을 둔 연구도 인지적 처리와는 완전히 별개의 과정인 것으로 간주하곤 했다.

그러나 최근 뇌과학 분야의 발견들과 더불어 심리학에서도 인지적 과정과 감정적 과정을 세부적으로 연계하여 설명하려는 노력이 이루어지고 있다. 이에 따라 미디어 연구를 감정과 결부시켜 분석하려는 시도에서도 인지적 처리와 감정적 처리를 통합하여 설명하는 이론적 틀이 등장하기에 이르렀다(Buck & Powers, 2011).

감정에 관한 인지 평가 이론cognitive appraisal theory이 지배적이던 인지주의 혁명기를 지나(Lazarus & Smith, 1988), 이제는 감정과 인지를 인간의 뇌에서 발생하는 하나의 처리 과정으로 보고, 그 안에서 서로 다른 두 처리 과정의 특성을 구분 지으려는 시도가 차츰 세력을 얻어 가고 있다. 그 대표적인 이론적 틀을 살펴보면(그림 1-3 참조), x축이 감정-이성의 연속선으로 이루어져 있고, y축을 상대적 영향력의 크기로 보았을 때 '자발적 커뮤니케이션'의 양은 일정한 데 비해 '상징적 커뮤니케이션'의 양은 이성적 처리의 비율이 증가함에 따라 점점 더 많아지는 양상을 보인다. 그림 1-3에서 자발적 커뮤니케이션은 감정이 관여하는 영역이며, 상징적 커뮤니케이션은 이성이 관여하는 영역이라 할 수 있다.

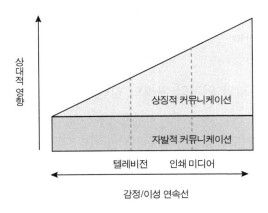

그림 1-3 　자발적 및 상징적 커뮤니케이션 관계에서 TV와 인쇄 미디어의 위치

출처: Buck & Powers, 2011: 184.

르두의 두 경로 인지 모델(LeDoux, 1998)은 뇌과학의 발견에 근거하여 감정적 처리와 이성적 처리를 각기 독특한 특성을 지닌 하나의 틀로 바라본다. 그는 인지에 이르는 '높은 길'과 '낮은 길' 두 경로가 있는데, 편도체가 관장하는 처리 과정이 감정적 처리로서 낮은 길에 해당하며, 대뇌 신피질 부위가 관장하는 처리 과정이 이성적 처리로서 높은 길에 해당한다고 보았다. 감성적 처리와 이성적 처리는 모두 결과적으로 '인지'에 도달하게 되는데, 감정적 처리가 더 즉각적으로 이루어지며 이성적 처리는 좀 더 깊은 생각을 거쳐 이루어진다는 것이다. 여기서 중요한 점은 감정적 처리도 '중추적 기억 네트워크central memory networks'를 구성하는 핵심적인 두 요소 중 하나이며, 감정도 또 다른 유형의 인지이자 지식이라는 사실이다(Buck & Powers, 2011).

안토니오 다마지오Antonio Damasio 연구팀(1996)이 이야기한 신체 표지 가설도 사람이 어떤 상황을 마주할 때 그 상황에서 느끼는 긍정적, 부정적 감정을 뇌의 어느 부분에 등록해 둔다며, 이를 실험적으로 증명해 보였다. 이렇게 뇌에 저장해 둔 감정 지식은 추후 어떤 의사 결정을 하는 상황에서도 직감이나 육감의 힘으로 영향력을 발휘한다(Frazzetto, 2013/2016: 37~38). 이러한 연구 결과도 감정적 처리가 인간의 의사 결정에 핵심적인 역할을 한다는 사실을 다시 한 번 입증한 것이다.

인간은 어떤 자극을 볼 때 이성적 처리와 감정적 처리를 '함께' 한다. 또한 생존에 중요한 본능적인 사안일 경우 감정적 처리가 더 즉각적으로 이루어지기는 하지만, 일상적인 생활 속에서 접하는 자극, 특히 미디어를 통해 접하는 자극을 보거나 듣고 처리하는 경우, 거의 동시에 감정적, 이성적 처리가 이루어질 가능성이 높다. 우리가 감정을 느끼는 것도 과거의 기억에서 무엇인가가 떠오르기 때문이며, 자신의 처지를 생각하는 순간 어떤 감정이 더 격해질 수도 있다. 예를 들면, 신문 기사나 인터넷 댓글에서 '흙수저와 금수저'에 관련된 내용을 읽을 때, 그 단어의 이성적 처리와 함께 감정적 처리가 거의 동시에 이루어질 확률이 높을 것이다.

또 한 가지 흥미로운 사실은 그림 1-3에서 감정-이성 연속선인 x축 위에 TV와 인쇄 미디어가 놓여 있다는 점이다. 이것은 TV의 경우 자발적 커뮤니케이션과 상징적 커뮤니케이션의 비율이 비슷하지만, 인쇄 미디어의 경우 자발적 커뮤니케이션보다 상징적 커뮤니케이션의 비율이 더 높다는 사실을 뜻한다. 이것은 미디어 중 TV를 통해 전달되는 내용은 감성적 처리와 이성적 처리가 비슷한 비율로 이루어지지만, 신문이나 책과 같은 인쇄물로 전달되는 내용은 감성적으로 처리되는 비율보다 이성적으로 처리되는 비율이 더 높음을 의미하기도 한다. 따라서 미디어의 종류나 미디어의 발전 과정에 따라 감성적 처리와 이성적 처리가 서로 다른 조합으로 이루어져 갈 수 있다는 점을 알 수 있다.

더 나아가, 최근 디지털 미디어의 상호작용성으로 인해 예전처럼 메시지의 효과가 일방적 전달로 끝나는 것이 아니라 서로 메시지를 주고받으면서, 특히 감정이 많이 포함된 반응이 널리 퍼지면서 증폭되어 가는 가운데 감정적 효과가 이성적 효과를 넘어서는 지점에 이르기도 한다. 홍주현과 윤해진(2014)은 트위터를 통한 루머의 확산 과정을 연구하면서, 루머의 자극성을 '사실적' 측면과 '표현적' 측면으로 구분하였다. 사실 자체도 중요하지만 이것을 어떤 방식으로 표현하느냐에 따라서도 자극성이 달라지고, 그 자극성의 정도에 따라 전파 속도나 강도 등이 달라질 수 있다는 사실은 미디어 메시지의 감정적 처리가 디지털 시대의 상호작용적 미디어로 발전할수록 더 중요해질 수 있음을 시사한다. 감정 전염의 증폭과 표현의 카타르시스까지 동시에 가능해진 최근 디지털 미디어에서 감정의 기능과 역할이 더욱 커질 수 있다.

3. 감정은 뇌로 느낀다

우리는 흔히 '머리로 생각하고 가슴으로 느낀다'고 이야기한다. 그러나 이것은 비유적인 표현일 뿐 과학적 근거에 토대를 둔 설명이 아니다. 왜냐하면 우리는 생각하는 것도 머리에 있는 뇌로 하지만 느끼는 것도 가슴이 아닌 뇌로 하기 때문이다.

1) 영역주의

우리 뇌는 크게 세 부분으로 구성된다. 생존에 필수적인 부분은 더 안쪽에 자리 잡고 있으며, 나중에 발달된 사고 능력 담당 부분은 더 바깥쪽에 자리 잡고 있다. 아기 때 뇌가 형성되는 과정을 살펴보아도 뇌의 안쪽부터 형성되어 차츰 바깥쪽까지 완성된다. 원시 인간이 현대 인간으로 발달되어 온 과정을 살펴보아도 역시 뇌의 안쪽부터 갖추어져 점차 바깥쪽까지 완전하게 갖추어지게 된다. 반면에, 노년기에 접어들어 치매가 나타나기 시작하면 뇌의 바깥쪽부터 기능을 잃어가게 된다. 또한 알코올 등의 과다 섭취로 인해 뇌가 점차 기능을 상실해 가는 과정도 뇌의 바깥쪽부터 시작된다.

가장 먼저 형성되기 시작하여 최후까지 남는 것은 감정과 본능이 지배하는 뇌의 안쪽이다. 따라서 "감정은 과거 현재 미래의 최적화된 결과"라 할 수 있으며 "의미는 오직 인간의 정상적인 뇌에서만 만들어진다"는 것이 현재까지 밝혀진 일반적인 믿음이다(김대식, 2017: 99, 171). 특히 공포 감정과 관련하여 가장 많이 연구되어 온 '편도'는 환경 속에서 무엇이 중요한지 판단하고 해마와 함께 감정적 기억을 저장하여 이후의 행동에까지 영향을 미친다. 뇌의 앞쪽 대상피질은 '주의 집중'을 담당하여, 동기가 작용하는 행동을 시작하는 시점에서 중요한 역할을 담당한다.

복측 선조체ventral striatium 부분은 목표 지향적인 긍정 감정 경험과 연관되어 있으며, '중독'과도 관련이 깊다. 사람들이 어떤 것을 탐닉할 때 '좋아하기 때문에' 탐닉할 수도 있지만 좋아하는 마음 없이도 탐닉하는 것이 가능하다. 이처럼 '좋아함liking'이 없는 상태에서 '원함wanting'이 지나치면 바로 중독이 되는 것이다(Berridge &

Kringelbach, 2016). 뇌의 가장 앞부분에 위치한 전전두엽피질prefrontal cortex은 우리 행동의 결과를 예상하며 비교함으로써 감정과 행동을 조절한다. 따라서 상당 기간 동안 목표 지향적 행동과 감정을 유지하는 것은 바로 이 전전두엽피질의 기능으로 인해 가능해진다.

감정을 본능적인 기본 감정과 학습에 의한 후천적 감정으로 구분할 수도 있다. 예로부터 포유류가 진화하며 생존을 위해 필수적으로 느껴야 했던 공포, 분노 등과 같은 감정, 또는 자손을 먹이고 보살피는 행동과 관련된 감정 등은 기본 감정에 해당하며, 부모와 자식 사이에서 '웃는 것'이 서로에게 강화 역할을 하여 끈끈한 연결 관계를 만들어 주는 정서, 또는 치과 의료 기구만 보아도 겁이 나는 감정 등은 후천적 감정에 해당한다(브레인 편집부, 2017). 대체로 기본 감정에는 변연계가, 후천적 감정에는 대뇌피질이 크게 기여한다고 알려져 있다.

2) 영역주의의 대안: 네트워크와 연합

2010년대에 들어선 이후에는 특정 감정이 뇌의 특정 영역과 연계되어 있는 것이 아니라, 대뇌 네트워크에서 감정이 구성되어 나온다는 주장이 힘을 얻고 있다(Lindquist et al., 2012; 황희숙, 2013: 276). 크리스틴 린드퀴스트Kristen Lindquist 등(2012)은 일련의 정서신경과학 연구를 종합하여 메타분석했다. 그 결과, "별개의 감정 범주들을 일관성 있게 그리고 구체적으로 뇌의 서로 다른 영역들이 담당한다고 보는" 영역주의 접근보다는 "별개의 감정 범주들이 각 범주에만 해당하는 뇌의 특정 네트워크가 아닌, 보다 일반적인 뇌의 네트워크들로부터 구성된다고 보는" 심리적 구성주의 접근을 지지하는 증거가 더 많다는 사실을 밝혀냈다(p.121).

　이러한 연구 결과들을 살펴볼 때, 개별 감정이 특정 뇌 영역의 활성화와 일관성 있게 연계되어 있다고 가정하는 '영역주의 locationism보다 그림 1-4와 같이 생각을 관장하는 영역을 포함하는 뇌의 광범위한 활동을 통해 인지-감정 상호작용의 결과로 감정이 구성되어 나타난다고 보는 네트워크 관점 또는 구성주의 constructivism 관점이 점점 더 강한 지지를 받음을 알 수 있다. 이는 린드퀴스트 등(Lindquist et al., 2012)의 논문에 관한 후속 논평에서도 지지된다(예를 들면 Lindquist et al., 2012: 158~159, 신경과학자 루이즈 페소아Luiz Pessoa의 논평).

　구성주의 관점을 또 다른 용어로 표현하면, 감정을 느끼기 위해

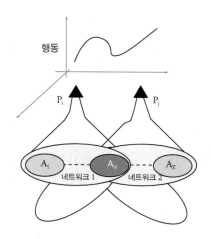

그림 1-4 뇌의 구조-기능 모델

영역들(A_i, A_N, A_Z)이 일시적으로 안정된 그룹을 형성. 네트워크가 역동적으로 구성됨. A_N 영역은 여러 네트워크에 포함되며, P_i, P_j는 과정을 의미.

출처: 루이즈 페소아의 논평 중 그림. Lindquist et al., 2012: 158.

서는 우리 뇌와 몸에서 일어나는 생리적, 감정적 반응뿐만 아니라 비감정적 반응까지 일종의 재료로 합해져 최종적인 감정이 느껴지는 것이라 할 수 있다. 이러한 현상을 르두는 다음과 같이 말한다.

> 공포와 불안은 생물학적으로 배선된 것이 아니다. 공포와 불안은 뇌 회로에서 완전한 형태의 의식으로 미리 완성되어 나오는 것이 아니다. 이것들은 비정서적 재료를 인지적으로 처리한 결과다. 공포와 불안은 다른 의식적 경험과 같은 방식으로 뇌에 나타나되, 비정서적 경험에 없는 재료들을 가졌을 뿐이다. (LeDoux, 2015/2017: 305)

그럼에도 불구하고 아직까지 많은 사람들이 영역주의를 믿는 것은 영역주의적 설명이 매우 이해하기 쉽고 호소력이 있기 때문이다. 즉 '항상 옳은 것은 아니지만' 대부분의 경우 옳게 생각되는 부분이 있어, 더 많은 실증적, 뇌과학적 증거가 쌓일 때까지는 영역주의의 유용성을 완전히 폐기하기는 어렵다. 이에 대해 보다 상세한 논의는 3부에서 다룬다.

4. 감정을 이해해야 인간을 이해한다

1) 인간의 적응 능력과 감정의 상대성

사람의 감정 이해를 위해 또 중요한 것은 사람의 적응 능력이다. 감정을 느끼는 것도 그때까지 어떠한 경험들이 누적되어 왔는지에 따라 상대적일 수 있다. 좀 더 구체적으로 말하면, 감정 변화의 기본 과

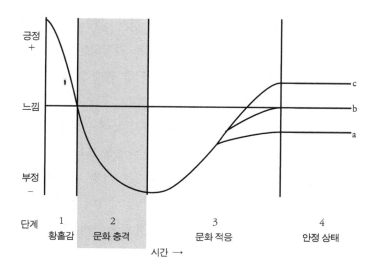

출처: Hofstede et al., 2010/2014: 427.

정도 그림 1-5와 같은 '문화 적응 곡선'과 유사할 가능성이 있다.

　문화 적응 곡선(Hofstede et al., 2010/2014)은 문화에 적응해 가는 과정을 네 단계의 감정 변화로 설명한다. ① 사람이 새로운 문화에 처음 들어가면 '황홀감euphoria'과 같은 강한 긍정적 감정을 느끼다가, ② 그 문화의 어두운 측면들까지 하나둘 알아가게 되면서 적응에 어려움을 느끼는 '문화 충격culture shock'을 경험한다. 이때가 바로 부정적 감정이 극에 달하는 바닥 상태라 할 수 있다. 이후 ③ 해당 문화에 차츰 '적응'해 가는 과정에서 긍정적 정서가 점차 증가하게 되어, ④ 원래 있던 문화보다 더 좋게 느끼거나 비슷하게 느끼거나 더 못하게 느끼는 세 가지 중 하나로 '안정 상태'에 도달하게 된다. 원래 문화보다 새 문화가 더 좋게 느껴지면 긍정 정서 상태로 안정되는 것이고, 비슷하게 느끼면 중립적인 정서 상태로 안정되는 것이며, 더 못하게 느껴지면 부정 정서 상태로 안정되는 것이다. 아무리 적응하려 해도 부정 정서 상태가 지속되면 원래 있던 문화로 되돌아가려는 역이민 등을 감행하기도 한다.

그런데 중요한 점은, 새 문화에 적응하지 못해 역이민을 가더라도 역시 1단계부터 4단계까지의 문화 적응 과정을 또다시 거치게 된다는 것이다. 인간은 어떤 환경에든 처음 들어가면 이전과는 다른 새로운 모습에 황홀감을 먼저 느끼게 되지만, 시간이 지나면서 이내 문화 충격을 경험하고, 차츰 해당 문화에 적응해 가게 되는 것이다.

이러한 문화 적응 곡선에 따른 감정 변화는 비단 문화 사이를 옮겨 다니는 이민과 역이민에서만 나타나는 것이 아니다. 이전 회사에서 새 회사로 옮길 때, 이전 연인을 떠나 새 연인을 만날 때 등과 같은 대부분의 인간 사회 내 행동들에서 경험하게 되는 과정이다.

또 한 가지 흥미로운 점은 이러한 곡선형의 적응적 감정 변화를 '부정적인 방향'으로도 느끼게 된다는 것이다. 예를 들어 사회에서 생활하다가 감옥에 들어가게 되었을 때, '뭐 이런 곳이 다 있나' 하는 '매우 부정적인' 감정을 느끼다가 차츰 적응하여 '이곳도 좋은 점이 있군' 하고 생각하게 될 수 있다. 그러다가 점차 감옥 생활에 적응하여 어떤 사람들은 사회보다 더 낫다고 생각할 수도 있고 마찬가지라 생각할 수도 있고 사회로 얼른 다시 돌아가고 싶다고 생각할 수도 있게 되는 것이다.

이런 현상은 모두 사람들이 새로운 것을 처음 접하면서 '익숙한 것을 파괴적으로 탈피할 때' 발생하는 놀라움 및 기대 위반의 경험 등과 함께 감정이 강하게 움직이게 되고, 이것이 적응 과정을 통해 익숙해지면서 다시 원래 상태로 돌아가는 과정을 반복하기 때문에 나타나는 것이다. 여기서 중요한 점은 '사람은 적응을 잘한다'는 것이며, 그렇기 때문에 동일한 대상이나 환경에 대해서도 이전의 경험 상태에 따라 감정이 상대적으로 달라질 수 있다는 사실이다.

2) 감정도 자본이 될 수 있는가

다양한 미디어에서 오는 수많은 정보는 우리가 어디에 주의를 기울여야 할지 지각과 판단 과정에 혼동을 준다. 결과적으로 많은 정보 중에 오직 우리의 '관심'을 끌거나 '주의 집중'을 붙들 수 있는 정보만이 우리에게 어떤 식으로든 영향을 줄 수 있다. 우리의 인지 처리 용량에도 한계가 있어, 정보 과부하는 우리의 감정에도 영향을 준다. 흔히 '번아웃burnout 증후군'이라 불리는 에너지 고갈 증후군의 결과로 우리는 인지적 무능력화뿐만 아니라 정서적 피폐함을 함께 겪게 된다. 미디어를 통해 쏟아지는 우리 주변의 물리적 환경과 사회적 환경 속 정보의 양에 압도되기보다는 '관심'과 '주의 집중'을 매개로 한 우리의 인지 및 감정 처리 과정을 통해 필요한 정보를 잘 골라내고 이를 효율적으로 활용할 수 있을 때 비로소 인간이 실질적으로 주도하는 삶도 가능해진다.

그런 의미에서, 긍정적인 사회관계에서 오는 사회적 신호와 감정도 경제 발전에 도움이 될 수 있다(Lieberman, 2013/2015). '내가 어려움에 처했을 때 기꺼이 나를 도와 줄 사람의 규모'로 측정 가능한 '사회 자본'(Putnam, 1995)과 마찬가지로, 인간의 감정도 관심 경제(Goldhaber, 1997)나 감정 자본(Wetherell, 2012)의 측면에서 의미가 있다. 희소한 자원이 경제 활동의 근간이 된다고 볼 때, 미디어를 통해 또는 직접적으로 인간에게 들어오는 정보 자체는 너무나 풍부하여 넘쳐나기 때문에 희소한 자원이 아니므로, 정보 자체가 경제 활동의 근간이 되는 것이 아니다. 오히려 넘쳐나는 정보로 인해 상대적으로 점점 더 희소해지는 것, 즉 사람들의 '관심'이 경쟁의 대상이 되면서 희소 가치를 얻게 되어, 이것이 경제 활동의 근간이 되는 '관심 경제'를 형성한다(나은영·나은경, 2019; Sayre & King, 2010: 144).

감정 자본이란 감정이 에너지원이 되어 생산적인 일을 할 수 있는 바탕을 뜻한다. 사랑, 신뢰, 인내, 공감, 기쁨, 배려 등이 많으면 감정 자본이 증가하고, 증오, 불신, 분노, 고뇌, 슬픔, 적개심 등이 많으면 감정 자본이 감소한다(Wetherell, 2012 참조). 부정적 감정을 많이 일으키는 작업을 '감정 노동emotional labor'이라고도 하며(Hochschild, 1983), 기업 쪽에서는 기업과 관련된 선의의 감정을 통틀어 감정 자본이라 이야기하기도 한다.

감정의 효율적 관리는 인간의 삶에 심리적 풍요로움을 더해 줄 수 있다. 그래서 버지니아 사티어Virginia Satir(1972)가 말하듯 우리의 감정 통장에 긍정 정서가 많이 쌓이도록 노력해야 한다. 부정 정서가 많아지면 우리의 감정 통장은 마이너스 통장이 되어 살아가기 힘들어질 것이기 때문이다.

3) 감정과 인공 지능

인공 지능artificial intelligence이 인간의 뇌를 흉내 내려 할 때 가장 먼저, 가장 쉽게 모방할 수 있는 부분은 뇌의 바깥쪽, 즉 사고 영역의 기능이다. 인공 지능은 데이터를 모으고 그 데이터를 기반으로 종합하여 판단하는 과정을 비교적 쉽게 따라 한다. 인간보다 더 많은 데이터를 더 빨리 처리하여 바둑 대결에서 이세돌을 이긴 알파고처럼 인공 지능은 인간보다 더 신속하고 정확한 결론을 내리기도 한다.

이제 인간의 더욱 필수적인 감정 영역까지 인공 지능이 도전하고 있으나 아직까지는 인간의 감정을 완전히 모방하지 못한다. 그만큼 인간의 감정은 데이터의 축적만으로 표현하고 기능하기에 한계가 있는 미묘하고 본질적인 부분이라 할 수 있다. 그럼에도 불구하고 감정을 읽을 수 있는 로봇이 등장하고 있다. 2014년 6월 〈타임Time〉에 "감정을 읽을 수 있는 로봇, 페퍼를 만나보세요"라는 기사에서(King et al., 2016: 151), 핸슨 로보틱스Hanson Robotics의 CEO인 종 리Jong Lee는 자신들이 개발한 로봇 '한Han'에 대해 다음과 같이 말한다.

> 한은 정말 흥미로운 로봇이다. 매우 사실적인 표정을 지을 줄 아는 데다, 자기 주변의 환경에 맞게 반응할 수 있기 때문이다. 그의 눈과 가슴에는 카메라가 있어서 사람의 표정을 인식할 수 있다. 이뿐만이 아니다. 그 사람의 성별, 나이, 행복한지 슬픈지도 알 수 있다. 이런 한을, 예를 들면 호텔 같은 곳에 두면 재미있을 것이다. 대면하는 고객들을 친절하게 응대해야 하기 때문이다. (King et al., 2016: 154)

로봇이 인간의 감정을 그대로 재현할 수 있게 될지, 또는 그렇게 되어야 할지에 관한 논의는 이 책의 마지막 장에서 좀 더 상세히 다룰 것이다. 분명한 점은 먼저 인간의 감정을 잘 이해하는 것이야말로 인간을 이해하는 중요한 지름길이라는 것이다. 그러나 그 길은 그리 쉽지만은 않다.

2장

감정의 종류

1. 감정의 구성과 기능

1) 감정의 구조와 분류

흔히 우리는 감정을 구분할 때 그림 2-1과 같은 극성(긍정-부정) 차원과 각성(고각성-저각성) 차원으로 이루어진 평면상의 어디에 놓이는가를 기준으로 구분한다(Russell, 1980). '기쁨'은 고각성 긍정 감정의 대표적 사례이며, '평안함'은 저각성 긍정 감정의 대표적 사례에 해당한다. 또한 '긴장'은 고각성 부정 감정의 대표적 사례이며, '우울'은 저각성 부정 감정의 대표적 사례라 할 수 있다. '분노'는 고각성 부정 감정으로, '행복'은 각성이 중간 정도인 긍정 감정으로 분류된다.

감정을 말로 나타낼 때는 양극적으로 표현하지만 감정의 본질을 살펴보면 단극적이라는 주장도 있다(Watson & Tellegen, 1985; Zevon & Tellegen, 1982: 112). 강한 감정이 없는 쪽이 약한 감정이라는 뜻이

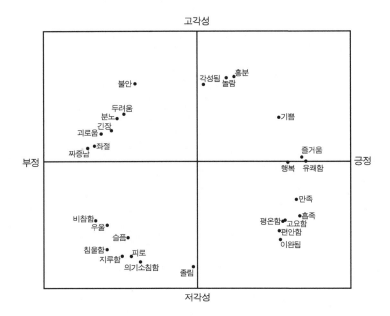

그림 2-1 감정의 극성–각성 구조circumplex 모델

출처: Russell, 1980: 1168.

다. 그러나 대체로 그림 2-1처럼 극성과 각성 차원에 따른 감정 구분이 현재까지 광범위하게 수용되고 있으며, 더 나아가 그림 2-2와 같은 12개 핵심 감정으로 세분화하기도 한다. 이와 같은 12개의 핵심 감정을 중심으로 다양한 복합 감정이 논의되는 경우가 많다 (Larsen & McGraw, 2011: 1096).

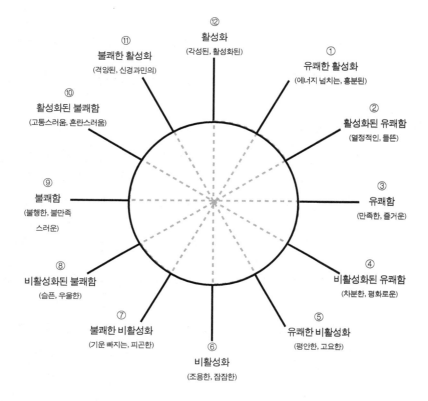

ⓐ 활성화
(각성된, 활성화된)

⑪ 불쾌한 활성화
(격앙된, 신경과민의)

① 유쾌한 활성화
(에너지 넘치는, 흥분된)

⑩ 활성화된 불쾌함
(고통스러움, 혼란스러움)

② 활성화된 유쾌함
(열정적인, 들뜬)

⑨ 불쾌함
(불행한, 불만족
스러운)

③ 유쾌함
(만족한, 즐거운)

⑧ 비활성화된 불쾌함
(슬픈, 우울한)

④ 비활성화된 유쾌함
(차분한, 평화로운)

⑦ 불쾌한 비활성화
(기운 빠지는, 피곤한)

⑤ 유쾌한 비활성화
(평안한, 고요한)

⑥ 비활성화
(조용한, 잠잠한)

그림 2-2   12개 핵심 감정

출처: Yik, Russell, & Steiger, 2011: 706.

2) 긍정, 부정 감정의 비대칭적 기능

긍정, 부정 감정이 이론적으로는 동일하게 나뉘지만, 실생활 속에서는 긍정 감정에 비해 부정 감정이 훨씬 더 세부적으로 구분된다. 이는 우리 뇌가 진화하는 과정에서 '생존 모드'에 집중하느라 부정적 감정을 민감하게 받아들여 더 세분화해 온 결과이기도 하다

(Dispenza, 2007/2009). 그래서 긍정 정서를 부담없이 느끼는 이른바 '녹색 뇌'보다 경계심을 가지고 부정 정서에 날카롭게 반응하는 '적색 뇌'가 자동적으로 점화하기 쉽도록 되어 있다(Hanson, 2013/2015).

긍정 감정의 기능은 "인간의 정신적 역량을 확장"하는 것이다(Schwab & Schwender, 2011: 17). 바버라 L. 프레드릭슨Barbara L. Fredrickson(1998)은 이것을 "우리의 마인드셋을 넓히는 것"이라 표현했는데,[3] 이는 곧 관점을 넓혀 포용적 세계관을 지니는 것과도 연계될 수 있다. 그는 기존의 감정 모델들이 긍정적 정서에는 잘 맞지 않는다는 사실에 착안하여 기쁨, 흥미, 만족 및 사랑을 중심으로 한 긍정 감정의 기능에 관한 모델을 제안하고 검증하였다.

프레드릭슨(1998)의 '확장 및 구축broaden-and-build' 모델은 긍정적 감정이 개인의 순간적인 생각–행동 목록을 더 넓히는 데 도움을 주며 이어 개인의 신체적, 지적, 사회적 자원을 구축하는 효과를 가져오게 된다고 본다. 그에 따르면, 긍정적 감정은 부정적 감정처럼 적응적 가치가 직접적이고 즉각적이지는 않지만(p.342), 조상 대대로 내려오면서 분명히 장기적으로 인간의 삶에 필요한 혜택을 주어 왔기 때문에 진화적 관점에서도 설명 가능하다. 예컨대, 사회관계가 인간의 삶에 필요하기에 이것을 확장, 구축하는 데 기여하는 긍정적 감정도 충분히 적응적 가치를 지닌다.

분노나 공포와 같은 부정적 감정이 적응적 관점에서 유기체의 생존에 도움을 주는 기능을 한다면, 긍정적 감정은 개체의 역량을 극대화하여 능력을 발휘하면서 포용적 마인드로 함께 살아가는 지

---

3 짐 퀵Jim Kwik(2020/2021)은 마인드셋을 "우리가 어떤 사람인지, 세상이 어떻게 돌아가는지, 우리가 무엇을 할 수 있고 무엇이 가능한지에 대한 신념과 태도 또는 가정"이라고 정의한다(p.52).

혜를 발산하기 좋은 분위기를 형성한다고 요약할 수 있다. 더 나아가, 긍정적 감정은 부정적 감정으로 인한 부작용을 완화할 수 있으며, 건강을 지켜 준다(Fredrickson, 1998: 313~315). 이처럼 부정적 감정과 긍정적 감정은 서로 작용하는 방식이 다르기 때문에 일반적인 감정 이론으로 묶어 다루기보다는 각각의 특성을 살려 따로 논의하는 것이 더 풍부한 시사점을 제공할 수 있다.

한편, 부정적 감정이라고 하여 모두 회피 반응을 일으키는 것은 아니다. 예를 들어, 좌절했거나 부당함이 감지되었을 때 발생하는 '분노'는 '투쟁-도피fignt-flight' 반응 중 '투쟁' 반응으로 이어지는 경우가 많다. '도피'를 택할 경우에는 대상으로부터 '회피'하는 선택을 하는 것이겠지만, '투쟁'을 택할 경우에는 대상에 '접근'해야만 목표를 이룰 수 있다. 투쟁 또는 도피라는 두 반응 중 어느 쪽이 자신의 원래 목표를 이루는 데 더 적합한지를 판단하여 '싸우거나 도망치는' 반응 중 하나를 택하게 되는 것이다. 부정적인 분노 감정도 때에 따라 '접근' 반응을 일으킨다는 점이 중요하다. 다만, 이때의 접근은 '동기'가 다르다. 호의적 동기가 아닌 '적대적 동기'를 가지고 접근하는 것이다. 구체적 개별 감정을 분석하면서도 감정-동기-인지를 통합적 틀로 조망해야 할 필요성이 여기에 있다.

또한 '놀람'은 그 자체가 긍정적 감정일 수도 있고 부정적 감정일 수도 있다. 갑작스럽게 좋은 소식을 들었다면 놀람은 긍정적 감정으로 이어질 것이고, 갑작스럽게 또는 예기치 않게 나쁜 소식을 들었다면 놀람은 부정적 감정으로 이어질 것이다. 따라서 놀람이라는 감정은 그 자체만으로 접근 또는 회피 반응을 일으키는 것이 아니라, 놀람이 발생하는 '맥락'이 함께 작용하여 추후 감정과 동기를 일으키는 과정을 밟는다. 이처럼 개별 감정이 갖는 독특성을 이 책에서는 사회적 상황 및 미디어 이용과 결부시켜 살펴볼 것이다.

앞서 언급했듯이 감정의 기능에서 매우 중요한 부분 중 하나는 부정적 감정이 긍정적 감정과 그 기능상 대칭적이지 않다는 점이다. 특히 추후 행동을 유발하는 측면에서 더욱 그렇다. 부정 감정은 추구하던 바가 잘 안 되었을 때 유발되는 상태이므로 이를 바꾸기 위한 시도가 적극적으로 또는 간접적으로라도 이루어지는 경향이 강하다. 심지어 자신의 부정 감정에 대한 대리적 반응을 보여 주는 미디어 콘텐츠를 소비하며 대리 만족을 느끼기도 한다. 반면에, 긍정 감정은 대체로 자신이 원하던 바가 이미 이루어진 상태이므로 바꾸기 위한 시도가 없거나 소극적인 경향이 있다. 또는 자신의 긍정적 상태를 단순히 알리거나 전파하려는 경향을 보이기도 한다. 긍정 감정이 대부분의 사람들이 추구하는 궁극적인 상태이며 창의적인 생각을 자극한다는 장점을 지니는 것은 사실이다(Frazzetto, 2013/2016). 하지만 상황을 바꾸려는 절실함 측면에서는 긍정 감정이 부정 감정에 비해 다소 약하다고 할 수 있다.

긍정과 부정 감정 중 특히 구체적으로 구분이 되는 '개별 감정'에 초점을 둘 필요가 있다. 그 이유는 최근의 연구들이 개별 감정에 따라 다른 활성화 과정을 보인다는 사실을 증명했기 때문이다. 예컨대, 커샌드라 블랜드Cassandra Bland 등(2016)은 공포와 분노가 모두 고각성 부정 감정으로 분류되지만, 공포 감정은 공포와 관련된 기억의 오류를, 분노 감정은 분노와 관련된 기억의 오류를 이끌어 낸다는 점을 보여 주었다(그림 2-3 참조).

이러한 연구 결과는 기존의 '활성화 확산' 이론들, 예컨대 연합 확산 이론associative activation theory(Howe et al., 2009), 감정 네트워크 이론(Bower, 1981), 희미한 흔적 이론fuzzy-trace theory(Brainerd & Reyna, 2002)

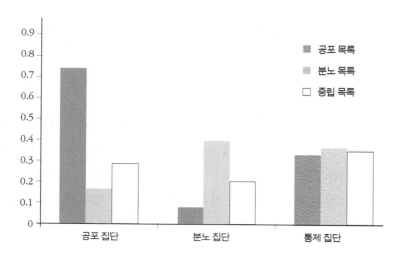

그림 2-3 공포 및 분노 감정 집단별로 공포 관련 내용과 분노 관련 내용의 기억
오류 반응 비율이 달라짐

출처: Bland, Howe, & Knott, 2016: 5.

및 감정 평가 이론(Oatley & Johnson-Laird, 2014) 등이 일반적인 '의미
적–감정적' 기억 구조에 바탕을 둔 확산 과정에 기반을 두기는 하지
만, 그 과정이 지금까지 알려져 왔던 것보다 훨씬 더 '선택적'이라는
사실을 증명한다. 우리의 머릿속에서 '일반적인 부정적 감정'이 활성
화되는 것이 아니라, 상황에 따라 특수하게 떠오르는 구체적 감정이
선택적으로 활성화되어 기억이나 판단 과정에 영향을 주는 것이다.

2. 긍정 감정의 종류와 특성

1) 기쁨

기쁨이라는 감정을 행복과 유사하다고 보는 학자도 있지만(예를 들면 Lazarus, 1991), 행복이 비교적 중간 정도의 각성 수준을 시사하는 데 비해 기쁨은 그보다 조금 더 각성 수준이 높은 경험에 해당한다. 그래서 기쁨은 행복보다는 오히려 '재미,' '들뜸,' '명랑' 쪽에 가까운 특성을 지닌다(Ruch, 1993).

프랑스 철학자 프레데릭 르느와르Frederic Lenoir(2015/2016)는 《철학, 기쁨을 길들이다*La Puissance de la Joie*》에서 스피노자의 '기쁨'에 대한 관점을 다음과 같이 말한다.

> "만물이 자기 존재 역량에 따라 자기 존재를 보존하려고 노력한다"
> …… 생물은 이런 본능적인 노력을 펼치는 과정에서 자신에게 영향을 주는 것들과 자신의 영향을 받는 것들을 맞닥뜨리기 마련이다. …… 그런 만남들이 장애물로 작용할 때 인간은 행동 역량이 위축되고, 제대로 성장하지 못하며, 슬픔에 빠진다. 반대로 그런 만남들을 계기로 더 완전한 자기 자신이 되면 그의 존재 역량은 증대되고 기쁨이 깃든다. …… 그는 이런 정의를 통해 우리가 성장할 때마다, 진일보할 때마다, 작은 승리를 거둘 때마다, 자기 본성을 조금 더 실현할 때마다 기쁨을 느끼기 마련이라고 말했다. (Lenoir, 2015/2016: 40~41)

이처럼 철학자의 성찰과 심리학자의 과학적 발견이 일치할 경우, 그것이 옳을 가능성이 더 높다.

기쁨을 '행복의 단편'이라 명명한 조반니 프라체토Giovanni Frazzetto(2013/2016)는 기쁨이나 행복과 같은 긍정적 감정은 1990년대에 들어서야 진지하게 연구되기 시작했음을 지적한다. 그 이전에는 과학적 연구들이 분노, 두려움, 역겨움, 슬픔 등과 같은 부정적 감정에 훨씬 더 많은 관심을 두어 왔던 것이다. 그 이유 중 하나를 그는 "부정적 감정을 가장 훌륭하게 모면하고 싶었기 때문"이라 말한다(p.250).

기쁨을 느끼는 사람은 얼굴에 미소를 띠며 웃음 짓는 경우가 많다. 웃음의 구성 요소들을 분석한 로버트 프로빈Robert Provine(1996)의 연구에 따르면, 웃음은 무질서한 방식으로 대화 속에 끼어드는 것이 아니라 대개 대화의 끝부분에서 마침표 역할을 한다. 또한 거울 뉴런의 효과가 웃음의 경우 매우 강하게 나타나 주변 사람들에게 쉽게 전파된다. 표정뿐만 아니라 웃음소리도 뇌의 모방 영역을 작동시킨다고 한다(Sauter et al., 2010). 더 나아가, 혼자서 코미디 프로그램을 보며 웃는 경우도 있기는 하지만 실험 결과 사람들은 대체로 혼자 있을 때보다 다른 사람들과 함께 있을 때 30회 정도 더 많이 웃는 것으로 나타났다(Provine & Fischer, 1989). 기쁨이라는 감정은 대개 개별적으로 느끼지만, 이것이 표현되는 웃음은 사회적으로 표현되는 경우가 많음을 알 수 있다.

조금 더 깊이 들어가면, 기쁨과 유사한 개념들을 구분한 학자도 있다(Lindsay-Hartz, 1981). 현실적으로 이루기 힘든 환상적인 소망을 이루었을 때 느끼는 '뛰어오를 듯한 기쁨'에 비해, '감사한 기쁨'은 환상이 포함되지 않은 현실적인 희망을 이루었을 때 느끼는 감정이다(de Rivera et al., 1989: 1016 간접 인용). 연구자들이 참가자들에게 이 감정의 명칭을 주고 그 구체적 사례들을 생각해 내도록 한 다음, 한 단계 더 나아가 그러한 감정을 느낄 때 충동, 환상, 또 다른 행동, 감정 경험 시의 시간과 공간의 지각 등을 더 물어 구분한 결과다. '뛰어오를 듯한 기쁨'을 느낄 때 사람들은 기쁨의 강도가 너무 강해 펄쩍펄쩍 뛰며 잘 모르는 사람들에게도 자신의 감정을 이야기하는 경향이 있다. 반면에, '감사한 기쁨'을 느끼는 경우는 현실적으로 원하던 바를 이루어 불확실성이 해소되면서 긴장이 다소 완화되어 안도하는 감정과 함께, 그 희망을 이루는 데 도움을 주었던 권력자에 대한 의존성이 포함되는 경향을 보인다. 이에 비해 기쁨은 그 감정을 느끼는 당사자와 연계되어 있는 또 다른 특정인과의 상호 간 만남을 가져오며, 삶의 의미를 느끼게 해 준다(de Rivera et al., 1989: 1016 간접 인용).

그러나 이러한 감정 경험은 문화에 따라 달리 나타날 가능성이 있다. 예컨대, 환상적인 소망을 격려하는 문화에서는 '뛰어오를 듯한 기쁨'을 더 느끼기가 쉽지만, 그렇지 않은 문화에서는 상대적으로 그런 감정을 느끼기 쉽지 않다. 뿐만 아니라, '감사한 기쁨'에 내재되어 있는 권력자에 대한 의존성을 용인하는 문화에서는 이 감정을 느끼기 쉽지만, 그렇지 않은 문화에서는 느끼기 쉽지 않다. 유사한 긍정적 감정을 지나치게 세분화하는 것도 본질을 흐리게 할 수 있어, 적절한 구체성 수준의 구분이 더 유용해 보인다.

2) 관심과 흥미

프레드릭슨(1998)은 관심 또는 흥미를 중요한 긍정적 감정에 포함시킨다. 정보가 넘쳐나는 최근의 미디어 환경에서 사람들의 관심을 얻고 흥미를 유발하는 것이 '관심 경제'의 관점에서 매우 중요하기에 (나은영·나은경, 2019; Goldhaber, 1997), 긍정 감정의 하나인 이 관심 또는 흥미를 더 면밀히 들여다보아야 한다. 관심은 호기심, 흥미진진, 궁금증 등과 밀접한 관련이 있으며, 도전 및 내적 동기와 개념적으로 공유되는 부분이 있다(Deci & Ryan, 1985). 또한 이것은 미하이 칙센트미하이Mihaly Csikszentmihalyi(1990)가 말하는 몰입flow과도 관련이 있다.

일찍이 캐럴 아이저드Carroll Izard(1997)는 사람에게 '관심'을 일으키기 위해서는 먼저 안전해야 하고, 새로움, 변화 및 가능하다는 느낌이 있어야 함을 지적한 바 있다. 이러한 생각의 연장선상에서 환경미학의 진화적 관점을 설명하면, 인류의 조상은 신비하면서도 정복 가능하다고 생각되는 풍경을 바라볼 때 '관심'이 생겨 그 환경 속에서 새로운 정보를 찾고 개척하기 시작한다(Kaplan, 1992, Fredrickson, 1998: 305). 따라서 '관심'은 관심의 대상이 되는 지식과 경험을 향상시키기 위한 탐색 과정을 내포한다. 최근 온라인 쇼핑몰에서도 사람들이 각자 자신이 관심 있는 상품들을 탐색하며 그것에 대해 더 많은 정보를 얻고 싶어 한다. 이러한 과정에 내재되어 있는 감정이 '관심'이며, 이것이 관심 경제의 바탕이 된다.

뿐만 아니라, 사람들이 미디어 콘텐츠를 선택할 때도 관심과 호기심이 중요한 역할을 한다. 관심을 끌지 못하는 콘텐츠는 영향력을 발휘할 수도 없기 때문에, 미디어 콘텐츠를 제작하는 사람들도 '관심 얻기'를 중요한 목표로 삼아 작업하는 경향이 있다. 이에 대해서는 미디어와 감정을 연계한 다음 장부터 상세히 다룬다.

3) 만족과 행복

만족은 행복의 필요조건이기는 하지만 충분조건은 아니다. 만족만으로 행복감을 느끼기 어려운 경우가 있기 때문이다. 만족은 평온함과 유사하게 각성 수준은 낮으면서 긍정적인 상태를 말하며(Ellsworth & Smith, 1988), 안도감과도 관련이 있다(Lazarus, 1991). 만족은 '아무것도 하지 않는 것,' 그리고 안도감은 '경계를 멈추는 것'을 강조하는 개념 이다. 단, 이 만족은 인지적인 측면의 감정으로서, 음식, 따뜻함, 휴식 등과 같은 신체적 요구를 충족시켜 얻게 되는 쾌감과는 구별된다. 만 족은 자아와 세계의 일체감을 증가시켜 세계관을 넓혀 준다는 측면 에서(Fredrickson, 1998: 306), 어린이가 어머니와의 애착을 기반으로 만 족감을 느낄 때 안심하고 주변 환경을 탐색하는 발달심리학 연구 결 과와도 연결이 된다. 더 나아가, 원함이 없이도 좋아함이 가능하며, 이 상태가 만족에 가깝다(Kringelbach et al., 2009: 485). 또한 좋아함이 없는 원함 상태가 지나치면 이것은 중독에 가까워지기 때문에 바람 직한 상태라고 볼 수 없다(Berridge & Kringelbach, 2016: 141).

긍정적 감정과 부정적 감정이 삶의 만족도에 어떠한 영향을 주 는지에 대해 46개국의 8557명 참가자들을 대상으로 한 국가 간 비 교 연구 결과(Kuppens, Realo, & Diener, 2008)도 흥미롭다. 대체로 부정 적 감정이 낮은 것보다 긍정적 감정이 높은 것이 삶의 만족도에 더 큰 영향을 주었으며, 집단주의 국가보다 개인주의 국가에서 부정적 감정 경험이 삶의 만족도를 감소시키는 정도가 더 컸다. 또한 생존 보다 자기표현을 더 중요시하는 국가일수록 긍정적 감정 경험이 삶 의 만족도를 증가시키는 정도가 더 컸다.

만족과 유사하지만 한 발 더 나아간 개념이 행복이다. 긍정 감 정 중에서는 행복에 관한 연구가 가장 많이 이루어져 왔는데, 이는 그리스 철학자 아리스토텔레스로부터 최근 긍정 심리학 연구자들 (Seligman & Cskiszentmihalyi, 2000)에 이르기까지 '행복'을 인간이 추구하는 가장 대표적인 정서의 대명사처럼 여겨 왔기 때문이다.

아리스토텔레스의 행복eudaimonia은 인생을 잘 살아가면서 의미 있는 가치를 추구하는 것을 뜻하기 때문에 생리적 요구need 충족을 기반으로 하는 쾌락hedonia과는 구분이 된다. 그러나 현재까지 관련 연구에 따르면 비록 무의식적 과정이라 하더라도 쾌락의 생리적 경로가 충족되지 않으면 행복을 주관적, 인지적으로 느낄 수 없다. 뇌과학적 연구들을 종합해 볼 때 쾌감이 전혀 없는 상태에서 행복을 느끼는 것은 거의 불가능하다.

4) 사랑

긍정 감정 중에서 가장 설명하기 어려우면서도 인간 역사에서 가장 중요하고도 깊은 의미를 지니는 감정이 바로 사랑이다. 예로부터 수많은 문학 작품과 예술 작품이 사랑을 다루고 있다. 남녀 간의 사랑뿐만 아니라 친구 간의 사랑, 부모-자녀 간의 사랑, 인류에 대한 사랑, 신에 대한 사랑, 신의 인간에 대한 사랑 등등 사랑의 종류도 이루 말할 수 없을 정도로 다양하다.

사랑이라는 감정 안에 포함되는 심리적 현상들은 ① 더 연결되기 위한 강한 욕망, ② 선택된 소수와의 강력한 연계, ③ 그들 사이에 성장하는 친밀감, ④ 충성심과 신뢰에 대한 개입 등이다 (Fredrickson, 2016: 847). 감정 과학의 관점에서는 사랑 경험과 사랑 관계를 구별한다(Lazarus, 1991). 사랑 경험은 직접적이며 일시적인 반면, 사랑 관계는 지속적인 사회적 연계라는 것이다. 사랑이 단일 감정이라기보다는 부드러우면서도 에너지 수준이 높은 복합 감정이라고 보는 관점도 있다(예를 들면 Rempel & Burris, 2005).

프레드릭슨(2016)은 사랑 감정을 "긍정성 공명의 순간a micro moment of positivity resonance"으로 정의하며, 사랑이 진행되는 동안 ① 긍정적 감정 공유, ② 상호 돌봄, ③ 생리 행동적 동시성이라는 세 가지 핵심 요소가 함께 작용한다고 주장한다(p.852). 그는 다른 긍정 감정과 마찬가지로 사랑이라는 긍정 감정도 '확장과 구축' 기능을 하기 때문에, 사랑이라는 감정을 마음에 품은 사람에게는 정신적, 신체적 건강 증진 및 사회관계의 확장, 친밀성 강화 등 폭넓은 긍정적 변화가 일어난다고 본다.

사랑을 긍정성 공명으로 정의하는 관점에서는 사랑 감정이 일어나려면 안전하다는 느낌이 먼저 있어야 하고 감각적 연결 또한 필요하다고 본다. 긍정성 공명의 결과로서 먼저 좋아함을 기반으로 하는 쾌감이 전제되고, 이어 원함이나 욕망이 발생하게 된다(Berridge & Kringelbach, 2016). 이처럼 긍정성의 공명이 동일한 대상과 장기간 이어지는 가운데 신뢰와 충성심 등도 성장한다.

사랑이라는 감정을 느낄 때 우리 뇌의 작용도 매우 활발해진다. 인간의 다섯 가지 감각 중에서 특히 '시각'이 사랑에 중요한 영향을 미친다. 예를 들어, 2년 넘게 사랑하는 사람의 컬러 사진을 볼 때 가장 많이 활성화된 뇌의 영역은 대뇌피질 아래의 두 영역, 즉 복측피개ventral tegmental 영역과 미상핵caudate nucleus이었다. 이 영역들은 "보상과 동기를 조정하고 욕구를 일깨우는 도파민dopamin"의 영향을 받는다(Frazzeto, 2013: 302~305). 도파민으로 인해 사랑하는 상대에 대한 집중력도 좋아진다. 더욱 중요한 사실은 사랑의 감정 속에서 보상 및 동기와 관련된 뇌 영역이 활성화되는 동안에는 편도체가 활성화되지 않았다는 점이다. 이는 사랑하는 사람을 볼 때 생기는 안정감, 기쁨, 믿음 등으로 인해 공포감이나 두려움 등이 사라짐을 의미한다(p.307).

사랑이라는 감정은 일방향적일 수도 있다. 사랑할 때 변화하는 뇌의 작용은 사랑을 '하는' 사람 쪽에서 나타나는 것이며, 사랑이라는 감정을 자신이 느끼지는 않은 채 일방적으로 받기만 하는 쪽에서는 그러한 변화가 나타나지 않는다. 물론 인간에게는 거울 뉴런이 있기에 상대의 표정에서 오는 감정을 모방적으로 느낄 수는 있으나, 그 강도는 훨씬 더 약하다는 뜻이다.

'용서'의 경우도 마찬가지다. 너그러운 마음으로 상대의 잘못을 용서하면 긍정적인 변화는 용서받는 사람보다 용서'하는' 쪽에 나타난다. 인지적 관점도 넓어지고, 뇌의 변화를 포함한 생리적 작용이 마음의 평화를 얻는 쪽으로 변화하는 것은 모두 용서'하는' 쪽이다.

5) 감사와 연민

감사와 연민이라는 감정은 모두 다른 사람과의 관계에서 일어난다. 그래서 사회성을 지닌다. 감사는 다른 사람이나 대상(예를 들면 권력 기관 등)으로부터 선물(필요할 때 도와주는 것처럼, 만질 수 없는 것도 포함됨)을 받을 때 발생하는 긍정적 감정이다(DeSteno et al., 2016: 835). 그 대상에게 감사의 마음이 일어나기 위해서는 받은 사람의 관점에서 볼 때 그것이 긍정적, 의도적이며 이익이 되는 것으로 지각해야 한다(McCullough et al., 2001).

감사하는 마음은 개인적으로도 일반적인 안녕감을 증진시켜 우울증 및 공격성 감소 등에 도움이 될 뿐만 아니라(DeWall et al., 2012; Lambert et al., 2012), 대인관계에서 긍정적으로 작용하여 관계 형성, 유지 및 강화에 큰 도움을 준다. 더 나아가, 사회관계망을 발달, 확장 시키며 사회적 포함social inclusion과 협력을 유발시킨다. 이러한 과정은 좀 더 거시적으로 사회 통합social integration에도 도움이 되어 이후의 감사 경험을 더욱 증폭시킴으로써(Froh et al., 2010), 사회 전체적으로도 긍정 정서의 선순환을 가능하게 해 준다. 감사의 마음을 비롯한 긍정 정서는 우리의 신체적 건강에도 도움이 되며, 원하는 뇌파를 인식하면 이 과정이 강화되기도 한다는 사실이 알려져 있다(KBS1, 2017. 2. 5).

앨릭스 코브Alex Korb(2015/2018)는 감사하는 마음이 뇌에서 도파민 회로의 활동을 개선해 사회적 상호작용을 즐겁게 느끼게 하고, 세로토닌serotonin을 증진시킴으로써 긍정적인 면에 초점을 맞추게 하여 상승 작용을 일으킬 뿐만 아니라, 수면의 질도 높여 준다는 사실을 강조한다. 그에 따르면 연민과 존경도 감사와 유사하게 뇌의 전대상피질anterior cingulate cortex과 뇌섬엽insula 및 시상하부hypothalamus를 활성화함으로써 감정이입에 긍정적 효과를 보인다.

연민은 공감적 관심이나 동정심과 유사한 감정이지만, 뒤에 언급하게 될 공감과는 다르다. '공감'이란 용어는 다른 사람의 정신적 상태와 공명하며 이해하는 과정을 지칭하는 데 주로 사용되지만, '연민'은 "다른 사람의 고통에 대한 반응으로 발생하여 그 사람의 고통을 덜어주고자 하는 친사회적 행위를 유발시키는 타자 지향적 감정 상태"를 지칭한다(Goetz et al., 2010; DeSteno et al., 2016: 837). 이러한 이유로, 연민과 친사회적 행동의 관계에 관한 연구들이 많이 이루어져 왔다.

연민의 감정이 주로 다른 사람에게 초점이 있는 감정이지만, 이 감정을 느끼는 사람에게도 풍부하게 채워지는 느낌을 주는 등 긍정적 결과를 가져온다(예를 들면 Klimecki & Singer, 2012; Brown et al., 2009). 혹자는 '연민 피로compassion fatigue'라 하여 연민이 피로감을 가져올 수 있음을 호소하기도 한다. 하지만 많은 연구자들은 연민을 느끼는 가운데 경험하게 되는 고통은 일종의 '감정이입적 고통empathic distress'으로서 그 안에는 고통 받는 사람에 대한 관심이나 사랑 등이 포함되어 있다고 본다(Condon & Barrett, 2013).

연민은 원래 잘 알지 못했던 사람에게도 느낄 수 있다. 연민을 느끼면 그 대상을 지원해 주려는 동기가 강해져 그와 관련된 도움 행동은 증가하고 공격성은 감소한다(DeSteno et al., 2016: 843). 따라서 감사와 연민의 마음은 전체적으로 사회 자본을 구축하는 데 도움이 된다.

3. 부정 감정의 종류와 특성

1) 분노

'분노anger'라는 단어는 '근심, 괴로움, 고통'을 의미하는 고대 스칸디나비아어 '앵그르angr'에서 유래했다(최현석, 2011: 113). 또한 아리스토텔레스는 경멸, 무례, 악의와 같은 부당함에 대한 복수의 욕망 등이 분노를 일으키며(p.16), 특히 우리가 중요하게 생각하는 사람 또는 경쟁자 앞에서 부당한 대우를 받을 때 이러한 분노는 더욱 커진다고 하였다.

조직 환경에서의 분노를 연구한 다음 내용을 살펴보자. 대개 ① 부당한 대우를 받는 경우(44%), ② 부도덕한 행동을 보게 되었을 때 (23%), ③ 자신의 일이 잘 진행되지 않을 때(15%), ④ 존중받지 못할 때(11%), ⑤ 공개적으로 모욕당할 때(7%) 순으로 화가 난다고 한다 (Fitness, 2000; 최현석, 2011: 115~116, 간접 인용). 더욱 중요한 것은 분노 상황에서도 '안전하다'고 느낄 경우에 분노를 더욱 자유롭게 표현한다는 사실이다. 동일한 연구 결과에 따르면 분노를 일으킨 사람이 부하 직원일 때는 71%, 동료일 때는 58%, 상사일 때는 45%가 분노를 표현하기 때문에, 상황에 따라 분노가 표현되지 않는 비율도 꽤 높게 나타난다.

분노가 슬픔, 즐거움, 두려움 등과 다른 점은 분노를 '간접적'으로 경험하기가 쉽지 않다는 점이다. 영화나 드라마의 등장인물이 슬퍼하거나 즐거워하거나 두려워하면 이를 보는 사람도 함께 슬프거나 즐겁거나 두려운 경향이 있으나, 등장인물이 분노한다고 해서 이를 보는 사람도 함께 분노하기는 쉽지 않다는 것이다. '저런 상황이면 화가 나겠구나' 하고 생각할 수는 있을지언정, 자신이 그런 일을 당했을 때처럼 분노하는 것은 아니다.

'분노가 시야를 좁힌다'는 연구 결과도 있다(Harmon-Jones & Gable, 2013). 화가 난 상황에서는 마치 술을 마셨을 때처럼 눈앞의 상황에만 주의를 집중하게 되어 전체적인 맥락을 잊은 채 시야가 좁아진다는 것이다. 이처럼 분노가 시야를 좁힌다는 연구 결과가 참이라면, 그 대우인 '시야를 넓히면 분노가 줄어든다'는 명제도 참일 것이다. 따라서 화가 나면 바로 언어 표현을 포함한 모든 행위를 일단 멈추고, 심호흡을 한 다음 주변을 둘러보며 과거, 현재, 미래를 폭넓게 생각해 보는 것이 좋다. 이렇게 하면 분노를 다소 가라앉힌 상태에서 좀 더 현명하게 대응할 확률이 높아질 것이기 때문이다.

분노가 여타의 부정적 감정과 다른 점은 슬픔이나 혐오 등과 같은 부정적 감정의 경우 '회피' 동기를 일으키는 데 비해 분노는 '접근' 동기를 일으키는 경우가 많다는 것이다(Harmon-Jones & Harmon-Jones, 2016: 781). 이러한 분노-접근 관계를 설명하려는 시도도 있다. 찰스 카버Charles Carver와 에디 하먼존스Eddie Harmon-Jones(2009)는 접근하던 목표물이나 보상이 좌절되었을 때 느끼는 것이 분노이기 때문에 이 분노는 접근 동기와 관련이 있다고 본다. 그런데 화가 났을 때는 대개 그 분노를 일으킨 원인을 공격하려고 접근하는 경우가 많기 때문에 그 결과가 긍정적이지 않을 때가 많다(Berkowitz, 2012).

그럼에도 불구하고 분노와 유사한 감정이 접근 동기와 연결되면서도 긍정적 결과를 가져오는 경우가 있다. 분노가 '열정'이나 건설적인 '성취 동기'로 승화될 때 그렇다. 분노는 행동하게 하는 에너지는 되지만 행동의 방향성을 결정하지는 못한다. 이 때문에 분노를 가라앉힌 상태에서 일단 행동의 방향성이 바람직한 방향으로 잘 설정된 이후에는 그 에너지가 긍정적인 방향으로 발산될 가능성을 내포하고 있다.

2) 공포와 불안

지그문트 프로이트Sigmund Freud 이래로 불안의 개념은 늘 마음의 병을 가져오는 핵심 요소로 자리 잡아 왔다. 감정 유발 대상이 분명한 공포와는 달리 불안은 감정을 일으키는 대상과 무관하게 그 상태에 초점이 있다. 대체로 '객관적 원인'과 '임박한 결과'가 있는 상태는 공포의 범주로 보아 '놀란, 당황한, 겁먹은, 무서운'과 같은 단어로 표현되고, 감정의 원인과 결과가 상대적으로 불분명한 상태는 불안의 범주로 보아 '번민하는, 걱정하는, 두려운, 과민한, 우려하는, 동요하는, 답답한'과 같은 단어로 표현되는 경향이 있다(LeDoux, 2015/2017: 26).

공포와 불안을 감정 강도의 차이로 보아 다음의 단어들로 분류하기도 한다(예: Wenger, Jones, & Jones, 1956; LeDoux, 2015/2017: 26).

- 약한 강도: 걱정하는, 염려하는, 우려하는, 조마조마한, 초조한 ('불안'에 가까움)
- 중간 강도: 놀란, 겁먹은, 두려운, 무서운
- 강한 강도: 공황, 공포 ('공포'에 가까움)

또한 감정의 지속 정도 차이로 불안과 공포를 구분하기도 한다. 공포는 그 대상이 사라지면 바로 사라지는 경향이 있으나, 불안은 그 대상 자체가 애매하므로 상당 기간 지속되는 경향이 있다는 것이다(최현석, 2011: 85). 공포와 불안을 어떻게 구분하든 이 두 감정은 ① 위험이나 불쾌한 일이 현존하거나 예상되는 상태, ② 긴장된 걱정과 염려, ③ 높은 각성, ④ 부적 정서, ⑤ 신체 감각의 동반이라는 공통 특성을 갖고 있다(Rachman, 2004; LeDoux, 2015/2017: 27).

인간을 포함한 포유동물은 공포 감정을 느낄 수 있도록 타고나지만, 공포의 대상은 학습된다. 공포 반응이 학습되는 과정은 생존 회로 활성화를 통한 방어 동기의 작용과 관련이 있다.

방어 동기 상태는 단순한 생물과 복잡한 생물 모두에서 나타날 수 있지만, 자신의 뇌 활동을 의식적으로 자각할 능력을 가진 동물만이 우리가 흔히 공포라 부르는 상태를 경험할 수 있다. …… 따라서 우리 뇌에서 방어 생존 회로가 활성화되고 그 결과가 현재의 자극 그리고 그 자극이나 유사한 자극의 기억과 연결될 때, 우리는 그 사건이 '나 자신'에게 일어난다는 사실을 자각하고 공포를 느끼게 된다. (LeDoux, 2015/2017: 72~73)

뇌의 편도체와 관련된 연구들을 종합해 보면, 공포 자체가 방어 반응을 일으키는 것이 아니라 편도체가 방어 생존 회로로서 위협을 감지하면 이것의 신경적 요소들이 재료가 되어 인지적으로 해석됨으로써 공포의 느낌을 갖게 되는 것이다. 아리스토텔레스가 "용기 있는 사람은 두려움이 없으며, 위험한 상황에 처했을 때도 두려움 때문에 위축되지 않는다"고 한 것은 우리 감정이 생각하기에 따라 달라질 수 있음을 강조했기에 현대의 감정에 관한 인지 이론과 일맥상통한다(최현석, 2011: 16).

3) 슬픔

'슬픔' 감정은 대개 상실 또는 패배를 지각할 때 촉발된다(Beck & Alford, 2009). 슬픔 상태는 심사숙고 과정을 통해 목표를 재평가하고 스트레스 상황에 대처하며 적응적 방식으로 그 상황을 변화시키도록 동기화하는 경향이 있다(Keller & Nesse, 2006). 더 나아가 슬플 때 표현되는 울음은 타인으로부터 명시적인 연민과 도움을 이끌어 내는 기능을 한다(Nettle, 2004).

슬픔이라는 감정이 다음과 같은 상태로 2주 이상 지속되면 우울증으로 진단한다(Webb & Pizzagalli, 2016: 859).

① 우울감, ② 쾌감 또는 흥미의 감소, ③ 체중 또는 식욕의 현저한 변화, ④ 불면증 또는 과다수면증, ⑤ 심리신체적 동요 또는 지체, ⑥ 피로감 또는 기운 없음, ⑦ 무가치감 또는 과도하거나 부적절한 죄책감, ⑧ 사고력과 집중력 감퇴 또는 결정 장애, ⑨ 빈번한 죽음에 대한 생각, 자살 생각 또는 실행.

우울하거나 슬픈 상태에서는 주의 집중, 해석 및 기억 등과 같은 정보 처리 과정에 인지적 편향cognitive bias이 개입되기 쉽다. 그래서 인지 행동 치료cognitive-behavioral therapy 중에 이러한 편향을 바로잡는 과정이 포함된다(Beck et al., 1979).

슬픈 상태에서는 신경생물학적으로 발생하는 기능상의 문제들도 나타난다. 부정적 자극에는 반응이 과장되어 나타나며(Hamilton et al., 2012), 긍정적 자극에 반응하는 정도가 줄어든다(Pizzagalli, 2014). 뿐만 아니라, 슬픔이 지나쳐 우울증이 되면 기본신경망에서 부적응적 반추maladaptive rumination, 즉 "부정적인 자동적 생각negative automatic thoughts"을 반복하게 되어 집중을 요하는 일상 과제를 수행하는 데 어려움을 겪는다(Webb & Pizzagalli, 2016: 866).

뇌과학적으로 살펴보면 슬픈 상태에서는 기본신경망(DMN: default mode network)[4]의 작동이 더 증가하며, 과제를 수행하는 동안이 영역을 억제하는 정도는 감소한다(Greicius et al., 2007; Grimm et al., 2008). 기본신경망이 아무 일도 하지 않을 때 활성화되는 영역임을 감안하면, 이러한 결과는 슬픈 감정을 느끼는 상태, 또는 우울한 상태에서는 (부정적인) 자기 참조적 정보 처리를 더 많이 하며, 저절로 떠오르는 부정적인 생각들을 억제하기도 어렵고, 막상 집중해야 할 과제에는 집중을 잘하지 못하는 현상에 대한 생리적 근거를 제공해준다.

---

4   고든 슐먼Gordon Shulman 등(Shulman et al., 1997)이 1997년에 발견한 기본신경망은 아무런 과제를 하지 않을 때 활성화되는 뇌의 영역으로, 과제를 수행하다 멈추면 다시 작동하기 시작한다(Raichle et al., 2001). 이 기본신경망은 특정 과제를 수행하지 않을 때 '타인과 자신에 대해 생각하는 능력,' 즉 '사회 인지'를 지원하는 신경망으로 알려져 있다(Lieberman, 2013/2016: 36).

4) 미움과 혐오

'미움'은 대인관계에서 '사랑'과 대비된다. 그래서 존 렘펄John Rempel
과 크리스토퍼 버리스Christopher Burris(2005)는 사랑을 정의할 때 타
인의 가치를 인정하는 동기에 기반을 두어 '타인의 안녕을 보존하거
나 증진시키려는 목표'와 연계됨을 강조한다. 반대로, 미움의 정의는
타인의 가치를 인정하지 않는 동기로서 '타인의 안녕을 감소시키거
나 파괴하려는 목표'와 연계된다.

미움은 대개 사람과 사람 사이의 관계에서 많이 발생하지만 이
러한 감정이 집단 간으로 확대되거나 더 강해지면 집단 간 적대감으
로 이어진다. 미움보다 더 강한 표현은 '증오'라 할 수 있다. 아리스
토텔레스는 증오가 다음과 같은 측면에서 분노와 다르다고 말한다.

> 분노는 공격받았을 때 일어나지만 적개심은 그렇지 않고서도 일어날
> 수 있다. 우리는 단지 어떤 사람의 성격이 자신과 비슷하다는 이유만으
> 로도 그 사람을 증오할 수 있다. 분노는 시간이 지남에 따라 점차 사그
> 라질 수 있지만 증오는 사그라지지 않는다. 그리고 분노는 고통을 동반
> 하지만 증오는 고통을 동반하지 않는다. (최현석, 2011: 17)

미움과 유사한 종류의 감정이지만 처음부터 대인관계 또는 집
단 간 관계에 사용되지는 않았던 용어로 '혐오'가 있다. 이 혐오 감
정은 원래 다윈(Darwin, 1872/1998)이 정의하듯 "실제로 지각하거나
생생하게 상상할 때 주로 미각과 관련하여 거부감이 드는 것, 그다
음으로는 후각, 촉각, 심지어 시각을 통해 이와 유사한 느낌을 유발
하는 것"을 지칭한다(p.253). 이처럼 혐오 감정은 주로 '역겨움'과 같

이 생리적 거부감을 의미하는 데서부터 점차 그 의미가 확장되어 왔다고 할 수 있다(Rozin et al., 2016: 815~816).

적응 과정에서는 당연히 어떤 음식물에 대한 역겨움이나 혐오로 인해 그것을 섭취하지 않음으로써 독이나 균이 들어 있는 음식을 피할 수 있는 등 생존에 긍정적인 역할을 해 올 수 있었을 것이다. 그러나 이 혐오 감정이 사회적 상황에서 특정 집단의 사람들에게까지 확대 적용되면서 사람(들)이 다른 사람(들)을 마치 독이나 균 보듯 한다면 이는 사회를 위해 절대로 적응적인 감정이라고 할 수 없다.

실제로 특정 군의 타인들을 위협의 원천으로 보고 이들을 피하려 하는 감정은 '대인 혐오'라 부른다(Rozin et al., 2016: 820; Tybur et al., 2013). 이 중에서 특히 '도덕적 혐오'는 분노 감정이나 해로움을 지각하는 과정과 섞여 있는 경우가 많다(Royzman et al., 2014). A의 관점에서 B가 어떤 도덕적 기준을 위반한 것으로 보이면 A에게는 B가 해롭다고 지각된다. 이것이 사실은 A에게 분노를 일으키는 것인데 표현을 '혐오스럽다'거나 '역겹다'고 할 수 있다는 것이다.

공포, 즉 두려움과 혐오의 차이점을 가장 잘 구분하기 위해서는 예를 들어 독버섯과 바퀴벌레를 떠올리면 된다(Robinson, 2005/2015 참조). 우리는 독버섯을 혐오하기보다는 두려워하며, 바퀴벌레를 두려워하기보다는 혐오하는 경향이 있다. 일단 혐오감이 생기면 쉽게 사라지지 않고 더 강해질 수 있기 때문에 인간 사회에서 더욱 주의해야 할 감정 중 하나라고 할 수 있다.

5) 자기의식적 감정 1: 질투(vs. 경탄), 죄책감, 수치심

자기의식적self-conscious 감정은 자기 스스로에 대한 인식이 발달한 이후부터 생겨난다. 빠른 경우는 생후 15개월부터 자기의식이 생기기도 하지만, 일반적으로 생후 24개월 전후하여 자기 참조적 행동self-referential behavior이 나타난다(Lewis, 2016: 794). 자기를 되돌아보며 '기준, 규칙 및 목표'에 관한 생각들이 발달하여 이에 비추어 자기 자신을 평가하는 과정이 개입되는 것이다. 질투, 자부심과 오만, 죄책감과 수치심, 당혹감 등이 이 범주에 속한다.

자기의식적 감정 중에는 감정의 뿌리는 유사하나 이것이 긍정적으로 발현되기도 하고 부정적으로 발현되기도 하는 감정이 있다. 예를 들어, 질투와 경탄은 모두 타인이 자기보다 더 높은 성취를 얻었을 때 일어난다. 하지만 "자기가 하고 있는 영역에서 자기가 조금만 더 하면 얻을 수 있을 것 같은 목표를 다른 사람이 더 먼저 또는 더 높게 이루었을 때 '질투'가 유발되는 반면, 자기가 하고 있지 않은 영역에서, 또는 자기가 하고 있는 영역이라 하더라도 자기가 아무리 해도 도달하기에는 벅차다고 인정하는 목표를 다른 사람이 이루었을 때 '경탄'이 유발될 수 있다"(나은영, 2010: 250).

이것은 부러움과 시샘의 차이와도 유사하다. 시샘이 질투, 부러움이 경탄에 해당한다. '부러움'은 "남의 좋은 일이나 물건을 보고 자기도 그런 일을 이루거나 그런 물건을 가졌으면 하고 바라는 마음"을 말하며, 시샘은 "자기보다 잘되거나 나은 사람을 공연히 미워하고 싫어함, 또는 그런 마음"을 말한다. 부러움은 '연합과 접근'의 동기를, 시샘은 '분리 또는 회피' 동기를 불러일으키는 경향이 있다(나은영, 2015: 156; 차운아, 2010).

죄책감과 수치심은 둘 모두 부정적 감정으로 무엇인가 자기가 잘못했다고 평가하는 데서 발생하는 감정이다. 또한 이 두 감정은 자부심과 함께 뇌의 배내측 전전두피질prefrontal cortex, 편도체, 뇌섬엽 및 측좌핵nucleus accumbens 등 서로 유사한 뇌 회로들을 작동시킨다 (Korb, 2015/2018). 이 중 측좌핵 이외의 영역들을 강력히 작동시키는 감정은 자부심이며, 측좌핵을 강력히 움직이는 감정은 죄책감과 수치심이라고 한다(p.248). 따라서 죄책감과 수치심은 자부심과의 관련 속에서 움직이며 서로 다른 작용을 한다고 볼 수 있다.

죄책감은 다른 사람이 그 사실을 알든 모르든 느끼는 감정으로 대개 동양인보다 서양인이 더 많이 보인다. 그에 비해, 수치심은 그 사실을 주로 다른 사람이 알게 될 때 느끼는 감정으로 대개 서양인보다 동양인이 더 많이 보인다고 한다(Hofstede et al., 2010/2014). 이러한 차이는 상대적으로 다른 사람들과의 관계를 중요시하며 타인의 시선에 더 관심을 많이 두는 동양 문화와 그렇지 않은 서양 문화의 차이에서 비롯되었다고 할 수 있다.

다음에 설명할 평가적 당혹감evaluative embarrassment이 수치심으로 경험되기도 한다(Tomkins, 1963). 대체로 수치심이 당혹감보다 그 강도가 더 강하다(Lewis, 2016: 804). 핵심적인 영역에서의 자기 평가가 관여될 때는 수치심으로, 그렇지 않은 영역에서의 자기 평가가 관여될 때는 당혹감으로 나타난다. 수치심은 사적, 공적으로 모두 느낄 수 있으나 당혹감은 대체로 공적 사건들과 연계되어 발생한다(p.805).

6) 자기의식적 감정 2: 오만(vs. 자부심), 당혹감

긍지 또는 자부심은 "가치 있는 물건이나 업적을 자기 공로로 인정함으로써 자신의 개인적 가치를 고양시키는 것"을 말한다(나은영, 2015: 157; Lazarus & Lazarus, 1994/1997). 마이클 루이스Michael Lewis(2016)는 자부심을 '특정 행위에 대한 성공적 평가의 결과'라고 이야기한다(p.805). 자부심이 지나치게 자기중심적으로 흐르면 오만 또는 자만심이 되어 나르시시즘과 유사한 부정적 성향을 띤다(Morrison, 1989). '오만'이라는 감정은 그것을 경험하는 사람에게는 큰 보상으로 느껴지지만 타인에게는 불쾌함으로 느껴져 사회적으로 바람직하지 않은 부정적 상태라 할 수 있다(Lewis, 2016: 806).

당혹감은 "자존감 상실, 타인들의 존중감 상실, 또는 이 둘 모두에 의해 자신의 이미지가 실추되었을 때 발생하는 불쾌한 느낌"을 말한다(Lewis, 2016: 794). 당혹감은 종종 수줍음과 혼동되기도 한다. 하지만 수줍음은 감정이라기보다는 '사회성'과 관련된 개인의 성향에 가깝다. 당혹감을 세분화하면 '노출'에 의한 당혹감과 '평가'에 의한 당혹감으로 나뉜다(pp.796~797). 노출에 의한 당혹감은 수치심보다 수줍음에 더 가까우며, 이런 유형의 당혹감은 부정적 평가와 관련이 없다. 단지 다른 사람들 앞에 드러나는 것 자체가 당혹스러운 것이기 때문이다. 이에 비해, 평가에 의한 당혹감은 초기 발달 과정에서 양육 가정 내의 기준, 규칙 및 목표 등이 내재화되어 자기 자신이 부정적으로 평가될 때 느끼기 시작하게 되는 것으로, 대개 만 3세경부터 경험이 가능한 감정이다(Lewis, 2016: 797). 여기에는 스스로 생각하는 기준, 규칙 및 목표에서 어긋난 데 대한 책임감, 성공과 실패에 대한 판단 등이 인지적으로 함께 작용한다.

수치심, 당혹감 및 자부심의 차이에 관한 연구들을 좀 더 살펴보면, 자기의식적인 평가적 감정을 느끼는 정도에 개인차가 있다. 예를 들어, 분노와 공포를 더 잘 느끼는 사람일수록 나중에 죄책감도 더 많이 느끼며, 스트레스에 대한 반응으로 코르티솔cortisol이 더 많이 분비되는 사람일수록 평가에 의한 당혹감과 수치심을 더 많이 경험한다(Ramsay & Lewis, 2001). 이러한 결과는 자기에게 초점을 맞추

표 2-1   자기 평가적 감정(오만, 수치심, 자부심, 죄책감/후회)의 구분

		내적 책임감을 통한 구분	
		성공 평가로 인한 (자신의) 긍정적 감정	실패 평가로 인한 부정적 감정
주의 집중의 초점	광범위	오만	수치심
	구체적	자부심	죄책감/후회

출처: Lewis, 2016: 802; Lewis & Sullivan, 2005: 189의 그림을 표로 수정.

는 경향이 강할수록 고통에 대한 역치가 낮아 내적인 생리적 신호를 막기 힘들어함을 시사한다.

자기 평가적 감정에 해당하는 오만, 수치심, 자부심, 죄책감/후회를 성공 및 실패 평가로 인한 책임감과 주의 집중의 초점에 따라 구분하면 표 2-1과 같이 나타낼 수 있다.

4. 중립/복합 감정, 사회적 공유, 집단 간 감정

감정을 오랫동안 연구한 폴 에크먼Paul Ekman은 공포, 분노, 행복, 혐오, 슬픔, 놀람을 여섯 가지 기본 감정으로 보았다(Ekman et al., 1983). 동양의 유학에서도 희喜·노怒·애哀·구懼·애愛·오惡·욕慾이라 하여 이른바 '7정(기쁨, 분노, 슬픔, 두려움, 사랑, 싫어함, 욕망)'을 사람이 사물을 만나 느끼게 되는 기본적인 정서로 보았다(최현석, 2011: 79). 단순히 긍정, 부정으로 나누어 지금까지 언급한 감정 중 일부, 또는 아직 언급되지 않은 다른 감정 중에는 기본 감정이 조합되어 나타나는 감정 경험도 있고, 어느 한 기본 감정이 그 정도를 달리 하여 나타나는

감정 경험도 있다. 이제 이러한 다양한 감정이 섞이고 변화하는 것에 대해 살펴보자.

1) 중립 감정, 복합 감정, 언어 표현

긍정-부정 차원에서는 중간 정도인 '놀라움surprise'이라는 감정은 긍정적 해석하에서는 기대 이상의 기쁨이나 새로움, 참신함으로 연결되는 반면, 부정적 해석하에서는 기대 이하의 실망이나 좌절 등으로 연결될 수 있다. '당연히 이러이러하리라'고 기대하던 것이 기대와 달리 나타날 때 기대 위반으로 인한 '뜻밖의' 느낌을 갖게 된다. 뜻밖의 선물은 기대했던 선물보다 더 기쁠 수 있지만, 당연히 합격할 것이라 기대했던 입사 시험에서 뜻밖에 탈락했다면 기대하지 않았던 시험에서 탈락했을 때보다 더 큰 실망을 느낄 것이다. 이 두 경우 모두 갑작스러운 위협적 자극의 출현으로 인해 반사적으로 깜짝 놀라는 '놀람' 반응과는 다르다. 인지적 과정이 거의 개입되지 않는 '생존 회로'와 관련된 내용은 7장에서 상세히 다룰 것이다.

감정을 단지 긍정-부정 차원에서만 논의하다 보면 놀라움과 같은 중요한 감정을 놓칠 수 있다. 특히 미디어와 관련하여 느끼게 되는 감정에서는 놀라움이 더욱 중요하다. 사람들은 지나치게 뻔한 스토리에서는 재미를 느끼지 못하기 때문에, 충격까지는 이어지지 않을 정도의 기대 위반이나 약간의 놀라움이 사람들의 관심을 끄는 데 필수적인 요소가 된다. 이에 대해서는 다음 장에서 미디어와 관련하여 더욱 상세히 논의할 것이다.

더 나아가, 새로운 시도로서 참신함을 느끼고 싶어 하면서도 지나치게 생소하면 거부감을 느낀다. 생소함-익숙함 차원에서는 익숙함을, 새로움 – 진부함 차원에서는 새로움을 선호하는 미디어 이용자들의 구미에 맞는 콘텐츠를 제작하기가 그리 쉬운 일이 아니다. '새롭되 생소하지 않고, 익숙하되 진부하지 않은' 내용과 형식을 찾아 줄다리기를 해야 하는 것이다(나은영·나은경, 2019).

제프 라슨Jeff Larsen과 A. 피터 맥그로A. Peter McGraw(2011)는 우리가 행복과 슬픔을 동시에 느낄 수도 있는 등 복합 감정에 대한 검증을 실시하였다. 전쟁의 고통 속에서도 가족의 소중함과 유머을 담은 영화 〈인생은 아름다워Life is Beautiful〉(1997)를 보는 동안 느끼는 감정, 그리고 본 후에 느낀 감정을 다양한 방법으로 측정하였다. 그 결과, 행복과 슬픔을 동시에 느끼는 것을 발견하였다. 감정의 긍정성과 부정성이 분리될 수 있으며, 이 둘이 동시에 발현될 수 있다. 에두아르도 안드레이드Eduardo Andrade와 조엘 코언Joel Cohen(2007)의 연구에서도 사람들이 공포 영화를 보는 동안 행복감과 공포감을 동시에 느낀다는 사실을 발견하였다.

단순하지 않은 감정 표현의 또 다른 사례는 '경멸'이라는 감정에 나타난다. 데이비드 마츠모토David Matsumoto와 폴 에크먼(2011)은 기본 감정에 해당하는 분노, 혐오, 공포, 행복, 슬픔, 놀람을 '단일한' 감정이라기보다는 다양한 감정의 '종족family'으로 이해한다. 예컨대, '분노anger' 종족에 해당하는 감정에는 약 오름aggravation, 짜증irritation, 동요agitation, 좌절frustration, 격노rage, 격분fury 등이 포함되며, '슬픔sadness' 종족에 해당하는 감정에는 마음 아픔hurt, 고통distress, 우울depression, 비애sorrow, 울적함melancholy, 실망disappointment 등이 포함된다(p.530).

에크먼 등(Ekman & Friesen, 1986; Ekman & Heider, 1988)은 '경멸'이라는 감정도 대부분의 문화권에서 보편적으로 얼굴 표정에 나타나는 일곱 번째 감정이라고 주장한 바 있다. 그러나 이 감정은 그리 단순하지 않아 좀 더 면밀히 살펴볼 필요가 있다. 경멸이 느껴질 때 대체로 모든 문화권에서 얼굴 표정 중 입꼬리가 비대칭적으로 올라가며 조여지는 모습으로 나타나는데, 여기에는 상대방에 대한 업신여김의 마음이 담겨 있어 스스로에 대한 자부심이나 자만심 등이 섞여 있다고 볼 수 있다.

이와 관련된 한 실험에서 영어권 참가자들은 '경멸'이라는 단어를 잘 떠올리지 못했다(Matzumoto & Ekman, 2011). 그 이유 중 하나는 '경멸'을 뜻하는 'contempt'라는 단어가 '만족'을 뜻하는 'contentment'와도 유사하고 '내용'을 뜻하는 'content'와도 유사하기 때문이다(p.539). '감정'과 '감정을 표현하는 단어'는 동일하지 않을 수 있고, 문화권에 따라 단어로 쉽게 표현되는 감정과 그렇지 않은 감정이 있다.

감정의 본질과 표현을 구분해야 한다. 사람마다, 그리고 나라마다 표현 방식이 다르기 때문이다. '슬픈,' '겁에 질린,' '불안한,' '우울한' 등과 같이 부정적 감정을 모두 합하여 '기분이 더럽다'라는 한마디로 표현하는 사람들도 있고(Barrett, 2017), 하나하나의 감정을 세부적으로 표현하는 사람들도 있다. 그러나 표현이 같다고 하여 본질적으로 항상 동일한 느낌을 의미하는 것은 아니다.

일상생활에서는 대개 감정이 언어로 표현된다. 그런데 이 언어는 나라마다, 문화마다 다르고, 언어 표현의 강도나 종류는 동일한 언어권 내에서도 개인에 따라 차이가 나타난다. 예를 들어, 어떤 상황에서 누가 '화난다'고 표현했을 때, 그 의미는 사람마다 다를 수 있다. 즉 A는 질투의 감정을 그렇게 표현했을 수도 있고, B는 실망의 감정을 그렇게 표현했을 수도 있다. 또는 A의 경우 질투가 분노로,

B의 경우 실망이 분노로 이어져 그렇게 표현이 되었을 수도 있다.

따라서 감정은 우리가 단순히 '저것은 분노다, 이것은 슬픔이다'처럼 단일한 감정으로 표현하기 어려운 경우가 많다(이 경우 '복합 감정'이라 할 수 있다). 생리적 상태로 보면 유사한 감정이라 판단할 수 있는 감정도 개인의 경험에 따라 그 근원도 다르고 표현도 달라질 가능성이 매우 높다. 그래서 감정 연구가 어렵기도 하지만, 감정 연구가 누적되어 갈수록 다른 주제의 연구들보다 인간의 본질을 파악하는 데 더욱 핵심적인 시사점을 던져 주기도 한다.

2) 감정의 강도와 사회적 공유

어떤 사건으로 인해 발생한 감정의 강도가 강할수록 이것을 다른 사람들과 더 많이 공유하려는 경향이 있다. 기쁨, 슬픔, 분노, 공포 등이 강하면 이것을 다른 사람들에게 이야기함으로써 공유하여 그 강도를 적절한 상태로 회복하면서 평정을 찾는 것이다.

감정 전달 이론emotional broadcaster theory에 따르면(Harber & Cohen, 2005), "감정적 영향력이 큰 이야기들이 사회적 네트워크를 통해 공유되는 경향이 더 크다"(p.393). 켄트 하버Kent Harber와 도브 코언Dov Cohen은 병원의 시체공시소를 방문한 참여자들이 보인 감정 반응이 강할수록 참여자들이 그들의 친구에게, 또 친구의 친구에게 그 이야기를 2단계, 3단계로 전달하는 정도가 더 강하다는 사실을 발견하였다. 이러한 연구가 최근 미디어의 SNS 환경에서 시사하는 점은 이 세상에서 발생하는 많은 사건 중 '감정적으로 큰 반향을 일으키는 사건들'이 입소문을 타고 더 널리 더 빨리 더 강하게 퍼질 가능성이 있다는 것이다. 미디어로 연결되는 네트워크가 발전할

수록 '(강한) 감정이 실린' 이야기들이 훨씬 더 많이 떠다니게 될 확률이 높아진다.

그렇다면 왜 사람들이 강한 감정을 일으키는 이야기를 더 많이 다른 사람들과 공유하고 싶어 하는 것일까? 이에 대한 하나의 해석은 고전 사회심리학 실험에서 찾아볼 수 있다. 공포 감소 가설보다 사회 비교 가설을 지지한 군집 경향 실험(Schachter, 1959)이 그것이다. 이 실험의 참여자들에게 공포감을 주는 실험에 참여하기 전에 실험을 끝내고 나온 사람과 함께 있을 것인지 자신처럼 실험을 기다리는 사람과 함께 있을 것인지를 택하게 했다. 이때 자신과 유사하게 실험을 기다리는 사람과 함께 있기를 원하는 경우가 더 많았다. 공포 감소 가설이 옳았다면 공포감을 감소시키기 위해 실험을 끝내고 나온 사람을 더 많이 찾았을 것이다. 하지만 실험 결과는 참여자들이 자신과 유사한 상황에 있는 사람들과 그 감정을 비교하며 공유하고 싶어 하는 마음이 더 강했음을 보여 주었다. 따라서 사회 비교 가설(Festinger, 1954)이 더 옳았음이 증명되었다. 공포감을 느낄 때 사람들은 단순히 공포 자체를 감소시키기 위해서보다는 다른 사람의 느낌과 생각은 어떠한지 함께 나누고 싶어 하는 마음이 매우 강하다. 특히 자신과 유사한 사람들과 이러한 감정을 나누고 싶어 하는 마음이 강하기 때문에 그런 사람들과 함께 있고 싶어 한다.

이것은 앞서 언급한 '사회적 뇌'의 개념과도 일맥상통한다. 사람들은 특히 강한 감정을 유발하는 경험을 할 때 다른 사람들과 함께 있으면서 그 이야기를 공유하는 가운데 적응적 상태를 다시 회복한다고 할 수 있다.

3) 집단 간 적대감

적대감은 집단 간에만 적용되는 감정이 아니라 개인 간에도 적용될 수 있다. 그러나 개인 간에 발생 가능한 감정은 지금까지 비교적 상세히 다루었기에, 여기서는 집단 간 적대감에 초점을 두어 설명하려고 한다. 또한 집단 간에도 우호적 감정과 적대적 감정이 모두 가능하지만, 적대적 감정은 집단 간 갈등에 내재하여 사회와 인류의 통합을 가로막고 있는 요소로서 중요한 역할을 하고 있기에 이 부분을 더 깊이 살펴볼 것이다.

집단 간 감정을 설명하는 이론들은 대개 사회 정체감 이론social identity theory과 자기범주화 이론self-categorization theory에 기반을 둔다. 이 이론들의 근간이 되는 주장은 사람이 '내가 누구인가' 하는 정체성을 정의할 때 자기가 속한 집단에 비추어 정의한다는 것이다 (Tajfel, 1978; Turner et al., 1987). 그래서 자기가 속한 집단이 잘하면 마치 자기가 잘한 것처럼 기뻐하고, 자기가 속한 집단이 잘못하면 마치 자기가 잘못한 것처럼 속상해하면서, 집단의 성취에 근거해 자기 존중감이 오르락내리락하게 된다.

엘리엇 스미스Eliot Smith(1993)는 이 두 가지 이론에 바탕을 두고 '집단 간 감정 이론intergroup emotions theory'을 제안한다. 이 이론의 뼈대는 만약 사람이 스스로를 사회적 정체성에 비추어 정의한다면, 자기가 속한 내집단ingroup에 영향을 주는 대상이나 사건은 당연히 감정적 반응을 유발시킨다는 것이다. 이러한 반응은 개인이 집단과 동일시함으로써 나타나는 집단 구성원으로서의 반응이다. 집단 간 갈등이 있을 때 특히 부정적인 집단 간 감정이 유발되는 경우가 많으며, 이러한 부정적 감정은 회피 행동으로 이어져 외집단outgroup을 배척하게 된다. 특히 선거나 운동 경기에서처럼 집단 정체감이 중요해지는 경쟁 상황에서 더욱 강한 감정이 유발되고, 이렇게 강하게 유발된 감정에 의해 집단 간 갈등이 행동으로 표출되는 것이다.

집단 간 감정 이론이, 감정에 관한 일반적인 '평가 이론appraisal theory' 및 '핵심 정서 모델core affect model'과 어떤 관계를 지니고 있는지를 잠시 살펴보자. 감정에 관한 '평가 이론'의 기본 가정은 '평가 과정을 거쳐 감정이 발생한다'는 것이다(Scherer, 1999). 집단 간 감정 이론에서는 그 평가가 이루어질 때 단지 개인에게 주는 영향만이 아니라 특히 집단에게 끼치는 영향의 측면에서 평가가 이루어진다는 점을 강조한다(Smith & Mackie, 2016: 415). 집단에 위협이 되는지의 측면에서 어떤 사건을 평가하여 그에 대한 감정 반응이 유발된다는 것이다.

감정에 관한 '핵심 정서' 모델(Russell & Barrett, 1999)은 유쾌-불쾌 차원과 고각성-저각성 차원으로 이루어지는 2차원 좌표 평면 위에서 핵심적인 감정을 이해할 수 있다고 주장한다(그림 2-1과 그림 2-2 참조). 분노, 공포, 슬픔, 죄책감 등과 같은 핵심 정서와 지각된 원인, 상황적 맥락 등 다양한 요소들이 작용하여 지각적 범주화 과정을 거치면서 다양한 개별 감정으로 경험된다. 이때 전형적인 정서들과 얼마나 유사한지를 판단하게 된다는 것이다(Smith & Mackie, 2016: 416). 이러한 과정이 집단과 관련된 감정 경험에도 그대로 일어나, 굳이 감정을 개인적 경험으로만 한정시킬 필요가 없음을 연구자들은 강조한다.

감정의 사회적 기능을 '다른 사람들과 모이게 하는' 기능과 '다른 사람들로부터 멀어지게 하는' 기능을 가진 감정으로 구분하면 표 2-2와 같이 나타난다(Fischer & Manstead, 2016: 425). 물론 이 구분

표 2-2   감정의 사회적 기능

모이게 하는 기능	멀어지게 하는 기능
행복	분노
사랑	미움
감사	경멸
경탄	혐오
슬픔	사회적 공포
죄책감	남의 불행을 좋아함
수치심	자신에 대한 자부심
후회	타인에 대한 실망

출처: Fischer & Manstead, 2016: 425.

이 항상 옳은 것은 아니다(예컨대, 수치심을 느낄 때 혼자 있고 싶어 할 수 있고, 분노를 느낄 때 파괴 목적으로 접근 동기가 발생할 수 있다). 하지만 대체로 모이게 하는 기능을 가진 쪽은 긍정 감정과 부정 감정이 고루 배치되어 있는 반면, 멀어지게 하는 기능을 가진 쪽은 주로 부정 감정이 차지한다.

이 책의 1부에서 지금까지 다룬 내용을 요약해 보면 다음과 같다. 우선 1장에서는 감정이 인간의 생존에 필수적이라는 점, 감정과 인지가 우리 뇌에서 함께 작용하여 행동의 동기와 밀접한 관련 속에서 움직인다는 점, 감정이 뇌의 특정 영역에 한정되어 있다기보다는 네트워크 작용을 통해 구성되어 나온다는 점을 강조하였다. 2장에서는 다양한 감정이 긍정-부정 차원과 고각성-저각성 치원으로 이루어지는 평면 위에 놓일 수 있는 구조임을 살펴본 후 긍정 감정과 부정 감정 및 복합 감정의 종류와 특성도 알아보았다.

이어지는 2부에서는 이 감정들이 미디어와 어떻게 관련되어 있는지를 알아볼 것이다. 긍정 감정과 미디어, 부정 감정과 미디어의 관계를 먼저 알아본 다음, 미디어 수용 과정의 감정, 미디어 표현 과정의 감정을 차례로 살펴본다.

2부

감정과 미디어

3장

긍정 감정과 미디어

1. 미디어를 통해 얻고자 하는 (긍정) 감정

우리는 미디어를 통해 수많은 콘텐츠를 소비하면서 위로와 편안함, 안정감, 짜릿함, 신남, 카타르시스 등 다양한 감정을 느낀다. 음악을 들으며 느끼는 감정만 생각해 보아도 조용한 음악을 들을 때의 평안함에서부터 밝은 음악을 들을 때의 경쾌함, 신나는 음악을 들을 때의 흥분 등 매우 다양하다. 또한 영화나 드라마에서 사랑이 표현될 때 관객이 느끼는 감정에는 사랑뿐만 아니라 이에 대한 대리 만족이나 상대적 박탈감 등 사람마다 매우 다양한 감정을 복합적으로 경험할 수 있다.

이처럼 미디어 안에서 '표현되는' 감정과 그것을 이용하는 사람이 '느끼는' 감정은 일부 중복되기도 하지만 서로 다른 감정이다. 미디어에 사랑이 표현되면 그것을 보는 사람들도 사랑을 느낄 수 있다. 이와는 달리 미디어에 복수심이 표현될 때 사람들은 통쾌함을 느낄 수도 있다. 모든 감정이 그렇듯, 미디어를 이용할 때 경험하는 감정에도 엔도르핀endorphin, 세로토닌, 옥시토신oxytocin 등의 분비와 같이 뇌와 연관된 활동의 변화가 다양하게 나타난다.

1) 공감

공감empathy은 다른 사람과의 소통 관계에서, 그리고 미디어 콘텐츠를 즐기는 상황에서 기본이 되는 감정이다. 공감이 전혀 없다면 소통이나 즐김이 전혀 발생하지 않는다고 할 수 있다. 공감의 정의는 매우 다양하다(나은영, 2010 참조). 여기서는 "타인의 내적 상태를 공유하고 이해할 수 있는 능력과 경향성"이라 정의하기로 한다(Zaki & Ochsner, 2016).

영어 'empathy'는 감정이입이란 뜻을 지닌 독일어 Einfühlung을 번역한 것이다. 이 용어는 1909년에 등장했는데, 독일 철학자 로베르트 피셔Robert Vischer가 최초로 사용하였다(Frazzetto, 2013/2016). 처음에는 사람들이 예술 작품을 인식하는 과정에서 그 작품에 빠져드는 것으로 보일 때 이 용어를 사용했다(Freedberg & Gallese, 2007). 그러다 점차 그 적용 범위가 넓어져 "다른 사람이 생각하거나 느끼고 있는 것을 알아채고 확인해 내는 능력이자 비슷한 감정 상태로 반응하는 능력"으로 정의하게 되었다(Baron-Cohen, 2011; Frazzetto, 2013/2016: 204).

드라마나 영화를 보며 그 내용이나 등장인물에 공감하는 것은 '대리적 반응'과도 관련이 있다(Hoffman, 1978). 등장인물이 그 상황에서 느낄 법한 감정을 대리로 느껴 주는 것이기 때문이다. 이때 시청자나 관객이 등장인물과 더 강하게 동일시할수록 공감은 더 커진다. 미디어 콘텐츠 속 상황이 아닌 실제 상황에서도 역시 자신이 더 많이 동일시하는 사람에게 더욱 쉽게 공감할 수 있다.

공감의 뇌과학은 거울 뉴런 발견 이후에 더욱 발전하였다 (Iacoboni et al., 2003; Rizzolatti & Craighero, 2004). 대뇌피질에서 ① 뇌의 앞쪽에 있는 하전두이랑inferior frontal gyrus과 그 주변 복측 전운동 피질ventral premotor cortex, 그리고 그 뒤에 있는 ② 하두정소엽inferior parietal lobule이 거울 기능을 담당한다(Frazzetto, 2013/2016: 208). 특히 하전두이랑은 말하는 기능을 담당하는 브로카 영역Broca's area 안에 있어, 거울 뉴런 체계가 언어 기능 발달의 선구 물질일 가능성도 있다. 이러한 최근의 발견들은 일찍이 제스처의 대화를 기반으로 한 사람들 간의 커뮤니케이션이 있어야 비로소 정신mind과 자아self가 형성된다고 본 조지 허버트 미드George Herbert Mead(1934/2010)의 상 징적 상호작용론을 실증적으로 입증하는 것이라 할 수 있다.

최근에는 동기에 따라 공감을 의도적으로 감소시킬 수도 있고 증가시킬 수도 있다는 연구도 나왔다(Schumann et al., 2014). 예컨대, 협상 장면에서 상대에 설득당하지 않기 위해 공감에 저항한다든지, 반대로 관계 유지나 회복을 위해 상대에게 공감하려 노력하는 것이 가능하다는 것이다.

우리가 미디어를 즐길 때는 기꺼이 공감할 준비가 되어 있는 상 태일 때가 많다. 공감할 준비가 되어 있지 않은 상태에서는 굳이 미 디어 콘텐츠를 찾지 않을 것이기 때문이다. 뿐만 아니라 우리 뇌는 착각을 잘하기 때문에(예를 들면 상상 임신), 실제로 보는 것과 미디어 로 보는 것, 실제로 경험하는 것과 상상으로 경험하는 것을 간혹 혼 동하기도 한다. 이러한 뇌의 융통성은 우리가 미디어 콘텐츠를 실감 나게 즐기는 데 매우 큰 역할을 한다. (이에 대해서는 이 책의 후반부 '뇌과학과의 연계'에 집중한 논의에서 상세히 다룬다.)

2) 놀라움과 참신함에 근거한 관심

사람이 느끼는 감정 중 '놀라움'은 긍정 – 부정 차원에서는 중립적이다. 미디어를 이용하는 사람이 이러한 감정을 느끼려면 미디어 콘텐츠는 '놀라움,' 즉 '예측 불가능성' 요소를 어느 정도 담고 있어야 한다. 사람들은 예상하지 못했던 것을 볼 때 놀란다. 예측하지 못했던 것을 접할 때 더 많은 마음의 에너지를 쏟아 관심을 보이게 된다.

조니 폰테인Johnny Fountaine 등(2007)은 영어, 프랑스어, 독일어, 중국어의 감정 용어를 요인 분석하여 중요한 시사점을 얻었다. 감정을 긍정과 부정으로만 구분할 수는 없으며, 기존의 긍정 – 부정 차원과 각성arousal 차원에 더하여 '힘potency' 차원과 '예측 불가능성' 차원을 추가해야 한다는 것이다.

기존의 2차원에서 '놀라움'이라는 감정은 긍정 – 부정의 중간 정도로 나타나 정체가 애매했으나, 예측 불가능성 차원을 포함시키면 놀라움은 독특하게 이 차원에서 높은 점수를 보이면서도 긍정 – 부정 차원에서는 중립적인 위치에 놓여 정체가 분명해진다. 예측 불가능성이 다소 부정적 의미를 내포하고 있어 긍정적 의미로 이름을 다시 붙인다면 '새로움novelty' 차원이라고도 할 수 있다(그림 3–1 참조). 기대하지 않았던 뜻밖의 감정 경험이 바로 놀라움이지만, 이것이 긍정적으로 느껴지는 경우에는 새로움과 참신함의 경험에 속한다고 할 수 있다.

놀라움이란 정서의 기능에 관한 최근의 연구는 더욱 흥미롭다. 로라 슐츠Laura Schulz(2015)는 〈사이언스〉지에 유아들이 예상을 벗어

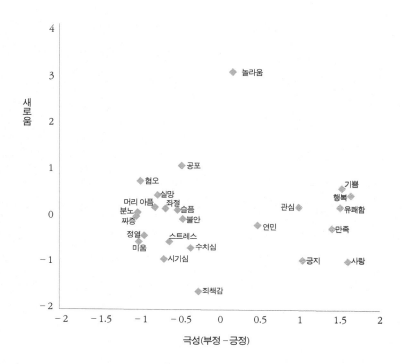

그림 3-1 감정 격자 위에서 '놀라움'의 위치

출처: Soriano, Fontaine, & Scherer, 2015: 445.

나는 사건에 더 큰 관심을 갖는다는 연구 결과를 발표하였다(《중앙일
보》, 2015. 4. 4 참조). 예를 들어, 자동차가 평지를 달리다가 절벽에서도
떨어지지 않고 계속 허공에 떠 있거나, 벽에 부딪치지 않고 벽을 통
과해 지나가거나 하는 상황과 같은 '예상 밖 사건'이 있을 때 그 자
동차에 더 큰 관심을 보인다.

　사람들은 새롭고 참신한 것을 좋아하지만, 그렇다고 하여 지나
치게 생소한 것은 거부감을 일으킨다. 미디어 콘텐츠도 마찬가지다.
지루하지는 않으면서도 개연성을 담보해야 관심을 계속 유지한다(나

은영·나은경, 2019). 사람들은 이야기가 어떻게 진행될지 궁금해하면서 계속 집중한다. 그러다 너무 뻔한 쪽으로 흘러도 지루해하며 관심을 돌리지만, 반대로 이야기가 갑자기 너무 말도 안 되는 쪽으로 흘러도 사람들은 외면하기 시작한다. 익숙하여 친밀하면서도 구태의연해서는 안 되고, 새롭고 참신하면서도 생소해서는 안 되며, 놀라움을 주면서도 충격까지는 이르지 않아야 사람들이 흥미를 유지하며 그 미디어 콘텐츠를 즐겨 찾게 된다.

드라마나 영화와 같은 픽션물을 감상할 때뿐만 아니라 인터넷이나 SNS를 활용해 미디어 콘텐츠를 탐색할 때도 사람들은 기대하지 않았던 새로움과 놀라움을 주는 콘텐츠에 관심과 흥미를 보이며 이른바 관심 경제의 에너지를 제공한다. 이제 너도나도 사람들의 관심을 끌어야 살아남을 수 있는 시대가 된 것이다.

3) 서스펜스 이후의 카타르시스

미디어 콘텐츠 중 특히 픽션물을 이용하는 과정에서 경험하는 감정 가운데 서스펜스는 아주 핵심적이다. 이 서스펜스가 강렬해야 이후에 느끼는 카타르시스도 강하게 느낄 수 있기 때문이다(나은영, 2010; 이가영·나은영, 2011). 서스펜스는 "무엇인가 확정되지 않은 상태에서 아슬아슬하거나 불안한 상태"를 말하며, "시청자에게 '마음 졸임'을 유발"한다(나은영, 2010: 65; Zillmann, 1991b). 드라마나 영화에서 갈등 구조를 유발하여 마음을 조마조마하게 만드는 것은 바로 이 서스펜스의 느낌을 만들어 내기 위한 것이며, 주인공의 대척점에서 갈등을 유발하는 악역의 역할이 서스펜스 유발의 측면에서 매우 중요하다.

사회심리학자 프리츠 하이더Fritz Heider(1958)는 균형 이론에서

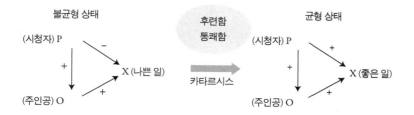

그림 3-2 하이더의 균형 이론 관점에서 본 서스펜스와 카타르시스의 관계
서스펜스가 높은 불균형 상태(왼쪽)에서 균형 상태(오른쪽)를 회복하며 후련함
을 느끼는 것이 카타르시스임을 보여 줌.

출처: 나은영, 2010: 78.

P(person) – O(other) – X(things or objects) 3자 간 관계가 서로 좋아하거
나 단위unit 관계일 때를 +, 그렇지 않을 때를 –로 표시했을 때, 이
부호를 곱하여 +가 나올 때는 균형 관계, –가 나올 때는 불균형 관
계로 보았다. 불균형 상태가 되면 불안정하여 긴장이 형성되고, 균
형 상태를 회복하려는 심리적 압력이 작용한다. 세 관계 중 하나 이
상이 변화하여 균형 상태를 회복하면 심리적 안정 상태가 된다.

나은영(2010)은 하이더의 균형 이론을 드라마의 서스펜스 경험
후 카타르시스가 일어나는 과정에 적용할 수 있다고 보았다. 그림
3-2에서 왼쪽은 시청자가 좋아하는(+) 주인공에게 시청자기 싫어
하는(–) 나쁜 일이 발생(+)했기 때문에 마음의 불편함을 느끼는 불
균형 상태를 나타낸다. 그러다가 마침내 시청자가 좋아하는(+) 주인
공에게 시청자가 좋아하는(+) 좋은 일이 발생(+)하면 균형 상태가
회복되어 심리적 긴장이 사라지면서 후련함과 통쾌함의 카타르시스
를 느끼게 된다.

이러한 과정을 검증하기 위해 이가영과 나은영(2011)은 드라마

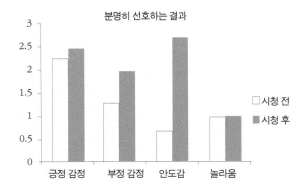

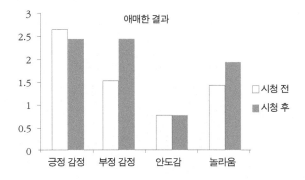

그림 3-3　미디어 내용이 원하는 결과로 이어질 때(위)와 그렇지 않을 때(아래) 안
도감 변화의 정도 차이

출처: Madrigal, Bee, Chen, & Labarge, 2011: 268.

〈찬란한 유산〉(2009, SBS)의 일부를 활용하여 긴장도 높은 장면 또는 긴장도 낮은 장면을 본 후에 갈등이 해결되었을 때 느껴지는 카타르시스와 즐김의 정도를 비교하였다. 가설대로 긴장도 높은 장면을 본 후에 갈등이 해결되는 장면을 본 집단이 긴장도 낮은 장면을 보았던 집단보다 더 강한 카타르시스와 즐김을 경험하는 것으로 나타났다.

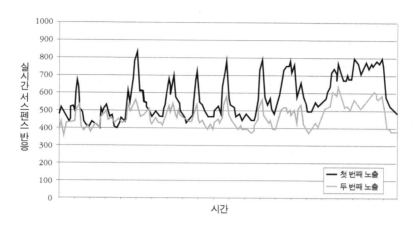

그림 3-4 첫 번째 노출과 두 번째 노출 시 서스펜스의 실시간 반응

출처: Hoffmann & Fahr, 2007: 16.

로버트 마드리걸Robert Madrigal 등(2011)의 연구 결과에서도 균형 상태의 하나라 할 수 있는 '안도감'이 미디어에서 느끼는 서스펜스와 즐김 사이의 관계를 매개한다는 사실이 밝혀졌다(그림 3-3 참조). 미디어 내용이 분명하게 원하는 결과로 이어질 때 이용자는 안도감을 매개로 하여 즐김에 도달한다는 것이다. 원하는 결과로 이어지지 않는 애매한 상황에서는 이러한 결과가 도출되지 않는다.

서스펜스와 놀라움 경험은 반복 노출될수록 강도가 줄어드는 경향을 보인다(Hoffmann & Fahr, 2007). 그림 3-4를 살펴보면, 영상물 시청이 진행되는 동안 첫 번째 노출과 두 번째 노출 시 서스펜스의 실시간 반응 패턴은 유사하나 그 강도가 두 번째 노출 시에 다소 감소했음을 알 수 있다. 한 번 보았던 영화를 다시 보면 이미 후반의 스토리를 알고 있기에 그만큼 조마조마한 마음이 줄어든다는 것이다.

영화를 보는 동안 경험하는 서스펜스의 패턴은 해당 영화에 대한 평가와는 무관하게 나타난다. 영화를 좋아하든 싫어하든 서스펜스 경험의 패턴은 유사하게 나타난다(Hoffmann & Fahr, 2007). 스토리가 나중에 어떻게 될지 궁금해하며 마음을 졸이다가 자신이 동일시하는 주인공에게 좋은 일이 일어나면 안도감을 느낀다. 하지만 예상 밖의 결과로 이어지면 놀라움을 경험하면서 관심이 증가하여 후반의 궁금증이 더욱 증폭됨으로써 서스펜스가 강해져, 해당 내용을 더 즐기면서 최종적인 카타르시스 경험의 강도도 더 강해질 수 있다.

2. 심리적 상승

미디어 콘텐츠를 즐기면서 우리의 뇌와 마음이 긍정적 효과를 얻을 수 있다면 이것이 바로 우리가 추구하는 방향이다. 영화와 음악, 문학에서 얻을 수 있는 긍정 심리, 웃음을 주는 유머 코드로 인한 즐거움, 상호작용적 미디어를 통한 긍정 정서의 교환 등은 모두 심리적 상승의 요소들을 포함하고 있다.

1) 영화, 음악, 문학 속의 긍정 심리와 감정

라이언 니믹Ryan Niemic과 대니 웨딩Danny Wedding(2008/2011: 31)은 《영화 속의 긍정 심리Positive Psychology at the Movies》에서 사회심리학자 조너선 하이트Jonathan Haidt(2003)의 '심리적 상승psychological elevation'이란 개념을 소개한다. 영화 속의 긍정 심리를 이해하기 위해 필요한 세 가지 심리적 상승의 요소는 다음과 같다(p.31).

① 도덕적으로 이상적인 행동을 바라보는 것. 예컨대, 인간애, 용기, 정의로움 등

② 따뜻함, 만족감, 마음의 열린 상태 등의 신체적인 감각 그리고/또는 피부, 특히 등, 목, 머리로 이어지는 찌릿함

③ 도덕적으로 더 나은 상태로의 동기 부여. 예컨대, 다른 사람을 돕는 것, 스스로 더욱 성숙해지는 것.

이와 같은 세 가지 요소들이 있을 때 사람들은 '영화적 상승'을 경험한다. 가령 영화 〈포레스트 검프*Forrest Gump*〉(1994)를 볼 때 사람들은 그 주인공이 이루어 가는 일들을 간접적으로 경험하며 공감하면서 성숙해져 간다.

영화뿐만 아니라 음악이나 문학도 감정에 긍정적인 영향을 준다(Johnson-Laird & Oatley, 2016). 음악은 멜로디, 리듬, 음색 등이 어우러져 우리의 감성을 자극함으로써 몰입을 통한 심리적 상승을 경험하게 하며, 문학은 주로 스토리텔링을 통한 내러티브로 우리 마음을 끌어들여 역시 심리적 상승을 경험하게 한다.

P. N. 존슨레어드P. N. Johnson-Laird와 키스 오틀리Keith Oatley (2016)는 '감정의 소통 이론communicative theory of emotion'을 주장한다. 인간을 포함한 포유동물이 살아가면서 해결해야 할 문제에 봉착할 때, 많은 상황이 감정을 촉발시켜 이것이 주의 집중을 이끌고 계획을 조정하며 적절한 행동을 준비시킨다는 것이다. 이 감정은 개인 내에서는 주관적 감정, 생리적 반응 및 행동을 통합하는 역할을, 개인 간에는 감정을 서로에게 퍼뜨리는 역할을 한다(p.83).

감정과 감정의 표현은 많은 문화에서 보편적으로 나타난다. 모든 문화에서 미소는 행복을, 눈물은 슬픔(때로는 감동)을 표현한다.

감정은 평가를 기반으로 나타나기 때문에 어떤 음악을 들을 때 기분이 좋아지면 그 음악이 기분을 좋게 했다고 알아차릴 수 있지만, 예컨대 음악이 '배경 음악'으로 작용할 때처럼 기분이 좋아진 이유를 의식하기 어려운 경우도 있다. 이런 경우는 감정이 무의식적으로 유발되었다고 할 수 있다(Johnson-Laird & Oatley, 2016: 83). 뿐만 아니라, 분노나 공포와 같은 감정도 일단 발생하면 우리가 의식적으로 스위치를 끄듯이 마음대로 끌 수 없는 경우가 많다.

이러한 논의를 요약하면, 인간은 기본적 감정과 복잡한 감정을 모두 가지고 있다. 기본적 감정은 진화 과정에서 먼저 발달한 변연계를 비롯한 뇌의 안쪽이 담당하며, 스토리와 같은 명제적 내용 propositional content이 없을 때 경험된다(Keltner et al., 2013). 그러나 복잡한 감정은 더 나중에 발달한 뇌의 전두엽의 작용을 필요로 한다. 이러한 감정은 언어로 표현될 뿐만 아니라 이러한 감정이 만들어지고 해석되는 데 반추 과정이 들어가기 때문에 작업 기억working memory의 역할이 개입된다(Fitch et al., 2005). 대개 언어적으로 명시적 표현이 이루어지는 경우 명제적 내용이 되며, 이미지나 분위기와 같은 비언어적, 암묵적 표현은 비명제적 내용에 해당한다.

미디어를 통해 콘텐츠를 접할 때 이 콘텐츠가 명제적인지 아닌지에 따라 이 콘텐츠가 유발하는 감정의 성격도 달라질 것이라고 예측할 수 있다. 음악 중에서도 가사나 스토리가 없는 음악은 비명제적 과정이 작용하는 감정을 유발할 것이고, 가사나 스토리가 포함되어 있는 음악은 비명제적, 명제적 과정이 동시에 작용하는 감정을 유발할 것이다. 반면에 문학 중에서 소설은 주로 스토리의 내러티브에 의존하는 콘텐츠이기 때문에 명제적 과정이 주로 작용하는 감정을 유발할 것이고, 약간의 운율이 포함된 시는 주로 명제적 과정의 감정을 유발하면서 비명제적 감정도 일부 일으키게 될 것이다.

뮤지컬이나 오페라와 같은 종합 예술은 시각, 청각 등 인간의 다양한 감각을 동시에 자극하면서 스토리까지 포함하고 있다. 이러한 작품을 볼 때 생각하면서 몰입하여 평가하는 과정을 포함한 감정과 함께 특별한 생각의 과정 없이 시청각 자극만으로 자동적으로 발생하는 감정이 합쳐져, 결과적으로 매우 강렬한 몰입과 감정이 경험될 수 있다. 최근의 미디어일수록 콘텐츠 내에 더욱 많은 자극들이 동시에 담겨, 사람의 지각 및 인지 과정을 최대로 작동시키면서 강렬한 감정을 유도해 낸다고 볼 수 있다.

2010년 국제커뮤니케이션학회International Communication Association에서 발표된 논문에 따르면(Bartsch et al., 2010), 긍정적 정서는 재미, 스릴, 감동, 생각 유발, 대리 경험, 사회적 공유라는 영화의 특성과 정적 상관관계를 보였다. 특히 대리 경험이 가장 큰 상관관계를 보였다. 부정적 정서는 재미와는 아주 강한 부적 상관관계를, 생각 유발과는 강한 정적 상관관계를 보였으며, 감동과는 약한 정적 상관관계를 보였다.

감정을 좀 더 구체적으로 나누어 살펴보면, 기쁨과 즐거움은 재미와 강한 상관관계를, 스릴 및 대리 경험과 약한 상관관계를 지니고 있어, 재미있는 영화와 대리 경험 가능한 영화, 스릴 있는 영화가 즐거움을 준다고 할 수 있다. 긍정 정서 중에서 관심(흥미), 놀라움 및 환상은 대체로 스릴, 생각 유발, 대리 경험, 사회적 공유와 높은 정적 상관관계를 보여, 영화의 특성에 따라 주로 유발되는 감정의 종류가 구분이 됨을 알 수 있다.

더 나아가 부정적 정서 중 분노와 공포는 생각 유발 및 사회적 공유와 정적 상관관계를 나타내며 재미와는 부적 상관관계를 나타내고 있었다. 이로 미루어 보아 재미있는 영화는 감정 측면에서 생각을 유발하며 사회적 공유를 기본으로 하는 영화와 대체로 반대되는 효과를 보임을 알 수 있다. 또한 부정적 정서 중 슬픔과 예리함 poignancy은 분노 및 공포와 구별된다는 사실도 주목할 만하다. 감동과 대리 경험이 있는 영화는 예리함 및 슬픔과는 정적 상관관계가 있지만 분노나 공포와는 상관관계가 없다. 이와 유사하지만 조금 다르게, 스릴이 있는 영화는 분노나 공포와는 무관하며 예리함과는 정적 상관관계를, 슬픔과는 부적 상관관계를 보인다. 액션이 있는 영화는 분노와는 무관하지만 예리함, 슬픔 및 공포와 정적 상관관계를 보인다.

요즘 혼합 장르가 점차 늘어가고 있어 영화의 장르 또는 이것이 유발하는 감정을 일괄적으로 범주화하는 데 어려움이 있다. 하지만 이러한 연구는 우리가 영화에서 느끼는 감정을 체계화하여 이해하는 데 다소 도움이 된다. 사람들이 재미있게 보는 영화, 슬프지만 감동적인 영화, 사회적으로 공유하며 대리 경험을 하는 영화 등이 각각 불러일으키는 감정이 다르기는 하지만, 영화를 즐기는 사람들은 각자 상황에 따라 이 모든 감정을 적절히 즐기고 있다.

2) 웃음과 유머 코드

다양한 TV 프로그램이나 영화 중에는 웃음을 주는 것이 주 목표인 장르도 있고, 또는 코믹한 발상을 첨가하여 부수적으로 유머 코드를 심어 사람들에게 간간이 웃음을 유발하며 가볍게 즐기도록 장치를 해 놓은 작품도 있다. 어떤 경우든 사람을 웃게 만드는 것은 웃는 사람이 '웃으며 털어 버리는' 과정을 통해 긴장을 완화하게 해 준다.

그래서인지 최근 장르를 불문하고 코믹한 코드를 찾아내 표현하는 방식이 더욱 인기를 끌고 있다. 그만큼 현대 사회를 살아가는 사람들에게 '가볍게 웃으며 즐기는' 방식을 제공하는 각종 미디어 콘텐츠가 힐링 미디어로서 역할을 하고 있다.

〈조선 명탐정〉 시리즈와 같은 영화도 심각한 탐정물의 성격에 코믹한 요소들을 듬뿍 담아 관람객의 궁금증을 끝까지 이어가면서도 시종일관 가볍게 웃으며 볼 수 있는 구조로 되어 있다. 영화 〈럭키〉(2016)도 우연히 뒤바뀐 두 사람의 운명을 매우 코믹하게 그림으로써 관객들을 폭소하게 만들며 즐거움을 준다. 코믹함과 유머의 요소(나은영, 2010) 중 핵심은 관객의 입장에서 볼 때 '예기치 못한 긍정적 놀라움'이라 할 수 있다. 영화 속 배우에게 발생한 일이 항상 긍정적인 것은 아니지만, 그것을 바라보는 관객의 입장에서는 예상 밖의 유쾌한 반전이 웃음 또는 가벼운 긍정적 정서를 유발하여 영화의 즐김을 더해 줄 수 있다.

또한 대중 오락성을 기본으로 하는 다양한 TV 예능 프로그램에서도 만화적 표현 기법의 자막 연출을 통해 TV를 보면서 만화를 즐기는 듯한 느낌을 동시에 제공하기도 한다. 장영직과 이현석(2015)의 연구에 따르면, 만화적 표현 기법은 말풍선, 서체, 픽토그램, 의성어와 의태어, 효과선 등으로 표현된다. 특히 지상파 3사의 시청률 높은 9개 프로그램을 분석했을 때, 이러한 기법을 가미한 혼종적 연출을 통해 "① 희화적 상황 묘사, ② 개념적 기호로서 자막 연출, ③ 대사를 대신한 감정 표현, ④ 시청자의 공감 유도, ⑤ 연출자의 해석에 따른 출연자의 심리 및 상황 묘사"와 같은 특성을 보였다(p.788). 만화적 표현 기법을 동원한 자막이 없더라도 사람들이 자연스럽게 느낄 수 있는 감정이 이러한 기법의 가미를 통해 더욱 분명하게 느껴지면서 연출자, 등장인물, 시청자 사이의 감정 공유가 가벼운 만화를 보듯 재미있게 흘러가는 것이다.

흔히 자기가 질투를 느끼는 사람이 불행에 빠졌을 때 느끼는 묘한 기쁨을 '샤덴프로이데Schadenfreude'(타인의 불운에 대해 느끼는 묘한 쾌감에 해당하는 독일어)라고 한다. 여기서 '샤덴Schaden'은 '손실, 고통'을 뜻하며, '프로이데freude'는 '환희, 기쁨'을 뜻한다(나은영·나은경, 2019: 178, 197~198). 다카하시 히데히코 등(Takahashi et al., 2009)은 대학생 연령대의 참여자 19명에게 가상의 시나리오를 주어, 자신과 동창들이 살아가는 이야기를 듣는 동안 나타나는 뇌의 반응을 fMRI 장치로 촬영하였다. 그 결과, 자기가 질투를 강하게 느끼는 사람이 불행해졌을 때 뇌가 기쁨을 느끼는 경향이 발견되었다.

이러한 샤덴프로이데 현상을 우리가 '바보짓'을 보며 웃음을 터뜨리는 현상과 관련지어 연구한 결과가 있다(Ouwerkerk & Van Dijk, 2008). 이 연구에서 연구자들은 (수행에 대한 피드백이 없거나 긍정적 피드백을 받을 때보다) 사람들이 부정적 피드백을 받은 후 미디어에서 다른 사람의 불행을 접할 때 더 많은 샤덴프로이데를 경험한다는 사실을 발견하였다. 만성적으로 자존감이 더 낮은 사람이 동일한 상황에서 샤덴프로이데를 더 강하게 경험하는 것으로 나타났다. 이러한 사실들은 미디어에서 다른 사람의 불행을 보고 기뻐하는 샤덴프로이데의 경험이 '자기 고양 동기self-enhancing motive'에 기반을 두고 있음을 입증하는 것이다.

미디어 폭력물에 유머가 섞여 제시될 경우에는 이것이 공격성에 미치는 영향을 다소 약화시키기도 한다. 폭력성과 유머 요소가 각각 또는 상호작용하여 폭력물 시청자의 공격적인 생각에 어떠한 영향을 주는지를 살펴본 실험 연구가 있다(Yeo & Park, 2005). 이 연구의 결과, 폭력성보다 유머의 효과가 더 크게 나타나 유머 요소가 없는 폭력물이 유머 요소가 있는 폭력물에 비해 공격적인 생각을 더 많이 유발하였다. 실제로 폭력성이 강한 픽션물에 유머 코드를 섞어 보여 주는 경우가 많기 때문에, 자칫 폭력물의 영향이 아무렇지도 않은 것처럼 과소평가될 우려도 있다.

3) 상호작용적 미디어 이용자의 감정

일방향적 미디어 콘텐츠가 내러티브 안에서 상승 작용을 한다면 상호작용적 미디어는 또 다른 방식을 보여 준다. 요즘 눈부시게 발전하는 상호작용적 미디어로 인해 우리는 눈앞에 보이지 않는 무수한 타인들의 존재와 순식간에 연결되어 상호작용한다. 심리적으로 형성된 미디어 사회 공간 안에서 우리는 눈앞에 존재하지 않는 사람의 존재감, 즉 프레즌스presence를 느끼며 자연스럽게 다양한 정보와 감정을 교환한다. 물리적 공간을 넘어서는 심리적 공간 이동을 통해 미디어 내 감정 교류가 일어남을 감안할 때(나은영·나은경, 2015 참조), 더 오래 머무는 미디어 공간에서, 그리고 더 강한 각성이 일어나는 메시지를 교환할수록 더 강한 프레즌스를 느끼며 그 공간에 함께 있는 것을 즐긴다고 할 수 있다. 미디어는 우리에게 감정 공유의 심리적 공간을 만들어 주는 것이다.

　감정의 긍정-부정 차원은 접근할 것인가 피할 것인가와 관련된 행동의 방향성을 알려 주며, 감정의 각성 차원은 강도나 동기와 연관되어 있다(Lang et al., 1990). 피터 랭Peter Lang 등(1999)은 폭력적인 비디오를 보는 동안 프레즌스를 강하게 경험하는 참가자들은 자기 보고 측정치와 생리적 측정치 모두에서 각성 정도가 더 높다는 사실을 발

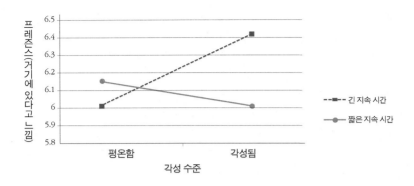

그림 3-5 각성 수준과 지속 시간에 따른 프레즌스 정도

출처: Kurita, 2006: 9.

견하였다. 따라서 프레즌스는 각성, 흥분의 경험과 연계되어 있음을 알 수 있다. 예컨대, SNS를 통해 연결된 상대방의 존재감을 더 강하게 느끼는 경우 각성 수준이 더 높다는 것인데, 이는 상대방이 긍정 감정을 불러일으키든 부정 감정을 불러일으키든 마찬가지다.

그림 3-5(Kurita, 2006)에서 알 수 있는 사실은 조용한 자극보다 각성된 자극을 경험하는 동안 프레즌스를 더 강하게 느낀다는 점이다. 각성 수준이 높으면서도 지속 시간이 길 때 프레즌스 경험이 가장 강하게 나타났다.

SNS는 사적인 글쓰기 공간이기는 하지만 글을 쓰는 과정에서 타인 지향적 시각을 견지할 수 있기 때문에 공감 경험이 확장되어 친사회적 효과를 가져올 수 있다는 연구 결과가 있다. 장현미(2014)는 자아 추구적 글쓰기, 상호작용 의례적 글쓰기, 자기 관리적 글쓰기가 모두 공감 경험에 유의미한 영향을 준다는 사실을 입증하였다. 그는 이러한 공감 경험이 친사회적 행동을 유발하는 데도 유의미한 영향을 주며, 특히 세 가지 방식의 글쓰기가 모두 '공감 경험'이라는 매개 변인을 통해 친사회적 행동에 긍정적 영향을 준다고 하였다.

소셜 미디어에서 사람들은 '좋아요'나 댓글을 통해 감정을 표현한다. 이때의 감정은 '관심'의 표현이기도 하다. 더 나아가 해시태그(#)를 통해 정보나 감정을 공유하기도 한다. 김민지 등(2016)은 해시태그를 통한 감정 공유가 지각된 관심 끌기와 사회적 상호작용성에 미치는 영향을 연구하였다. 이들은 소셜 미디어를 통해 감정 공유가 증가하고 있으며, 특히 해시태그는 '강조성'과 '보편성'이라는 수사적 기능을 지니고 있어 감정 공유에 유용하다고 보았다. 특히 자기 이야기를 많이 하고 싶어 하는 사람들은 자신의 감정을 타인이 공유해 주기를 원하기 때문에 '강조성'을 지니는 해시태그를 많이 사용하며, 이로 인해 '관심 끌기'로 지각될 가능성이 높아질 것이라고 예측하였다. 자기애적 성향이 강한 사람들은 비현실적 자기 개념을 가지고 있어(Mo & Leung, 2014), 스스로를 특별한 사람이라고 생각하기 때문에 이들의 이야기는 '보편성'이 낮게 지각될 것이고 이어 '관심 끌기'는 높게 지각될 것이라고 예측하였다. 이처럼 '관심 끌기'가 높게 지각되면 그만큼 사회적 상호작용에는 부정적 영향을 미칠 것이다.

김민지 등(2016)의 예상대로 결과가 나타나, 관심 끌기를 목적으로 감정 공유를 한다고 판단되는 경우에는 '좋아요'의 수가 감소한다는 사실을 발견하였다. 상호작용적 미디어를 통해 감정을 공유할 때에도 자기중심적인 일방적 소통보다는 당사자 간의 의미 공유와 감정 공유가 상호 존중하는 방향으로 이루어질 때 더 바람직한 사회적 상호작용이 가능함을 시사하는 결과다.

새뮤얼 테일러Samuel Taylor 등(2017)의 연구에서는 대인 미디어를 사용하는 과정에서 미디어를 더 많이 즐길수록, 즉 '미디어 즐김

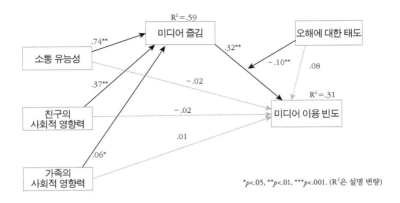

그림 3-6 미디어 즐김과 사용 빈도 간의 관계에 관한 모델

출처: Taylor et al., 2017: 15.

media enjoyment'이 더 강할수록 미디어 사용량이 증가하며, '오해'에 대한 태도가 그 과정에서 조절 역할을 한다는 사실을 발견하였다. 구체적으로, 소통 유능성이 높고 친구의 사회적 영향력이 크다고 생각할수록 대인 미디어를 더 즐기는 경향이 있으며, 이처럼 대인 미디어를 즐기는 사람일수록 미디어를 더 많이 활용한다는 것이다(그림 3-6 참조).

또한 이 과정에서 오해의 여지가 커질수록 미디어 즐김이 사용 빈도에 미치는 영향의 크기는 감소하였다. 이러한 결과들로 미루어 보아, 우리가 수동적으로 시청하거나 관람하는 미디어 콘텐츠뿐만 아니라, 다른 사람들과 연결되어 수시로 연락하며 지내는 도구로 활용하는 대인 미디어 이용 과정에서도 감정적 요소가 중요한 역할을 하고 있음을 알 수 있다.

3. 미디어 등장인물에게 느끼는 감정

1) 등장인물의 미덕과 강점

크리스토퍼 피터슨Christopher Peterson과 마틴 셀리그먼(2004)은 영화 속 등장인물의 미덕을 다음 여섯 가지로 분류하고, 그 안에 포함된 24가지 강점을 소개한다(Niemic & Wedding, 2008/2011: 9~10).

> ① 지혜와 지식(인지적 강점): 창의성, 호기심, 개방성, 학구열, 지혜
> ② 용기(정서적 강점): 용기, 진실성, 활력(생동감), 끈기
> ③ 인간애(대인적 강점): 사랑, 친절성, 사회 지능
> ④ 정의(시민적 강점): 시민의식, 공정성, 리더십
> ⑤ 절제(과잉에 대항하여 지키는 강점): 용서와 자비, 겸손, 신중성, 자기 조절
> ⑥ 초월(의미에 대한 영적 강점): 감상력, 감사, 희망, 유머 감각, 영성

영화를 볼 때는 이처럼 등장인물의 인지적, 정서적, 대인적, 시민적 강점 등이 전체적인 스토리와 함께 관객에게 다가온다. 이 과정에서 동일한 스토리라 하더라도 관객의 경험에 따라 받아들여지는 정도가 달라진다(나은영·나은경, 2019). 따라서 영화 관람 중 생각하며 느껴 가는 가운데 관객이 보일 수 있는 정서 반응은 선망, 경탄, 부러움, 대리 만족 등 참으로 다양하게 나타날 수 있다.

예를 들면, 드라마 〈태양의 후예〉(2016, KBS)에서 쉽지 않은 군인의 업무를 멋지게 처리해 내면서도 적극적으로 로맨틱한 사랑을 이루어 가는 주인공을 바라보며 그가 가진 장점을 선망하고 경탄

할 수 있다. 또한 초창기 한류의 열풍을 몰고 왔던 드라마 〈대장금〉(2003~2004, MBC)에서도 많은 어려움을 극복해 가며 자신의 일을 야무지게 처리해 가는 주인공에게 감탄하고 공감하면서 대리 만족을 느낄 수 있다. 좋은 작품의 주인공은 이처럼 많은 사람들이 부러워하는 특성을 지니고 있어 한 시대의 영웅이 되기도 한다. 주인공을 맡은 배우는 그만큼 해당 캐릭터의 깊은 내면적 성격까지 연기로잘 소화해 내야만 시청자 또는 관객의 섬세한 감정에 더 깊게 호소할 수 있다.

2) 감정이입과 유사 사회적 상호작용

우리는 미디어 내용에 몰입하여 즐기는 동안 거기에 나오는 등장인물과 마치 진짜 사회적 상호작용을 하는 것처럼 느낀다. 우리 뇌가 착각을 하는 것이다. 뇌는 잘 속기 때문에, 즉 뇌가 미디어 상황을 보고도 실제 상황처럼 느낄 수 있도록 융통성을 발휘해 주기 때문에 우리는 미디어를 즐기며 감정 경험을 할 수 있다는 점이 중요하다. 드라마나 영화를 보면서 시종일관 "저 이야기는 실제 상황이 아니야. 인위적으로 만들어진 가짜 이야기야"라고 우리 뇌가 생각한다면 몰입하여 감정을 느끼는 것은 그만큼 어려워질 것이다.

영화나 드라마의 내용을 보고 그 일부 또는 전부에 공감하는것은 감정이입의 결과라 할 수 있다. 그래서 empathy라는 동일한 단어가 대체로 상호작용적 소통에서는 '공감'으로, 일방향적 미디어콘텐츠 감상에서는 '감정이입'으로 번역되기도 한다. 정윤경과 심선재(2016)는 폭력적인 미디어 시청으로 인한 상태 불안 변화에 감정이입이 어떠한 영향을 미치는지를 연구하였다. 이들은 영화 〈본 아이

덴티티The Bourne Identity〉(2002)의 폭력 장면을 모아 8분 23초 영상을 만들어 이 영상 시청 전과 후의 상태 불안 정도를 측정하였다. 피험자들을 감정이입 수준에 따라 상위 30%군과 하위 30%군으로 구분하여 영화 시청 전후의 상태 불안 변화 정도를 분석한 결과, 폭력적인 영화 장면 감상 후에 상태 불안이 유의미하게 더 증가하였다. 또한 감정이입 자체가 상태 불안에 차이를 가져오지는 않았지만, 감정이입 정도가 폭력 영화 시청과 상호작용하여 감정이입 정도가 낮은 집단에 비해 높은 집단이 폭력 영화 시청 후 상태 불안이 높아지는 정도가 더 크게 나타났다. 즉 감정이입을 더 많이 할수록 영화가 묘사하는 감정 상태에 더 많이 빠져들 수 있음을 의미한다.

미디어 프로그램이 진행되는 동안 마치 등장인물과 자기 자신이 눈앞에서, 현장에서 '실제로' 상호작용을 하는 것처럼 느낄 수 있

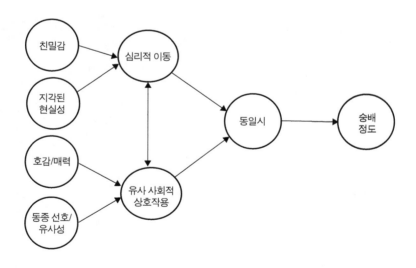

그림 3-7   미디어 이용자의 몰입과 관련된 변인 간의 이론적 관계

출처: Brown, 2015: 272.

다. 이것이 '유사 사회적 상호작용parasocial interaction'이다(Giles, 2003).
윌리엄 브라운William Brown(2015)은 미디어 이용자의 몰입과 관련된
변인들을 구분하여 그 관계를 그림 3-7과 같이 정리하였다.

구체적으로 살펴보면, 미디어 인물이 얼마나 친숙하고 현실감
있는지에 따라 심리적 이동transportation이 이루어지고, 그 인물에 대
한 호감이 얼마나 강한지, 자신과 얼마나 유사한지에 따라 유사 사
회적 상호작용의 정도가 결정된다. 심리적 이동의 정도와 유사 사회
적 상호작용의 정도는 서로 영향을 줄 수 있으며, 이 두 요소에 따
라 동일시의 강도가 결정된다. 최종적으로 이 동일시의 강도가 그
인물을 숭배하는 정도를 결정한다(나은영·나은경, 2019).

건강 리얼리티 쇼에 등장하는 인물과의 유사 사회적 상호작용
이 이후의 건강 행동 관련 효능감과 행동에 영향을 주는 과정을 분
석한 연구에서도(Tian & Yoo, 2015), 유사 사회적 상호작용은 미디어
노출과 행동 사이를 연결해 주는 핵심적인 매개 변인 역할을 하고
있음이 밝혀졌다(그림 3-8 참조). 등장인물과의 유사 사회적 상호작
용이 강할수록 건강 행동 효능감이 증가해 건강 행동도 따라서 증
가하게 된다는 것이다.

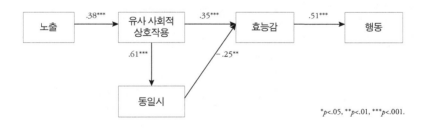

*p<.05, **p<.01, ***p<.001.

그림 3-8　건강 리얼리티 쇼 프로그램 시청 중 유사 사회적 상호작용의 매개 역할

출처: Tian & Yoo, 2015: 5.

3) 대리 만족과 선망

우리는 드라마나 영화와 같은 픽션을 감상하면서 그 스토리에 몰입하여 등장인물들과 함께 다양한 감정을 느끼며 대리 만족을 경험한다. 퀴즈나 팀 대항 게임 등과 같이 실제 상황을 보여 주는 다양한 TV 리얼리티 프로그램을 보면서 마치 우리도 함께 그 상황에 직접 참여하는 듯한 경험을 하기도 한다. 여행 프로그램을 보면 우리가 직접 여행하는 듯한 착각이 들기도 하며, 화면에 생생하게 보이는 남극과 아마존의 모습에서 우리가 바로 거기에 있는 것과 유사한 감정을 경험하며 대리 만족을 느낀다.

애니메이션이든 영화든 드라마든 소설이든 주인공은 당대 삶의 일부를 대변한다. 대부분 이러한 작품들은 '되고 싶은 사람' 또는 '살고 싶은 삶'의 꿈을 담고 있다. 한동안 한국에서 보통 사람 이상의 능력을 지닌 주인공이 등장하는 픽션들이 큰 인기를 끌었다. 드라마 〈별에서 온 그대〉(2013~2014, SBS)에는 지구에서 500년 이상을 살아온 초능력을 지닌 외계인이 주인공으로 등장했고, 〈W〉(2016, MBC)에는 실제 세계와 웹툰 세계를 왔다 갔다 하는 비상한 주인공이 등장했다. 〈도깨비〉(2016~2017, tvN)에서도 여주인공이 어려움에 처할 때마다 마술처럼 등장하여 구해 주는 도깨비 남주인공이 있었다. 이런 인물들은 보통 사람들은 지니지 못하는 능력을 지님으로써, 평소에 실현하지 못했던 시청자들의 욕구를 대리 만족시켜 주는 '선망'의 대상이 되기도 한다(나은영·나은경, 2019).

픽션과는 또 다르지만, 스포츠나 예능 프로그램에서도 관람자나 시청자가 등장인물에 대해 '선망'의 감정과 '대리 만족'을 충분히 느낀다. 자신과 관련이 있는 영역이면서 자신도 얻을 수 있는 목표를 먼저 얻은 등장인물에 대해서는 '질투'나 '시기'를 느낄 수도 있지만, 사람들이 스포츠나 예능 프로그램은 대체로 자신의 전공이나 일의 영역을 벗어나 즐기기 때문에, 그런 감정보다는 '선망'이나 '경탄'의 감정을 더 많이 느끼게 된다(나은영, 2010 참조). 그러면서 그들의 성취를 대신 만끽하며 마치 자신이 그와 유사한 성취를 얻은 듯한 뿌듯함을 경험하는 것이다.

미디어에 등장하는 인물을 보며 느끼는 긍정적 감정은 실제 삶에서도 긍정적으로 작용할 수 있다. 특히 TV와 같은 일방향적 매스 미디어뿐만 아니라 유튜브 같은 1인 미디어, SNS 같은 상호작용적 미디어를 통해 접하는 무수히 많은 인물 중 우리가 공감할 만한 이야기를 하거나 본받고 싶은 행동을 보이는 인물에게 우리는 기꺼이 시간을 할애하며 그들 삶의 일부를 닮아 가려 하기도 한다. 예전에 위인전을 보며 역사 속 인물에게 느꼈던 경탄과 선망이 요즘은 현재를 함께 살아가는 인물에게서도 느껴질 수 있게 되었다. 단, 그러기 위해서는 '좋은' 콘텐츠를 선별할 수 있는 혜안이 있어야 함은 물론이다.

4장

부정 감정과 미디어

1. 뉴스에서 느끼는 부정 감정

1) 부정적 뉴스와 부정적 감정

세상 돌아가는 일에 대한 정보를 얻기 위해 미디어에서 뉴스를 찾아본다. 뉴스를 보다 보면 부정적 감정을 얻게 되는 경우가 상당히 많다. 정보 추구 동기에서 시작된 미디어 이용 행동이 추구된 정보와 함께 '부정적 감정'으로 귀결된 경우라 할 수 있다. 대체로 정상적인 일상생활보다 무엇인가 '비정상적인' 방향의 '놀라운' 소식이 더 높은 뉴스 가치를 지닌다고 판단되기에, 테러나 폭력, 사건, 사고 등과 같은 주변의 부정적 사건이 뉴스의 내러티브를 형성하게 된다. 이런 이유로 대부분의 뉴스는 부정적 감정을 유발하는 소식을 전한다.

뉴스를 어떤 틀로 제시하느냐에 따라 그에 대한 인지적 판단과 감정적 느낌이 달라질 수 있다(Kühne & Schemer, 2015). 뉴스를 '분노'

프레임과 '슬픔' 프레임으로 나누어 제시했을 때, 당연히 전자에서는 분노가, 후자에서는 슬픔이 높게 경험된다는 결과를 얻었다. 이와 함께 슬픔 프레임보다 분노 프레임에서 더 처벌에 대한 정보 접근성이 증가함을 발견하였다. 이에 비해 슬픔 프레임에서는 상대적으로 희생자에 대한 도움이나 치유에 대한 정보 접근성이 증가하였다. 이러한 결과들은 뉴스 프레임이 유발하는 분노와 슬픔이라는 감정에 의해 매개되었다.

이와 유사한 연구(Kim & Cameron, 2011)를 보면, 분노 유발 및 슬픔 유발 뉴스 프레임이 휴대폰 배터리 폭발 사고와 같은 위기 상황에 대해 판이하게 다른 감정적 반응을 일으킨다는 사실을 알 수 있다. 분노 유발 프레임 뉴스를 접한 참가자들은 슬픔 유발 프레임 뉴스를 접한 참가자들에 비해 뉴스를 더 면밀히 살펴보지 않았으며, 회사에 더 부정적인 태도를 보이는 것으로 나타났다. 배터리 폭발로 피해를 입은 사람들의 안심과 안녕에 초점을 둔 회사 메시지는 법률, 정의 및 처벌에 초점을 둔 메시지에 비해 회사에 대한 신뢰감을 증가시켰으며, 이러한 결과는 이전의 분노 및 슬픔 프레임과는 무관하게 나타났다. 그러나 이러한 회사의 메시지를 '감정적' 방식으로 호소할 때 슬픔 프레임 집단이 분노 프레임 집단에 비해 회사에 대한 신뢰도가 더 높게 나타났다(그림 4-1 참조). 휴대폰 사용자들에게 감정을 불러일으킨 위기 사건은 감정에 호소하되 처벌에 초점을 둔 호소가 아닌 안전과 심리적 안정에 초점을 둔 호소가 더 효과적임을 알 수 있다.

뉴스 사진이 묘사하는 감정은 어떠할까? 셸리 로저스Shelly Rodgers 등(2007)은 미국의 주요 일간지에 나타난 사진들에 일종의 감정 특성이라 할 수 있는 유쾌함, 각성 및 지배성이 어떻게 묘사되고 있는지를 분석하였다. 그 결과, 뉴스 사진에 나타난 감정성이 특

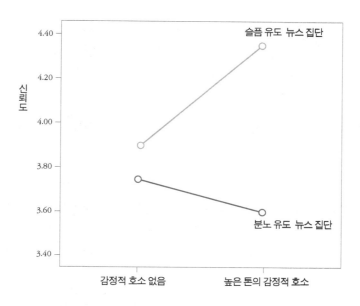

그림 4-1　뉴스 프레임과 감정적 호소가 회사 책임에 대한 신뢰도에 미치는 영향

출처: Kim & Cameron, 2011: 844.

히 여성, 소수 인종 및 연령층과 관련하여 고정관념화되어 있음을 발견하였다. 아프리카계 미국인은 다소 흥분된 상태로, 아시아계 미국인은 조용한 상태로 묘사되었으며, 여성은 행복한 모습으로, 10대들은 슬픈 모습으로 묘사되었다. 이러한 결과는 미국 사회 내의 다양한 집단과 관련된 감정적 의미를 틀 짓고 구성하는 데 뉴스 미디어가 중요한 역할을 한다는 사실을 지적함으로써, 감정이 '사회적으로 구성'되고 있음을 시사한다.

　미디어에서 부정적 고정관념을 덮어씌워 묘사하는 집단의 경우, 그렇지 않은 집단에 비해 인지적, 교육적 성취에 부정적 영향을 받는다(Appel & Weber, 2017). 그러므로 미디어가 사람들(의 집단)을 표현할 때 고정관념을 심거나 강화하지 않도록 주의를 기울여야 한다. 자기도 모르는 사이에 고정관념을 표현할 수 있고, 자기도 모르는 사이에 그 영향을 받을 수 있기 때문이다.

2) 인터넷 토론장과 댓글에 표현되는 부정 감정

모두가 연결된 인터넷 공간에는 무수한 글들이 올라와 있고, 사람들이 글을 읽은 직후 즉각적인 반응을 보이기 쉽게 되어 있다. 이 반응 중에는 이성적 판단을 거쳐 정화된 언어로 표현된 것도 있지만, 바로 떠오르는 감정적 반응을 쏟아놓는 경우가 많다. 더 나아가 감정과 감정이 부딪치는 장면도 눈에 띈다.

한희정(2016)은 인터넷 토론 공간인 '다음Daum 아고라'에서 이주 여성 관련 게시물과 댓글 내러티브에 담긴 감정 특성을 분석하였다. 그 결과, 이주 여성을 매춘과 연관시키며 혐오감을 드러내는 경향이 있었고, 다문화주의를 반대하는 사람들은 혐오 감정을 감추며 정의, 평등, 국가주의에 기반을 둔 분노 감정을 보였다. 또한 국제결혼 사기 사건, 외국인 노동자 범죄 등이 언급되면서 혐오 감정이 확산되는 경향도 있었다. 그는 이러한 혐오 감정의 저변에 '자기혐오'가 깔려 있다는 분석도 내놓았다.

한편, 뉴스를 차가운 사실 위주로 전달할 때보다 다소 개인화된 이슈를 중심으로 감정을 실어 전달할 때 교육 수준별 지식 격차에 따른 차이가 더 적었다는 연구 결과도 있다(Bas & Grabe, 2015). 뉴스든 뉴스 댓글이든, 대체로 자기 관련성이 높을 때 더 강한 감정 일으키며(나은영, 2010), 이 감정이 정보 처리를 촉진시키기는 하지만, 정보 처리가 촉진되는 방향은 이성적이라기보다는 방어적일 때가 많다.

대학생들이 페이스북을 이용하면서 반응 좌절을 일으키게 되는 원인을 살펴보면, 사회적 지지 기대, 수평적 집단주의, 페이스북 친구 수 등이 반응 좌절에 영향을 주는 의미 있는 변인으로 등장한다(이성원 외, 2014). 이 세 변인으로 설명할 수 있는 페이스북 반응 좌절의 변량은 15.0%로서 다른 변인들도 영향을 줄 여지는 여전히 남아 있다. 페이스북 반응량은 반응 좌절에 유의미한 영향을 주지 않았기 때문에, 반응 좌절이 외부적 요인보다는 사회적 지지 기대와 같은 페이스북 이용자의 내부적 특성의 영향을 받는다는 점이 중요하다.

이재신 등(2011)의 연구에서는 보도 사진 속 감정과 댓글이 공감을 통해 태도와 의도에 어떠한 영향을 미치는지를 살펴보았다. 2010년 월드컵 개막 전 '환희'와 '좌절'을 표현한 뉴스 사진, 그리고 16강 진출에 대한 '옹호'와 '비난' 댓글로 구성된 실험 자극을 활용해 온라인 실험 연구를 진행했다. 그 결과, 사진 속의 감정과 댓글의 방향성에 따라 공감 정도가 유의미하게 달라졌으며, 특히 좌절보다 환희가 표현된 사진의 경우 댓글의 방향성에 따른 공감 차이가 크게 나타났다. 환희를 표현한 사진과 옹호 방향의 댓글이 합쳐졌을 때 가장 강한 공감을 이끌어 냈고, 이것은 거리 응원 참여 의도에도 큰 영향을 주었다.

실제로 분노와 같이 각성 수준이 높은 부정적 감정이 있을 때 즉각적으로 댓글을 쓰거나 하는 반응을 하면 차분한 이성적 반응이 나오기가 어렵다. 어떤 글을 읽었을 때, 또는 어떤 사람의 말을 들었을 때 화가 났다면 일단은 바로 반응하지 말고 잠시 멈추는 것이 좋다. 그다음에 심호흡을 2회 정도 하여 생리적 각성 수준을 조금 가라앉힌 다음에, 주변을 둘러본다든지 하며 시야를 넓히고 생각의 폭도 넓힌 후에 반응하는 것이 바람직하다.

2. 슬픈 영화와 공포 영화를 보는 심리

1) 슬픈 영화를 보는 심리

주호민 작가의 웹툰이 원작인 영화 〈신과 함께〉(2018)를 본 많은 관객이 마지막 부분에서 눈물을 흘렸다. 그런데 그 이야기를 듣고 더 많은 사람들이 그 영화를 보러 간다. 슬픈 내용이 있어 눈물을 흘리기는 하지만, 사람들이 이 슬픔만을 느끼려고 그 영화를 보는 것은 아니다. 슬픈 내용이 있는 영화는 대체로 인생에 대한 통찰, 의미, 이해, 반추의 기회를 주기 때문이다.

메리 베스 올리버Mary Beth Oliver(2009)는 이처럼 사람들이 슬픈 영화를 관람하는 심리를 '부드러운 정서tender affectiveness'라는 개념으로 설명한다. 이 정서 안에 "통찰, 의미, 이해, 반추reflection"가 모두 포함되어 있다고 보았다(p.177). 슬픈 영화에는 대체로 '죽음에 대한 현저성mortality salience'이 드러나는 경우가 많은데, 이 요소가 있을 때 인생에 대한 통찰, 의미, 이해, 반추의 기회가 더 많이 생기기 때문이기도 하다. 영화에 등장하는 사람들이 살아 온 삶과 죽음, 그것의 의미, 그리고 그러한 것들이 자기 자신의 삶과는 어떻게 연계되는지를 돌아보며, 슬픔 속에서 생각에 잠기는 경험을 하는 것이다.

따라서 '슬픈' 영화 안에는 슬픔뿐만 아니라 참으로 다양한 인간의 감정이 담겨 있다. 그리움, 외로움, 낙담, 배신, 용서, 용기 등과 같이 이 책에서도 일일이 다 다룰 수 없는 감정의 종합 세트가 담겨 있다고 할 수 있다. 물론 한 영화에 이러한 감정이 모두 담기기는 어려울 수 있으나, 여러 슬픈 영화들을 모두 모아 보면 인간이 인생을 살아가면서 느낄 수 있는 거의 모든 감정을 망라하고 있다.

비단 최근 영화뿐만 아니라, 예전부터 전해 내려오는 이야기들이나 셰익스피어의 비극 작품들에도 이러한 감정이 녹아들어 있다. 《햄릿》이나 《리어왕》 등을 비롯한 고전처럼 오랫동안 사람들에게 읽히는 작품들 모두 슬픈 내용을 담고 있지만 오랜 세월 그 스토리를 다양한 형식으로 즐기는 이유도 바로 슬픈 이야기에 담겨 있는 인생의 통찰에 큰 무게를 두기 때문이라 할 수 있다.

2) 공포 영화를 보는 심리

공포도 슬픔에 못지않게 강렬한 부정적 감정으로, 위협의 존재가 감지될 때 느껴지는 감정이다. 공포 영화에 등장하는 괴물은 실제로는 우리에게 위협이 되지 않음에도 불구하고 우리는 왜 공포감을 느끼며 그러한 감정을 즐기는 것일까?

안의진(2013)은 '픽션 패러독스'에 해당하는 이러한 현상을 체계적으로 설명했다. 공포 영화에서는 귀신, 악마, 좀비, 흡혈귀 등 괴물이 공포감 경험에 주된 역할을 하며(Carroll, 1990, 2008), 크기를 변형시켜 엄청나게 큰 거미가 등장한다든지, 까마귀 떼 등을 등장시켜 집단적 표현으로 공포감을 유발하기도 한다. 공포감은 대개 (이 책의 뒤에서 설명할) 생존 회로가 반사적으로 작동하여 발생하기 때문에, 날카로운 소리나 핏자국으로 보이는 색상, 오싹하게 만드는 감각 자극이 공포 영화에 활용되는 경우가 많다(고현욱·김영광, 2017 참조). 공포 영화에는 깊은 생각의 과정을 거쳐 공포감이 느껴지는 부분도 있지만, 순간적인 자극들의 감각적 처리가 공포감을 유발하는 부분이 포함된다.

공포 영화를 보며 위협에 대한 '인지적 평가'를 통해 공포감을 느끼는 과정은 우리의 기억 속에 괴물과 연합된 여러 부정적 결과와 관련이 있다. 노엘 캐럴Noël Carroll(1990)이 이야기한 것처럼, 우리는 괴물을 상상하기만 해도 그로 인해 끔찍한 피해를 입게 된 사람의 모습을 떠올리며 무서움을 느낄 수 있다. 그런데 영화에서는 이러한 상상을 더욱 생생한 감각 자극으로 눈앞에서 보여 주기 때문에 우리는 공포감을 실감 나게 느끼는 것이다. 이와 유사한 맥락에서 안의진(2013)은 "고등적 인지 과정에 의한 믿음(괴물이 스크린상의 허구라는 믿음)과 무관하게 감각 과정의 경험(괴물이 존재한다는 감각 경험)이 영화 자극으로 발생되어 지속된다면, 그러한 감각 경험(괴물 존재감) 때문에 괴물이 위협하는 행위에 대하여 무서움을 느끼고 공포 반응을 보일 수 있다"고 주장한다(pp.55~56).

공포 영화들이 무섭게 느껴지도록 연출하는 방법들 가운데 특히 '눈'을 어떻게 표현하는지가 중요함을 지적한 연구도 흥미롭다. 공포 영화의 오싹한 느낌을 눈의 변화로 많이 표현하는 경향이 있어, 좀비는 하얗게, 뱀파이어는 빨갛게 분장하는 경향이 있으며, 심지어 어떤 공포 영화 속의 괴물은 눈이 얼굴에 있지 않고 손에 달려 있기도 하다. 첼시 샤인Chealsea Schein과 커트 그레이Kurt Gray(2015)는 한 실험에서 사람의 얼굴 사진 중 눈 부분을 없앤 사진과 코 부분을 없앤 사진을 보여 주고 '기묘한,' '영혼 없는,' '주체감 없는,' 및 '경험 없는' 특성이 어느 정도 강한지를 측정하였다. 그 결과, 그림 4-2가 보여 주듯이 코가 없는 경우보다 눈이 없는 경우에 이 모든 부정적 감정들이 훨씬 더 강하게 나타났다.

우리는 왜 굳이 공포감이라는 부정적 정서를 느끼기 위해 그러한 영화를 보거나 공포 체험을 하려는 것일까? 사람들은 지나친 자극도 싫어하지만 지나친 단조로움도 좋아하지 않기에, 잠시나마 짜

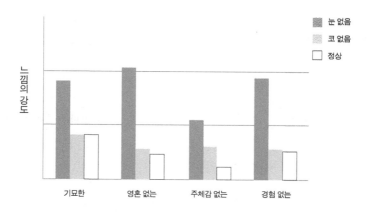

그림 4-2 얼굴 사진 조건별 부정적 느낌의 차이

출처: Schein & Gray, 2015: 176.

릿한 느낌을 맛보기 위해서, 또는 무더위를 잠시 식혀 주는 서늘함을 맛보기 위해서 이러한 정서를 추구하는 것이라고 말할 수 있다. 실제로는 생존에 위협을 주지 않는 안전한 상황이라는 배경 감정의 전제하에 일종의 놀이 공간으로 잠시 들어가 짜릿함을 맛보고 나오는 것이다. 다른 장르보다 공포 영화에 대한 선호도에서 특히 개인차가 큰 이유는 바로 이러한 느낌이 '보통의' 느낌은 아니기에 얼마나 좋아하는지의 정도에서도 개성이 잘 드러난다고 할 수 있다.

〈곡성〉(2016)과 〈검은 사제들〉(2015)을 비교한 연구(이채영, 2018)에서는, 이 두 작품이 〈엑소시스트〉로 대표되는 서양의 오컬트 장르와 한국의 무속적 요소를 융합하고 있음을 강조한다. 서사 구조가 '빙의, 전이·확장, 퇴마' 순으로 되어 있어, '① 악의 빙의 → ② 악의 전이와 확장 → ③ 퇴마의 시도(악과 반대 세력의 대결) 및 퇴마의 성패' 구조를 이룬다. 또한 이 두 작품은 '가해자-희생자-구원자'의 인물

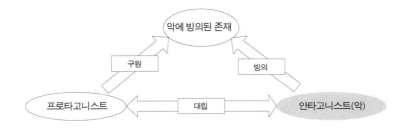

그림 4-3　퇴마 소재 서사의 주요 인물 구도

출처: 이채영, 2018: 117.

삼각 구도를 활용한 스토리텔링 기법을 사용한다(이채영, 2018). '퇴마 주체(프로타고니스트) — 빙의된 인물 — 악 또는 귀신(안타고니스트)'의 인물 구도를 지니고 있어, 이를 요약하면 그림 4-3과 같이 나타낼 수 있다.

〈장화, 홍련〉(2003)은 김지운 감독이 개봉 당시 인터뷰에서 "가족 간 상처와 죄의식"에 관한 영화라고 이야기했듯이 가족 서사를 담고 있다. 김지영(2014)은 이 영화에서 상처는 가상 이미지로, 죄의식은 실재 이미지로 그려지고 있음을 지적하면서, "가족 구성원 간 숨겨진 섬뜩한 비밀로 끝내 파국으로 치닫는 무서운 이야기"임을 강조한다(p.51). 당시 자극적인 영화 포스터 사진에는 가족의 모습이 있었지만, 앞자리에 있는 두 딸의 흰 옷에는 피가 묻어 있었고 뒷자리의 아빠는 무심한 표정, 새엄마는 빨갛고 긴 손톱을 보이며 앞자리의 언니 역을 감싸고 있어, 영화의 내용을 압축적으로 보여 준다.

한국 사회에서 가족의 의미는 특별하여 드라마는 물론 리얼리티 프로그램에서도 가족이 중요한 축으로 등장한다(나은영·나은경, 2019). 공포 영화에서도 예외 없이 가족 서사는 중요한 축을 차지한다. 황혜진(2006)은 〈장화, 홍련〉뿐만 아니라 〈4인용 식탁〉(2003)에서도 기억과 연관하여 가족 서사가 중요하게 작용하고 있음을 이야기한다.

〈4인용 식탁〉에서는 '억압된 기억이 소환되는 순간의 공포'가 핵심으로 등장한다(황혜진, 2006: 385). 어린 시절의 기억이 억압되어 있다가 어떤 계기로 주인공이 그것을 마주하게 된다. 친부의 학대에서 벗어나기 위해 연탄가스 중독으로 생을 마감하려 하다가 오히려 여동생을 죽게 한 기억이 떠오른 것이다. 한동안 행복했던 것이 과거의 기억을 망각했기 때문에 얻어진 것이었고, 그렇게 잊도록 만든 사람은 목사인 양부였다는 사실은 가족이 무엇인지, 어떤 기억에 의해 정체성이 유지되는지에 대해 다시 한 번 생각해 보게 만든다.

송아름(2013)은 일반적인 공포 영화가 아닌, 젊은 세대가 열광하는 '한국형 좀비' 영화에 초점을 두고, '괴물'의 등장이 세대의 정체성과 문화 현상의 관점에서 해석될 수 있다고 보았다. 비록 신체가 훼손된 괴물이라 하더라도 자신의 의지를 표현할 수 있는 등장인물은 "좀비를 가해자에서 피해자로 전복시켜 보여 준 기존 질서에 대한 불신, 좀비가 된 자신들을 이해해 주는 이들 안에서 행복해지는 한 세대의 모습"을 보여 주는 정체성의 한 표현으로 이해할 수 있다는 것이다(p.186). 현실 속에서 정치적, 경제적으로 의지를 드러내기 힘든 상황에서 젊은이들이 '문화 세대'로서 감정이 투영된 공포 영화의 주인공에게 공감하게 된 것이라 할 수 있다.

좀비와 귀신은 괴물의 하위 범주라 할 수 있고, 동서양 모두에서 배제하려 하는 부정적 대상이자 공포의 대상이다. 예전에 주로 등장하던 귀신은 이미 죽은 사람의 억울함을 대변했다면, "좀비의 등장은 이미 죽은 이의 억울함이 아닌 '현실에서' '살아갈 수도 있는' 이들의 두려움을 함축"한다는 점에서 그 의미가 크며(송아름,

2013: 190), 더욱이 좀비라는 용어가 원래 의미했던 비인간성과 반대되는 캐릭터로 등장한다는 점이 독특하다.

삶의 세계와 죽음의 세계를 넘나드는 영화, 드라마, 웹툰 등이 특히 최근에 인기를 끌고 있어, 단순히 '공포물'이라고 섣불리 단정하기 어려운 작품들이 많아졌다. 예를 들면, 〈신과 함께〉는 죽음을 다루고 있어서 등장인물 중 일부는 일종의 '귀신'이라 할 수 있다. 하지만 우리는 그들을 예전처럼 두려워하지 않는다. 우리와 유사한 사람처럼 인식하는 부분이 넓어진 것이다. 따라서 이들을 '무서워' 하기보다는 어딘지 모를 동질감까지 느끼게 된다. 또한 드라마 〈흑기사〉(2017~2018, KBS)에서도 '죽지 못하고 계속 살아가야 하는' 괴력을 가진 인물이 인간과 함께 살아가는 모습이 그려진다. 사람의 특성과 귀신의 특성을 함께 지닌 캐릭터들이 융합 장르의 형태로 심심치 않게 나타나고 있는 것이다.

어떤 시대에 어떤 드라마가 많이 등장하며 어떤 영화들이 인기를 끄는가 하는 것은 그 시대 사람들의 욕구가 어떠한가와 밀접한 관련이 있다. 이런 점에서 볼 때, 최근 한국에서는 현재의 상황을 뛰어넘어 보고자 하는 초월적인 이상향을 꿈꾸는 현상을 보인다고 할 수 있다. 인간은 자력으로 하늘을 날 수 없지만 하늘을 훨훨 날아보고 싶은, 현실을 넘어서는 꿈을 꾸어보고 싶은 것이다. 이런 현상은 식상하지 않은 새로움을 추구하며, 놀라우면서도 어느 정도의 개연성을 확보한 작품들을 즐기려 하는 보통 사람들의 마음으로 이어지고(나은영·나은경, 2019), 이것이 동시대 작가들의 작품 속에서 구현되고 있다고 할 수 있다.

슬픈 드라마나 공포 영화를 보면서 느끼고 싶은 감정의 정도, 즉 감정 욕구에도 개인차가 있다(Bartsch et al., 2010). 감정 욕구는 "자기 자신 및 타인들에게 감정을 유도하는 상황 및 활동에 접근하거나 피하려 하는 사람들의 일반적인 동기"로 정의된다(Maio & Esses, 2001: 585). 슬픈 드라마와 공포 영화를 볼 때 감정 욕구가 높은 사람들이 낮은 사람들보다 부정적 감정과 양가적 감정을 강하게 느끼며, 자신들의 감정을 '메타감정meta-emotions,' 즉 감정에 대한 감정의 수준에서 더 긍정적으로 평가하는 경향이 있다. 이러한 효과는 다섯 가지 기본 성격 특성을 통제한 상태에서도 그대로 나타났다. 감정 욕구가 높은 사람들은 비록 부정적인 감정을 일으키는 영화나 드라마라 하더라도 그 강한 감정 자체를 즐기며, 따라서 이러한 자신들의 감정을 상대적으로 덜 부정적으로 평가하는 것이라고 해석할 수 있다.

3. 상호작용적 미디어 이용과 부정 감정

1) 사회적 배제가 뇌와 감정에 미치는 영향

앞서 '사회적 뇌'에 관한 논의에서 이야기했듯이, 우리 뇌는 사회적으로 작동한다. 따라서 일반적인 면 대 면 사회적 상호작용에서뿐만 아니라 상호작용적 미디어 이용 시에도 동료들의 따돌림은 뇌에 부정적 영향을 미치며, 이러한 현상은 성인이나 청소년에게서 모두 관찰된다(Masten, 2009). 사회적 배제와 반사회적 행동 간 관계를 매개하는 분노(Chow, Tiedens, & Grovan, 2008), 그리고 사회적 배제로 인해 적절한 자기 조절에 지장을 가져오는 외로움과 슬픔의 역할(Baumeister et al., 2005) 등에 관한 연구들도 있다. (특히 공정성과 관련된 상황에서) 사회적 배제를 경험하면 분노를 느껴 반사회적 행동을 일으킬 수 있으며, 사회적 배제로 인해 발생하는 외로움과 슬픔은 보통 상황에서는 잘 작동되던 감정 조절 메커니즘에 이상을 가져와 공감 능력 등에 지장을 초래할 수 있다.

감정은 제3자 효과the third-person effect에도 영향을 준다. 제3자 효과란 미디어의 영향을 자기 자신보다 제3자가 더 많이 받을 것이라고 생각하는 현상을 말한다(Davison, 1983). 2012년 한국과 미국의 대통령 선거 당시의 자료를 근거로 한 김현정(Kim, 2016)의 연구에 따르면, 한국인의 경우 제3자 효과 지각은 '자부심'과 부적 관계를 보인 반면에, 미국인의 경우는 제3자 효과 지각이 '분노'와 정적 관계를 보였다.

이 연구의 결과를 구체적으로 해석해 보면, '지고 있던 후보의 지지자들에게서 제3자 효과와 불안 사이에 더 강한 연합이 있을 것'이라고 예상했던 연구자들의 가설은 한국에서만 지지되었다. 또한 이 불안은 이어서 참여 의도를 증진시키는 데 기여하는 것으로 나타났다. 한국의 경우 그 당시 문재인 후보 지지자들의 경우 제3자 효과를 더 크게 보인 사람이 불안도 더 컸고, 이것이 참여 의도로 이어졌다고 해석할 수 있다.

또한 분노의 경우 미국에서는 오바마 후보 지지자들이, 한국에서는 문재인 후보 지지자들이 제3자 효과와 분노 사이에 더 강한 관계를 보였다. 이것은 특히 미국에서 더 강한 참여 의도와 규제 지지로 이어졌다. 자부심과 제3자 효과 간의 관계는 두 나라 모두 지고 있던 후보의 지지자들에게서 부적 관계를 보였으며, 이것도 역시 참여 의도 증가로 이어졌다.

2) 감정의 전이

김선정과 김태용(2012)은 페이스북의 뉴스피드 내용이 긍정적 감정을 표현하는지(예를 들면 친구에게 좋은 일이 일어남) 또는 부정적 감정을 표현하는지(예를 들면 친구에게 좋지 않은 일이 일어남)에 따라 그것을 보는 사람의 감정이 어떻게 달라지는지를 비교함으로써 사회 비교 이론과 감정 전이 가설을 비교 검증하였다. 사회 비교 이론이 옳다면 친구에게 좋은 일이 일어났을 때 열등감이 증가하고 좋지 않은 일이 일어났을 때 열등감이 감소할 것이다. 반면에 감정 전이 가설이 옳다면 친구에게 좋은 일이 일어났을 때(즉 SNS에서 긍정 감정의 콘텐츠를 볼 때) 우울감과 심리적 스트레스는 낮아지고 안녕감은 증가할 것이다. 반대로 친구에게 좋지 않은 일이 일어났을 때(즉 SNS에서 부정 감정의 콘텐츠를 볼 때) 우울감과 심리적 스트레스는 높아지고 안녕감은 감소할 것이다.

이 연구 결과, 열등감의 경우만 사회 비교 가설이 지지되었고, 안녕감, 우울감, 심리적 스트레스 등에서는 모두 감정 전이 가설이 지지되었다. 대부분의 경우는 SNS에 나타나는 감정을 그대로 느끼게 된다는 사실을 알 수 있다. 따라서 우리가 온라인상에서 부정적 감정과 연관된 내용들을 많이 보게 될수록 우리의 감정도 이에 물들어 부정적 감정을 갖게 될 확률이 높아질 것이라고 예측할 수 있다.

3) '항상 연결되어 있음'의 감정 피로

초연결 사회에서의 '초연결성hyperconnectivity'은 사람들에게 적정 수준 이상의 각성 수준을 지속하게 함으로써 피로감을 유발시킬 수 있다. '무민無-mean'을 추구하는 경향이나 관계에 대한 피로감, SNS에 대한 피로감 등이 모두 이러한 감정 피로와 관련된다고 볼 수 있다. 이국용과 김공수(2017)의 연구에 따르면, SNS의 피로감은 SNS 침입성과 정보 과부하로 구분할 수 있고, 이러한 부정적 요인 중 특히 SNS 침입성이 이용 중단에 더 큰 영향을 주는 것으로 나타났다. 정보 과부하는 이용 중단에 직접적인 영향을 주기보다는 SNS 만족과 습관을 경유하여 이용 중단을 일으키는 것으로 밝혀졌다.

이와 유사하게, 박현선과 김상현(2014)은 SNS 피로감 요인을 과도한 상호작용성, 프라이버시 염려, 원치 않은 관계 부담, 정보 과부하라는 네 가지로 설정하고, 이것이 SNS 중단 의도에 미치는 직접 효과와 '서비스 몰입'의 조절 효과를 검증하였다. 그 결과, 상호작용성 과부하를 제외한 세 요인이 모두 SNS 중단 의도에 유의미한 직접 효과를 주는 것으로 나타났다. 이러한 직접 효과가 '서비스 몰입'에 의해 조절되는 정도를 검증한 결과, 프라이버시 염려, 원치 않은 관계 부담 및 정보 과부하가 SNS 중단 의도에 영향을 주는 과정에서 '서비스 몰입'의 정도가 그 관계를 강화시키는 것으로 나타났다.

또한 SNS 피로감을 직접적으로 연구하기보다는 '지속 사용 의도'를 측정함으로써 사람들이 SNS 사용을 꺼리는 심리적 근거를 간접적으로 밝히려 한 연구도 있다. SNS 실제 사용자들의 분포를 고려한 10~60대 응답자들을 대상으로 SNS 지속 사용 모형을 분석한 결과, 초기에 중요한 사용 유도 요인이었던 '내용 공유'와 '네트워크 요소'의 영향력이 유의미하게 나타나지 않았다(최은정, 2012). 이러한 연구 결과는 SNS를 사용하는 사람들의 욕구가 항상 일정하게 지속되는 것이 아니라, 어떤 시점에 가면 초기에 매력적이었던 특정 욕구가 과다 충족되어 피로감을 느끼게 되거나, 새로운 욕구가 생기거나, 또는 사용 중 예기치 못한 단점들이 크게 부각되기 시작하여 지속 사용 의도를 낮추면서 급기야 사용 중단에까지 이르게 하는 점이 무엇인지에 관심을 기울여야 함을 시사한다.

인간에게는 늘 적절한 정도의 자극과 관계 감정이 필요하다는 것은 진리에 가깝다. 부족한 것도 좋지 않지만 지나친 것도 바람직하지 않다. 황농문(2011)은 "의식의 엔트로피를 낮추는 것이 힐링"임을 강조하며, 이는 종교 활동과도 연계된다고 주장한다. 이를 '감정'의 용어로 다시 표현한다면, 감정을 '긍정적인 안정 상태'로 만드는 것이 힐링이라 할 수 있다. 미디어를 능동적으로 경험하되 예로부터 강조되어 온 '중용'의 원리에 맞게 지나치지도 부족하지도 않은 '적절한' 정도로 경험하는 것이 의식의 엔트로피를 낮추며 감정을 긍정적인 안정 상태로 만드는 데 도움이 될 것이다.

4. 무엇이 부정 감정을 유발시키는가

1) 부정 감정 유발 사건과 언어

우리의 감정 중에서 특히 부정 감정을 유발하는 사건들에는 어떤 것들이 있을까? 코로나19와 같은 부정적 사건의 유행, 경제적 불황이나 경기 침체에 대한 소식, 세금 부담이나 입시 부담의 증가와 같은 '부담' 증가에 관한 뉴스, 정치적 대립에 대한 기사, 범죄나 사고와 같은 부정적 사건을 알게 되었을 때 등, 참으로 많은 경우에 우리의 부정적 감정이 유발된다.

최근 한국은행 경제통계국에서 빅데이터를 활용해 경제 뉴스가 정서에 미치는 영향을 분석한 바 있다. 뉴스 기사에 나타난 경제 심리를 지수화한 뉴스 심리 지수(NSI: News Sentiment Index)는 직전 7일간 인터넷 경제 뉴스 기사에 나타난 경제 심리를 일 단위로 다음과 같은 공식에 따라 지수화한 것이다.

$$NSI = \frac{\text{기간 내 긍정 문장 수} - \text{부정 문장 수}}{\text{기간 내 긍정 문장 수} + \text{부정 문장 수}} \times 100 + 100$$

그림 4-4에서 알 수 있듯이, 지난 1년간의 감정을 살펴보면 코로나19의 1, 2차 확산기에 급격히 부정적인 상태로 떨어졌고, 점차 회복되는 추세를 보인다. 이후 3차 확산기에 약간 떨어졌다가 코스피 최고점 돌파 뉴스로 잠시 회복되기도 했음을 알 수 있다.

경제적 사건들뿐만 아니라 우리 사회에서 발생하는 크고 작은 사건들, 그리고 우리 개개인 주변에서 발생하는 수많은 일들이 우리의 감정을 좌우한다. 언제부터인지 우리나라를 감싸는 집단적 정서는 그다지 긍정적이지 못한 것으로 보고된다. 세월호 사건, 천안함 사건, 메르스(MERS, 중동호흡기증후군)에 이어 장기간 지속되는 코로나19에 이르기까지 일련의 혼란스럽고 비극적인 사건들은 국민을 극도의 불안에 휩싸이게 했으며, 이 같은 불안은 단기적인 불안감에 그치지 않고 분노나 무망감, 원한감, 그리고 극도로 치닫는 개인주의 및 회의주의 등으로 나타나기도 한다. 빅데이터 분석 사례도 대한민국이 처한 현상들에 대해 얼마나 우리 국민 개개인이 비극적이고 비관적인 시각으로 사회를 바라보고 있는지를 말해 준다(예를 들면, 〈중앙일보〉, 2015. 6. 16). 이와 같은 이른바 '부정적'인 정서가 전 국민에게 집단적으로 일반화됨으로써 특히 생산적인 방향으로 발휘되어야 할 개개인의 능력

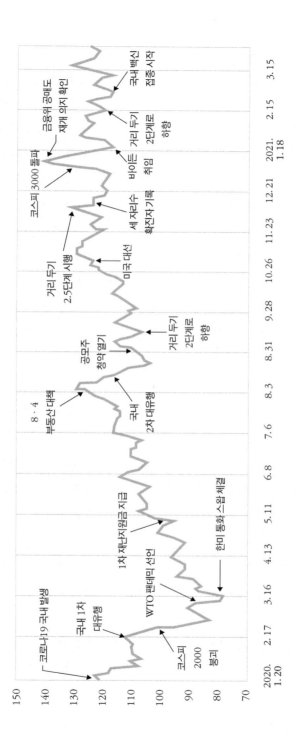

그림 4-4 코로나19 발생 이후 뉴스 심리 지수 추이

출처: 한국은행 경제통계국 자료.

과 추진력을 갉아먹는 부정적 에너지로 기능해 염려스럽다.

감정을 나타내는 언어 사용의 극단화도 부정적 감정의 강화에 큰 역할을 한다. 지금은 개개인이 모두와 연결되어 있는 초연결 미디어 사회이기 때문에, 한 사람 한 사람이 사용하는 언어가 사회 전체의 감정 수준과 방향을 결정하는 데 큰 비중을 차지한다. 예전에는 개개인의 언어가 그 개인 주변의 몇몇 사람들에게만 영향을 주었다면, 요즘에는 한 개인이 SNS나 유튜브에 표현하는 단어와 문장을 때로는 전 국민이 보게 되기도 한다. 모두와 연결되어 있어 쉽게 공유되기 때문에 기하급수적으로 영향력이 확대되는 것이다.

이러한 시대를 살아가는 우리는 부정적 언어 표현을 어디엔가 사용하는 데 매우 주의를 기울여야 한다. 나무에 박힌 못 자국은 그 못을 빼내도 그대로 남아 있듯이, 우리가 사용한 부정적 언어로 인해 상처받은 사람의 마음에는 그 말을 나중에 사과하더라도 상처가 여전히 남아 있기 때문이다.

부정적 사건으로 인한 부정적 감정의 유발, 이러한 부정적 감정의 극단적 표현으로 인한 부정적 감정의 전이, 이 두 가지를 모두 줄일 수 있는 방향을 모색해야 한다. 부정적 정서로 가득 찬 사람에게서 또 다른 부정적 행동이 유발될 수 있고(예를 들면 묻지 마 살인, 아동 학대 등), 그러면 부정 정서의 팽창과 악순환은 멈추기 더욱 어려워질 것이기 때문이다.

2) 미디어로 인한 적대적 감정의 형성과 변화

우리는 만난 적도 없는 사람을 왜 미워하게 되는 것일까? 그 이유는 편견의 형성과 악화에 미디어가 큰 영향을 주기 때문이다. 편견

prejudice이란 주로 외집단에 대한 부정적인 느낌이 그 집단에 속한 개개인에게 일반화되어 나타나는 것을 말한다(Hilton & Von Hippel, 1996). 예컨대, '나는 특정 집단이 이러이러하기 때문에 싫다'고 생각하는 사람의 경우, 그 집단에 속하는 어떤 사람들은 그런 특성이 있지 않음에도 불구하고 단지 그 집단에 속한다는 이유만으로 그런 특성이 있을 것이라고 생각하고(이러한 생각은 '고정관념stereotype'이라고 부른다), 그래서 그 사람을 싫어하게 되는 편견이 발생하는 것이다. 이러한 고정관념과 편견은 대개 차별 행동discrimination으로 나타난다.

한 연구(Ahmed, 2017)에서 무슬림이 아닌 인도의 사춘기 청소년들이 서양과 인도의 뉴스 미디어를 이용하는 정도, 그리고 할리우드 영화와 볼리우드⁵ 영화를 관람하는 정도에 따라 무슬림에 대한 편견이 어떻게 달라지는지를 살펴보았다. 그 결과, 서양의 뉴스 미디어 이용과 할리우드 영화 관람 정도는 무슬림에 대한 편견 증가를 유의미하게 예측했지만, 인도의 뉴스 미디어 이용량과 볼리우드 영화 관람 정도는 편견과 무관한 것으로 나타났다. 더 나아가, 인도의 청소년들 중 무슬림과 더 자주, 더 풍부하게 접촉할 기회가 있었던 경우 무슬림에 대한 편견이 약화되어, 외집단에 대한 편견이 직접 접촉에 의해 완화될 수 있음을 보여 주었다.

이러한 연구 결과는 미디어로 인해 우리가 살고 있는 세상에 대한 지각이 달라진다고 주장한 조지 거브너George Gerbner 등(Gerbner et al., 2002)의 배양 효과 이론cultivation theory, 그리고 직접 접촉으로 편견을 감소시켜 집단 간 갈등을 줄일 수 있다고 주장한 고든 올포

---

5   뭄바이의 옛 지명인 봄베이와 할리우드의 합성어로, 세계에서 가장 많은 영화 제작 편수로 알려져 있는 인도의 영화 산업을 지칭한다.

트Gordon Allport(1954)의 접촉 가설contact hypothesis을 지지하는 것이다. 그러나 올포트 자신도 무조건 접촉한다고 하여 편견이 감소되는 것이 아니라 동등한 지위, 공동의 목표 등 몇 가지 조건들이 전제되어야 한다고 보았듯이, 집단 간 접촉이 편견을 감소시키기 위해서는 부정적 접촉이 아닌 긍정적 접촉이어야 한다.

직접 접촉보다 미디어를 통한 간접 접촉이 증가하고 있는 현실 속에서 미디어를 활용해 집단 간 갈등을 감소시켜 보려는 시도도 끊임없이 이어져 오고 있다(나은영·나은경, 2019). 미디어가 집단 간 편견을 감소시킬 수 있을지에 관한 한 연구(Paluck, 2009)에서는 르완다 내의 투치족과 후투족 간 갈등을 배경으로 하여 라디오 프로그램을 두 종류로 나누어 들려주는 현장 실험을 진행하였다. 하나는 화해 프로그램으로서 집단 간 편견, 폭력 및 트라우마를 감소시키는 드라마 형식이었고, 다른 하나는 통제 조건으로서 집단 간 갈등과 무관한 건강 프로그램이었다. 두 종류의 프로그램 중 화해 프로그램이 집단 간 편견을 감소시키기는 했으나 '규범적 지각' 측면("부족 간 결혼을 허용해야 한다" 등)에서만 효과를 보였고, '개인적 신념' 측면("부족 간 결혼은 평화를 가져온다" 등)에서는 효과를 보이지 않았다. 이로 미루어 보아, 미디어 프로그램으로 상대 집단에 대한 부정적 편견을 뿌리 깊은 신념 측면에서까지 변화시키기는 매우 어려움을 알 수 있다.

미디어가 편견을 감소시키는 데 또 하나의 장벽이 되는 것은 사람들의 미디어 선택성에 있다. 유튜브든 TV든 신문이든 외집단과의 화해에 도움이 되는 유용한 정보가 담겨 있더라도 그것을 '선택'해서 보아야만 효과가 있을 것이다. 그런데 대부분의 사람들은 자기 편이 아니라고 생각되는 정보를 선택하지 않는다(Schieferdecker & Wessler, 2017). 실험실 상황에서 보여 주면 어쩔 수 없이 보겠지만, 자연스러운 현실 속에서는 더욱 그렇다.

요즘에는 디지털 미디어의 발전으로 가상 접촉도 가능해졌다. 최근 연구(Lissitsa & Kushnirovich, 2019)에서, 이스라엘의 다수를 차지하는 유대인이 소수자 아랍인에 대해 지닌 편견을 감소시킬 방안으로 디지털 미디어를 통한 가상 접촉, 면 대 면 접촉 및 전통 미디어에 의한 접촉의 효과를 비교하였다. 연구 결과(그림 4-5 참조), 면 대 면 접촉은 미묘한 편견과 노골적인 편견을 모두 감소시켰으며, 가상 접촉은 미묘한 편견만 감소시켰다. 전통적인 미디어는 이 두 종류의 편견을 모두 감소시키지 못했고, 정치적 태도와 종교는 오히려 노골

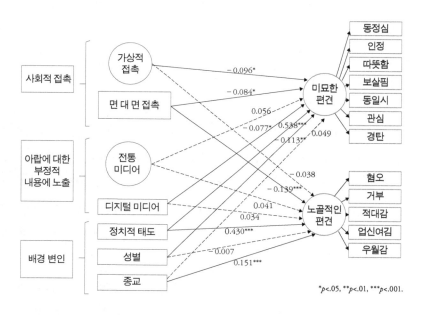

그림 4-5 　가상적 접촉, 면 대 면 접촉, 및 전통 미디어에 의한 접촉이 미묘한 편견과 노골적인 편견의 감소에 미치는 영향

출처: Lissitsa & Kushnirovich, 2019: 1065.

적인 편견을 더 증가시켰다.

　이 연구가 시사하는 바는 상대 집단에 대한 강한 부정적 감정, 즉 노골적인 편견을 일으키는 가장 큰 요소는 정치적 태도와 종교라는 점, 그리고 상대 집단을 직접 접촉하든 디지털 미디어를 통해 접촉하든 '접촉' 빈도가 편견을 다소 감소시킬 수 있다는 점이다. 전통 미디어는 편견 감소에 효과가 없다는 점으로 미루어보아, 일방향적 미디어보다 상호작용이 가능한 디지털 미디어가 편견 감소에 더 긍정적으로 작용할 가능성이 크다는 사실도 중요하다. 그러나 물론 이때도 서로를 심하게 공격하지 않는, 부정적이지 않은 상호작용이 이루어질 경우에만 편견이 감소할 수 있으며, 정치적 태도나 종교 이슈가 전면에 등장하면 노골적 편견이 오히려 더 강해질 수 있음에 유의해야 한다.

3) SNS 시대의 감정 과잉 소비

요즘은 특히 "감정 소비 과잉 시대"(나은영, 2019)라 불릴 정도로 사람들의 감정이 과소비되고 있다. 그 이유는 무엇보다 SNS 시대에 필요 이상의 많은 정보들을 접하고 있기 때문이다. 정보가 많아도 대부분 긍정적인 감정을 일으키는 정보들이라면 그나마 다행이겠지만, 불행히도 우리가 접하는 정보들의 상당수는 우리에게 각성 수준이 높고 부정적인 감정을 유발시킨다.

　앞서 살펴보았듯이, 감정을 구분할 때 긍정 − 부정(유쾌 − 불쾌) 차원에 못지않게 중요한 차원은 각성 수준이다. 각성 수준이 높으면서 동시에 긍정적인 정서는 신남, 짜릿함, 흥미진진함 등이며, 각성 수준이 낮으면서 동시에 긍정적인 정서는 평화로움, 행복감, 안도감 등이다. 반면에, 분노나 원망은 각성 수준이 높으면서 부정적인 정서에 해당하며, 슬픔과 우울 등은 각성 수준이 낮으면서 부정적인 정서에 해당한다. 분노나 원망은 파괴적 에너지를 발산할 잠재력을 품고 있고, 슬픔이나 우울은 무기력함 속에서 의욕이 생기지 않는 상태가 이어지게 할 수 있다.

SNS에 웃고 즐길 수 있는 토막 영상들이 있기도 하지만, 대개 뉴스의 경우 긍정적 내용보다 부정적 내용이 더 많다. 그래서 뉴스를 많이 볼수록 더 화가 나거나 우울해지는 경우가 많다. 미디어가 덜 발달했던 때는 정보 접근성이 떨어져 꼭 필요한 뉴스만 접할 확률이 높았으나, 요즘과 같은 첨단 미디어 시대에는 우리가 꼭 알아야 할 정보뿐만 아니라 불필요하거나 오히려 우리의 주의 집중을 흐트러뜨려 삶에 방해가 될 수 있는 소식까지 쉽게 눈에 띈다. 가끔 미담을 접할 때도 있으나 대체로 부정적인 방향으로 흥분시키는 뉴스가 많다. 뿐만 아니라, 이런 뉴스를 여러 미디어에서 반복적으로 접함으로써 '높은 각성 상태의 부정적 감정'을 과도하게 느끼는 상태가 지속된다.

한 진영과 다른 진영 사이의 갈등과 대결에 관한 뉴스를 자주 접하면 이를 보는 사람들이 마치 그 진영들을 대신해 감정적 전쟁을 하고 있는 것처럼 느낄 수도 있다. 온라인에서 플레이밍flaming이 발생하는 것도 바로 이런 이유 때문이며, 정치적 이슈에서뿐만 아니라 서로 경쟁 관계에 있는 스타들의 팬덤 경쟁에서도 대결 구도가 형성되어 이를 바라보는 사람들에게 그 긴장감이 전달되기도 한다.

대결 구도에서는 자기도 모르는 사이에 언어 표현이 더 거칠어지고 따라서 상대에게 더 큰 마음의 상처를 입히게 된다. 그로 인해 우리 사회에는 마음에 상처가 가득한 상태에서 치유를 원하는 사람들이 많고 치유를 해 줄 사람은 적은 상태가 되어 악순환이 이어질 수도 있다. 감정 과잉 시대, 특히 부정적 감정의 과잉 시대를 벗어나기 위해서는 SNS 안에서도 상대의 장점을 볼 수 있는 마음가짐으로 "미래와 희망의 언어, 상생과 실천의 언어"(나은영, 2019)가 SNS에 흘러 다닐 수 있도록 노력해야 한다.

또 한 가지 염려스러운 점은 SNS로 너무 많은 연결 속에 개개인이 존재하다 보니, 심지어 재미있는 유머를 예컨대 단체 카카오톡 채팅방(카톡방)에 올려 함께 웃고 즐기려 하다가도, 유사한 유머들을 이 카톡방, 저 카톡방에서 반복해 접하다 보면 소통에서의 진정성이 약화될 수 있다는 점이다. 두 당사자 사이에 '의미 공유,' 즉 진정한 마음의 공유가 발생할 때 소통이 잘 되었다고 할 수 있다(나은영, 2015). 하지만 자기 진심을 정성껏 담은 내용이라기보다는 쉽게 공유할 수 있는 유머들을 여기저기에서 퍼 나르는 과정을 공유하다 보면 한 사람과 또 한 사람 사이의 진실한 마음 공유에 오히려 방해가 될 수도 있다는 점은 미디어 과잉으로 인한 부작용 중 하나라고 할 수 있다.

부정적 정서가 이곳저곳을 옮겨 다니는 것보다는 긍정적 정서를 잠시나마 유발할 수 있는 재미있는 유머가 유통되는 것이 훨씬 더 나을 수 있다. 그러나 진실한 마음을 정성껏 담아 스스로 만든 메시지에 비해 가볍게 공유되는 메시지는 사람의 마음에 울림을 전하기에 부족할 수 있다. 이로 인해 사람과 사람 사이의 관계가 피상적 관계에 머무는 경우가 많고, 따라서 많은 사람들은 모두와 연결되어 있으나 정작 자신의 속마음을 털어놓고 진실한 감정을 공유할 사람은 부족한 상황을 맞이할 수 있다. 미디어로 전달하는 내용이 많거나 신속하다고 항상 좋은 것도 아니고, 수많은 사람과 연결되어 있다고 자랑스러운 것도 아니다. 양이 적고 더디더라도 진정성 있는 내용과 깊은 감정을 잘 전달할 때 비로소 '참된 의미 공유'라는 미디어 본연의 기능에 충실할 수 있을 것이다.

5장

미디어 수용과 감정

1. 픽션 프로그램의 수용과 감정

1) 스토리에 반응하는 감정

사람들의 마음을 끌어당기는 많은 스토리들에는 어떤 공통적인 특성이 있을까? 이에 대한 해답을 찾기 위해 앤드루 레이건Andrew Reagan 등(2016)은 대중적으로 성공한 소설 2000여 편의 디지털 텍스트를 분석했다. 그 결과 그림 5-1과 같은 여섯 종류의 스토리가 인기를 끌어 왔음을 밝혔다. 이 그림이 보여 주는 그래프의 높낮이는 주인공에게 일어난 일을 중심으로 독자의 감정이 어떻게 오르락내리락하는지를 나타내는 것이다. 대체로 사람들이 소설을 읽을 때 주인공에게 좋은 일이 일어나면 긍정적인 감정을 느끼고 주인공에게 좋지 않은 일이 일어나면 부정적인 감정을 느끼기 때문에, 주인공에게 일어나는 일의 긍정성-부정성과 수용자가 느끼는 긍정-부정

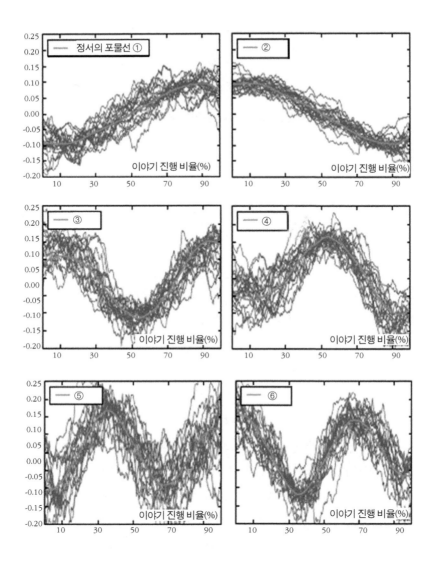

그림 5-1 6가지 내러티브 수용 과정에서 발생하는 정서의 포물선

출처: Reagan et al., 2016: 6.

감정이 동일한 방향으로 이루어진다는 전제하에 그려진 것이다(나은영·나은경, 2019).

그림 5-1의 여섯 가지 패턴은 주로 소설에 나타난 이야기 수용 과정에서의 감정의 등락을 나타내는 것으로 다음과 같이 요약할 수 있다(나은영·나은경, 2019, 3장 참조).

① 누더기에서 부자로(상승)
② 부자에서 누더기로(몰락)
③ 궁지에 몰린 사람(몰락 후 상승)
④ 이카로스(상승 후 몰락)
⑤ 신데렐라(상승 후 몰락 후 상승)
⑥ 오이디푸스(몰락 후 상승 후 몰락)

이것은 시간의 흐름에 따라 기본적인 스토리가 변화하면서 움직이는 사람들의 감정 변화를 보여 주기에, 이야기의 형태가 소설이든 TV 드라마든 영화든 웹툰이든, 대부분의 픽션 스토리를 감상해 가는 과정에서 감정 변화를 경험하며 느끼는 즐거움을 보여 주는 것이다. 나은영과 나은경(2019)은 이 여섯 가지 모델을 일반화하면서 사람들마다 감정의 기준선이 다를 수 있음을 추가한 '감정 굴곡의 기준선 모델'을 제안하였다. 이에 대해서는 11장에서 더 상세히 다룬다.

여기서 중요한 점은 미디어 콘텐츠에서 감정의 등락을 경험하는 것이 즐거움과 힐링의 원천이 될 수 있다는 점이다. 특히 드라마나 영화와 같은 대표적인 픽션에서 빼놓을 수 없는 부분은 극도의 긴장 상태인 '서스펜스' 이후에 그 긴장이 풀리며 안도하는 '카타르시스'를 느낄 때 사람들의 즐거움이 극대화되는 지점이다. 사람의 감정

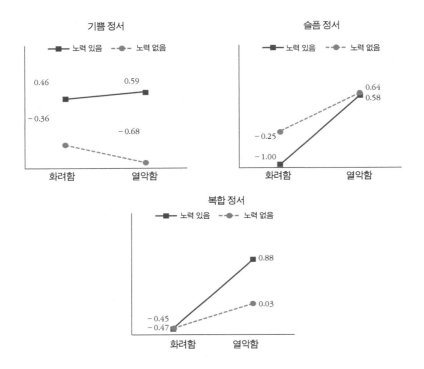

그림 5-2　등장인물의 부와 노력 여부에 따른 정서 반응

출처: 양혜승, 2017: 94.

변화는 미디어 콘텐츠를 즐기는 데도 핵심적인 작용을 할 뿐만 아
니라, 이를 통해 마음의 평화를 되찾고 다시 일상의 삶을 살아갈 수
있도록 한다.

　　양혜승(2017)은 드라마 등장인물의 경제적 배경과 삶에 대한 자
세가 수용자의 정서 반응과 공감에 어떠한 영향을 주는지 분석하였
다. 그 결과, 그림 5-2에서 알 수 있듯이, 기쁨 정서는 등장인물의 경
제적 배경과 무관하게 '노력'이 있을 때 유의미하게 증가하였다. 슬픔
정서는 등장인물의 노력과 관계없이 경제적 배경이 좋지 않을 때 증

가하기는 하지만, 경제적 배경이 좋을 때는 등장인물의 노력이 적을 때 유의미하게 높아졌다. 기쁨과 슬픔이 합쳐진, 즉 기쁘기도 하고 슬프기도 한 복합 정서는 등장인물의 경제적 배경이 좋을 때는 노력 정도가 영향을 주지 않았지만, 등장인물의 경제적 배경이 좋지 않을 때는 노력이 있을 때 크게 증가하였다(나은영·나은경, 2019).

한편, 사람들이 픽션을 즐기는 동안 자신의 기억 속에서 적절한 기억의 편린들을 떠올리며 그와 연관된 감정에 몰입하기도 한다. 예를 들어, 뮤지컬 〈광화문 연가〉는 관객으로 하여금 '기억에서 끌어와 느끼며 채우기'를 활성화시키도록 구성된 작품이다. 관객 개개인의 기억에 따라, 그리고 어느 시대를 직접 체험 또는 간접 체험했는가에 따라 동일한 공연에서도 떠오르는 (활성화되는) 기억이 다르고, 그로 인해 느껴지는 정서도 다르다. 활성화된 기억에 기반하여 공연 사이사이에, 또는 공연 중에 채워 넣는 부분이 각자 다름에도 불구하고 관객은 이렇게 스스로 채워 넣은 부분까지를 합하여 온전한 작품으로서 느낌과 감동을 갖게 된다.

2) 기억의 매칭: 궁금증과 사회 비교

우리는 시간의 흐름에 따라 스토리를 이해하고 느껴 가면서 이것을 뇌에서 떠오르는 기억과 끊임없이 매칭해 보는 과정을 겪는다. 사실 우리 머릿속에 과거 경험에 의해 저장된 내용이 전혀 없다면, 지금 읽거나 보고 있는 스토리의 내용을 이해하기가 매우 어려워질 것이고, 그에 따라 감정도 느껴지기 어려울 것이다. 우리가 외부 자극을 통해 무엇인가를 생각하고 느낄 수 있는 것은 (원초적인 감각 경험이 아니라면) 우리가 그 순간까지 경험해 왔던 과거의 기억이 있기 때문이다.

에릭 캔델Eric Kandel과 래리 스콰이어Larry Squire(2009/2016)에 따르면, 우리가 기본적으로 호감과 반감을 갖는 것은 대체로 무의식적, 즉 비서술적 학습의 결과라 할 수 있다. (좀 더 자세한 내용은 이 책의 후반부에서 다루겠지만) 여기서 중요한 내용은 기억을 관장하는 해마가 감정을 관장하는 편도체와 밀접한 관련을 지니며 작동하기 때문에, 사람들은 감정적 흥분을 일으키는 사건을 특히 잘 기억한다는 사실이다.

사람들은 이미 해결된 사건보다 아직 해결되지 않은 사건을 더 잘 기억한다. 이는 1927년 블루머 자이가르닉Bluma Zeigarnik(1927)의 실험 이래로 '자이가르닉 효과'라 알려져 있는데, 아직 해결되지 않은 미완의 과제는 사람들의 기억에서 쉽게 사라지지 않고 계속 맴돌고 있어 기억에 오히려 유리하다는 것이다. 사람들이 미완의 스토리를 순간적으로 답답해하면서도 이를 즐기는 이유 중 하나가 바로 이 자이가르닉 효과 때문이다.

여기서 한 단계 더 나아가 보면, 사람들은 드라마의 한 회가 끝나면 다음 이야기가 어떻게 전개될지에 대해 계속 '예측'하며 기억 속의 매칭을 즐긴다. 이러이러한 복선이 깔려 있었으니 이렇게 전개될 것이라든지, 전체적으로 볼 때 이 방향으로 이야기가 진행되는 것이 예상된다든지 하며, 이러한 자신의 예측을 시청자 게시판에 명시적으로 올리든 올리지 않든 관계없이 사람들은 다음 이야기를 예측하며 매칭을 즐긴다. 다음 이야기에서 자신의 예측이 맞으면 맞혀서 즐겁고, 자신의 예측이 벗어나면 약간의 상쾌한 놀라움을 느끼며 또 즐거워한다. 내가 예측한 것이 맞을 때의 기쁨, 내가 예측한 것과 다를 때의 놀라움, 이 두 가지를 모두 맛보며 스스로 이야기를 채워 가는 즐거움을 만끽하는 것이다. 이러한 이유 때문에, 연속적으로 여러 회에 걸쳐 진행되는 속성을 지닌 드라마는 특히 이후에 어떤 사건이 이어질지 '가장 궁금한' 지점에서 해당 회의 끝을 맺는다. 이것은 사람들에게 궁금증을 유지함으로써 다음 회의 드라마를 또 시청하게 만들고자 하는 장치다.

'궁금증'의 지속은 픽션 스토리의 감정선 유지와 발전에 매우 중요한 역할을 한다. 궁금증이 지속되는 이유는 미완성으로 끝났기 때문이기도 하지만, 앞의 스토리를 계속 기억하기 때문이기도 하다. 앞의 스토리에 대한 기억을 이어지는 다음 스토리와 계속 매칭시켜가며 스토리를 즐기기 때문에 이와 같은 과정이 가능해진다.

픽션물 스토리 흐름에서 이전 내용과의 기억 매칭이 궁금증 유발 및 해소를 통해 사람들에게 감정의 즐김을 선사한다면, 스토리를 보며 그때까지의 자기 자신의 경험, 즉 '내 스토리'의 기억과 매칭하면서 사회 비교social comparison 과정을 경험한다. '궁금증'과 '사회 비교'는 모두 우리가 지금 소비하는 스토리를 이전의 '기억'과 계속 비교하며 매칭하는 가운데 감정이 유발되는 과정과 관련이 있다. 다만 전자는 이전의 스토리와 비교하여 다음의 스토리를 궁금해하는 것이고, 후자는 자신이 겪은 과거 경험과 비교하여 미디어 스토리의 내용이 자신의 스토리와 끊임없이 비교된다는 점에서 차이를 지닌다. 자신의 능력과 의견을 다른 사람과 비교하려 하는 욕구에 기반을 둔 레온 페스팅거Leon Festinger(1954)의 사회 비교 이론은 지금까지 여러 영역에서 많은 연구의 지지를 받는다. 사람들은 함께 살아가면서 끊임없이 '다른 사람들은 어떠한지' 궁금해하며 자기 자신의 삶과 비교하기 때문이다.

픽션의 스토리를 구성하여 사람들에게 어떤 감정을 느끼게 하고 싶을 때, '모든 것을 처음부터 순서대로 다 알려 주는' 방식은 사람들의 감정을 '극적으로' 변화시키는 데 한계가 있다. 물론 이러한 방식도 사람들의 감정 변화에 영향을 주기는 하지만, 사람들이 스토리를 즐기며 강한 감정의 등락을 경험하면서 이야기에 몰입하는 데는 한계가 있다는 뜻이다. 사람들은 궁금증을 스스로 채우고 싶어 하는 심리가 있고, 자신의 스토리를 완성해 보는 즐거움을 느끼고 싶어 한다. 궁금하면서도 언젠가 이 궁금증이 풀리리라는 기대를 가지고 스토리에 몰입해 다음 이야기를 지속적으로 예측하고 기다리며 즐긴다.

그런 의미에서 '맥락'은 매우 중요한 역할을 한다. 유사한 내용이 담긴 비디오 클립이라 하더라도 전체 스토리상 맥락이 어떠한가에 따라 그 의미는 매우 달라질 수 있다. 맥락이 있을 때 비로소 여러 등장인물이나 사건 간의 관계가 비로소 의미를 획득할 수 있다. 따라서 우리가 미디어 콘텐츠를 포함한 외부의 사건과 그 안의 관계들을 이해하고 그에 대한 감정을 느끼기 위해서는 '맥락'이 있어야 하고, 지금까지 우리의 경험으로 뇌에 저장되어 온 기억이 그 맥락이 되는 것이다.

"기억의 일생은 지속적인 탈맥락과 재맥락"이라는 박문호(2017)의 지적(p.345)은 우리 기억의 어떤 부분이 미디어 이용 시 맥락으로 작용하느냐에 따라 우리가 느끼는 감정도 달라질 수 있음을 시사한다. "감정은 명령은 받지 않지만 영향을 받는다"는 말(p.342)도 이와 연관이 있다. 어떤 미디어 콘텐츠를 제작한 사람이 우리에게 '이런 느낌을 가져라'라고 명령할 수는 없다. 또 그렇게 한다고 해도 그대로 따라지는 것도 아니다. 하지만 미디어 콘텐츠의 핵심 및 주변적 요소와 내 기억 속의 과거 경험이 맥락으로 작용하여 우리의 기억 중 일부가 떠오르고, 이로 인해 감정이 유발되는 것이다.

나은영과 나은경(2019)은 이처럼 시간의 흐름에 따른 스토리의 전

표 5-1 　엔터테인먼트에서 사람들이 추구하는 정서

	부정	긍정	기본 정서
익숙치 않음 (예기치 못함)	낯설다 (두려움)	새롭다 (참신함)	놀라움 (긍정/부정 가능)
익숙함 (예상 가능)	구태의연하다 (따분함)	친숙하다 (편안함)	평이함 (긍정/부정 가능)

출처: 나은영·나은경, 2019: 30.

개에 사람의 감정이 달라지면서 느끼는 즐거움을 표 5-1과 같이 정리한 바 있다. 이 표에 나타나 있는 놀라움이나 평이함은 기본 정서로서 긍정 정서와 부정 정서가 모두 가능한 상태다. 예기치 못한 기쁜 소식은 놀랍기는 하지만 긍정적 정서를 유발시키며, 예기치 못한 나쁜 소식은 놀라움이란 정서의 측면에서는 유사하나 부정적인 감정을 일으킨다. 사람들이 미디어 콘텐츠를 이용하는 과정에서 추구하는 감정은 이 두 차원에서 모두 긍정적인 방향의 정서라 할 수 있다. '새로우면서도 낯설지 않고, 익숙하면서도 구태의연하지는 않은' 스토리에서 사람들은 즐거움을 느낀다. 미완의 과제에 대한 관심과 궁금증, 해결하고자 하는 동기가 발생하는 상황에서는 이러한 감정이 더욱 증폭, 강화됨으로써 사람들의 관심을 강하게 붙들어 둘 수 있다.

2. 사실 기반 프로그램의 수용과 감정

허구의 스토리가 아닌 사실 기반 프로그램의 수용 과정에서는 어떠한 감정이 작용할까? '사실'에 기반을 둔 미디어의 내용을 수용하는 과정에서도 기본적으로는 외부의 자극에 대한 뇌의 반응과 그에 따른 감정 경험이 유사하게 발생하겠지만, 좀 더 실감 나는 느낌, 즉 현실감이 더 강화된 상태로 다가오게 될 것이다.

1) 더욱 실감 나는 기억의 매칭과 사회 비교

과거 기억과의 매칭, 그리고 이를 통한 감정의 유발은 허구의 스토리보다 리얼리티 프로그램을 볼 때 더 실감 나게 다가올 수 있다. 지어낸 이야기, 꾸며진 이야기가 아니라 '진짜' 이야기라는 사실이 전제가 되기 때문이다. 그래서 이러한 프로그램에서 '실제'가 아닌 '연출'된 장면이었다는 사실, 또는 '각본'이 있었다는 사실이 드러나면 시청자들은 배신감을 느끼며 분노를 표현하기도 한다.

먹방(먹는 장면을 포함하는 리얼리티 프로그램), 쿡방(요리 장면을 포함하는 리얼리티 프로그램), 육아, 성형 리얼리티 등을 포함하여 매우 다양한 리얼리티 프로그램들이 우후죽순으로 생겨나 인기를 끌고 있다(나은영·나은경, 2019). 사람들이 리얼리티 프로그램에 큰 관심을 보이는 이유 중 하나는 픽션보다 더 실감 나게 기억의 매칭과 사회 비교 과정이 발생하기 때문이다. 스토리 자체에 대한 궁금증이라기보다는 '다른 사람들은 어떻게 살고 있는가'에 대한 궁금증에 기반을 둔 사회 비교라 할 수 있다. '유명 연예인도 나와 비슷한 삶을 살고 있구나' 하고 생각하며 일종의 위로 심리를 느낄 수 있는 것이다.

페스팅거(Festinger, 1954)의 사회 비교 이론은 사람들이 누구나 자신의 능력과 의견에 대해 정확한 평가를 내리고 싶어 하는 욕구를 지니고 있고, 이 평가를 다른 사람들과 비교하여 내리려는 경향을 지닌다고 가정한다. 이러한 사회 비교 과정은 그림 5-3과 같이

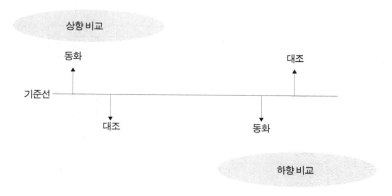

그림 5-3 상향/하향 비교에 따른 동화와 대조

출처: Gerber, Wheeler & Suls, 2018: 178.

좀 더 상세히 구분할 수 있는데(Gerber et al., 2018; Smith, 2000), 이에 따라 우리가 느끼는 감정이 달라진다는 점이 중요하다. 구체적으로 설명하면, 비교의 방향이 상향적인지 하향적인지, 그리고 비교 대상과 동화하려 하는지 대조하려 하는지에 따라 상향 동화적, 하향 대조적, 상향 대조적, 하향 동화적 비교로 나눌 수 있다. 사람들은 실제 세계 속에서, 또는 미디어 세계에서 만날 수 있는 수많은 다른 사람들과 비교하며 이 네 가지 범주 중 하나에 속하는 사회 비교 과정을 거치며 서로 다른 다양한 감정을 경험한다(나은영·나은경, 2019 참조). 이 감정을 정리하면 다음과 같다.

- 상향 동화적 비교: 감탄과 존경, 낙관
- 하향 대조적 비교: 자부심/긍지, 샤덴프로이데, 경멸
- 상향 대조적 비교: 억울/분개, 부러움/질투, 우울/낙담

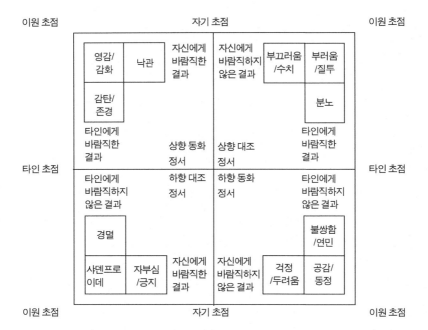

이원 초점 　　　자기 초점 　　　이원 초점

| 영감/감화 | 낙관 | 자신에게 바람직한 결과 | 자신에게 바람직하지 않은 결과 | 부끄러움/수치 | 부러움/질투 |
| 감탄/존경 | | | | | 분노 |

타인에게 바람직한 결과 　상향 동화 정서 　상향 대조 정서 　타인에게 바람직한 결과

타인 초점 　　　　　　　　　　　　　　　　　　타인 초점

타인에게 바람직하지 않은 결과 　하향 대조 정서 　하향 동화 정서 　타인에게 바람직하지 않은 결과

| | 경멸 | | | | 불쌍함/연민 |
| 샤덴프로이데 | 자부심/긍지 | 자신에게 바람직한 결과 | 자신에게 바람직하지 않은 결과 | 걱정/두려움 | 공감/동정 |

이원 초점 　　　자기 초점 　　　이원 초점

그림 5-4　사회 비교 심리에 기반한 정서의 종류

출처: Smith, 2000: 176.

- 하향 동화적 비교: 연민/불쌍, 공포/두려움, 염려/공감

　이와 같은 네 가지 사회 비교 과정에 따른 정서를 좀 더 구체적으로 구분해 보면 그림 5-4와 같이 나타낼 수 있다. 이 그림은 네 범주의 비교를 다시 '비교의 방향'과 '통제 인식'에 따라 나누어, 상향 대조 정서, 상향 동화 정서, 하향 대조 정서, 하향 동화 정서로 구분한다 (나은영·나은경, 2019). 각 셀 안에서 정서의 긍정성/부정성 여부 및 정서의 대상이 자신인지 타인인지 여부(즉 관심 초점)에 따라 정서들을 더 구체적으로 분류한 것이다. 이것을 자기 관점에서 긍정적인 정서

라 할 수 있는 부분과 부정적인 정서라 할 수 있는 부분으로 나누어 설명하면 다음과 같이 구분된다(나은영·나은경, 2019: 229~231).

자신에게 긍정적인 정서

- '상향 동화 정서'라 할 수 있는 낙관, 영감/감화, 감탄/존경, 이 세 가지는 모두 긍정적인 정서이기는 하지만, 관심의 초점이 다르다. 다른 사람이 무엇인가 잘했을 때 이것이 우리 자신에게도 긍정적이라고 생각되면 '낙관' 정서를 경험한다. 이것이 그 사람의 칭송할 만한 행위에 초점이 있을 때는 '감탄/존경'이 느껴지는 반면, 타인이 잘해서 나에게 모범이 되기 때문에 긍정적이라고 생각하면 '영감/감화'를 느끼게 된다. 영감이나 감화의 경우는 초점이 자신과 타인 모두에게 있는 정서라고 할 수 있다.

- '하향 대조 정서'는 우리가 비교하는 다른 사람에 비해 더 우월하다고 느낄 때 생기는 정서로, '자부심/긍지'가 대표적이다. 그러나 초점이 타인의 비난받을 만한 행위에 있을 때는 그 대상에 대해 '경멸'을 느낀다. 자기가 우월하다고 생각하면서도 타인이 비난받을 만하다고 생각할 때, 이 두 가지가 동시에 발생하면 '샤덴프로이데'라는 이원적 감정(자신 초점과 타인 초점이 모두 있는 감정)을 느낀다.

자신에게 부정적인 정서

- '상향 대조 정서'는 다른 사람이 나보다 우월할 때 내가 그보다 더 못한 부분에 초점을 두면서 '부끄러움/수치'를 느끼는 것으로, 스스로에게 부정적 영향을 미친다. 그러나 그 타인의 우월함이 자신에게 손해로 다가왔다고 생각하면 '분노'를 느낀다. 스스로의 약점에 초점을 두면 전자, 타인의 강점에 초점을 두면 분노에 해당하는 것

이다. 동일해 보이는 부러움이나 질투라 하더라도 전자의 경우는 수치에 가깝고 후자의 경우는 분노에 가깝다.

- '하향 동화 정서'는 내가 비교 대상인 다른 사람보다 더 낮다고 생각하면서도 그 사람과의 동일시가 강할 때 느껴지는 정서다. 예를 들어, 비정규직으로서 불행한 일을 겪은 다른 사람을 보면서 지금은 자신의 상황이 그 사람보다 낫기는 하지만 언젠가 자신도 그 사람과 유사한 일을 당할 수 있다고 여겨질 때 '걱정' 또는 '두려움/공포'를 느낀다. 이처럼 불행한 일이 자기에게는 일어나지 않을 것처럼 느낄 때는 상대에 대해 '불쌍함/연민'을 느끼게 된다. 반면에 자신과 타인 양쪽 모두에게 초점을 두는 이원적 정서도 경험할 수 있다. 예를 들어, '공감/동정'은 타인의 불운을 마치 함께 경험하듯 나 자신이 이해하는 정서이기 때문에 하향 동화 정서로서 이원적 정서라 할 수 있다.

다른 사람과의 비교가 자신이 느끼는 정서의 바탕이 되는 상황은 실제 상황일 수도 있고 미디어가 보여 주는 리얼리티 프로그램 속의 상황일 수도 있다(나은영·나은경, 2019). 물론 픽션의 등장인물들과도 끊임없이 자신을 비교하며 그 스토리에 몰입하기도 하고 비판하기도 하지만, 리얼리티 프로그램일 경우에는 이러한 사회 비교 과정이 더 현실감 있게 다가올 수밖에 없다. 그 이유는 당연히 우리 기억 속에 있는 자신의 경험과 더 실감 나는 매칭이 이루어지기 때문이다. 예를 들어, 리얼리티 육아 프로그램을 시청하다가 그 프로그램 내에서 연예인 가족이 자신보다 더 나은 상황에서 육아에 참여하는 모습을 본다고 하자. 이때 일종의 '상향 대조 비교'가 발생하여, '연예인은 저렇게 육아를 잘하고 있는데 나는 못하고 있구나' 하고 생각하면 수치감을 느낄 수 있다. 또 '저 사람은 경제적 형편이 나보다 훨씬 나으니까 아이에게 저렇게 잘해 줄 수 있지' 하고 생각하면서 그 연예인의 육아 상황이 자기보다 낮지만 그로 인해 경제적, 심리적 박탈감을 느낀다면 분노로 이어질 수 있다. 어떤 경우든 픽션 프로그램을 보면서 느끼는 감정보다는 상대적으로 더 현실감이 강한 감정일 가능성이 크다.

2) 현실 속 강한 태도와 연관된 감정의 촉발

현실 속의 강한 태도는 오랜 세월에 걸쳐 형성되어 오면서 이미 공고화되어 쉽게 변화하지 않으며, 공격받을 때 오히려 더 강해지는 현상을 보인다(Na, 1992). 강한 태도, 즉 확신은 다음과 같은 세 요소로 구성되어 있어(Abelson, 1988), 동기적, 감정적, 인지적 요소가 모두 관여하고 있음을 알 수 있다.

- 자아 몰두ego-preoccupation: "나는 항상 그 문제에 관해 생각하고 있다."
- 감정적 개입emotional commitment: "나는 그 문제를 위한 일이라면 무슨 일이든 발 벗고 나서겠다."
- 인지적 정교성cognitive elaboration: "나는 그 문제에 관해 누구보다도 더 잘 알고 있다."   (나은영, 1998, 2015: 375).

잘 변화하지 않는 강한 태도 중 하나는 자신이 속한 매우 중요한 집단의 정체성과 관련된 태도다. 뉴스를 통해서나 다른 정보 미디어를 통해 접한 소식들이 이처럼 중요한 자신의 집단 정체성 또는 사회적 정체성에 핵심이 되는 집단이나 범주를 공격했다고 생각될 경우, 사람들은 보통 때보다 더 강렬한 감정을 분출시키게 된다.

사회 정체감 이론social identity theory(Tajfel & Turner, 1986)에서는, 사람들이 자기가 누구인지 정의할 때 자기가 속해 있는 중요한 집단의 정체성에 비추어 정의한다고 가정한다. 이 이론은 이로 인해 자기가 속한 집단이 잘되면 자신의 자존감도 증가하고, 그렇지 않으면 자신의 자존감도 감소한다고 본다. 따라서 우리 사회의 집단 간 관계에서 자기가 속한 집단의 불이익이 명확해지는 상황을 미디어로 접하거나, 이러한 불이익의 원인이 상대 집단에 있다고 생각되면 이로 인한 감정 유발은 더욱 격해지게 된다.

현실 속에서 발생하는 감정은 미디어 내용을 보고 발생하는 감정과는 비교되지 않을 정도로 강할 수 있다. 미디어에 등장하는 인물이 상대 집단으로부터 억울한 일을 당하는 것을 보면 '많이 억울하겠구나' 하고 공감할 것이다. 그 인물이 자신과 유사하여 그에게 동일시를 더 강하게 했다면 이러한 억울함에 공감하는 강도도 훨씬 더 강해질 것이다.

현실 속의 강한 태도와 관련된 내용을 미디어를 통해 반복적으로 접하면 그 태도가 더욱 강해져 이로 인해 더욱 강한 감정이 유발될 가능성도 있다. 특히 요즘처럼 미디어의 내용을 자신 스스로 선택해 소비하는 과정이 확대된 상황에서는 '에코 체임버echo chamber'나 '필터 버블filter bubble' 현상으로 인해 동질적 의견 소비가 점점 더 많아질 수 있다(Barberá et al., 2015; Pariser, 2011). 자신의 원래 의견과 동일한 의견들을 과도하게 접하는 과정에서 그에 대한 반박 의견들은 점점 더 피하게 되어 현실 속에서 상대 집단에게 느꼈던 적대감은 더 강해지고 자기 집단에게 느꼈던 애착이나 집착은 더욱 공고

해져 변화가 더욱 어려워질 수 있는 것이다.

에코 체임버란 원래 음향 영역에서 사용되는 용어로, "같은 방에 있는 사람들이 서로 비슷한 메아리를 듣는다"는 뜻이다. 그런데 이 용어가 최근에는 "비슷한 의견을 가진 사람들끼리 서로 동의하며 메아리처럼 울려 퍼지는 소리를 또 듣게 됨으로써 동질적인 의견이 고착화된다"는 뜻으로 쓰인다(Barberá et al., 2015; 나은영·나은경, 2019). 이와 유사하지만 조금 다르게, 필터 버블은 검색 서비스가 사용자의 맞춤형 콘텐츠 추천 시스템으로 정보를 걸러 주기 때문에 사용자는 이미 기계적으로 필터링된 맞춤형 정보만 접하게 되는 현상을 지칭한다(Pariser, 2011; 나은영·나은경, 2019). 이러한 현상들로 인해, 그리고 자신이 애용하는 미디어가 보여 주는 현실이 진짜 현실인 것처럼 착각하는 현상으로 인해(나은영, 2012 참조), 우리는 점점 더 동질적인 정보들에 둘러싸여 자신의 의견이 최선인 줄 착각하게 된다. 이로 인해 의견 양극화가 심해지면 다양한 이질적 생각에 대한 우리의 감정이 점점 더 악화될 수 있어 주의해야 한다.

3. 스포츠와 선거 캠페인의 수용과 감정

실제 현장에서의 활동도 일종의 공연 예술이나 퍼포먼스라 할 수 있는데(김용수, 2017), 이러한 활동은 보는 사람에게 다양한 감정을 유발한다. 현장에서 이루어지는 스포츠는 일정한 규칙과 장치를 통해 청중과의 거리가 형성되기 때문에, 스포츠를 현장에서 관람하는 것도 미디어 수용자로서 관람하는 것이라 할 수 있다. 물론 스포츠 중계를 미디어로 관람하는 것은 당연히 미디어를 경유한 스포츠 소비

활동이다.

이와 유사하게, 선거 캠페인 기간에 특정 후보를 지지하고 응원하는 것도 스포츠와 공통점을 지니는 부분이 있다. 둘 이상의 대상 간 경쟁이 있다는 점, 그중 응원하는 팀 또는 후보자가 있다는 점, 그리고 둘 모두 현장 속에서 수용자와 어느 정도 거리를 두고 수용자가 행위자들을 관찰하는 상황이라는 점 등이다. 스포츠와 선거 모두 현실 속의 경쟁이기 때문에 더욱 치열한 감정이 유발될 수밖에 없다. 스포츠 관람자나 유권자가 어떤 팀이나 후보자에게 더 많이 동일시할수록 더욱 강한 감정이 유발되기 마련이다.

1) 반사 영광 누리기와 반사 실패 차단하기

스포츠를 즐기며 '대리 만족'을 경험하는 것은 잘 알려진 사실이다 (나은영, 2010 참조). 자신이 응원하던 팀이 이기면 마치 자신이 이긴 것처럼 기뻐하며, 자신이 응원하던 팀이 지면 마치 자신이 진 것처럼 슬퍼한다. 뇌신경 영상 연구 결과에서도 이러한 대리 만족의 감정은 잘 드러나며(Cikara et al., 2011), 심지어 자신의 응원 팀이 졌을 때 폭력적 반응까지 드러내기도 한다.

자신이 응원하는 팀이 이겼을 때와 졌을 때 느끼는 감정 반응을 좀 더 세분화하면, 가장 대표적인 감정은 '반사 영광 누리기(basking in reflected glory: BIRGing)'와 '반사 실패 차단하기(cutting off reflected failure: CORFing)'라 할 수 있다. 반사 영광 누리기란 승리한 팀의 우월함을 자기 자신도 가지고 있는 것처럼 영광스러움을 누리는 것, 반사 실패 차단하기란 패배한 팀과 자신 간에 거리를 두어 패배한 팀이 지니는 단점이 자신과는 무관하다고 생각함으로써 자존감을 유

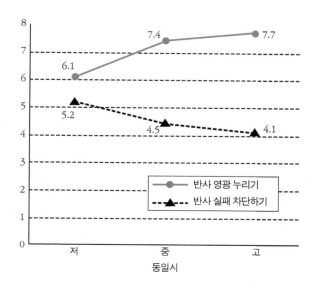

그림 5-5 팀 동일시 저·중·고 수준에 따른 반사 영광 누리기와 반사 실패 차단하기

출처: Wann & Branscombe, 1990: 110.

지하려는 심리를 말한다(Cialdini et al., 1976 참조; 나은영·나은경, 2019).

이러한 현상은 나은영(2010)이 지적한 스포츠 영웅과의 동일시 개념과 일맥상통한다. 스포츠 스타에 대한 동일시는 선수 인물 자체와의 동일시라기보다 그 선수가 성취한 '공적이나 성과,' 즉 '승리'와의 동일시라 할 수 있다. 그 때문에 성과가 좋지 않으면 그 선수나 팀에 대한 심리적 애착을 철회하려는 경향이 발생한다. 공적이 사라지면 경탄과 찬양도 약해지는 것이다.

반사 영광 누리기는 스포츠 팀과의 동일시 정도에 따라 달리 나타난다. 그림 5-5에서 보여 주듯이, 팀과의 동일시가 증가할수록 반사 영광 누리기는 더 강해져 팀과의 결합을 더 강화하려 한다. 이와 반대로, 팀과의 동일시 수준이 높으면 반사 실패 차단하기, 즉 팀과의 결합을 약화하려는 경향은 덜 강하게 나타난다. 강도는 전반적으로 반사 영광 누리기가 반사 실패 차단하기보다 더 강하다.

이러한 결과는 사람이 느끼는 감정이 반드시 자기 개인에게 발생하는 사건이나 경험에 의해서만 유발되는 것이 아니라 자신이 매우 중요시하며 동일시하는 집단이나 범주에게 발생하는 사건에 의해서도 유발될 수 있다는 중요한 사실을 알려 준다. 사회 정체감 이론(Tajfel & Turner, 1986)에 비추어 볼 때, 자신이 속한 내집단이 외집단에게 승리하거나 더 유리한 고지를 점령하면 자신의 자존감을 지켰다고 느끼며 기뻐하게 된다. 응원하는 스포츠 팀의 승리는 뇌의 작용에도 영향을 미쳐, 테스토스테론을 증가시킴으로써 에너지 넘치게 만드는 경향이 있다(Bernhardt et al., 1998; Korb, 2015/2018).

우리가 올림픽에서 한국 선수의 승리를 보며 눈물을 흘리는 것도 여기에 해당한다. 개인적으로 열심히 노력한 결과가 올림픽 금메달이라는 값진 결과로 얻어졌을 때 느끼는 선수들의 환희와 성취에 국민 전체가 감동하며 하나의 마음이 되어 집단적으로 힐링을 경험하게 되기 때문이다.

2) 선거 캠페인과 경쟁 심리

스포츠 관람자에게 적용되는 심리와 감정이 선거 캠페인을 바라보는 유권자에게도 거의 그대로 적용된다는 점은 매우 흥미롭다. 샤덴프로이데와 글룩슈메르츠뿐만 아니라, 반사 영광 누리기, 반사 실패 차단하기와 같은 스포츠에 적용되는 심리와 감정이 대부분 선거 캠페인에도 적용될 수 있는 이유는 바로 '경쟁' 요소 때문이다(나은영·나은경, 2019).

　구체적으로, 선거에서 자신이 응원하는 후보가 당선되면 마치 스
포츠에서 응원 팀이 승리했을 때와 마찬가지로 그의 우월함을 자기
자신도 지니고 있는 것처럼 반사 영광을 누리려 하고, 그 후보가 탈
락하면 마치 스포츠에서 응원 팀이 패배했을 때처럼 그러한 열등함
은 자기 자신과는 관련이 없는 듯 털어 버리려는 반사 실패 차단하기
마음이 작용한다. 물론, 특정 후보자의 열성 팬들은 선거에서 지더라
도 그에 대한 충성심을 더욱 강화하기도 한다.[6] 더 나아가, 자신이 지
지하지 않던 후보에게 좋지 않은 일이 발생하면 묘한 쾌감을 느끼는
샤덴프로이데를 경험하고, 자신이 지지하지 않던 후보에게 좋은 일이
발생하면 불쾌해하는 글룩슈메르츠를 느낀다. 스포츠든 선거든 입시
든, 경쟁이 포함되면 '과열'될 수 있다는 점에 주의해야 한다. 인지적,
감정적 소비의 강도가 강하기 때문에 필연적으로 뇌와 신체의 작용
이 동반되어 에너지의 소진을 느낄 수 있다.

　현재까지의 연구 경향을 살펴보면, 선거 상황에서의 감정 연구에
서는 대개 감정을 최종 종속 변인으로 보기보다 그로 인해 투표 결
과가 어떻게 영향을 받는지에 더 관심을 두었다(예를 들면 김연숙, 2018;
Lodge & Taber, 2013). 정치적 인물이나 정치적 상황에 대해 유권자들
이 어떤 감정을 느끼고 있으며, 이것이 결과적으로 투표에 어떤 영향
을 주는지를 분석하기 때문에, 감정이 매개 변인인 경우가 많다(그림
5-6 참조). 따라서 선거 캠페인을 실제 상황을 통해서나 미디어를 통
해 접하고 어떤 정서를 느끼는지에 대한 연구는 거의 없다. 정서 자체

6　스포츠에서의 이러한 현상에 관한 더욱 깊은 논의는 나은영과 나은경(2019)의 《엔터
테인먼트 심리학》 8장 '스포츠 엔터테인먼트의 심리'를 참조하라.

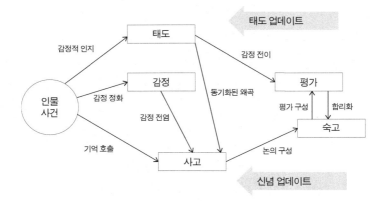

그림 5-6 정치적 대상에 대한 감정과 인지 과정

출처: Lodge & Taber, 2013; 김연숙, 2018: 9.

보다는 선거 결과에 더 큰 관심을 두기 때문인 것으로 보인다.

또한 이강형(2006)의 연구에서는 정치 후보에 대한 유권자의 감정 유발 요인 중 희망, 자부심, 분노, 두려움이라는 감정에 초점을 두었다. 표 5-2와 같이 이슈 근접성 인식, 정치 관심도, 후보 지도력과 도덕성 평가는 '희망'을 증가시킬 것이라고 예측했다. 또한 정치 관심도가 높으면 희망이나 자부심과 같은 긍정 정서도 높아지지만, 분노나 두려움과 같은 부정적 정서도 높아질 것이라고 예측했다. 2002년 이회창 후보와 노무현 후보의 제16대 대통령 선거 캠페인이 시작되던 시점에 진행된 이 연구는 대체로 노무현 후보에 대한 '두려움' 관련 정서를 제외하고는 선행 요인들에 따라 발생하는 유권자의 감정 예측이 잘 확인되었다.

이와 유사하지만 조금 다르게, 제17대 현직 대통령이었던 노무현 대통령의 직무 수행 평가에 미치는 영향 요소들을 살펴본 연구

표 5-2   후보 감정에 대한 인지적 평가 요소 및 심리적 속성의 영향력 예측

	희망	자부심	분노	두려움
이슈 접근성 인식	+			−
정치 관심도	+	+	+	+
후보 지도력 평가	+		−	
후보 도덕성 평가	+	+	−	−
내적 정치 효능감			+	−

* +는 긍정적, −는 부정적 방향, 빈 칸은 아무런 관계도 없음.
출처: 이강형, 2006: 348.

(나은경 외, 2008)도 있다. 이 연구에 따르면 정치에 대한 '긍지'는 현직 대통령의 직무 수행 평가에 긍정적 영향을 주었으며, 경제에 대한 '분노'는 부정적 영향을 준 것으로 나타났다. 또한 경제 상황에 '희망'을 느낄수록 직무 수행 평가는 긍정적이었다.

로버트 에이블슨Robert Abelson 등(1982)에 따르면, 선거 후보자에 대한 인지적 생각이나 의미적 요소(예를 들면 '이 후보는 경제 정책에 탁월하다'는 생각이나 '이 후보는 똑똑하다'는 의미적 요소)보다 감정적 느낌들(예를 들면 '이 후보를 보면 희망이 솟아오른다' 등)이 투표 결과를 더 잘 예측한다. 이러한 결과는 국내외를 불문하고 선거와 같은 경쟁적 구도 속 승자 예측에 감정적 요소가 매우 중요하게 작동함을 시사한다.

이처럼 정치 행위에 감정이 중요한 역할을 하는 바, 특히 분노와 불안이라는 감정이 처리되는 방식과 정치 참여로 표출되는 방식이 달리 나타난다는 점도 중요하다(민희·윤성이, 2016). 분노는 위험을 추구하는 성향과, 불안은 위험을 회피하려는 성향과 관련이 깊으며, 전자의 경우 사회적, 심리적 자원이 충분한 반면 후자는 이것이 부족할 때 더 많이 나타난다. 또한 분노는 상대적으로 문제 중심의 처

리에, 불안은 감정 중심의 처리에 가까울 수 있으나, 다른 정서들을 전체적으로 고려해 보면 이 두 감정이 모두 이성보다는 감정 중심의 처리와 관련이 깊다.

결과적으로 '분노' 감정은 거리 시위나 항의성 접촉 등과 같은 다소 어려운 정치 참여 행동으로 나타나며, '불안' 감정은 사회적 지지 대상을 모색한다든지 지인들과 관련 문제들을 토론한다든지, 또는 표현주의적 참여 등과 같은 상대적으로 쉬운 정치 참여 행동으로 나타난다. 실제로 몸을 움직여 거리로 나가는 것보다 컴퓨터 자판으로 참여하는 것이 상대적으로 더 쉬운 방법이기에, 거리에는 '분노한' 사람들이 더 많은 것으로 보일 수 있다. 그러나 점점 온라인 참여가 전반적으로 많아져 온라인상에서도 분노한 사람이 점차 증가함으로써 온라인 언어가 부정적 감정 표현으로 더욱 거칠어질 가능성이 있다.

정치 참여 동기가 실제 행동으로 나타나려면 자신의 참여가 어떤 효과가 있다고 믿는 '자기효능감self-efficacy'이 있어야 한다 (Bandura, 1977). 그림 5-7 위에서 알 수 있듯이 오프라인 제도 지향 참여에서는 분노와 불안이 모두 내적 효능감 증가에 따라 긍정적인 방향의 영향을 보이는 가운데, 분노의 경우는 강도가 강할 때와 약할 때 그 영향력 차이가 크지만 불안의 경우는 강도에 따른 영향력 차이가 더 적었다. 반면에, 그림 5-7 아래에서 알 수 있듯이, 오프라인 운동 지향 참여에서는 분노와 불안이 강한 경우에 한해 내적 효능감 증가에 따라 긍정적인 방향의 영향력을 보였다.

스포츠든 선거든 입시든 회사 생활이든, 경쟁 요소가 인간의 삶에서 중요한 부분을 차지하는 것은 사실이다. 하지만 이것이 지나쳐 '강박적 열정'이 되면 부작용이 따른다. 메릴랜드대학교 심리학과 연구팀(Bélanger et al., 2013)이 2012년에 진행한 심리학 실험에서, 강박적

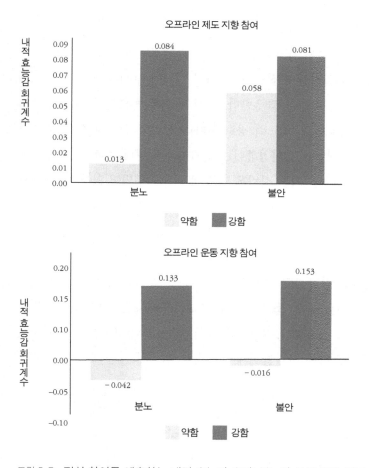

그림 5-7 정치 참여를 예측하는 내적 효능감 효과: 분노와 불안 집단 비교

출처: 민희·윤성이, 2016: 287.

열정을 가진 사람들과 조화로운 열정을 가진 사람들이 성공과 실패에 대한 정보를 받았을 때 어떤 반응을 보이는지를 살펴보았다. 강박적 열정을 지닌 사람은 경직되고 방어적으로 기능하는 행동 양식을 지니고 있어, 실패를 피하려는 데 목적을 둔다. 반면에, 조화로운 열정을 지닌 사람은 유연하고 덜 방어적으로 기능하는 행동 양식을 지니고 있어, 안정된 자기 개념을 기반으로 안정된 성취를 보인다.

강박적 열정을 가진 사람은 자기 개념이 부서지기 쉬워, 실패에 대한 공포가 수행을 좌우한다. 실패 정보를 받으면 실패가 두려워 더 잘하려고 하며, 피드백 정보에 따라 성취의 굴곡이 심하다. 한마디로 자기 개념이 불안정하여 일희일비하게 된다는 것이다. 반면에, 조화로운 열정을 가진 사람은 자기 개념이 안정되어 있어, 실패 정보를 받아도 자신의 수행이나 성과에 큰 영향을 받지 않으며 꾸준히 안정된 성취를 보인다. 당연히 강박적 열정보다는 조화로운 열정이 자신의 행복이나 정신 건강에도 좋고 사회 전체에도 좋다.

지나친 경쟁 심리는 신경증의 하나로 분류된다. 심리학자 캐런 호니Karen Horney는 초경쟁성hypercompetitiveness을 지닌 것을 신경증 neurosis으로 분류했다. 초경쟁성은 극단적이고 건강하지 못한 경쟁성을 말하며, '다른 사람들에게 적대적인' 방식의 삶을 추구한다. 호니에 따르면 이러한 성향을 지닌 사람은 지는 것을 무척 싫어한다. 자신이 지고 있음을 알게 되면 스스로 위협을 느낀다. 그래서 자기 가치를 유지하려 모든 수단을 동원해 오직 이기려는 욕구를 분출시킨다. 대체로 자아도취적인 사람이 이런 경향을 더 강하게 보인다. 이들에게는 '이기는 것이 전부'가 아니라 '이기는 것이 유일한 것'이다.

강박적 열정이나 지나친 경쟁 심리를 가지고 있는 사람은 실제 생활 속에서는 물론이려니와 미디어를 통해 전달되는 콘텐츠에 대해서도 강렬한 정서 반응을 보일 수 있다. 열정은 좋으나 강박적 열정은 부작용을 유발하고, 건전한 경쟁은 좋으나 지나친 경쟁 심리는 건강한 삶을 방해하기에, 여기서도 '적절한' 수준을 찾을 줄 아는 중용의 심리가 건강한 뇌의 활동과 마음의 건강을 유지하는 데 필수적이다.

적절한 마음의 상태를 유지하기 위해서는 경쟁 심리를 긍정 에너지로 바꾸려고 노력해야 한다. 스트레스에 관해 평생을 연구해 온 켈리 맥고니걸Kelly McGonigal은 그동안 스트레스를 부정적으로만 바라보았던 것을 반성하는 강연을 한 바 있다. 이는 2013년 TED에서 한 "스트레스를 친구로 만드는 방법"이라는 강연으로, 스트레스의 긍정적인 측면을 보여 줄 수 있는 몇 가지 연구들을 소개한다. 그중 위스콘신대학교(매디슨 캠퍼스)에서 2만 9000명을 대상으로 실시한 연구를 살펴보자. 스트레스를 많이 받는다고 응답함과 동시에 이 스트레스가 부정적인 영향을 크게 준다고 믿는 사람들의 경우, 일찍 사망할 확률이 43%나 증가하는 것으로 나타났다. 그러나 스트레스를 많이 받는다고 응답했더라도 그것이 자신에게 별로 부정적인 영향을 주지 않는다고 생각하는 사람들에게는 이런 현상이 나타나지 않았다. 결국, 스트레스의 양 자체보다 그것을 어떻게 생각하느냐가 더 큰 영향을 주었음을 알 수 있다.

스트레스의 부정적 효과를 상쇄하기 위해서는 어떻게 하는 것이 좋을까? 버팔로대학교의 마이클 풀린Michael Poulin은 디트로이트 시의 34~93세 성인 850명을 대상으로 연구를 진행했다(Brown et al., 2009). 강한 스트레스를 보고한 사람들의 경우 사망률이 30% 정도 증가했으나, 스트레스가 있더라도 다른 사람들을 도와주는 행동을 많이 했던 사람들은 사망률이 훨씬 적었다. 다른 사람들을 돕는 행동이 스트레스의 부정적 효과를 상쇄시킨다는 것이다.

스트레스나 분노에는 '에너지'가 있다. 어느 순간이 되면 폭발할 수 있다는 뜻이다. 따라서 그 에너지의 방향을 잘 잡아 줄 때 좋은 결과가 나오는 쪽으로 폭발될 수 있다. 다른 사람을 돕는 것, 그것이 분출 잠재력을 지니고 있는 에너지의 방향을 잘 잡아 주는 하나의 사례다. 그런데 스트레스를 받는 상황에서 곧바로 다른 사람을 돕는 것은 비현실적일 수 있다. 자신의 일도 감당하기 버거운 마당에 어떻게 다른 사람까지 돕는단 말인가. 따라서 다른 사람을 도울 만큼의 심리적 준비 상태가 되기 위해서는 일단 자신의 마음이 풀려야 한다. 이것을 위해 좋은 방법, 즉 나 자신의 위로와 힐링을 위해 좋은 방법 중에는 스포츠나 음악, 미술과 같은 예술 활동이나 자연과 함께하는 여행, 또는 좋은 미디어 콘텐츠를 감상하며 자신의 감정을 조절하여 편안한 뇌를 회복하는 방법 등이 있다. 이에 관해서는 이 책의 후반부에서 다룬다.

6장

미디어 표현과 감정

1. 표현의 쾌감

1) 표현의 억누름과 정서

누군가의 이야기를 듣거나 미디어를 통해 콘텐츠를 소비할 때 발생하는 정서는 '수용' 과정의 정서다. 이와 달리, 우리가 미디어를 통해서든 아니든 말하기나 쓰기, 행동하기 등을 통해 우리 생각과 느낌을 표현할 때도 다양한 정서를 경험한다.

무엇보다 자기 이야기를 표현할 때 활성화되는 뇌의 부위는 음식물 등 보상을 받을 때 활성화되는 부위와 유사하다(Tamir & Mitchell, 2012). 그만큼 사람들이 자기표현에서 쾌감을 느낀다는 사실을 방증하는 연구 결과다(그림 6-1 참조).

이처럼 우리의 욕구를 잘 반영하는 표현을 억누르면 부작용이 여럿 발생한다. 성숙한 방어 기제를 작동시키면 긍정 심리에 근접할

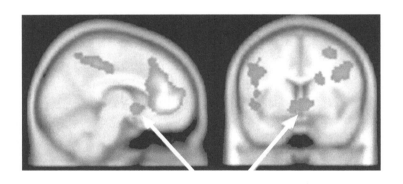

그림 6-1 (타인보다) 자기 이야기를 할 때 더 잘 활성화되는 뇌의 부위는 돈이나
음식물 등 보상을 받을 때 활성화되는 뇌의 부위와 유사하다

출처: Tamir & Mitchell, 2012.

수 있지만, 그렇지 않을 경우 부정적인 심리 효과가 나타날 수 있다.
'표현'의 문제와 관련하여 특히 중요한 구분은 억압repression과 억제
suppression의 차이다(Vaillant, 2000). 억압은 마음속에서 갈등을 느끼
는 원천 중 정서적인 욕구 부분을 있는 그대로가 아닌 변형된 형태
로 눌러 놓는 것이며, 억제는 정서적인 욕구를 최소화하는 것으로
서 정상적인 적응 양식에 속한다.

　　표현을 제대로 할 수 없는 상황이라면 건강한 감정 상태를 유지
하기 어려워질 수 있다. 감정 상태는 회복탄력성resilience과도 관련이
깊다. 피터 샐러비Peter Salovey 등(2000)은 긍정적인 감정 상태가 그
자체로서 건강한 지각, 신념, 신체적 안녕을 증진시킬 수 있음을 보
였다. 긍정적 정서는 면역 체계와 같은 생리적 상태에 직접적인 긍정
적 영향을 미치며, 감정 경험이 정보적 가치를 지닐 뿐만 아니라, 긍
정적 정서로 인해 건강 관련 행동이 동기화되고, 사회적 지지를 이
끌어 낼 수 있다는 것이다.

2) 노출을 통한 불안 치유

사람들의 만성적 걱정은 '불안'이라는 정서로 나타난다. 그런데 이러한 불안을 겉으로 드러내 줌으로써 불안과 걱정을 일으키던 대상과의 연합이 없어져 불안이 해소되는 효과가 발생할 수 있다. 이렇게 되면 당연히 걱정이 치료되는 셈이다.

르두(2015/2017)는 "노출로 걱정을 치료하기"를 말한다. 사람이 어떤 문제에 관해 걱정을 하면 그것이 작업 기억을 차지해서 다른 일을 효과적으로 수행하는 데 방해가 된다. 예를 들면, 시험 불안이 너무 강하면 시험을 잘 보는 데 필요한 준비 과정에 방해를 받게 된다. 이런 경우 자기 자신의 불안 신호를 스스로 자각할 수 있도록 노출시킴으로써 불안감이 더 이상 고조되지 않게 예방할 수 있다.

실제로 당장 처리해야 할 일들이 너무나 많아 무엇부터 해야 할지 불안한 상태가 되었다면, 일단 해야 할 일들의 목록을 표현하여 적어 보는 것도 효과적일 수 있다. 그러면 스스로 '내가 이러이러한 일들을 한꺼번에 생각하고 있어서 불안한 것이었구나' 하고 깨닫게 되고, 이렇게 마음속 걱정을 밖으로 노출시킴으로써 어느 정도 정서가 정돈될 수 있다.

데이비드 앨런David Allen(2002)이 '마음 청소하기clearing the mind'라고 부르는 메모 방법도 이와 관련이 있으며, 이것은 신경생리학적 바탕을 지니고 있다. 해야 할 일들이 계속 머릿속을 맴돌고 있으면 뇌는 '되뇌기 고리rehearsal loop'를 통해 계속 이것들을 생각하게 된다 (p.15). 되뇌기 고리 부분은 뇌에서 우리 눈 바로 뒤쪽의 전두엽피질과 뇌 중앙의 해마를 연결하는 영역들의 네트워크를 지칭하는 곳이다. 어디엔가 적어 둠으로써 이 짐을 내려놓지 않으면 뇌는 이것을 잊지 않으려고 계속 담고 있으면서 끙끙거리게 된다. 마침내 이것을 뇌의 외부에 표현하여 풀어 놓으면 비로소 여기에 계속 주의를 기울여야 한다는 짐에서 벗어나 다른 곳에 집중할 수 있게 된다. 인지심리학자이자 신경과학자인 대니얼 레비틴Daniel Levitin(2014/2015)도 《정리하는 뇌The Organized Mind》에서 이러한 과정을 끊임없이 강조한다.

토머스 보르코벡Thomas Borkovec 등(1998)은 대체로 내적 '언어화verbalization' 과정을 통해 걱정이 나타난다고 보았다. 자아와의 내적 대화로 인해 위협이 더 추상화됨으로써 고통에서 잠시나마 벗어날 수 있다는 것이다. 반면 걱정을 너무 많이 하는 사람은 최악의 경우까지 대비하여 인지적으로 대응하기 때문에 결과적으로 최악의 경우는 대체로 발생하지 않는다. 그러면 마치 이러한 걱정으로 인해 최악의 경우가 발생하지 않았다는 생각이 강화됨으로써 걱정 자체가 영구화될 수 있다. 노출 치료로 범불안장애 증상을 완화시키는 방법은 대체로 '인지 치료'의 범주에 포함된다. 걱정 자체를 외부에 드러내 놓고(Newman & Borkovec, 1995), 그에 대한 대처 전략으로 이완 훈련이나 자기 통제에 의한 둔감화, 인지적 재구성 등의 방법(LeDoux, 2015/2017: 361)을 학습한다.

할 일이 많을 때 일들의 목록을 적어 놓고 마음을 편하게 만드는 것과 마찬가지로, 마음이 복잡할 때 그 복잡한 마음 자체를 일기 형식으로 적어 놓음으로써 그 복잡함이 잠시 나로부터 멀어진 듯한 느낌을 가질 수도 있다. 또한 자신의 마음을 잘 표현하는 듯한 시를 낭송하거나, 시를 짓거나, 노래를 부름으로써 자기 밖으로 표출해 내는 방식으로 마음속의 정서적 부담을 털어낼 수 있다.

사이코 드라마에서 과거에 해결하지 못했던 정서적 부담이 남아 있는 잉여 현실을 마침내 외부로 터뜨림으로써 해결하는 방법도

'표현을 통한 치유'의 하나로 볼 수 있다(나은영, 2010 참조). 마음속에 남아 있던 과거 부정적 감정의 찌꺼기를 쏟아 놓을 때의 쾌감과 함께 무엇인가 해결되지 않은 채 안고 있었던 문제들이 어느 정도 해결되는 듯한 느낌을 가질 수 있다.

한국인의 정서 중 '한恨'이라는 정서도 오랜 세월 겪어 온 좌절의 경험이 커뮤니케이션할 기회마저 얻지 못했을 때 갖게 되는 정서로서(나은영, 2015 참조), 이것도 '표현의 부족' 또는 '표현의 억압'으로 인해 강화된 정서 중 하나로 볼 수 있다. 또한 흔히 '화병火病'이라 부르는 한국적 질병도 분노를 겉으로 표현하지 못하고 장기간 안으로 꾹 눌러 참을 때 주로 발생할 수 있는 병이다. 이와 같이 한국인의 정서 중에는 마음속의 감정을 그대로 표현하지 못하여 생기는 유형이 상당히 있으며, 이러한 정서는 점차 표현이 조금씩 더 자유로워지는 시대로 오면서 감소하는 듯 보이기도 한다. 그러나 이러한 정서가 감소되는 만큼 또 다른 정서가 증가하는 것도 사실이다. 시대가 흐름에 따라 해당 문화에 맞는 정서가 나타나고 또 사라지고 하기 때문이다.

3) 감정 입자도

뇌의 생리학적 상태는 유사하다 하더라도 이것을 얼마나 섬세한 개념과 단어로 감정을 표현하는지는 사람에 따라 천차만별이다. 리사 펠드먼 배럿Lisa Feldman Barrett(2017: 208)은 '감정 입자도'가 높은 사람은 "분노, 슬픔, 공포, 행복, 놀라움, 죄책감, 경탄, 수치심, 동정심, 혐오, 경외감, 흥분, 자부심, 당혹감, 감사, 경멸, 갈망, 기쁨, 욕정, 활기, 사랑 등에 대한 개념을 가지고 있을 것"이라고 말한다. 이들은 "성가심, 짜증, 좌절감, 적대감, 격분, 불만 같은 상호 연관된 단어에 대해서도 뚜렷이 구별되는 개념들을 지녔을 것"이라면서(p.208), 이들에게는 이렇게 비슷해 보이면서도 조금씩 서로 다른 각 단어에 상응하는 감정 개념이 있다고 말한다.

반면에, 감정 입자도가 중간쯤 되는 사람은 "분노, 슬픔, 공포, 혐오, 행복, 놀라움, 죄책감, 수치심, 자부심, 경멸" 등에 대한 개념을 가지고 있을 것이고, "성가심, 짜증, 좌절감, 적대감, 격분, 불만" 등을 모두 '분노'의 개념으로 묶어 경험할 것이라고 배럿은 이야기한다(p.209). 감정 입자도가 낮은 사람도 "슬픔, 공포, 죄책감, 수치심, 당혹감, 짜증, 분노, 경멸" 등과 같은 단어를 사용할 수는 있지만 이런 단어들을 세세하게 구분하기보다는 '불쾌한 느낌' 정도의 표현 개념으로 더 크게 묶는 경향이 있다. 즉 사람마다 조금씩 다른 감정 사전을 가지고 있다고 볼 수 있다. 어떤 사람은 그 감정 사전에 더 많은 표현들이 있어 감정의 섬세한 구분까지 가능한 반면, 또 다른 사람들은 표현할 수 있는 언어의 수가 제한되어 있어 비슷한 여러 감정을 하나의 단어로 표현할 수도 있음을 의미한다.

실제로 우리 사회에서 경험되는 불쾌한 사건 등을 단순히 '짜증난다'거나 '화난다'는 표현과 같은, 몇 개 안 되는 부정적 감정 단어들로 표현하는 경우가 많다. 심지어 언어를 주요 도구로 사용하는 언론인이나 기자도 세부적으로는 서로 다를 수 있는 부정적 감정을 '혐오'라는 한 단어로 묶어 기사를 작성하기도 한다. 외국인, 노인, 장애인, 또는 서로 다른 세대나 성별에 대해 느끼는 불편한 감정은 그 내용이 조금씩 다름에도 불구하고 '혐오'라는 매우 극단적인 부정적 용어로 표현되는 경우가 흔한데, 이는 결코 바람직하지 않다. '혐오'라는 단어는 단순한 '미움'보다 훨씬 더 강한 감정을 표현하는 단어이기 때문이다. 또한 각 범주의 대상에 대한 부정적 감정의 근본 원인이 어디에 있는지를 분석하여 바람직한 방향의 해결책을 모색하는 데도 도움이 되지 않기 때문이다.

　사회적으로 느끼는 감정뿐만 아니라, 개인적으로 느끼는 감정도 가능하면 감정 입자도를 높여 표현하려 노력하는 것이 더 좋은 방향으로 향할 수 있다. 예를 들어, 아이가 학교에서 돌아오며 뭔가 좋지 않은 표정으로 방에 들어갔다면, 무슨 일로 인해 화가 난 것인지, 불만이 있는 것인지, 슬픈 것인지, 좌절한 것인지, 정확히 알지 못하면서 바로 "너 왜 화났어?"라고 물으며 상대의 감정을 규정해 버리면 근본적인 마음의 위로와 해결을 오히려 지연시킬 수 있다. 아이의 표정과 몸짓에서 그런 표현이 나오게 된 원인이 무엇일지, 선입견 없이 이야기를 시작하며 아이 자신의 감정어 표현에 귀를 기울이는 것이 더 좋은 결과로 이어질 수 있다.

2. 표현의 양식과 감정

마음속의 생각이나 감정을 글로 표현할 수도 있고 영상이나 이미지로 표현할 수도 있으며 때로는 음성이나 몸짓으로 표현할 수도 있다. 특히 디지털 민주 사회에서는 자신의 목소리를 내고 싶어 하는 욕구가 더욱 강하고 표현의 수단도 더욱 다양해져서 자신이 원하는 방식으로 자신의 목소리를 내기가 훨씬 더 용이해졌다.

1) 댓글 달기의 감정

미디어를 통해 의견과 감정을 표현하는 방법 중 인터넷 글에 대한 댓글은 사람들에게 매우 편리하고 효율적인 방법으로 애용되고 있다. 이재신 등(2010)은 온라인 포털 기사 중 2009년 4월 첫 주부터 다섯째 주까지 주별 댓글 순위 20위 이내의 총 100개 기사들에서 정치 기사와 연예 기사를 골라 이에 대한 내용 분석을 진행하였다. 정치 기사와 연예 기사 각각이 일화 프레임으로 작성되었는지 주제 프레임으로 작성되었는지도 구분한 다음, 그에 대한 이성적/감성적 댓글의 비율, 욕설/비욕설 댓글의 비율을 살펴보았다. 그 결과, 정치 기사 중 일화 프레임을 사용한 기사가 다른 기사들에 비해 이성적 댓글의 비율은 낮고 욕설 댓글의 비율이 높은 것으로 나타났다.

이처럼 원글의 특성에 따라 댓글이 어떻게 나타나는지에 관한 연구와 함께, 댓글에 따라 사람들의 반응이 어떻게 달라지는지에 관한 연구도 있다. 이재신과 이민영(2018)은 기사의 댓글을 읽는 것만으로도 기사 주제에 대한 태도 변화를 일으킨다는 사실을 발견하였다. 이들은 방사선 살균 식품에 관한 기사를 읽고 15개 댓글을 읽은 후, 방사선 살균 식품에 대한 태도가 댓글을 읽기 전후에 어느 정도 달라졌는지를 측정하였다. 댓글은 긍정적('새로운 걸 받아들이는 자세가 너무 부족한 듯……' '건강을 해치지는 않는다는데 왜들 그러는지?' 등), 부정적('그거 아직도 안전성에 대해 논란이 많은 방법인데 먹고 병 생기면 누가 책임지나요?' 등), 중립적('먹는 음식에 관한 거라 우려가 되는 건 사실이지만 실용적이라는 부분은 공감한다' 등) 내용을 각 5개씩으로 구성해 무작위로 제시하였다. 댓글을 읽기 전에는 7점 척도에서 4.46이던 평균 태도 점수가 댓글을 읽은 후에는 4.20으로 유의미하게 감소하여, 댓글을 읽은 후 기사 내용에 대한 태도가 부정적으로 변화했음을 알 수 있었다. 긍정, 부정, 중립적 내용의 댓글을 고루 제시해도 부정적 댓글의 영향이 더 크게 나타났다는 사실이 인상적이다. 또한 댓글에 대한 신뢰도와 주제에 대한 효능감이 높을수록 이 태도는 부정적인 방향으로 변화하였고, 정보 추구 성향과 댓글 이용 동기가 높을수록 긍정적으로 변화하는 경향이 있었다.

댓글의 어투가 예의 바른지 무례한지에 따라 그 영향이 달리 나타난 애슐리 앤더슨Ashuley Anderson 등(2014)의 연구도 흥미롭다(나은영, 2015; 나은영·나은경, 2019). 이 연구는 나노 기술이 항균 속성 등 장점이 있지만 수질 오염과 같은 환경 위험의 단점도 있다는 내용을 1000여 명의 실험 참가자들에게 읽게 하고, 이에 대한 댓글들을 보여 주었다. 이때 댓글의 길이나 내용 등은 최대한 동일하게 하면서 어투를 예의 바르게, 또는 무례하게 한 조건에 참여자들을 절반씩 할당하였다. 무례한 댓글의 경우 "이런 상품에 포함된 나노 기술의 장점을 모르다니 무식하긴……"와 같은 부정적인 표현이 들어가게 하였다. 그림 6-2에서 알 수 있듯이, 예의 바른 댓글을 접한 참가자들은 나노 기술의 위험성에 대한 지각이 높은 사람과 낮은 사람 간

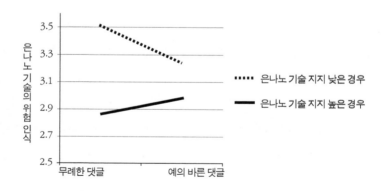

그림 6-2　온라인상에서 '예의 바른/무례한' 댓글과 나노 기술의 위험 인식

출처: Anderson et al., 2014: 381.

의견 차이가 적었으나, 무례한 댓글을 접한 참가자들은 의견 차이가 크게 벌어져 '의견 극화'가 발생하였다.

이처럼 온라인상의 글들은 그것이 기사이건 댓글이건 읽는 사람들의 감정에 큰 영향을 준다. 따라서 자신의 의견을 표현하려는 욕구를 발산시키더라도 '어떻게 표현할 것인가'에 대해 좀 더 신중하고 올바른 표현 방법을 익히는 과정이 있어야 한다. 그래야만 불필요한 의견 극화를 줄일 수 있어 사회 전체의 화합적 소통이 가능해질 것이다.

2) SNS 글쓰기와 감정

다른 곳에서 의견을 표현할 때와 마찬가지로, SNS에 자기 의견을 쓸 때도 보상 중추가 활성화될 가능성이 크다. 그래서 사람들은 유용한 자기표현의 도구로 SNS를 많이 활용한다. 독일에서 이루어진 한 연구(Diefenbach & Christoforakos, 2017)에 따르면, 페이스북에서 자신의 모습을 찍어 놓은 셀피selfie를 보면서 소비하는 시간이 많을수록 자신의 신체 이미지에 대해 부정적 감정을 더 많이 가지게 된다고 한다. 뿐만 아니라, 소셜 미디어에 셀피를 많이 올리는 사람을 다른 사람들이 별로 좋아하지 않는 경향이 있다는 사실도 나타났다. 즉 자기 자신은 셀피를 많이 찍지만 셀피에 대한 인식은 별로 좋지 않다. 이를 '셀피의 역설selfie paradox'이라 부른다(나은영·나은경, 2019 참조). 사람들은 자신의 셀피는 자신의 진짜 모습이라고 생각하면서도 다른 사람들의 셀피는 '자기 보여 주기식'의 '피상적' 표현이라고 믿는 경향이 있었다.

셀피와 같은 이미지뿐만 아니라 자기 자신의 의견을 표현하는 것, 또는 다른 사람들의 의견 중에서 마음에 드는 의견이나 웃음을 주는 이야기들을 자기와 연결된 SNS 친구들과 공유하는 것, 이 모든 것들이 SNS 이용자들에게는 놀이의 하나로서 즐거움을 준다(나은영·나은경, 2019 참조). 단순히 나 혼자서 재미있는 것을 보는 것보다 나와 친한 사람과 함께 보는 것은 재미를 증가시키는 역할을 하는 것이다. 따라서 혼자 볼 수 있는 곳에 글을 쓰는 것에 비해 SNS상에서 글을 쓴다는 것, 자신을 언어적 또는 비언어적으로 표현한다는 것은 함께하는 공유의 즐거움을 더해 주는 네트워크상의 표현 쾌감이라 할 수 있다.

다른 사람의 의견을 읽거나 듣기보다 자기 의견을 쓰거나 말할 기회가 더 많아지는 미디어 환경에서는 미처 정리되지 않은 의견이 너무 빨리 대규모로 확산될 가능성이 커질 우려가 있다. 열 번 생각하고 한 번 말하기보다 한 번 생각하고 한마디 말한 것이 열 마디 말한 것처럼 확대 재생산되어 나타난다. 그 결과 충분한 성찰을 거치지 않은 순간적인 표현을 많은 사람들이 공유하게 되는 것이다. 이로 인해 순간적인 감정적 표현에 마음의 상처를 입는 사람들도 점점 더 많아지게 된다.

다양한 의견을 접할 수 있는 인터넷 환경임에도 불구하고 '끼리끼리' 소통에 빠질 위험이 예전에 비해 오히려 더 클 수 있다. 예를 들면, 음악 선곡과 같은 문화 상품에서는 필터링으로 인해 선택과 취향의 범위가 넓어지는 긍정적 영향이 나타나기도 했지만(Fleder et al., 2010; Hosanagar et al., 2014), 이념적, 정치적 이슈에서는 온라인 개인화와 필터링 기술로 인해 유사한 의견에만 노출되는 의견 극화가 발생하였다(Bakshy et al., 2015). 후자의 연구를 좀 더 살펴보면, 에이턴 배시Eytan Bakshy 등(2015)은 미국 페이스북 이용자 1000여 명의 뉴스피드를 분석했다. 그 결과, 자신의 이념과 다른 내용을 접하게 되

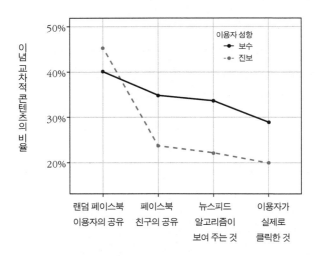

그림 6-3 페이스북 콘텐츠가 '친구 공유'인 경우 이념적 다양성이 감소

출처: Bashy, Messing & Adamic, 2015: 1131.

는 이념 교차적 내용의 비율이 그림 6-3과 같이 나타났다. 기사를 얻게 된 경로('랜덤 페이스북 이용자의 공유,' '페이스북 친구의 공유,' '뉴스피드 알고리즘이 보여 주는 것,' '이용자가 실제 클릭한 것')에 따라, 이념적으로 다양한 기사에 노출되는 정도를 살펴보았다. '랜덤(무작위) 공유'일 때보다 '친구 공유'일 때 이념 다양성이 감소하는 것으로 나타났다(나은영·나은경, 2019). 우리는 친구가 보내 준 뉴스를 더 신뢰하는 경향이 있기 때문에, 다양성에서 멀어져 '끼리끼리'의 함정에 갇힐 가능성은 더욱 커질 수 있다.

이처럼 동질적인 취향과 의견 안에 갇혀 있으면 과연 행복감은 증가할 것인가? 연구들에 따르면 그렇지 않다. 관련 연구로 그림 6-4를 살펴보면(Twenge & Park, 2017), 특히 10대들이 부모 없이 밖에 나가 활동하는 비율이 2007년 이후 급격히 떨어지고 있음을 알 수

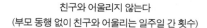

친구와 어울리지 않는다
(부모 동행 없이 친구와 어울리는 일주일 간 횟수)

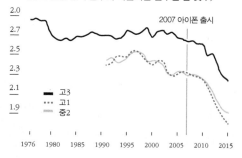

더 외롭다고 느낀다
(모든 것에 뒤처져 있고 대체로 외롭다고 느끼는 10대 비율)

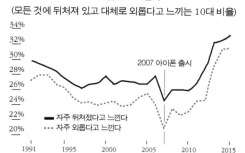

그림 6-4   스마트폰 등장 이후 Z세대의 행동 및 정서 변화

출처: Twenge & Park, 2017: 9~11.

있다. 이 시기는 아이폰이 등장한 때다(한국은 2009년). 다른 요인들
도 있겠지만 아이폰의 등장과 더불어 청소년의 외부 활동이 줄어든
것은 결코 우연이라 할 수 없다. 그림 6-4의 아래 부분은 청소년이
'외로움을 느끼는 정도'를 보여 주는데, 이 역시 2007년 이후 증가하
고 있음을 알 수 있다(나은영·나은경, 2019). 스마트폰 등장 이후에 외
로움을 느끼는 비율이 증가했다는 사실은 청소년과 성인 모두가 건
강한 정서를 지닌 행복한 존재로 살아가는 방법에 대해 이 시점에

서 깊이 고민해 보아야 함을 시사한다.

3) 유튜브 영상 표현과 감정

2005년 2월에 창립된 유튜브는 2006년 10월 구글에 인수되면서 더욱 발전했고 전 세계인이 애용하는 플랫폼이 되었다. 지금 초등학생의 꿈이 유튜버라는 이야기가 자연스럽게 나올 정도로 유튜브는 붐을 일으키고 있다. 유튜브는 특히 영상 친화적인 신세대의 취향에 잘 맞는 플랫폼으로 그 영향력이 점점 더 커져 가고 있다. 유튜브를 통해 자신의 이야기와 재능, 활동, 생활 모습을 동영상으로 실감 나게 찍어 보여 줄 수 있다. 일정 수의 구독자를 포함한 조회 수의 증가로 경제적 수입을 얻을 수도 있고, 이를 바탕으로 명성을 쌓을 수도 있다. 이제 유튜브는 유용한 자기표현 수단의 하나로 자리 잡아 가고 있다. 시각적으로, 동시에 청각적으로 실감 나는 정보를 접할 수 있는 유튜브 환경은 전달자에게뿐만 아니라 수용자에게도 다양한 영역의 정보와 오락을 쉽게 접할 수 있는 중요한 채널이 되었다. 텍스트로 된 정보 검색을 압도할 정도로 바로 동영상 검색을 즐기는 사람들도 신세대를 중심으로 점차 증가하고 있다.

김기범과 김경수(2014)는 뮤직비디오에 사람들이 몰입하게 만드는 시각적 요소들을 다양하게 분석하였다. 이들은 연구 당시 유튜브 조회 수 1~3위를 차지하던 〈강남스타일〉, 〈베이비〉, 〈온 더 플로어〉의 영상을 분석하여, 댄스 및 퍼포먼스의 콘셉트 비교, 출연자와 스타일의 콘셉트 비교, 스타일 컬러 및 장소 배경의 콘셉트 비교를 진행하였다. 세 편 모두에서 후반으로 갈수록 출연자 수가 증가하는 것이 눈에 띄게 두드러졌고, 특히 〈강남스타일〉이 후반에 50여

표 6-1   1~3위 뮤직비디오의 시각적 기승전결

뮤비	시각적 기승전결			
	주요 인물 등장 및 재배치	양적 변화	질적 변화	비트 & 컷 일치율
강남 스타일	주연: 코믹 → 러브(여주연 등장) 조연: 코믹 어린이 → 코믹 어른 등장 * 코믹 → 러브 기승전결 등장	1명 → 50여 명 증가 * 특히 전(절정)에서 급격한 증가	다양한 장소 → 한 장소 여러 여자 → 한 여자	82%
베이비	주연: 남녀 주연 반복 → 조연 랩 * 하이틴 러브 기승전결 등장	1명 → 20여 명 증가	작은 동작 → 큰 동작 어색한 만남 → 깊은 사랑	30%
온더 플로어	주연: 여주연 → 조연 랩 반복 * 클럽 카니발 기승전결 등장	1명 → 30여 명 증가	무표정 → 밝은 표정 차분한 분위기 → 환호	34%

출처: 김기범·김경수, 2014: 102.

명의 출연자로 절정을 이루었다. 표 6-1은 시각적 기승전결의 구조를 요약해 준다.

　뮤직비디오의 시각적 몰입감을 극대화하여 유튜브 조회 수를 증가시키기 위해서는 볼거리를 증가시키면서 감정을 고조하는 과정이 있어야 한다. 우선, 볼거리를 증가시키는 방법으로 댄스와 퍼포먼스 콘셉트의 창의성과 대중성, 출연자와 스타일 및 컬러 콘셉트의 구체성, 장소 배경의 다양성과 콘셉트의 일관성을 통해 시각적 콘셉트를 발굴하여 일치시키는 과정이 효과적이다(김기범·김경수, 2014). 또한 감정을 고조하는 방법으로는 시각적 기승전결을 강화하고 체계화하는 것이 중요한데, 이를 위해 주요 인물의 기승전결 등장을 고조시키고, 양적 및 질적 변화의 기승전결을 증가시키고, 음악 중심의 비디오 일치율을 상승시키는 것이 중요한 요소가 된다.

　정용국(2018)은 20대 여성 대학생의 뷰티 관련 유튜브 이용 동기와 시청 경험에 관한 연구를 진행한 결과, 정보적, 오락적 동기, 공감과 대리 만족, 습관적 시청이 주된 동기 요소로 나타났다. 또한 뷰티 개인 방송 콘텐츠가 재미를 주는 데는 개인 맞춤성, 솔직함, 유사성, 친밀감이 주요 요소로 작용한다는 사실도 밝혀졌다. 업로드가 불성실하거나 콘텐츠가 진부하거나 광고와 협찬이 증가하거나 유튜버의 인상이 부정적일 경우에는 시청을 회피하게 되는 것으로 나타났다.

또한 김혜영과 안보섭(2018)은 온라인 1인 방송 BJ의 매력과 신뢰성이 증가할수록 인지된 즐거움도 증가하며, 인지된 즐거움과 시청 몰입 및 상호작용성이 증가할수록 방송 내용을 수용하려는 의도도 증가한다는 사실을 보여 주었다. 유튜브가 중요한 표현 수단으로 등장한 만큼, 이것을 이용하는 사람들의 마음이 어떻게 움직이는지를 아는 것은 전달자에게나 수용자에게나 큰 도움이 될 것이다.

3. 감정 드러내기와 숨기기

1) 즉각적 표현과 시간차 표현

많은 사람들이 즉각적인 감정 반응을 표현하고 나서 후회하는 경우가 있다. 그렇다면 '후회'라는 감정의 특성은 어떠한 것일까? 토머스 길로비치Thomas Gilovich와 빅토리아 메드벡Victoria Medvec(1994)에 따르면, 사람들은 어떤 행동을 '해서' 후회하는 경우보다 '하지 않아서' 후회하는 경우가 더 많다.

티머시 윌슨Timothy Wilson 등(2005)은 '불확실성의 쾌감'에 관한 실험을 진행하였다. 동전과 함께 불확실한, 또는 확실한 상황을 제시하고 긍정 기분의 정도를 9점 척도로 측정한 결과, 불확실한 조건에서 긍정 기분이 더 높은 것으로 나타났다. 긍정적 사건 이후에 뒤따르는 불확실성은 쾌감을 더 연장시킬 수 있음을 보여 준 것이다. 이들은 이러한 현상이 '쾌감 패러독스pleasure paradox'와 관련이 있으며, 긍정적 사건에 대해 이해하려고 너무 머리를 쓰면, 즉 인지적 과정을 지나치게 투입하면, 이로 인해 오히려 쾌감이 감소할 수 있음을 강조하였다. 좋은 일이 있을 때는 있는 그대로를 감성적으로 즐기는 것도 좋은 삶의 방법이 될 수 있음을 시사한다.

긍정적 감정이 떠오를 때는 많은 생각을 하기보다 그대로를 즐기는 것이 더 좋다면, 부정적 감정이 발생할 때는 어떠할까? 예컨대 화가 날 때는 참는 것이 좋을까 표현하는 것이 좋을까? 분노 상황을 지나치게 참아도 '화병'과 같은 병이 생길 수도 있지만, 대체로 화를 내면 그것이 더 활성화되어 부정적 영향이 증가한다는 쪽이 더 큰 힘을 얻고 있는 듯하다. 특히 순간적인 반응을 즉각적으로 표현할 수 있는 인터넷 댓글 작성 환경에서는 더욱 그렇다. 따라서 우리가 인터넷상에서 어떤 글을 보거나 실제 생활 속에서 누구에겐가 화가 났을 때, 그 상황에만 주의 집중을 기울여 바로 행동하지 말고 좀 더 시야를 넓혀 분노를 다소 가라앉힌 상태에서 표현한다면 조금은 더 현명하게 대응할 수 있을 것이다.

분노 정서가 항상 부정적인 것은 아니다. 에너지를 가지고 있기 때문에 행동을 추진하는 원동력의 역할을 한다. 그러나 분노는 행동의 에너지는 되지만 행동의 방향성을 결정하지는 못한다. 따라서 분노 안에 담겨 있는 에너지를 긍정적인 방향으로 발산시키기 위해서는 당장 눈앞의 상황을 파괴적으로 몰고 갈 수 있는 분노는 가라앉힌 이후에 이를 긍정적 에너지인 열정으로 승화시켜 행동으로 나아가는 것이 바람직하다.

이러한 시사점을 인터넷 댓글 달기 상황에 적용해 본다면, 댓글을 달기 전에 풍경 사진을 감상함으로써 어떤 글을 읽고 즉각적으로 떠올랐던 감정을 잠시 가라앉히고 잠깐 생각해 보는 시간을 갖는 것도 좋은 방법 중 하나가 될 수 있다. 이것은 즉각적 반응이 아닌 지연된 반응의 영향으로 감정 조절의 효과가 나타난다고 해석할 수 있다.

이와 관련된 또 한 가지 흥미로운 연구(Richards & Gross, 2000)를 살펴보면, 다친 사람에 관한 슬라이드를 보는 동안 '표현적 억제 expressive suppression'를 경험했던 사람(실험에서 슬라이드를 보는 동안 얼굴 표현을 중립 감정으로 유지하라고 요청받은 사람)은 그렇지 않은 사람보다 그 내용을 언어적 측면에서 더 잘 기억하지 못했다. 반면 '재평가 reappraisal'를 경험했던 사람(실험에서 슬라이드를 보는 동안 최대한 객관적이고 중립적인 태도를 유지하라고 요청받은 사람)은 이러한 언어적 측면의 기억 손상이 크게 발생하지 않았다.

이러한 결과는 비언어적 기억 측면에서도 비슷하게 나타났는데(그림 6-5의 왼쪽 참조), 비교적 약한 감정을 유발하는 경우(다친 지 한참 지나 상당히 회복된 후의 이미지 슬라이드)만 그러하였다. 흥미롭게도 슬라이드의 내용이 더 강한 감정을 유발하는 경우(다친 지 얼마 되지 않았을 때의 이미지 슬라이드)는 예상 밖의 결과가 나왔다. 그림 6-5의 오른쪽 막대그래프에 나타나 있듯이, 감정을 크게 유발하는 슬라이드를 보았을 경우에는 오히려 '재평가' 조건의 실험 참여자들이 가장 높은 비언어적 기억 점수를 보였다.

어떤 식으로든 표현을 조정하거나 억제하면 평소와는 다른 반응을 보이게 된다. 또한 감정을 표현하는 것은 인지적 작용과 밀접

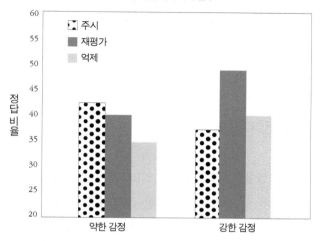

비언어적 기억 점수

그림 6-5 비언어적 기억 점수

출처: Richards & Gross, 2000: 418.

한 관련을 가지고 진행되며, 감정과 인지 모두 우리의 기억에 접근하여 인출하는 과정을 거쳐 발생하는 것이므로, 감정, 인지, 기억을 함께 연구해야 더 깊은 이해에 도달할 수 있다.

　한 가지 유의할 점은 개인이든 문화든 표현을 많이 하느냐 적게 하느냐 하는 것도 중요하지만 그보다는 표현을 '어떻게' 하느냐가 더 중요할 수 있다는 점이다. 우리가 '표현'을 할 때 지나치게 부정적인 표현을 많이, 극단적으로 단순화하여 표현하는 경우 오히려 역작용이 발생할 수 있다. 우리가 자신의 생각을 밖으로 표현하고자 할 때, 특히 부정적 감정을 언어로 표현하고자 할 때, 배럿(Barrett, 2017)이 이야기한 '감정 입자도'가 높은 섬세한 언어로 서로 다른 감정을 구분해 표현하는 것도 적응에 도움이 된다. 예를 들어, 서로 다른 범주의 사람들에 대한 마음의 불편함을 모두 '혐오'라는 단어로 표현하기보다는 각각의 불편한 감정을 좀 더 세밀하게 들여다보고 좀 더 순화된 다양한 언어를 찾아 표현하는 것이 자신에게나 주변 사람들에게나 사회 전체에 더 긍정적으로 작용한다.

2) 감정 표현의 문화 차이

감정 표현에 상당한 문화 차이가 있다. 일단 감정을 표현하는 언어의 세분화에도 차이가 있으며, 유사한 종류의 감정이라 하더라도 이것을 언어적, 비언어적으로 표현하는 방식과 정도에도 차이가 있다. 예를 들어, 영어에서는 '분노'라는 하나의 단어로 표현되는 것이 러시아어에서는 '사람에 대한 분노'는 '세르디치아serdit'sia,' '정치 상황과 같은 추상적인 이유의 분노'는 '즐리치아zlit'sia'로 구분되며, 그리스어에서는 '사소한 위반'에 대한 죄책감과 '심각한 범칙 행위'에 대한 죄책감이 서로 다른 단어로 표현된다(Barrett, 2017).

같은 동양권이라도 한국과 일본은 슬픔의 표현 정도에서 차이를 보인다. 조아라(2013)는 장례식 장면이 등장하는 한국 영화 〈학생부군신위〉(1996)와 일본 영화 〈오소시키お葬式〉를 비교 분석했다. 그 결과, 한국에서는 '아이고 아이고' 하는 곡소리와 함께 사별의 슬픔이 격렬하게 표현되는 반면, 일본에서는 슬픔의 눈물이 잠시 보이기는 하지만 오열이나 몸부림과 같은 격렬한 표현은 나타나지 않았다. 전반적인 감정 표현의 강도에서도 문화 차이가 나타나지만, 이처럼 슬픔이라는 구체적인 감정의 표현 방식에서도 문화 차이가 드러난다. 배럿(Barrett, 2017)이 주장했듯이 감정 표현은 주변 환경 속 사람들과의 상호작용 과정에서 의식적 또는 무의식적으로 학습되는 구성 과정임을 이해할 수 있다.

긍정적 감정은 생활 만족도와도 관련이 깊고, 이러한 요소들이 모두 나라 간 차이를 보인다는 사실도 중요하다. 피터 쿠펜스Peter Kuppens 등(2008)이 46개국을 대상으로 조사한 생활 만족도, 긍정적 정서, 부정적 정서, 개인주의/집단주의 및 생존/자기표현 점수를 살펴보자. 한국은 생활 만족도가 3.98(7점 척도 중 최대 캐나다 5.54, 최소 우간다 3.20), 긍정 감정은 5.23(최대 멕시코 6.70, 최소 일본 4.80), 부정 감정은 3.61(최대 터키 4.57, 최소 헝가리 3.02), 개인주의는 18(최대 미국 90, 최소 베네수엘라 12), 생존–자기표현 점수는 −0.44(최대 네덜란드 2.01, 최소 러시아 -1.86)로 나타났다. 앞의 세 가지는 개인 수준 측정치, 뒤의 두 가지는 국가 수준 측정치다. 여기서 특히 '생존–자기표현' 차원을 살펴보면, 21개국이 +점수, 18개국이 −점수이며, 7개국은 데이터가 없다. 생존보다 자기표현에 더 높은 가치를 두는 나라는 네덜란드, 호주, 미국 등이며, 그 반대인 나라는 러시아, 불가리아, 짐바브웨 등이다. 이 연구에서 중요한 점은 긍정 정서가 높을수록, 부정 정서가 낮을수록 생활 만족도가 높았으며, 전반적으로 개인주의보다는 생존–자기표현 차원이 생활 만족도를 더 잘 예측하는 것으로 나타났다는 사실이다. 자기표현에 더 중요한 가치를 두는 문화일수록 생활 만족도가 더 높았다. 그만큼 우리가 만족스러운 삶을 살아가는 데 자기표현이 중요함을 말해 준다.

이제 감정이 우리 뇌에서 어떻게 작용하며 뇌와 미디어, 감정의 관계는 어떠한지를 차례로 살펴볼 것이다. 이를 위해 먼저 우리의 생각과 감정을 지배하는 뇌를 본격적으로 들여다보자.

3부

뇌과학과 미디어의 감정 효과

7장

생각과 감정을 지배하는 뇌

1. 인간의 뇌

1) 뇌는 왜 중요한가

인간의 뇌는 생각뿐만 아니라 감정까지 지배한다. 박문호(2017: 4)는 "뇌 작용은 인간 그 자체다"라고 이야기할 정도로 뇌가 인간의 전부임을 강조한다. 예전에는 사람이 머리로 생각하고 가슴으로 느낀다고 믿었으나, 뇌과학의 발견들이 누적되면서 점차 뇌가 생각과 감정을 모두 지배하는 것으로 믿게 되었다. 이제 남은 것은 뇌의 어떤 작용이 생각과 감정을 어떻게 지배하는지, 신비로운 뇌의 세계를 하나하나 파헤쳐 가는 과정이다.

생각은 기억을 인출해 연결하는 과정이며, 기억을 새롭게 만드는 과정이 아니다(박문호, 2017 참조). 따라서 우리 뇌에 인출할 기억이 없으면 생각을 할 수도 없다. 이것은 일찍이 상징적 상호작용주의를 주창했던 미드(Mead, 1934/2010)의 논리와 일맥상통한다. 미드에 따르면 내가 '의자'라고 이야기할 때 내 머릿속에 떠오르는 것이 상대방에게도 떠오를 때 상징이 공유된 것으로서 언어가 의미를 부여받게 된다(Mead, 1934/2010). 이를 위해 인간은 생물학적으로 중추신경계가 준비된 상태여야 함을 미드는 강조했다. 즉 우리 뇌의 구조가 언어와 개념을 학습하여 생각과 느낌을 공유할 바탕을 지닌 상태일 때 비로소 상징을 통한 개념의 학습과 언어 표현이 가능하다고 할 수 있다. 추상적 개념이든 구체적 개념이든 감정 용어이든 뇌 구조가 이를 학습하여 공유할 수 있는 상태일 때 이 모든 것이 가능해진다는 것이다.

> 생각을 얻는 과정은 생각을 지님으로써 생기는 결과와 아주 다르다. 왜냐하면 전자는 반사의 조건화나 성립을 포함하는데, 이 반사 자체만으로는 그 과정을 설명할 수 없기 때문이다. (Mead, 1934/2010: 189)

> 우리는 생각을 하는 동물이기 때문에 지하철 노약자석에 빈 의자가 보여도 노약자를 위해 앉지 않는다. 의자를 보고 앉는다는 의미가 떠오르기는 했지만, 그래서 기꺼이 앉을 준비가 되어 있기는 하지만 앉지 않을 수 있다는 것이다. 즉 어떤 반응이 비록 "실행되지 않는다 해도" 중추신경계에서 이 과정이 충분히 발생할 수 있으며, 이것이 우리가 "의미"라고 부르는 것에 필요한 조건이다. (Mead, 1934/2010; 나은영, 2017b: 19 재인용)

미드가 말한 위의 내용을 보면 우리가 상징으로 개념을 가지고 생각을 하는 과정에 대해 좀 더 잘 이해할 수 있다. 미드의 주장은 우리가 다른 사람들과 '제스처의 대화'를 포함한 상징적 상호작용을 할 수 있기 때문에, 즉 소통을 할 수 있기 때문에 비로소 우리의 정신이 생긴다고 보았다. 우리 뇌가 준비되어 있더라도 다른 사람들과의 상호작용이 없이는 언어와 같은 개념이 생겨나거나 이를 공유할 수 있는 정신이 형성되지 않는다는 것이다.

'우리는 스스로 감정을 구성하는 설계자'임을 강조하는 배럿 (Barrett, 2017)도 미드와 유사하게 보았다. 우리 뇌가 두개골 안에 갇혀 있으면서도 외부에서 들어오는 자극들을 바탕으로 끊임없이 반응하고 예측하며 그 예측이 틀렸을 때는 이를 조정해 가면서 우리의 생각과 감정을 이끌어 간다고 본다. 뇌는 단순히 뇌의 작용에서 그치는 것이 아니라 명상이나 건강 생활은 물론 이를 바탕으로 의학, 법률 제도, 자녀 양육 등 실로 광범위한 영역에까지 궁극적인 영향을 미치는 것이다. 이제 인간의 삶을 이해하기 위해 뇌를 이해하는 것은 필수적인 과정이 되고 있다.

2) 뇌의 생존 회로

인간 뇌의 작용 중 생존 회로는 가장 본질적이며 치명적인 작용을 할 수 있다. 르두(2015/2017: 8)는 "공포와 불안의 의식적인 느낌"과 "얼어붙기 같은 방어 행동의 발현"에는 각각 다른 뇌 회로가 관여하며, 위협을 감지하고 반응하는 것이 의식적인 자각과는 별도의 과정임을 강조하였다. 그때까지 많은 학자들이 쥐나 동물로 실험하면서 얼어붙기와 같은 방어 행동이 관찰되면 이것이 공포감이라는 정서를 나타낸다고 해석하였으나, 방어 행동과 정서는 뇌에서도 엄연히 다른 과정을 거쳐 나타나는 별도의 현상이라는 사실을 확인한 것이다.

'공포' 감정의 발현으로 보이는 얼어붙기 반응이 감정과는 독립적인 '생존 회로'의 처리 결과라는 사실은 감정과 뇌의 관계에 관한 연구 전통에서 매우 중요한 위치를 차지한다. 르두의 관점은 최근의 뇌과학 기반에서 의식과 정서의 관계를 다음과 같이 잘 정리한다.

> 의식이란, 우리가 의식적으로 직접 접근할 수 있는 정보의 조각(지각 및 기억)과 관찰 가능하거나 '모니터링' 가능한 비의식적 과정의 결과물을 갖고 만들어 낸 자기 이야기다. 그러니까 정서는 어떤 면에서 인지적, 심리적 구성물인 셈이다. (LeDoux, 2015/2017: 9)

　르두의 이러한 관점은 아직도 완전히 폐기하기 어려운 설득력을 지닌 뇌 기능의 '영역주의'를 체계적, 도전적으로 비판한 배럿(Barrett, 2017)의 '구성된 감정 이론'과 그 맥락을 같이 한다. (배럿의 관점은 다음 절에서 상세히 다룬다.) 여기서는 감정과 유사해 보이지만 이와는 다른 생존 회로를 이야기한 후, 이것이 감정과 어떠한 관련성을 지니는지 알아본다.

　생존 회로란 "삶의 도전과 기회에 직면해 생존하고 번영하도록 유기체를 돕는 행동을 제어하는 회로"다(LeDoux, 2015/2017: 196). 방어 행동을 통제하거나 체온 조절, 에너지와 영양 충족 등에 관련된 뇌의 작용들이 여기에 포함된다. 감정이 생존에 중요하고 따라서 감정이 관련되는 처리는 대개 응급으로 이루어진다는 사실이 옳기는 하지만, 이것이 감정의 '전부'는 아니다. 이러한 생존 회로의 활동이 뇌에서 발생하고, 그 결과를 의식적으로 자각하는 과정이 추가되어야만 우리가 감정이라고 이야기하는 느낌이 비로소 등장할 수 있기 때문이다.

과거에는 '얼어붙기 반응'을 '공포감'의 표현으로 해석하면서 이 두 가지를 하나로 이해해 왔다. 르두(LeDoux, 2015/2017)는 이러한 관점에서 벗어나 '얼어붙기 반응'이 정서와 무관하게 발생할 수 있는 독립적인 생존 회로의 작동 결과임을 밝혔다. 르두는 《느끼는 뇌*The Emotinal Brain*》(1996/2006)에서 우리가 자극을 스스로 자각하거나 공포를 느끼지 못해도 편도체는 위협을 처리하고 조건 반응을 촉발한다는 사실을 보여 줌으로써, 위협 자극이 편도체를 **활성화하여** '공포처럼 보이는' 반응을 이끌어 내는 데 의식적 자각이나 감정이 반드시 포함될 필요가 없다는 사실을 밝혀냈다. 이 과정은 그 자체로 '생존 회로'의 비의식적 과정이며, 이것과 이로 인한 신체의 결과물이 인지적 해석을 거친 이후에 비로소 '공포감'이라는 의식적 느낌, 즉 감정이 생겨난다고 할 수 있다.

"정서는 간단히 말해 복잡한 인지 메커니즘에 의해 짜 맞춰진 의식 상태"라는 르두의 말(LeDoux, 2015/2017: 197)은 오래전에 나온 정서의 2요인설(Schachter & Singer, 1962)이 타당하다는 사실을 상기시킨다. 정서의 2요인설은 우리가 정서를 느끼기 위해서는 생리적 각성 상태와 이에 대한 인지적 해석이 모두 있어야 한다는 것으로, (1장에서 살펴보았듯이) 사회심리학적 실험 연구로 증명되었다.

3) 뇌가 감정을 구성하는 과정

오래전 철학적 사유에서 시작된 의식과 감정에 대한 고찰과 연구는 최근 들어 뇌과학적 발견들이 축적되면서 큰 전환기를 맞이하고 있다. 뇌과학은 학술적이라기보다는 대중적인 용어이며, 학술적으로는 '신경생리학' 또는 '인지신경과학'이란 용어가 더 적절할 수 있다.

우리 뇌가 작동하는 방식을 잘 알기 위해서는 신경계에 대한 이해가 필수적이다. 감정과 느낌은 동시에 일어나는가? 아니면 감정이 먼저인가? 느낌이 먼저인가? 신경과학자들은 오랫동안 이 질문에 대답해 왔다.

학자들마다 용어는 조금씩 다르지만, 대부분 두 개의 질적으로 다른 처리 과정을 가정한다. 신경과 의사이자 신경과학자인 안토니오 다마지오(Damasio, 1994)는 《데카르트의 오류Descartes' Error》에서 '1차적 감정'이란 초기에 우리의 감각피질이 이 세상 속 어떤 실재의 핵심적 특성을 감지하고 유형화하는 것으로서, 정확히 무엇이 우리에게 아픔을 주는지 '인식'하지는 않더라도 아픔을 감지하는 것이 여기에 해당한다고 보았다. 르두의 생존 회로(LeDoux, 2015/2017)와 유사한 부분을 지닌다. 외부의 어떤 자극이 편도를 활성화시키면, 이후 근육 반응, 내장 반응 등의 활동이 발생한다. 1차적 감정의 예로는 예컨대 맨발로 걷다가 무엇인가 뾰족한 것을 밟고 아픔을 느끼는 과정을 들 수 있다. 그것이 무엇인지 인식하지 않아도 우리는 발이 더 깊이 찔리기 전에 움찔하며 더 이상의 상처를 입지 않도록 방어 행동에 들어간다.

반면에, 다마지오에 따르면 '2차적 감정'이란 감정적 반응에 대한 '느낌feeling'을 갖는 것으로서(그는 '감정'이라는 용어를 '느낌'이라는 용어보다 더 원초적인 의미로 사용한다), 대상과 감정적 신체 상태 사이의 관계를 인지하는 것을 말한다. 작은 못을 잘못 밟아 발바닥이 아팠다고 생각되면 못과 통증 사이의 관계를 인지한 것이고, 이것은 조금 전에 단순히 아픔을 느꼈던 것보다는 더 고차원적인 느낌에 해당하는 것이다. 그러면 다음에는 걸을 때 못처럼 생긴 물체를 더 조심하게 된다.

다마지오가 1차적, 2차적 감정으로 구분한 것과 유사하게 (완전히 동일하지는 않지만) 캔델과 스콰이어(Kandel & Squire, 2009/2016)는 《기억의 비밀*Memory*》에서 기억을 '비서술 기억'과 '서술 기억'으로 구분한다. 기억과 감정의 관계가 매우 밀접함을 생각할 때, 이 두 가지의 구분을 비교해 보는 것도 유용하다.

캔델과 스콰이어는 불쾌한 소리에 '반응'하는 것은 (생존 회로의 핵심인) 편도체의 주 역할이지만, 이것을 '설명'하는 것은 또 다른 영역임을 강조한다. 그 증거로서 이들은 편도체만 손상된 환자들은 (단순한 사실은) 잘 기억하지만 감정적인 것은 잘 기억하지 못하며, 온전한 편도체를 가진 기억상실증 환자는 감정적인 부분을 가장 잘 기억하고 있음을 보여 주었다. 기억상실증 중에도 보존되는 학습의 유형은 대개 '자동성'을 띤다는 점이 중요하다. 예를 들면, 수영하는 법이나 자전거 타는 법 등은 우리가 서술적으로 기억하고 있지 않아도 우리 몸이 수영하거나 자전거 타기를 수행할 수 있으므로 '비서술적' 기억에 해당하며, 자동성을 띠는 경우가 많다.

또한 대물림된 호감과 반감, 또는 학습된 호감과 반감은 의식적 서술 기억과 관계없이 작동할 수 있다는 점도 중요하다. 캔델과 스콰이어는 "천성적 공포뿐 아니라 학습된 공포 — 위험 신호에 대한 예기anticipatory 방어 반응 — 도 생물학적 적응이며 따라서 진화 과정에서 보존된다"는 프로이트와 이반 페트로비치 파블로프Ivan Petrovich Pavlov의 주장을 인용한다(Kandel & Squire, 2009/2016: 374). 서술 기억과 달리, 조건 형성 과정으로 학습된 공포는 해마가 손상되어 기억이 사라져도 여전히 유지되며, 편도체를 제거하면 사라진다는 점이 중요하다. 즉 후천적으로 무엇인가를 무서워하게 된 것이 기억과 무관하게 자동적으로 점화됨을 의미한다.

따라서 흔히 '자동 처리'와 '숙고 처리'로 구분하는 인지 과정도 조금 더 세분화되어야 함을 알 수 있다. 자동 처리 중에는 인간이나 동물의 생리적 체계로 인해 본능적으로 생존 회로를 가동시킬 수 있는 범위가 있고, 더 나아가 습관적 처리로서 후천적 학습 과정으로 인해 '빈번하게 짝 지워져 연합이 형성됨으로써' 뇌에 처리 경로가 각인되어 큰 인지적 노력 없이 자동적으로 처리되는 범위가 있다.

이러한 사실을 미디어 콘텐츠의 처리 과정에 적용해 보자. 우리가 좋아하지 않는 외집단으로부터 들어오는 메시지를 볼 때 떠오르는 불쾌한 감정이 자주 반복되면, 어느덧 이것이 습관적 처리가 되어 외집단 정보원이라는 이야기만 듣고 그 메시지를 읽기도 전에 어쩌면 자동적, 습관적으로 불쾌한 감정이 점화되어 그 메시지를 피하거나 왜곡 처리할 확률이 높아질 수 있다. 외집단 메시지라고 파악되는 순간 자동적으로 기억에서 부정적인 감정과 함께 떠올라 처리를 제대로 하지 않게 되는 것이다.

우리가 일반적인 자극을 처리할 때와 '사람과의 관계,' 즉 사회적 자극을 처리할 때 숙고 처리의 종류와 깊이가 조금씩 달라질 수 있다는 점도 중요하다.[7] 실제로 우리 뇌의 중앙 부분은 타인과 자신에 대한 사고를 담당하는 '사회인지신경망'에 관여하며, 뇌의 바깥 또는 옆쪽은 '일반인지신경망'에 관여하는 것으로 알려져 있다.

그러나 여전히 중요한 것은 우리 뇌의 일정 부위가 이런 기능을 전적으로 '담당'하고 있다는 '영역주의'보다는 수많은 뉴런의 체계들과 작용들이 그때그때 외부에서 들어오는 자극들을 서로 다른 방

7   '자동 처리'에 대응하는 '숙고 처리'도 좀 더 세분화될 수 있다는 사실은 이 책의 후반부에서 '사회적 뇌'와 관련하여 좀 더 상세히 설명한다.

식으로 종합하여 우리의 고유한 감정 경험을 만들어 낸다는 사실이다. 뇌 기능의 본질론에서 구성주의로 이동해 온 과정을 살펴본 다음, 미디어 내용을 처리하는 핵심 기제인 사회적 뇌와 관련된 논의를 이어가 보자.

2. 뇌 기능의 본질론과 구성주의

뇌 기능에 관한 본질론과 구성주의의 대립은 1장에서 언급한 영역주의 대 네트워크 관점의 논쟁과 연계된다. 여기서는 그 내용과 과정을 좀 더 심층적으로 살펴보려 한다. 최근의 추세는 본질론에서 점차 구성주의로 옮아가고 있는 것으로 보인다.

1) 뇌 기능의 본질론에서 구성주의로

찰스 다윈이 1872년에 출간한 《인간과 동물의 감정 표현*The Expression of the Emotions in Man and Animals*》 이래로, 사람이 보이는 원초적 감정의 기원을 동물 조상에게서 찾을 수 있다는 생각이 주류를 이루어 왔다. 다윈이 말하는 '표현 행위expressive action'는 주로 감정과 관련된 행동이나 생리 반응을 뜻한다. 전 세계 사람들이 후천적 학습 과정 없이도 비슷한 표정을 짓는 부분을 근거로 그는 이것이 선천적이거나 먼 조상으로부터 물려받은 것이라고 주장하였다.

다윈은 행위가 마음의 특정 상태를 표현하는 것이며, 이것은 신경계 구조의 결과라고 보았다. 예를 들어 위협이 있으면 공포의 선천적 느낌이 발생하고, 이 공포가 얼어붙기 반응이나 떨림, 도피 행동 등으로 이어진다는 것이다. 이러한 과정이 유기체의 생존과 적응에 도움이 되기 때문에 계속 신경계에 보존되어 후세에 전해진 것이라고 본다(LeDoux, 2015/2017: 159). 이러한 다윈의 생각은 "감정마다 본질essence이 있다"고 주장하는 셈이므로 배럿은 이를 본질주의라 부른다(Barrett, 2017: 298). 본질주의는 슬픔, 공포 등과 같은 감정이 뚜렷이 구분되는 본질을 지니며, 각 감정을 관장하는 뇌의 부위가 특성화되어 있다고 본다.

감정에 관한 이와 같은 본질주의의 중요한 특성 중 하나는 동일 감정 내의 다양성을 인정하지 않는 것이다. 슬픔은 슬픔일 뿐이며 분노는 분노일 뿐, 슬픔과 분노는 구분되지만 슬픔 내의 다양성, 분노 내의 다양성은 중요하게 취급되지 않는다. 감정에 대한 구성주의 이론가 배럿은 바로 이 부분을 공격하면서, 감정의 '범주'는 요약된 것일 뿐, 실제 세계 속에는 한 범주 내의 감정도 다양한 양상으로 나타나는 감정의 다양성을 인정해야 한다고 보았다(Barrett, 2017). 동일하게 취급되는 '슬픔'이라는 감정도 개개인이 살아 온 문화권에 따라 다른 언어로 달리 개념화되었기 때문에 다른 양상으로 발현될 수 있다는 점이 중요하다는 것이다.

초창기 심리학자 윌리엄 제임스William James(1890)는 우리가 슬퍼서 우는 것이 아니라 '우니까 슬프다,' 또는 우리가 무서워서 도망치는 것이 아니라 '도망치니까 무섭다'라는 도전적인 주장을 했다. 이에 대해 르두는 "의식적 느낌이 꼭 정서적 행동의 원인은 아니다"라는 점에서 제임스가 옳았다고 주장한다(LeDoux, 2015/2017). "비의식적으로 제어된 신체 반응의 되먹임이 느낌에서 중요한 역할을 한다"는 점에서도 옳은 방향을 취한다고 보았다(LeDoux, 2015/2017: 163). 그러나 이러한 되먹임이 느낌의 원인이기는 하지만 '유일한' 원인은 아니라는 점을 르두는 강조한다. 르두는 생존 회로가 감정과 별도로 작동한다는 점을 강조하면서, 신체에서 오는 피드백 정보, 즉 되먹임 과정이 감정 형성에 중요한 역할을 한다는 점에 방점을 둔다.

이런 점에서 제임스의 원래 생각은 감정에 관한 구성주의적 생각에 상당히 근접했으나, 후대의 학자들이 제임스의 생각을 오해함으로 인해 그를 본질론 지지자의 범주로 보게 만들었다고 배럿은 말한다(Barrett, 2017). 배럿은 감정의 '사례'와 감정의 '범주'를 구분해야 한다고 하면서, 제임스는 감정의 '사례'가 독특한 신체 상태에 기초하는 것이지 슬픔이나 분노와 같은 감정의 '범주'에 각각 해당하는 뇌의 부위가 존재한다는 것을 의미하지는 않았다고 지적한다. "물에 젖을까 봐 느끼는 두려움은 곰에 대해 느끼는 두려움과 똑같은 두려움이 아니다"(James, 1894)라는 제임스의 말이 시사하듯 (Barrett, 2017: 304), 제임스는 모든 종류의 두려움을 동일하게 보는 감정의 본질론자가 아니라는 것이다.

배럿이 '감정 연구의 암흑기'라 부르는 행동주의 시대의 대표적인 행동주의 심리학 주창자 존 왓슨John Watson(1913)은 심리학이 인간과 동물의 내적 상태에 관심을 가지기보다 관찰 가능한 사건을 중심으로 분석해야 한다고 주장하였다. 그러면서 자극-반응의 패러다임 속에서 쾌락이나 고통과 같은 주관적 개념보다 '강화reinforcement'와 같은 객관적 개념을 사용해야 한다고 강조하였다. 행동주의적 정의에 따르면 르두가 이야기한 '얼어붙기 반응'은 외부에서 관찰 가능한 행동이며, 이것은 곧 '공포'로 해석되기 쉬운 상황이 될 수밖에 없었다. 그래서 배럿은 행동주의가 특히 감정 연구에 관한 한 심리학을 '어지럽힌' 주체라고 본다(Barrett, 2017). 뇌과학 데이터가 축적되는 지금이 마음과 뇌 연구의 황금기라고 그는 명명한다.

행동주의자들은 뇌의 상태에 관심을 두지 않았다. 하지만 1940~1950년대를 거치며 뇌 연구도 발달하였고, 20세기 초 뇌 전기자극법의 개발로 뇌 메커니즘 연구의 발달 속도는 훨씬 더 빨라지게 되었다. 20세기 중반에는 행동 동기의 기반에 뇌의 작용이 있음에 주목했다. 공포나 배고픔과 같은 상태를 '의식적'이라기보다는 '생리적'인 것으로 간주하고 연구하기에 이른 것이다.

사회심리학자 실번 톰킨스Silvan Tomkins(1963)는 몇 가지 기본 정서가 다윈의 자연 선택 과정에 의해 문화와 관계없이 인간의 신경에 배선되어 있다고 주장했다. 정서를 유발하는 특정 자극이 있을 때 감정 프로그램이 활성화되어 그 정서에 해당하는 신체 반응이 나타난다는 것이다. 놀람, 관심, 기쁨, 분노, 공포, 혐오, 부끄러움, 번민이 모든 문화에 공통적인 기본 정서이며, 죄책감, 당혹감, 공감 등은 문화에 따라 달라지는 2차적 정서다(LeDoux, 2015/2017: 167). 이러한 생각을 실증적으로 검증하며 꾸준히 주장해 온 사람이 폴 에크먼(Ekman, 1992)이다.

다마지오는 신체 신호의 되먹임 과정이 느낌의 원천이 될 수 있음을 주장하였다(Damasio, 1994). 이러한 생각은 신체 신호의 되먹임 과정을 핵심적으로 본다는 점에서 윌리엄 제임스의 생각이 이어지는 것으로 오해할 수 있다. 하지만 배럿에 따르면 다마지오는 본질론의 기본 가정 중 하나인 '신체 표지' 가설을 버린 것이 아니라 "감정 경험은 신체 표지가 의식적인 느낌으로 변환될 때 발생"하는 것으로 본 것이다(Barrett, 2017: 304).

앞서 언급했듯이, 다마지오는 정서와 느낌feeling을 구분한다(Damasio & Carvalho, 2013). "정서는 선천적 행동과 생리적 반응을 제어하는 행위 프로그램"이며, 충동은 "생리적 요구에 봉사하는 두 번째 종류의 행위 프로그램"이다. 그러나 다마지오는 이러한 행위 프로그램은 비의식적으로 작동한다고 보며, 이와 달리 느낌은 "행위 프로그램에 의해 촉발된 정서적 반응이 뇌의 신체 감지 영역에 표상된 결과로 나타나는 의식적 경험"이므로 정서와 다르다고 본다 (LeDoux, 2015/2017: 182 간접 인용). 이런 점에서 르두가 느낌을 비의식적 과정의 의식적 처리로 생각하는 관점(LeDoux, 2015/2017)과 공통점을 지닌다. 르두는 신체 신호가 느낌에 기여하는 많은 재료 중 하나라고 가정한다.

뇌의 감각 처리 영역 자체만으로는 '의식적 경험'을 만들기에 충분하지 않으며, 비의식적 과정이 보다 높은 상위의 인지 처리에서 다시 표상될 때 비로소 의식적 경험이 가능해진다. 예를 들어, 쾌락이나 고통은 감각 처리 과정에서 발생하는 '상태'다. 이것의 비의식적 결과로서 뇌 각성이 높아지고 반사 운동 등 선천적 반응이 유도되기는 하지만, 이러한 비의식적 결과들 중 하나를 보고 바로 쾌락이나 고통의 '의식적 느낌'이 발생했다고 가정하는 것은 옳지 않음을 르두는 지적한다(LeDoux, 2015/2017).

켄트 베리지Kent Berridge(1996)는 '좋아함liking'과 '원함wanting'을 구분했다. 그는 '쾌락'이란 단어는 주관적 경험을 암시하는 데 비해 '좋아함'은 행동으로 정의할 수 있기 때문에 주관적 경험이 꼭 필요한 것이 아니므로 '강화' 과정에 사용하는 것이 더 적합하다고 보았다. 이에 비해 '원함'은 배고플 때 먹을 것이 생리적으로 필요한 경우와 같이 무엇인가 결핍이 있을 때 필요한 물질을 원하는 상황에 더 적합한 용어라 할 수 있다.

중독 연구에서 밝혀진 바에 따르면, 주관적인 느낌만으로는 중독 과정이 완전히 설명되지 않는다. 즉 '쾌락을 주관적으로 느끼기 위해서' 약물을 주입하는 것이 아니다. 모르핀 중독자 대상 연구에 따르면(Lamb et al., 1991), 스스로 버튼을 눌러 모르핀 또는 위약이 주입되게 했을 때, 의식적인 쾌락의 느낌 때문이 아니라 비의식적으로 몸의 상태 자체가 그 약물을 원하는 상태가 되어 주입 행동을 하게 된다.

유사하게, 몸의 상처 때문에 고통이 있어도 잠깐 다른 곳에 집중하면 순간적이나마 고통을 느끼지 못한다. 인지적으로 신호에 주의를 기울이고 처리해야만 고통으로 경험하는 것이다. 이러한 사실들로 미루어 보아, 생리적으로 우리 몸에서 일어나는 일들을 재료로 사용하여 뇌에서 고차원적인 인지 과정을 거쳐 우리가 '의식적으로' 경험해야 비로소 우리가 이야기하는 감정을 제대로 느낀다고 할 수 있다.

2) 구성주의로 본 뇌 기능과 감정

배럿은 구성된 감정 이론theory of constructed emotion에 대해 다음과 같이 설명한다.

> 뇌는 우리가 깨어 있는 매 순간 개념으로 조직된 과거 경험을 사용해 우리의 행동을 인도하고 우리의 감각에 의미를 부여한다. 이때 관련 개념이 감정 개념이면, 뇌가 감정 사례를 구성하는 셈이다. (Barrett, 2017: 569)

배럿은 우리 뇌가 외부에서 들어오는 자극들을 재료 삼아 끊임없이 예측을 하고 오류를 바로잡는 기능을 한다는 점을 중요시한다. 뇌의 구조는 일정하지만 배선은 매우 다양하며, 뇌의 예측 오류가 놀라움을 일으켜 조정을 하게 되는 과정을 반복한다는 것이다.

배럿의 주장이 도전적인 이유는 현재까지도 지배적인 위치를 점하는 '뇌에 위치한 감정의 지문'을 부정했기 때문이다. 뇌의 편도체가 공포 감정을 관장한다는 연구(Kluver & Bucy, 1939) 이래로 과학자들은 뇌의 어느 부위가 어떤 감정을 관장하는지를 밝히려는 연구를 줄기차게 시도해 왔다. 그러나 배럿은 과학자들이 원하던 결과를 얻지 못한 많은 상황들을 과소평가했다고 지적하면서, "어느 뇌 영역에도 감정에 대한 지문은 없다"는 사실을 강조한다(Barrett, 2017: 64). 감정은 "뉴런들의 점화"로 인해 발생하지만, "오로지 감정에만 관여하는 뉴런"은 존재하지 않는다는 것이다.

요약하면, 사람은 감각 입력의 수동적 수용자로서 세계에 대한 반응으로 감정을 보이는 것이 아니라, 감각 입력과 과거 경험을 바탕으로 의미를 구성하고 행동을 지시하는 '감정의 능동적 구성자'라는 것이 감정에 관한 구성주의의 입장이다. 이 견해는 분노나 혐오 등 감정 범주에 지문이 존재하지 않을 뿐만 아니라, 사람마다 동일한 감정의 표현 양식도 다양하여 '다양성'을 표준으로 하고 있음을 강조한다. 배럿은 우리가 어떤 사회에서 자라나면서 예컨대 '분노'라는 감정이 사회적 맥락에서 유용한 것으로 받아들여져 왔기 때문에 마치 이 감정이 애초에 우리 뇌에 내장된 것처럼 느껴지는 것이라고 본다. 우리의 '과거 경험'이 '미래 경험'과 '지각'을 결정하는 데 기여한다는 것이 핵심이다. 우리가 어떤 경험을 하느냐에 따라 미래에 무엇을 보고 느끼는지를 결정하는 뇌의 배선이 달라진다고 할 수 있다.

배럿이 제시하는 개념 중 또 하나의 독특하면서도 설득력 있는 부분은 '신체 예산 관리 부위body-budgeting region'다. 우리 뇌는 두개골 안에 갇혀서 우리 신체가 경험하는 외부의 사건들을 바탕으로 끊임없이 움직인다. 우리 뇌가 감각에 의미를 부여하는데, 이 중 일부 감각이 내수용 감각, 이에 부여된 의미가 감정 사례가 된다. 만약 "배가 묵직하게 아픈 느낌"이 있다면 이것은 일종의 내수용성 단서이며, 이것을 "복통, 배고픔, 긴장, 지나치게 꽉 끼는 벨트" 중 어느 하나로 우리 뇌가 의미를 부여할 때 비로소 감정이 발생했다고 할 수 있다(Barrett, 2017: 141~142). 신체 예산 관리 부위는 대뇌피질에도 있고 변연계에도 있지만, 배럿은 대뇌피질에 있는 신체 예산 관리 부위에 초점을 맞춰 논의한다.

신체 예산 관리 부위는 생명 유지에 결정적 역할을 할 뿐만 아니라, 감정을 위한 예측도 산출한다. 흔히 스트레스 호르몬이라 불리는 (그러나 배럿은 이것이 잘못이라고 생각하는) 코르티솔은 "에너지 분출이 필요할 때마다 방출"되는 것이며, 스트레스받는 경우는 이 중 하나일 뿐이다(Barrett, 2017: 146). 그 역할은 세포에 에너지를 공급하는 것이다. 무엇인가 우리에게 중요한 의미를 지니는 사건이 발생하면(예컨대, 누군가 중요한 사람이 내 앞에 나타난다든지, 중요한 내용이 있을 것 같은 미디어를 접한다든지), 이것은 우리의 신체 예산에 큰 영향을 미치는 사건이므로 '개인적 의미'를 지니는 것이다. 이러한 상황에서 뇌는 신체에 에너지가 필요할 것이라 예측하여 코르티솔을 방출하고 혈류에 포도당을 공급한다.

배럿 연구팀(Wilson-Mendenhall et al., 2011)은 '상상하기만 해도' 신체 예산이 영향을 받아 심장박동수가 높아지고 혈관이 확장되는 등의 변화가 발생한다는 사실을 발견했다. 이러한 연구 결과들은 배럿도 지적했듯이 어떤 힘든 일을 겪을 때 사랑하는 사람이 옆에 있거나 상상하기만 해도 신체 예산이 덜 줄어들어 위로를 얻는 데 도움을 준다는 근거가 된다. 이 책의 후반부에서 나오는 미디어를 통한 힐링, 즉 '미디어 테라피' 과정을 논의할 때 이러한 뇌의 작용은 중요하게 언급된다.

3. 과거 경험의 기억과 감정

1) 기억과 감정의 관계

어떤 대상을 볼 때 떠오르는 인간의 감정은 그때까지 어떤 경험들이 기억 속에 저장되어 왔으며 그중 어떤 기억들이 떠오르는가에 따라 달라진다. 어떤 일이 발생했을 때 우리가 뇌 속의 기억을 떠올려 감정을 느낀다고 볼 때, 그림 7-1과 같은 아이라 로즈먼Ira Roseman(1979)의 체계는 유용한 패턴을 제공한다. 먼저, 보상이 있거

<table>
<tr><th></th><th>보상 있음</th><th>처벌 없음</th><th>보상 없음</th><th>처벌 있음</th></tr>
<tr><td>상황 원인</td><td colspan="4"></td></tr>
<tr><td>불확실</td><td colspan="2">희망</td><td colspan="2">공포</td></tr>
<tr><td>확실</td><td>기쁨</td><td>안도감</td><td>슬픔</td><td>고통</td></tr>
<tr><td>불확실</td><td colspan="2">희망</td><td colspan="2" rowspan="2">좌절</td></tr>
<tr><td>확실</td><td>기쁨</td><td>안도감</td></tr>
<tr><td>타인 원인</td><td colspan="4"></td></tr>
<tr><td>불확실</td><td colspan="2" rowspan="4">좋아함</td><td colspan="2" rowspan="2">싫어함</td></tr>
<tr><td>확실</td></tr>
<tr><td>불확실</td><td colspan="2" rowspan="2">분노</td></tr>
<tr><td>확실</td></tr>
<tr><td>자기 원인</td><td colspan="4"></td></tr>
<tr><td>불확실</td><td colspan="4" rowspan="2">죄책감</td></tr>
<tr><td>확실</td></tr>
<tr><td>불확실</td><td colspan="2" rowspan="2">긍지</td><td colspan="2" rowspan="2">후회</td></tr>
<tr><td>확실</td></tr>
</table>

그림 7-1 특정 감정을 유발한다고 가정되는 평가 패턴

출처: Roseman, 1979; Roseman et al., 1990: 900.

나 처벌이 없으면 긍정적 사건이 발생한 것이다. 여기서도 원인이 상황에 있는지 타인에게 있는지 자신에게 있는지에 따라, 그리고 이 각각의 경우 상황이 불확실할 때와 확실할 때 감정이 모두 달라진다. 예를 들어, 보상이 있는데 그 원인이 상황에 있고 확실하면 '기쁨'을 느끼며, 처벌이 없는데 그 원인이 상황에 있고 확실하면 '안도감'을 느낀다. 반대로, 보상이 없거나 처벌이 있을 경우 그 원인이 타인에게 있으면 '분노'를 느끼며, 보상이 없거나 처벌이 있는데 그 원인이 자신에게 있으면 '후회'를 느낀다. 이와 같은 감정은 모두 우리 기억 속에서 과거 경험에 의해 연합이 형성되어 있던 것을 떠올릴 때 가능해지는 것이다.

다른 한편으로, 기억이 만들어지는 과정에서도 감정은 중요한 작용을 한다. 강한 감정과 연합되어 있는 감정은 기억이 더 잘 되며, 기억이 공고화되는 과정에서도 감정이 큰 역할을 한다(McGaugh, 2003). 기억이 공고화될수록 더 잘 떠오르고 (활성화가 더 잘 되고) 강한 감정으로 표출되는 것도 사실이다. 하지만 애초에 기억이 형성되는 과정에서도 감정의 역할로 인해 기억 공고화가 더 잘 되기도 하고 덜 되기도 하는 것이다. 이처럼 기억과 감정 사이에는 뗄 수 없는 밀접한 관계가 형성되어 있으며, 이로 인해 기억이 감정에, 감정이 기억에 서로 강력한 영향을 주고받는 뇌의 핵심 과정이라 할 수 있다.

2) 기억과 감정에서 뇌의 작용

기억은 뇌의 해마에서 형성된다는 것이 1953년에 발견되었다(박문호, 2017). 우리가 새로운 자극을 접할 때 이것이 속하는 범주를 기억에서 찾게 된다. 이 과정이 시각, 청각, 체감각, 미디어 입력 등 감각 경험과 연계되어 처리되는 지각의 초기 과정이다. 지각perception은 좀 더 즉각적이고 자동적인 과정을 뜻하며, 인지cognition는 이보다 조금 더 깊은 사고 과정이 개입되는 과정을 뜻한다. 우리가 '생각'이라고 이야기하는 사고 과정은 기억을 인출해 연결하는 과정이기 때문에 완전히 새로운 것을 만드는 과정이 아니다. 외부 세계에서 입력되는 감각 자극을 재료로 하여 우리 뇌가 세계상을 만들어 가는 과정이 기억이라고 볼 때, 배럿(Barrett, 2017)이 말한 것처럼 우리가 감정을 구성해 가는 과정도 결국 (감정을 포함한) 기억의 구성 과정과 유사할 것이라고 유추할 수 있다.

창의적인 사람은 동시에 작동 가능한 '작업 기억'의 용량이 크다. 심지어 전문가는 장기 기억을 마치 작업 기억처럼 사용하기도 한다. "창의성은 장기 기억을 다양하고 새롭게 조합하는 과정에서 생기며, 기억 조합의 다양성은 기억된 정보의 양에 비례한다"는 사실은 매우 중요하다(박문호, 2017: 317~318). 만약 우리 기억에 아무것도 없다면 창의적일 수도 없다. 무無에서 유有를 창조하는 것이 아니라, 이미 존재하는 것 간의 다양한 조합을 만들어 내는 것이 창의성이다. 이를 위해 '동시에 떠올릴 수 있는' 작업 기억의 용량이 커야 더욱 창의적인 생각이 가능해진다. 인류 역사에서 창의적인 작업을 했던 많은 사람들이 다양한 경험으로 이루어진 기억 속에서 번뇌했던 과정을 생각하면, 다양함을 동시에 기억하고 이들을 다양한 방식으로 조합할 수 있는 능력이야말로 새로움을 창조해 내는 데 핵심 요소임을 다시 한 번 깨닫게 된다.

기억이 쌓이면서 느낌도 지속된다. 어떤 이야기를 들을 때 '놀람'이라는 정서를 함께 경험하는 경우, 기억이 더 단단해져 공고화되는 동안 편도체에서 해마로 노르에피네프린norepinephrine이 분비된다. 그러면 편도체의 놀람 반응이 해마와 연결되면서 기억으로 더 단단히 새기게 된다(박문호, 2017: 331 참조). 새롭거나 특이하게 보이는 것은 놀람 반응을 일으키며, 이것은 더 빨리 기억되기도 하고 더 쉽게 공고화되기도 한다. 만약 우리에게 기억이 없다면 아무런 느낌을 가질 수 없을 것이다. 기억이 없어지면 우리 주변 사람들과의 관계에 관한 기억들도 사라지고, 따라서 그들과 겪었던 일의 내용과 그에 연합되었던 긍정, 부정 감정의 연합도 모두 끊기기 때문이다.

또 하나 주목할 점은 반응을 지연시킬 수 있는 인간의 능력이 '인간 지능'의 기반이 된다는 것이다(박문호, 2017). 그래서 인간이 동물과 다를 수 있다. 동물처럼 즉각적인 본능적 반응을 보이는 것이 아니라, 잠시 반응을 멈추고 생각하면서 머릿속의 다른 생각들, 즉 장기 기억 속의 다양한 기억을 다시 작동시키며 다른 대안은 없는지 고려해 보는 과정에서 인간만의 독특한 사고 능력이 발휘될 수 있다.

인간이 '시간 의식'과 '예측 능력'을 가지고 있다는 것은 불안이나 걱정이라는 감정과도 관련이 있다. 불안과 걱정은 "미래를 예측하는 전전두엽 예측 기능의 산물"로(박문호, 2017: 326), 우리는 불안을 느낄 수 있기 때문에 미래를 준비하는 것이다. 또한 이러한 능력이 있기 때문에 '가상 세계'도 상상할 수 있다. 물론 불안이 지나치면 일상생활에 어려움을 겪을 수도 있지만(LeDoux, 2015/2017), 약간의 불안이 미래를 준비하는 동력이 된다면 이것도 재앙이라기보다는 축복에 가깝다고 할 수 있다.

스트레스도 불안이나 걱정과 유사한 기능을 한다. 박문호(2017)는 단기간 스트레스와 장기간 스트레스가 대조적인 역할을 할 수 있음을 다음과 같이 설명한다.

짧은 기간의 스트레스는 편도와 해마의 신경세포를 활성화시키지만, 강한 스트레스가 장기간 지속되면 상황이 달라진다. 장기간의 강한 스트레스를 동반하는 코르티솔에 편도체는 견디지만, 해마의 신경세포는 죽게 된다. 이는 장기간 분비되는 고농도의 코르티솔이 해마의 세포를 감소시키는 현상으로, 강한 스트레스가 학습과 기억에 나쁜 영향을 주는 결과로 이어진다. 그래서 어린아이에게 학습을 강요하여 스트레스를 주면, 학습한 내용에 대한 기억이 생기지 않을 수 있다. (박문호, 2017: 333)

스트레스나 불안도 역시 중용이 중요하다. 적당한 정도의 스트레스와 불안은 사람을 움직이게 하는 동력이 되지만, 지나친 스트레스와 불안은 병이 된다.

3) 사회적 뇌와 공감

미디어는 주로 사회적 자극의 재현이므로 사회적 뇌의 활동과 깊은 관련성을 지니게 된다. 따라서 지금까지 논의한 기억 과정이 사회 경험과 결부될 때 특히 사회적 뇌가 작동하는 '공감'과의 관련성이 깊어진다. 우리가 다른 사람들을 직접 만나 관계를 맺으며 살아가는 동안에는 물론이려니와, 미디어를 통해 다른 사람들의 삶의 모습을 간접적으로 보게 되는 사회 경험도 우리의 사회적 기억과 감정의 원천이 된다.

공감과 관련된 사회적 뇌의 처리 시스템은 앞서 언급한 기본 신경망 이외에도 '거울 체계'와 '심리화 체계'로 구분할 수 있다. 거울 체계는 내 눈앞에 보이는 것이 '무엇'인지를 파악하고 똑같이 따라 하는 모방 행위에 핵심적으로 작용하는 반면, 심리화 체계는 그 이면의 '왜' 또는 '어떻게'와 같은 좀 더 깊은 사고 과정을 포함한다 (Lieberman, 2013/2016). 자코모 리촐라티Giacomo Rizzolatti 연구팀이 1990년 거울 뉴런을 발견했을 당시에만 해도 거울 뉴런이 인간을 포함한 영장류의 공감 기능을 거의 모두 설명한다고 믿었다. 그러나 뇌인지신경과학 분야의 연구들이 축적되어 오면서 이와 같은 무조건적 믿음은 차츰 숙고적 비판과 추가 연구로 이어졌다.

대표적으로 리버먼(Lieberman, 2013/2016)은 《사회적 뇌》에서 통찰력 있는 주장과 검증을 제공한다. 그에 따르면 공감의 3요소는 이해, 정서적 일치, 공감적 동기로 구성된다(p.235). 핵심 사건을 이해하기 위해 맥락 정보가 필요하지 않을 때는 '거울 체계'가 활성화되지만, 맥락 정보가 필요할 때는 이보다 더 깊은 '심리화 체계'가 활성화된다고 본다. 예컨대, '저 사람이 땅콩을 집는구나'라는 수준의 이해는 '무엇'을 이해하는 것이며 맥락이 필요하지 않다. 그러나 '저 사람이 배가 고픈가 보구나'라는 수준의 이해는 '왜' 땅콩을 집으려 하는지에 대한 이해의 수준까지 들어간 것이고 여기에는 '몇 시간 동안 아무것도 못 먹은 상황' 또는 그와 유사한 맥락 정보가 필요한 것이다. 그래서 전자를 위해서는 거울 체계로 충분하지만 후자를 위해서는 그보다 깊은 심리화 체계가 필요하다. 지능도 비교적 높고 활동의 특성에 '사회관계'가 포함되는 침팬지, 코끼리, 돌고래는 거울 체계 이상의 것을 지녔을 수도 있지만, 다른 동물들은 대부분 거울 체계에 머물고 있을 것이라는 주장이 현재 대부분의 뇌과학자들의 생각인 것으로 보인다.

감정을 알아채는 능력, 즉 '감정 인지' 능력은 '공감'의 필요조건이기는 하지만 충분조건은 아니다(Sternbert, 2016: 53). 공감의 두 번째 요소인 '정서 일치'는 대상과 주체가 동일한 감정을 가질 때 비로소 공감이라는 용어를 사용할 수 있음을 의미한다. 예컨대 내가 싫어하던 사람에게 좋지 않은 일이 발생했을 때 '잘난 척하더니 그럴 줄 알았다'라고 생각하며 내심 고소한 마음을 지니고 있다면 이것은 샤덴프로이데 감정에 해당하는데(나은영·나은경, 2019), 이는 '공감'이 아니다. 상대방은 좋지 않은 일을 겪어 상심에 빠져 있을 것이기 때문이다. 반대로, 내가 좋아하는 친구에게 동일한 상황이 발생하여 그가 상심하고 있을 때 나도 그와 유사한 상심을 경험한다면 이것이 바로 진정한 공감이다.

공감의 세 번째 요소인 '공감적 동기'는 행동으로 이어진다. 엄마가 늦게 와서 제 시간에 밥을 먹지 못하고 있는 어린아이를 보자마자 '많이 배고프겠다'고 느끼며 밥을 챙겨 준다면 이것은 공감이다. 깨끗하지 않은 물을 먹어 앓고 있는 아프리카의 어린이 영상을 보고 그 어린이의 마음을 함께 느끼며 적은 액수라도 기부금을 내는 행동을 한다면 이것도 진정한 공감이다.

이러한 공감의 원리에는 거울 뉴런의 작용보다 훨씬 더 복잡한 신경계의 작용이 포함되어 있다. 뇌에 거울 뉴런뿐만 아니라 '심리화 체계'까지 갖추고 있는 인간은 다른 사람이 고통 받고 있는 것을 보면 '실제로' 자기도 고통을 느낀다. 신경의학자 엘리에저 스턴버그 Eliezer Sternberg(2016/2019: 151)는 《뇌가 지어낸 모든 세계 *Neurologic*》에서 다른 사람의 고통을 볼 때 활성화되는 뇌 영역과 자신이 고통스러울 때 활성화되는 뇌 영역이 상당히 겹친다는 W. D. 허치슨 Hutchison 등(1999)의 연구 결과를 인용한다. 그 부위가 통증 감각을 느끼는 부분과는 겹치지 않는다는 사실(Singer et al., 2004)도 지적한다. 다른 사람의 고통을 볼 때 내가 '감각적sonsory'으로는 통증을 느끼지 않더라도 '정서적affective'으로는 그 고통을 느끼는 것처럼 반응하는 것이다.

포유류를 대상으로 한 애착 연구에서 새끼가 보호자와 분리되었을 때 내는 울음소리를 보호자가 들으면 새끼에게 돌아온다. 그러나 파충류 이하에서는 이 소리가 보호 행동보다 오히려 새끼를 잡아먹는 행위를 유발하기도 한다(Lieberman, 2013/2016). 파충류는 포유류(특히 침팬지 정도의 지능을 가진 포유류)보다는 훨씬 더 낮은 수준의 처리만 가능한 것으로 보인다. 우리 뇌의 배측 전대상피질과 전측 뇌섬엽은 소외되었을 때, 그리고 보호자와 헤어졌을 때 활성화되는 것을 보면, 이 영역이 정서적 반응으로서의 괴로움 경험에 중심역할을 한다고 볼 수 있다. 이 부위를 제거하면 우울이나 불안을 덜 느끼게 되어 우울과 불안 치료로 대상회절제술cingulectomy을 하기도 한다. 이 부위에 손상을 입은 쥐는 새끼들이 무엇을 필요로 하는지에 둔감해지고 돌보지 않는다고 한다.

이러한 연구 결과들을 통해, 배측 전대상피질이 있기에 우리가 사랑하는 사람들이 아파하는 것을 보고 함께 아파하며 그에게 필요한 일들을 우리가 해 주게 됨을 알 수 있다. 뇌의 전대상피질은 뇌량 corpus callosum을 감싼 띠모양 부위로, 이 부위에 오피오이드 수용체 opioid receptor가 밀집되어 있다(Lieberman, 2013/2016: 78). 오피오이드는 뇌에서 자연적으로 생산되는 진통제로서 고통의 느낌을 감소시키는 것으로 알려져 있다. 따라서 사회적 분리는 약물의 금단 현상과 비슷한 고통을 유발시키며, 어미와 새끼가 다시 만나면 양쪽 모두에게 오피오이드가 증가하여 진통제와 비슷한 작용을 함으로써 안도하게 된다.

어미를 오랫동안 보지 못해 새끼가 분리 고통을 느끼다가 마침내 만나게 되어 반가워하는 상황에서는 뇌의 보상 중추도 활성화된다. 이 부분은 복내측 전전두피질과 복측 선조체로서(Lieberman, 2013/2016: 119), (아는 사람이든 낯선 사람이든 관계없이) 다른 사람으로부터 감동적인 말을 들을 때 마치 기본 욕구를 보상받았을 때처럼 활성화된다고 한다.

이와 같은 사회적 뇌의 연구 결과들은 미디어 내용을 감상할 때 우리가 감정을 느끼게 하는 메커니즘과 관련하여 결정적인 시사점들을 던져 준다. 미디어에서 우리가 강하게 동일시하며 좋아하는 주인공에게 좋지 않은 일이 발생하면, 즉 주인공이 고통스러워하는 모습을 보면, 우리는 마치 우리 자신이 실제로 고통스러운 것과 유사한 감정을 느낀다. 이때는 아마도 배내측 전대상피질이 활성화되지 않을까 생각한다. 갈등이나 오류의 탐지도 이 부위의 활성화와 관련되기 때문에(Lieberman, 2013/2016: 97), 드라마에서 보이는 갈등을 탐지할 때도 뇌의 이 부위 자극을 통한 간접적 정서 경험이 이루어질 가능성이 높다. 마침내 주인공의 고통이 사라지고 잘 해결됨으로써 해피엔딩으로 대단원의 막을 내릴 때, 우리는 앞에서 느꼈던 서스펜스의 강도에 비례하는 카타르시스를 느낄 수 있다(나은영, 2010). 이렇게 카타르시스를 느끼는 순간에는 아마도 뇌의 복내측 전전두피질 주변의 보상 중추가 활성화될 것이라고 추론할 수 있다.

이렇게 중요한 우리의 뇌가 미디어 내용과 자극을 만나면 어떻게 작동하는지를 좀 더 깊이 들여다보자.

8장

뇌와 미디어

1. 영화 관람과 뇌의 변화

1) 서스펜스 영화 관람과 뇌의 변화

영화를 볼 때 우리에게 들어오는 자극과 그 심리적 효과 사이에서 중재 역할을 하는 것이 바로 뇌다(Bartels & Zeki, 2004; Hasson et al., 2008; Weber, Mangus, & Huskey, 2015). 영화에는 빛이나 소리와 같은 감각 자극을 비롯해 사람의 얼굴이나 목소리와 같은 지각 자극, 그리고 스토리의 흐름 속에서 순간순간 느껴지는 서스펜스와 카타르시스 등 심리적 효과에 이르기까지 다양한 수준의 자극과 그에 대한 반응의 원천이 공존한다. 이러한 영화를 관람할 때 우리 뇌와 마음이 어떻게 변화하는지를 아는 것은 궁극적으로 미디어를 통한 위로와 치유에 큰 도움이 될 수 있다.

   서스펜스를 느낄 수 있는 영화 장면을 볼 때 우리 뇌는 어떻게

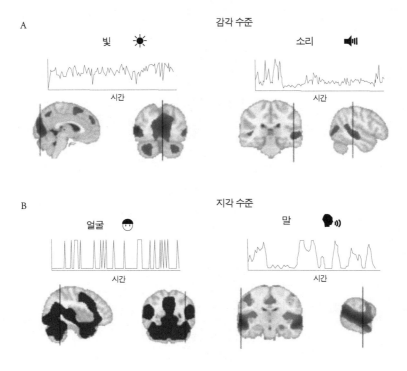

그림 8-1　영화 속 감각 자극(빛과 소리), 지각 자극(얼굴과 말)에 대한 뇌의 반응

출처: ICA, 2018: 14.

달라질까? 랜스 컴포트Lance Comfort 감독의 영화 〈탕! 당신은 죽었
어*Bang! You're dead*〉(1954)를 8분짜리 비디오 클립으로 편집하여 감각
적 수준(빛과 소리), 지각적 수준(얼굴과 말), 그리고 심리적 수준(서스펜
스를 일으키는 장면과 스토리)의 자극들을 볼 때 사람들의 뇌가 어떻게
반응하는지를 알아보았다(ICA, 2018). 이 연구 결과를 살펴보면(그림
8-1 참조), 시청각 자극을 감각적 수준에서 볼 때보다 지각적 수준에
서 볼 때 더 넓은 영역이 활동함을 알 수 있다. 구체적으로, 감각 수
준에서 빛은 후두엽의 시각피질, 소리는 측두엽의 청각피질을 활성

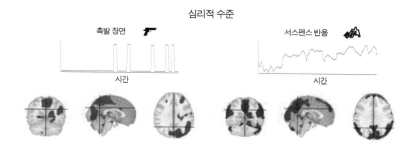

그림 8-2 　영화 속 심리적 자극(서스펜스를 일으키는 장면과 스토리)에 대한 뇌의 반응

출처: ICA, 2018: 15.

화시켰다. 지각 수준에서는 영화 속의 얼굴은 좀 더 넓은 범위의 시각 기능을 관장하는 내측 후두측두회occipitotemporal grus의 활동을 폭넓게 증가시켰고, 말소리는 청각피질을 중심으로 한 광범위한 영역의 활동을 증가시켰다.

조마조마함을 느끼는 서스펜스 장면과 스토리(총이 발사되기 직전 등)에 해당하는 부분에서는 단순히 감각적 또는 지각적 수준을 넘어서는 복합적 심리 수준의 반응을 보인다. 이로 인해 뇌의 활동 영역도 전두엽의 뇌섬엽을 포함하여 더 광범위한 영역의 활동을 보이며(그림 8-2 참조), 스토리의 진행에 따라 반응의 등락이 비례함을 알 수 있다. 특히 흥미로운 점은 영화 안에서 감정이 격해진 성인들 사이의 대화가 진행되는 매우 사회적인 장면을 볼 때 뇌의 활동이 피크에 도달했다는 사실이다.

영화를 보는 동안 뇌의 어느 부위가 활성화되는지에 초점을 둔다면 영역주의에 기반을 둔 해석이 될 것이고, 뇌의 뉴런들이 상호작용하여 더 깊은 처리를 할수록 더 많은 영역이 활성화되고 있음을 강조한다면 구성주의에 가까운 해석이 될 것이다. 전통적인 뇌의 영역주의를 따르느냐 새로 등장하는 구성주의를 해석의 틀로 끌어 들이느냐에 따라 해석이 다소 달라질 수는 있다. 하지만 분명한 사실은 외부에서 들어오는 미디어 자극이 더 복잡해지고 더 깊은 수준의 처리를 요구할수록 우리 뇌의 더 많은 부분이 상호작용하며 활동하고 있다는 것이다.

우리가 미디어 자극과 미디어 콘텐츠를 보고 듣고 즐길 때, 뇌는 부지런히 일한다. 이로 인해 우리는 긴장감을 느끼기도 하고 안도감을 느끼기도 하며 생각과 느낌과 행동이 영향을 받는다. 미디어가 뇌에, 그리고 감정과 삶에 미치는 영향이 긍정적일 때도 있고 부정적일 때도 있으니, 우리는 최대한 긍정적인 방향의 영향이 우세하도록 삶을 이끌어 갈 필요가 있다.

2) 배경 감정과 콘텐츠 감정

우리가 공포 영화를 즐길 때, 뇌의 생존 회로는 본능적으로 안전함을 느끼고 있어야 한다(나은영, 2010 참조). 뇌의 고차적인 감정 처리 회로에서는 공포와 관련된 과거의 기억을 떠올리며 영화 속의 내용과 연관지어 해석하면서 그 영화의 콘텐츠가 유발하는 감정을 즐긴다. 만약 전쟁 중이거나 지진이 나기 직전과 같은 위험한 상황이 배경 감정으로 감지된다면, 이러한 상황에서는 안심하고 공포 영화를 즐길 수 없다. '안전'의 기본 정동이 바탕이 될 때 비로소 영화 콘텐츠 안의 '공포'의 느낌과 감정에 서스펜스를 느끼며 즐길 수 있게 되는 것이다.

앞에서 논의한 다마지오(Damasio, 1999)의 감정 처리 수준과 연계하면, 배경 감정은 '1차적' 감정으로, 콘텐츠 감정은 더 깊은 수준의

'2차적' 감정으로 이해할 수 있다. 르두(LeDoux, 2015/2017)가 중요시하는 '생존 회로'는 여기에서 '배경 감정'에 가까워, 우리의 생존 회로가 '자동적으로' 처리하는 감정 과정이 우리에게 '무의식적으로' 안전하다는 신호를 보내고 있을 때(Sternberg, 2016/2019) 비로소 우리는 마음 놓고 공포 영화를 즐길 수 있다.

배럿(Barrett, 2017)의 용어로 이야기하면 '내수용 감각interoception (신체 내부의 감각)'은 안전함의 신호를 우리 뇌에 보내고 있으며, 이와 동시에 좀 더 높은 차원에서 공포 영화의 내용을 상징적, 개념적으로 처리하며 '종합하여 구성'함으로써 감정을 느끼게 하는 과정을 통해 우리가 영화를 '뇌로' 느끼며 즐긴다. 영화 속의 콘텐츠 감정은 우리에게 '공포감'과 '안도감'의 교차를 통해 즐김을 유발한다. 지금까지의 논의에 비추어 볼 때 공포감 유발 시에는 뇌의 고통 회로가, 안도감 유발 시에는 보상 회로가 주된 활동을 보이며 시소와 같은 감정을 느끼게 만들 것이라고 추론할 수 있다.

다마지오(Damasio, 1999)가 말한 '배경 느낌background feeling'이 앞서 말한 '배경 감정'과 가장 유사하다. 그는 "신체가 없으면 마음도 없다"는 주장에 바탕을 둔 '신체 표지 가설'로 유명하다. 배경 느낌은 대부분 신체 상태에 관한 것으로 "가장 최소화된 생명의 느낌 그 자체, 즉 존재감"이라고 표현하면서, "배경 느낌 없이는 자아에 대한 표상의 핵심이 깨지게 될 것"이라고 말한다(p.230~231). '분위기mood'와 유사하지만 동일하지는 않다는 점도 강조한다.

'신체'의 중요성을 강조하는 다마지오와 함께 '사회적 상호작용' 및 이로 인해 형성될 수 있는 '언어'와 '상징'을 중요시하는 배럿 (Barrett, 2017), 그리고 '사회적 뇌'가 인류 문명 발전의 기본이라고 주장하는 리버먼(Lieberman, 2013/2016)의 연구와 저술은 일찍이 '상징적 상호작용론'을 주창한 미드(Mead, 1934/2010)의 깊은 통찰을 다시금 떠오르게 만든다. 이에 관한 논의는 '자아 인식과 뇌'의 관계를 다루게 될 9장에서 다시 살펴본다.

우리가 의식하지 못하는 분위기(예를 들면 '나는 안전하다')와 우리가 의식하는 감정(예를 들면 '저 영화 내용이 무섭다') 사이에는 분명히 차이가 있지만, 뇌는 순식간에 이 둘을 연결하여 처리한다. 그래서 공포 영화를 즐기고 있다가도 갑자기 큰소리가 나거나 바위가 떨어지면 안전에 위협을 느껴 영화를 즐기던 순간을 멈추고 생존 회로가 급격히 활성화될 수 있다. 스턴버그(Sternberg, 2016)는 "심상 시뮬레이션은 의식계와 무의식계를 연결하는 다리"라고 하면서 다음과 같이 말한다.

스스로 깨닫지도, 동의하지도 않는 사이 무의식계는 눈앞에 보이는 것을 조용히 시뮬레이션한다. 우리는 그런 시뮬레이션이 우리에게 미치는 영향을 단지 스쳐 지나가는 생각이나 감정으로만 느낄 뿐이다. (Sternberg, 2016/2019: 159)

스턴버그의 심상 시뮬레이션은 다마지오(Damasio, 1999)의 '이미지' 개념과 연결된다. 뇌신경과학자들이 사용하는 용어 중 공통적인 것도 있지만 학자들마다 조금씩 달리 지칭하는 것들도 있고 중점을 두는 부분도 다르다. 예컨대, 르두(LeDoux, 2015/2017)는 생존 회로를 중심으로 공포 관련 연구 결과들을 정리하고 있고, 스턴버그(Sternberg, 2016/2019)는 무의식을 중심으로 '상처 입은 뇌가 세상을 보는 법'에 초점을 둔 논의를 전개한다. 하지만 이렇게 서로 다른 학자들의 연구들을 잘 연결하여 이해하면 우리 뇌와 미디어, 감정의 관계를 상당 부분 논리적으로 파악할 수 있다.

다마지오(Damasio, 1999)가 인용한 연구의 결과들은 비록 최근의 뇌과학자들이 발견한 것들보다 오래된 내용이지만, 그의 개념적 구분은 지금까지 매우 유용하다. 앞서 언급했듯이 그는 1차적 감정과 2차적 감정을 구분하고, (흔히 이야기하는 감정보다 더 기본적인 정동의 의미로 그가 사용하는) '감정'과 (우리가 보통 감정이라고 이야기하는) '느낌'을 구분하기도 했다. 이와 유사하게 그는 지각적 이미지perceptual images 와 회상적 이미지recalled images를 구분하기도 했다(p.157). 지각적 이미지는 사물을 보고 그것이 '무엇'인지를 단순히 '알게' 되는 것이고, 회상적 이미지는 과거 경험의 기억과 연계하여 떠올리는 심상과 느낌을 포함한다. 그는 이런 이미지들이 '마음'을 형성한다고 보았으며, 생각이 대부분 이미지로 만들어진다고 보았다.

다마지오는 '마음의 신경적 근거'에 대해 다음과 같이 말한다.

> 마음의 기본적인 비밀은 어떤 살아 있는 유기체의 뇌 내부에서 국소적으로 또한 광범위하게 순간순간마다 많은 신경회로에 의해 발생되는 점화 형태의 상호작용에 담겨 있다. (Damasio, 1999: 378)

이 내용은 비교적 최근에 배럿(Barrett, 2017)이 여러 신경학적 실험을 근거로 주장한 감정의 구성주의와 매우 유사하다. 배럿은 마음 중에서도 특히 '감정'에 초점을 두어 다음과 같이 말한다.

> 감정 원형이 뇌에 저장되어 있는 것이 아니라면 그동안 당신이 경험한 '슬픔' 개념의 다양한 사례들(개체군)이 당신의 머릿속에 조각조각 머물러 있다가, 당신의 뇌가 상황에 가장 어울리는 슬픔의 요약본을 눈 깜박할 사이에 구성할 것이다. (Barrett, 2017: 179~181)

그러면서 배럿은 "마음은 뇌의 끊임없는 예측 한가운데 있는 계산의 한순간"이라고 이야기한다(p.506). 따라서 현재 상태에서 우리가 알 수 있는 것은 우리 뇌에서 '이 부분은 공포, 이 부분은 행복, 이 부분은 슬픔을 담당한다'는 점이 아니라, 우리 신체를 통해 들어오는 다양한 외부의 자극을 받아들이는 신경세포들의 수많은 조합을 통해 그때그때 가장 적합한 감정을 느끼며 살아간다는 사실이다. 그러한 뉴런들의 조합이 때로는 외부 자극들을 종합한 결과 고통 중추라 불리는 부분(예컨대, 배내측 전대상피질)을 활성화시키고, 때로는 보상 중추라 불리는 부분(예컨대, 복내측 전전두피질)을 활성화시킬 것이라고 예상할 수 있다.

뿐만 아니라, 우리 뇌는 빈틈을 메우며 이야기를 만들어 내는 기능을 가지고 있다. 스턴버그(Sternberg, 2016/2019)는 《뇌가 지어낸 모든 세계》에서 유명한 '카니자 삼각형Kanizsa Triangle'을 제시하면서, '빈틈을 메우는 메커니즘'을 뇌의 핵심 기능 중 하나로 본다. 카니자 삼각형에서 우리 시각은 '실제로는 삼각형으로 존재하지 않는 여백'을 '삼각형'으로 지각한다. 우리 시각계는 무수한 신경의 계산 결과를 토대로 그 '해석'을 보여 주는 것이다.

개연성이 없는 드라마를 볼 때도 각자 나름의 개연성을 만들어 내려 애쓴다. 김순옥 작가의 〈펜트하우스〉(2020, SBS)를 예로 들어 보자. 이 드라마는 개연성을 포기하고 강도 높은 '놀라움'으로 승부한다. 이른바 '막장' 드라마의 정점에 있는 이 작품은 '그럴듯한 스토리'를 구성하는 데 노력을 들이기보다 '전혀 예상하지 못한 충격'을 줌으로써 사람들의 집중을 끌어내는 데 중점을 두었다.

더욱 흥미로운 것은 이 드라마에 대한 시청자 반응이다. 시청자 토크 게시판에는 매회 드라마가 끝날 때마다 드라마 시청 직후의 '날 것 그대로의' 생생한 반응이 올라온다. 여기에서 시청자들은 자신의 예상이 맞으면 맞은 대로 뿌듯함을 느끼며 즐김을 다른 시청자들과 공유하고 싶어 하고, 자신의 예상이 빗나갈 경우 '그렇다면 스토리의 전체 그림은 어떻게 이어지는 것일까'를 궁금해하며 나름의 스토리를 만들어 간다. 이미 방송된 드라마의 내용을 일단 '주어진 것'으로 받아들인 다음, 이렇게 주어진 자료들을 바탕으로 이음이 매끄러운 스토리가 되려면 다음 스토리는 이러이러하게 될 수밖에 없다고 추론하며 끊임없이 '잘 이어지는' 이야기로 만들고 싶어 한다.

개연성이 부족함에도 불구하고 〈펜트하우스〉가 화제성을 독점하게 된 이유는 (때로는 충격을 줄 정도로) 자극적인 부분을 많이 포함시켜 시청자의 집중과 몰입을 유도하고, 미해결된 문제를 최대한 남겨 둠으로써 시청자의 '궁금증'을 시즌 2, 시즌 3까지 유지시키려는 작가와 제작진의 의도가 먹혀들었기 때문이다. 5장에서 언급했던 픽션 수용 시의 '궁금증' 유발, 아직 해결되지 않은 사건을 해결된 사건보다 더 잘 기억하는 '자이가르닉 효과,' 그리고 부족한 부분을 스스로 채워 가며 완성된 스토리를 구성하고 싶어 하는 심리 등이 어우러져 '그다음 이야기'를 기다리게 만든 것이다.

물론 모든 드라마가 '권선징악'으로 끝나야 한다거나 '해피엔딩'이 되어야 하는 것은 아니지만, 시청자의 뇌와 감정의 건강 측면에서 고려해 본다면 카타르시스를 위해 감내했던 서스펜스를 장기간 지속함으로써 스트레스를 가중시키기보다는 후련한 카타르시스를 제공하는 시점이 필요하다. 긴 호흡의 드라마에서는 맨 끝은 물론이려니와 중간중간에도 카타르시스를 적절히 배치해야만 시청자가 지치지 않고 감정의 등락을 즐길 수 있다.

3) 설득 저항과 뇌의 변화

미디어의 사용이 긍정적 또는 부정적 영향을 주는 중간 과정에서 뇌의 작용이 개입한다. 어떤 내용을 보고 설득이 되거나 설득에 저항하는 과정이 발생할 때도 어김없이 뇌의 활동에 흔적이 나타난다. 한 실험 사례를 살펴보자. 대마초 흡연을 감소시키기 위한 설득 메시지를 담은 영상을 두 개의 조건, 즉 고위험 조건(감정적 각성, 극적인 영향, 새로움이 강한 조건)과 저위험 조건으로 나누어 제시했을 때, 참가자들은 그림 8-3과 같은 뇌 활동의 차이를 보였다. 고위험 조건의 참가자들에게서 더 넓은 영역의 뇌 활동이 관찰되었다.

이러한 뇌 활동의 차이는 이들이 설득 메시지에 대해 반박하는 정도에도 영향을 준다. 설득 메시지를 반박하는 방향으로 뇌가 작동하면 설득 메시지가 권하는 쪽으로의 행동 변화가 잘 일어나지 않는 경향을 보인다(Weber et al., 2015). 그런 연유로 고위험 조건의 참가자들은 광범위한 뇌의 작용을 동원하여 설득 메시지에 저항하며

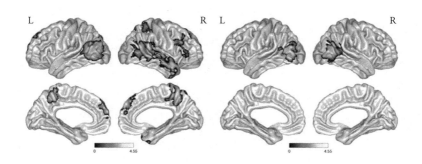

그림 8-3 고위험 조건(왼쪽 그림)과 저위험 조건(오른쪽 그림)의 메시지에 대한
뇌의 반응 차이

출처: Weber et al., 2015: 21; Xia, Wang, & He, 2013.

흡연을 감소시키지 않으려는 행동을 지속할 가능성이 커진다. 이러한 연구 결과는 뇌 작용을 포함한 생리적 측정치가 설득 메시지나 영상과 같은 미디어 콘텐츠를 보고 우리가 어떻게 반응할 것인지를 어느 정도 예측할 수 있음을 시사한다.

마크 캐리어Mark Carrier(2018)는 미디어가 발전함에 따라 미디어 이용이 '잠자는 시간'을 대체함으로써 건강에 악영향을 준다는 사실도 지적하였다. 물론 우리 신체와 감각 기관의 확장인 미디어의 발전을 통해 개개인의 건강 상태를 추적하는 앱의 설치 등으로 건강을 잘 관리할 수 있는 긍정적 영향이 있을 수 있다. 하지만 휴대폰을 보기만해도 우리의 주의 집중이 분산되며 생각할 시간을 빼앗기게 된다든지, '항상 소지하며 확인해야 하는' 미디어 이용의 습관화, 자동화, 둔감화로 인해 우리가 인식하지 못하는 사이에 우리의 사고 능력과 정신 건강을 위한 뇌의 작용이 방해받을 수 있다는 점은 중요하다.

2. 중독으로 인한 뇌의 변화

1) 중독과 뇌

약물 중독을 포함한 일반적인 중독 현상은 인간의 뇌와 밀접한 관련이 있다. 특히 복측 피개영역ventral tegmental area에서 분비되는 도파민은 학습, 보상, 중독과 깊이 관련되어 있어 '의지력' 및 '창의성'에 중요한 신경전달물질이다. 도파민과 유사하면서도 조금씩 다른 기능을 하는 신경전달물질로는 노르에피네프린과 세로토닌이 있다. 세로토닌은 뇌의 전반적인 '각성 수준'과 관련되어 있고 '설렘'의 느낌을 가져오며, 노르에피네프린은 자극에 '주의 집중'을 하게 만든다.

뇌 안에서의 위치로 보면, 뇌간, 변연계, 전두엽을 연결하는 '내측전뇌다발medial forebrain bundle'이 중독이나 쾌감과 관련된 기능의 핵심 부위다(박문호, 2017: 257). 이 부위는 "감정과 정서 반응, 중독, 주의력, 창의성"에 모두 관련이 있다(p.258). 사실 우리가 어떤 자극에 주의를 기울여 생리적으로 각성 상태가 되지 않으면 쾌감을 느끼기도 어렵기 때문에, 이 부위가 서로 밀접한 관련을 지니면서 작동하는 것이다.

TV, 유튜브, 넷플릭스 등을 통해 영화나 드라마와 같은 콘텐츠에서 긴장, 공포, 서스펜스 등 강한 감정을 경험하는 경우가 많다. 이렇게 감정을 느끼는 과정에서 당연히 뇌는 활발히 작동하며, 때로는 현실과 미디어 콘텐츠를 혼동하기도 한다. 미디어 콘텐츠로 인해 발생한 분노가 가라앉지 않은 상태에서 현실로 돌아왔을 때, 그 분노가 현실의 상황에서 폭발할 가능성도 있다(Carrier, 2018: 28). 각성 수준arousal은 우리 뇌파, 즉 우리가 어떤 자극을 보거나 상황에 반응할 때 뇌의 처리 과정을 보여 주는 '사건 관련 전위(event-related potential: ERP)' P300에 나타난다. 이러한 생리적 측정치는 특히 '놀람' 정서와도 관련이 깊다. 만약 뇌가 몸의 반응을 옳게 해석한다면 분노 감정이 영화의 내용에서 촉발되었다고 해석할 것이다. 그런 경우 영화 속 총소리에 놀라 영화관을 뛰쳐나오는 행동을 하지 않을 것이다. 그러나 이것이 잘못 해석되거나 여전히 감정은 남아 있는 상태에서 현실 속 상황으로 돌아온다면, 흥분 전이excitation transfer 효과로 인해(Zillman, 1971 참조) 영화가 촉발한 분노와 공격성이 현실 속에서 표출될 가능성이 있다.

요즘처럼 가상 현실Virtual Reality 기술이 게임을 비롯한 미디어 콘텐츠에 많이 활용되는 상황에서는 우리 뇌가 가상과 현실을 혼동할 가능성이 더욱 커질 수 있다. 잘 적응하는 메커니즘을 타고난 인간은 무엇인가 반복하다 보면 이것이 습관화되고, 그러면 뇌에서 알아채는 새로움이 사라져 둔감화가 발생한다. 만약 우리가 가상 현실 기술에 도취되어 이것이 습관화되고 이에 둔감해진다면, 우리는 자신이 보는 현실이 가상인지 실제인지 혼동할 수 있게 되는 것이다.

캐리어(Carrier, 2018)는 특히 공격적인 가상 현실 게임에 중독된 상태에서 프레즌스, 즉 실제로 우리 눈앞에 존재하지 않는 것을 마치 존재하는 것처럼 우리 뇌가 지각하고 공격적으로 반응하는 것을 가장 염려한다(p.37~38). 이와 관련된 연구들은 인지 효과보다는 조금 약한 감정 효과를 보인다. 하지만 동기와 관련된 '자기결정성self-determination' 이론에 따르면 만약 우월감을 성취하기 위해 게임을 시작했는데 이 게임이 지나치게 어려워 자기 목적을 달성하기 힘들다고 생각되면 또 다른 게임을 찾아 나서는 등의 행동을 통해 공격적이지 않은 게임도 공격성과 관련된 감정을 일으킬 수 있다.

우리가 미디어에 중독되거나 게임에 중독되는 것은 1차적으로 쾌감이나 즐거움을 주기 때문이다. 이 쾌감이나 즐거움은 뇌로 느낀다. 미디어 자극을 포함하여 우리에게 쾌감과 즐거움을 주는 자극은 중간 정도일 때 최적의 긍정 감정을 느끼게 한다. 반면 지나친 쾌락은 우리를 중독의 늪에서 헤어나지 못하게 함으로써 궁극적으로 몸과 마음을 망가뜨릴 수 있다는 점에 유의해야 한다. 과유불급過猶不及이란 말이 시사하듯 지나친 것은 미치지 못한 것과 마찬가지이며, 오히려 그보다 더 좋지 않은 결과를 가져올 수도 있다.

2) 게임 중독과 뇌

게임은 미디어 중독 영역에서 특히 많이 연구되어 온 분야 중 하나다. 특히 게임 중독에 빠진 청소년의 뇌는 마치 마약 중독에 빠진 것과 유사하게 변했다는 시몬 쿤Simone Kühn의 2011년 연구 결과는 충격적이다(이영완, 2012 참조). 이 연구팀은 벨기에, 영국, 독일, 프랑스, 아일랜드의 14세 청소년 154명의 뇌를 연구 대상으로 하여, 일주일에 9시간 이상 게임을 한 청소년의 뇌에서 쾌락 및 보상 중추에 해당하는 부분이 확대되어 있는 것을 발견하였다. 한국에서도 분당서울대병원 핵의학과 김상은 교수의 2009년 연구에서 게임 중독자의 뇌가 코카인 중독자와 유사한 부위(안와전두피질orbitofrontal cortex)의 손상을 보인다는 사실이 발견되었다. 중독으로 인한 뇌 손상이 있는 경우 합리적 의사 결정을 내리지 못하며, 미래를 생각하지 못해 눈앞의 쾌락만 좇게 되는 단점을 지닌다.

이처럼 중독에 빠지면 우리 몸의 가장 중요한 부분이라 할 수 있는 뇌의 손상이 함께 발생하기 때문에, 건강한 삶을 위해 중독에 빠지지 않도록 관리하는 일이 무엇보다 시급하다. 게임 중독뿐만 아니라 소셜 네트워킹 서비스 중독을 포함한 미디어 중독의 예방 및 치유를 위한 대책도 더 이상 심각한 상태가 되기 전에 마련해야 한다.

폭력적인 비디오 게임을 하는 것이 공격성과 관련 있음은 물론이려니와, 인터넷 중독이 분노라는 정서와 관련이 있다는 사실도 연구들을 통해 밝혀져 왔다(Carrier, 2018: 221). 특히 온라인에서는 분노와 혐오 표현이 국가를 불문하고 팽배해 있다. 미국에서는 히스패닉과 무슬림에 대한 혐오, 인도에서는 파키스탄에 대한 혐오 등, 오프라인에서보다 더 거리낌 없이 분노와 혐오의 감정을 표출해 내는 경향이 있다.

　분노를 표출하는 것은 평소에 억제하던 것을 풀어 버리는 효과, 즉 탈억제로 인한 카타르시스 효과로 적대감에 기인한 긴장 상태를 어느 정도 해소하는 효과를 주기도 하지만, 일종의 '독성 탈억제toxic disinhibition' 효과로 인해 상황이 악화되기도 한다. 어떤 대상을 혐오할수록 그 감정이 독성을 지니는 형태로 더 심화되는 것이다. 인터넷에 중독되면 스스로 탐닉하던 콘텐츠를 지속적으로 더욱 더 탐닉하게 되어, 일종의 자기 설득self-persuasion 효과까지 더해지면서 기존에 지니고 있던 태도나 혐오 감정이 더욱 강해지는 경향이 있다.

　인터넷은 '강화된 상호작용intensified interplay의 원리'를 따른다 (Shedletsky & Aitken, 2004; 나은영, 2010: 333~334). 평소에 선한 연결을 추구하던 사람들은 인터넷의 등장으로 그 선한 연결을 더욱 강화시키는 경향이 있고, 평소에 고립을 선호하던 사람들은 인터넷의 등장으로 인해 고립이 더욱 심화되는 경향이 있다. 마찬가지로, 평소에 긍정 감정을 잘 보이던 사람들은 인터넷을 통해 그 긍정 감정을 더욱 기하급수적으로 확산시키는 경향이 있고, 평소에 부정 감정을 잘 보이던 사람들은 인터넷을 통해 그 부정 감정을 더욱 기하급수적으로 확산시키는 경향이 있다. 인터넷은 전자의 경우 우리 뇌를 긍정 나선의 방향으로 활성화시키며, 후자의 경우 부정 나선의 방향으로 활성화시키게 된다. 즉 한 번 긍정적인 방향으로 회로가 작동하기 시작하면 우리 뇌와 인터넷은 이 방향의 작동을 더욱 확대시키는 경향이 있고, 한 번 부정적인 방향으로 회로가 작동하기 시작하면 우리 뇌와 인터넷은 그 방향의 작동을 더욱 확대시키는 경향이 있다.

3) 게임의 긍정적 효과

지금까지는 게임의 경우 중독의 염려로 인해 부정적 효과가 더 많이 논의되어 왔으나, 간혹 긍정적 영향을 언급하기도 한다. 예를 들어 포켓몬고와 같이 신체적 활동을 증가시킴으로써 긍정적 효과를 보인다는 보고도 있고(Silver, 2016; 최윤성, 2020), 뉴로레이서neuroracer 게임이 고연령층의 인지 능력과 주의력 향상에 도움을 준다는 연구도 있다(Anguera et al., 2013).

뉴로레이서는 한 손으로는 운전을 하면서 다른 손으로는 화면 가운데 무선적으로 튀어나오는 신호를 인식해야 한다. 따라서 멀티태스킹을 잘하는 사람이 높은 점수를 올릴 수 있는 게임으로서, 훈련을 할수록 인지 능력이 더 개선되었다. 특히 이러한 인지 능력 향상 결과는 6개월 후에도 유지되어 뇌의 전두엽피질 활성 정도 측정에서도 관찰되었다고 한다.

미디어를 활용한 게임 자체가 중요한 것이 아니라 그 게임을 통해 우리 신체와 뇌의 어떤 부분의 기능을 활성화시키는지가 중요하다. 좋은 콘텐츠를 골라 '적절한' 정도로 활용한다면 우리 몸과 뇌에 활력을 줄 수도 있을 것이다.

3. 미디어 중독과 뇌

1) 미디어 이용 습관과 중독

게임 이외에도 SNS 중독을 포함한 미디어 중독 문제는 최근 들어 점점 더 중요해지고 있다. 이는 미디어 이용 습관과 밀접한 관련이 있다. 하루 24시간을 배분할 때, 어떤 미디어로 무엇을 하는 데 어느 정도씩의 시간을 배분할 것인가? 미디어 이용 습관은 이용 시간과 함께 고려해야 한다.

레비틴(2014/2015)은 미루기 습관이 뇌의 작용 및 중독과 관련된다고 보았다. 사람들은 대체로 보상을 받는 데 오래 걸리는 일들을 뒤로 미루는 경향이 있다. 예를 들면, 대체로 공부해서 시험 결과를 좋게 받으려면 보상을 받는 데 시간이 오래 걸리고, 게임을 하여 승자의 쾌감을 맛보는 데는 시간이 짧게 걸리기 때문에, 공부하는 것보다 게임하는 것을 택할 확률이 높아지는 것이다.

이에 더하여, 사람은 실망에 대한 내성이 낮다. 그래서 실망하지 않으려고 어려운 일은 뒤로 미루고 쉬운 활동을 먼저 하는 경향이 있다(Steel, 2007). 이처럼 실망에 대해 낮은 내성을 지닌 심리적 과정도 뇌의 신경학적 작용과 관련이 있다. 전전두엽피질의 도파민은 집중력을 증가시켜 과제를 계속하게 만들지만, 이 도파민이 변연계에서는 "뇌의 자체적인 엔도르핀[8]과 함께" 작용해 쾌락을 느끼게 해 준다. 이 두 가지가 서로 경쟁하는 과정에서, 보상이 신속하게 주어지며 주의가 산만하지 않을수록 해당 과제를 미루지 않고 바로 시행하는 경향이 있다. 또한 자신감이 높고 과제의 가치가 높을수록 이러한 경향이 강해져 미루기를 덜한다. 레비틴(2015)은 여기에 "과제 완수에 따른 긍정적인 피드백을 받기까지 기다려야 하는 시간의 양"까지 포함시켜, 피어스 스틸Piers Steel과 코르넬리우스 쾨니히Cornelius König(2006)의 공식을 변형해 다음과 같은 공식을 만들었다.

---

8   뇌에서 자연적으로 만들어지며 모르핀과 같은 진통 효과가 있는 물질이다.

$$\text{미루기} = \frac{\text{과제 완수 시간} \times \text{주의 산만} \times \text{지연}}{\text{자신감} \times \text{과제의 가치}}$$

　위의 공식을 요즈음 스마트폰과 같은 디지털 기기를 활용하는 사람들의 심리에 적용해 보자. 최신 기기 활용에 자신감이 있고 그 것을 활용한 활동이 가치가 있다고 생각할수록, 그리고 짧은 시간에 집중해 그 과제를 완수할 수 있으며 그 결과로 얻을 수 있는 보상도 빨리 주어진다고 판단된다면, SNS든 검색이든 바로 스마트폰을 집어 들고 머리에 떠오른 과제, 또는 우리의 '즉각적인 관심을 요구'하는 메시지에 답변을 수행할 것이다.

　아주 어린 시절부터 미디어와의 상호작용을 사람과의 상호작용보다 더 빈번하게 접한 어린이의 경우, 미래 뇌는 어떻게 달라질까? 현재의 미디어 이용 양식이 더욱 진화된 형태로 지속되어 간다면, 사람들은 화면상의 즉각적인 보상에 익숙해지면서 다른 사람들과의 면 대 면 접촉과 사회적 상호작용은 점점 더 줄어들 것이다. 이로 인해 점차 새로운 유형의 뇌 구조를 지닌 신인류가 탄생하게 될지도 모른다는 우려를 완전히 배제할 수는 없다.

2) SNS 중독과 뇌

SNS는 이미 인간 삶의 필수 요소로 자리 잡았다. 새로이 주도권을 쥐게 된 미디어의 양식은 사람들의 삶의 양식에도 큰 영향을 줄 수밖에 없다. 물리적 경계를 넘어 모두와 무선으로 실시간 연결되어 있는 SNS의 가장 큰 특성 중 하나는 SNS로 전달되는 대부분의 메시지가 우리의 '즉각적인 관심'을 요구한다는 것이다. 수많은 정보 속에서 우리의 관심과 주목을 끄는 정보가 경제의 주축이 된다고 보는 '관심 경제' 또는 '주목 경제'의 관점에서(Goldhaber, 1997; 나은영·나은경, 2019 참조), '즉각적인'이라는 부분이 또 하나의 핵심을 차지한다. A와 B가 모두 우리의 관심을 끌더라도, A가 B보다 더 '즉각적인' 관심을 끈다면 인터넷 세상에서 A가 승리할 가능성이 더 높아지기 때문이다.

그런데 심리학적으로 '즉각적인 보상'은 '중독'에 매우 핵심적인 작용을 한다. 일단 누군가가 보낸 SNS 메시지는 우리의 즉각적인 관심을 요구하며, 여기에 바로 답변하지 않으면 보낸 사람을 존중하지 않는 듯 여기는 사회적 기대가 작용한다. 뇌과학적 용어로 서술하면 새 메시지를 받을 때 "새로움 중추"가 활성화되어 여기에 즉각 답변을 하면 "과제를 완수했다는 보람"을 느끼게 된다(Levitin, 2014/2015: 161). 이때 도파민이 분출되면서 이 기분을 계속 더 느끼고 싶어 하는 것이다.

도파민은 '쾌락 중추'라고 부르는 신경핵(뇌 속 변연계의 구조물)에서 조절되는 신경전달물질로, 약물 중독자가 약물을 흡입했을 때나 도박 중독자가 도박에서 이겼을 때 이 도파민이 작동한다. 쥐에게 레버로 이 중추를 자극할 기회를 주면 배고픔도 잊은 채 계속 자극하다가 기아와 탈진으로 죽게 된다(Olds & Milner, 1954). 사람도 이와 크게 다르지 않다. 중국에서 한 30대 남성이 3일간 비디오 게임을 계속하다가 사망한 사건이 있었고, 한국에서도 50시간 연속 비디오 게임을 하다가 심장마비 후 게임을 멈춘 사례가 있었다(Associated Press, 2007; Demick, 2005). 우리 뇌가 무엇인가 성취했다고 알려 주는 보상 호르몬은 이처럼 즉각적인 보상을 얻는 게임이나 약물 상황에서 더욱 강력하게 작동한다.

전두엽에서 도파민성 뉴런이 지나치게 성장하면 자폐증이 된다는 연구 결과도 있다(Courchesne et al., 2011). 자폐증의 증상 중에는 반복 행동 및 사회생활 부적응 등이 있다. 도파민성 뉴런이 지나치게 적은 경우에는 파킨슨씨병 또는 주의력결핍과잉행동장애 증상이 나타나 생각이 파편화되며 계획성에 지장을 받는다. 무엇이든 '적절한' 정도가 가장 바람직하다는 데는 변함이 없다. 문제는 이렇게 중독을 일으키는 과정이 우리가 미디어를 이용할 때도 나타난다는 사실이다. 늘 우리 옆에서 우리의 '즉각적인 관심'을 요구하며 우리를 지키고 있는 휴대폰과 SNS는 우리 뇌의 보상 중추를 교묘하게 지속적으로 자극해 계속 빠져들게 만들고 있는 것이다.

그렇다면 어떻게 이러한 중독의 굴레에서 빠져나올 수 있을까? 흥미롭게도 중독이 되지 않기 위해서는 뇌를 지속적, 즉각적 보상에서 잠시 멈출 수 있게 만들어야 한다. 코브(Korb, 2015/2018)에 따르면, 우리 뇌는 선조체의 활동 때문에 이미 익숙해져 있는 회로대로 계속 작동하려는 경향이 있어, 이 회로가 바람직하지 않은 경우(예컨대 계속 우울한 생각에 빠져 우울증을 강화시키는 행동만을 지속하려 할 경우), 뇌의 전전두피질이 여기에 주의를 기울여 선조체의 활동을 이길 수 있도록 해야 한다. 이를 위해서는 우리의 의지력을 유지할 수 있게 하는 전전두피질이 주의를 기울이는 활동을 잘해 낼 수 있도록 충분한 세로토닌이 있어야 한다.

세로토닌 생성에 유리한 활동은 햇볕 쬐기, 마사지, 운동하기, 행복한 기억 되새기기 등이다(Korb, 2015/2018: 209~211). 자기감정을 의식적으로 먼저 잘 알아차리려 노력하면 뇌의 복외측 전전두피질의 활동이 증가한다. 이것이 내측 전전두피질을 통해 전달되어 편도체의 반응성을 낮춤으로써, 생산적인 일을 하기 시작하여 도파민이 분비되게 하는 데 유리해진다. 하강 나선으로 치닫고 있던 중독적 습관을 일단 이렇게 상승 나선으로 바꾸는 시동을 걸면, 점진적으로 뇌가 좋은 습관 쪽으로 변화할 수 있다는 것이다.

레비틴(2015)은 정보 과부하 속에서 현명한 뇌의 정리법을 알려준다. 그는 '생산성 시간'을 설정하여 그 시간에는 이메일이나 휴대폰 등을 모두 꺼두는 방법도 추천한다. 이렇게 하면 신경화학적, 신경전기적으로 뇌를 진정시켜 주는 작용을 하여 중독의 위험을 감소시킬 수 있다는 것이다. 만약 업무상 꼭 바로 받아야 할 메시지의 대상이 있다면 그 대상만 필터 기능에서 제외하는 방법으로라도 휴대폰과 뇌의 보상 중추 연결이 잠시 차단될 수 있는 기간을 확보하는 것이 좋다고 제언한다.

3) 미디어의 긍정 효과와 뇌의 건강

우리가 환경 속에서나 미디어를 통해서 어떤 자극을 접할 때, 우리의 정서적 반응은 우리가 생각하는 것보다 훨씬 더 빨리 일어난다. 우리가 인식하지 못하는 사이에 발생하는 경우도 많다. 우리가 우리의 정신 건강과 신체 건강을 위해 주의를 기울여야 할 점은 바로 이 부분이다. 어떻게 하면 우리가 우리 주변의 환경과 상호작용하면서, 그리고 미디어를 통해 다양한 콘텐츠를 접하면서 뇌의 건강에도 긍정적인 영향을 줄 수 있을까?

우리 뇌에서 발생하는 감각, 지각 및 인지적 처리 경로가 외현적인 반응으로 이어질 때도 다양한 방향으로 발현될 수 있다. 우선 이해하기 쉽도록 크게 긍정적인 방향과 부정적인 방향으로 나누어 외현적 반응의 발현 양식을 생각해 보자. 만약 우리가 똑같은 자극을 보았는데 그것이 '나에게 해를 입힐 만한 것'으로 보였다면 부정적 방향의 처리가 촉발되어 뇌의 하강 나선, 즉 모든 것을 어둡고 우울하게 보는 메커니즘이 작동하기 시작할 것이다(Korb, 2015/2018). 반대로, 동일한 자극이 '나에게 도움을 줄 만한 것' 또는 최소한 '해가 되지는 않는 것'으로 보였다면 긍정적 방향의 처리가 촉발되어 뇌의 상승 나선, 즉 무엇인가 밝고 생산적인 활동을 하는 메커니즘이 작동하기 시작할 것이다.

복잡한 뇌의 작용을 단순한 긍정–부정의 이분법이나 몇 가지의 유형화로 설명할 수는 없다. 하지만 결국 우리가 타인과 미디어 콘텐츠를 포함한 주변 환경 속에서 뇌를 통해 무엇을 볼 것인지, 본 것을 어떻게 처리할 것인지에 따라 우리가 느끼는 감정은 달라질 수 있고, 이로 인해 이후의 대응과 행동도 달라질 수 있다는 점은 충분히 이해할 수 있다. 우리 마음을 긍정 정서의 상승 나선으로 이끌 것인지 그 반대인지에 대한 결정의 일부는 최소한 우리 자신에게 달려 있다.

과연 어떤 미디어가 또는 미디어의 내용이 사람에게 긍정 효과를 줄 수 있을까? 미디어의 큰 장점 중 하나는 서로 멀리 떨어져 있는 사람들 사이의 심리적 거리를 줄여 사회적 교류가 가능한 소통 공간을 만들어 낸다는 점이다(나은영, 2015). 특히 공간의 자유로운 이동에 어려움을 겪는 장애인에게 미디어가 구세주처럼 작용할 수 있다.

시각장애인의 스마트폰 이용이 사회자본과 정서적 웰빙에 긍정적 영향을 준다는 연구가 있다. 김재윤 등(2013)의 연구에 따르면, 특히 시각장애인이 스마트폰을 이용하는 시간보다 스마트폰으로 대화하는 사람의 수가 결속형 사회자본과 연결형 사회자본에 더 큰 영향을 준다. 그 의미는 스마트폰으로 많은 사람들과 대화할수록 자신을 지지해 줄 사람들을 소속 범주 안(결속형)과 밖(연결형)에 많이 지니고 있다는 뜻이다. 더 나아가 이렇게 스마트폰으로 연결된 장애인의 사회자본은 궁극적으로 이들의 고독감을 감소시키고 행복감을 증가시킴으로써 전반적으로 긍정적인 영향을 발휘한다. 스마트폰의 부정적 효과가 없지는 않지만 이처럼 긍정적인 효과를 발휘한다는 것은 우리가 미디어를 어떻게 사용하는지에 따라 우리 자신과 사회에 충분히 좋은 영향을 줄 수 있음을 시사한다.

특히 코로나19와 같이 사람들 간 접촉을 최소화해야 하는 팬데믹 상황에서, 만약 온라인 회의 시스템과 같은 미디어가 충분히 발전해 있지 않았다면 교육과 학술적, 예술적 교류 등이 훨씬 더 어려웠을 것이다. 대면 상황에 비해서는 많은 점이 아쉬웠지만 그래도 발전된 미디어가 전 세계적 위기 상황에서 긍정적으로 이용되어 바이러스가 인간과 사회에 미치는 악영향을 완화시키는 데 '조금은' 기여하였다.

미디어는 또한 많은 사람들을 신속하게 연결해 주는 기능을 하므로, 좋은 사람들이 선한 힘을 모을 때 큰 영향력을 발휘한다. 예컨대, A가 기여할 수 있는 재능과 B가 기여할 수 있는 재능을 합해 멋진 공연을 만들어 중증 장애인이나 소외된 계층에 즐거움을 나누어 줄 수 있다. 이는 우리가 서로 다르게 가지고 있는 재능들을 보완하여 완전한 파이로 만든 다음 타인을 위해 기부하는 선한 영향력의 실천을 보여 주는 것으로, 우리 사회 전체가 따뜻해지는 데 미디어가 긍정적 영향을 발휘하는 좋은 사례가 될 수 있을 것이다.

미디어 콘텐츠가 주는 서스펜스와 카타르시스도 때로는 (그 정도나 기간이 지나치지 않다면) 긍정 효과를 줄 수 있다. 그러나 모든 미디어 콘텐츠가 서스펜스와 카타르시스를 유발하며 짜릿한 신남을 주는 것은 아니다. 어떤 콘텐츠는 우리의 마음을 차분히 가라앉혀 주며 평온함을 선사한다. 신남과 평온함, 이 두 가지는 '각성' 수준이 다를 뿐, 둘 모두 긍정적으로 볼 수 있다.

　미디어 자극의 경우, 다른 자극과 달리 이용자가 스스로 선택해서 접하게 될 때도 있고 우리 의도와 무관하게 저절로 노출될 때도 있다. 전자의 경우, 자신의 상태가 어떠한지에 따라 만약 우울하거나 슬픈 상태라면 좀 더 긍정적이면서 각성 수준을 높일 수 있는 콘텐츠를 찾아 즐기며 위로받으려 할 것이고, 화난 상태라면 화를 가라앉히면서 기분 전환을 시도할 수 있는 콘텐츠를 찾아보려 할 것이다(나은영, 2010 참조). 그러면 미디어 콘텐츠로 인한 우리 뇌와 마음의 변화로 정서가 제자리를 찾아 일상의 적응적 행동을 이어가는 데 도움이 될 것이다.

　똑같은 미디어를 어떻게 이용하느냐에 따라 인류 전체가 점점 더 공감 능력 떨어지는 이기적 존재로 몰락할 수도 있고, 반대로 인간이 원래 가지고 있던 공감 능력을 더욱 발전시켜 가며 스스로의 마음의 평화도 잘 지켜 가면서 유토피아에 근접해 갈 수도 있을 것이다. 미디어라는 기계 자체는 중립적이지만, 그것을 긍정적으로 활용하느냐 부정적으로 활용하느냐 하는 것은 전적으로 우리 인간의 선택에 달려 있다.

　그렇다면 미디어, 뇌, 마음의 관계는 어떻게 정리해 볼 수 있을까? 이제 그 관계를 좀 더 체계적인 틀로 이론화해 보려 한다.

9장

미디어, 뇌, 심리의 상호 관계

1. 미디어, 뇌, 마음의 관계

1) 긍정 미디어 심리학과 미디어의 행복 효과

셀리그먼과 칙센트미하이(Seligman & Csikszentmihalyi, 2000)를 중심으로 시작된 긍정 심리학은 사람 마음의 부정적 측면에 초점을 두고 연구해 오던 심리학의 관점을 긍정적인 방향으로 돌려놓는 데 크게 기여하였다. 마찬가지로, 최근에 떠오르기 시작한 '긍정 미디어 심리학'도 미디어가 사람에게 미치는 부정적 영향보다는 긍정적 영향에 초점을 두며 웰빙과의 연관성 속에서 활발히 연구한다(Raney et al., 2020).

긍정 미디어 심리학에서는 우리가 단지 쾌락을 추구하기 위한 쾌락 동기hedonic motivation로 인해 미디어 콘텐츠를 찾는 것이 아니라, 의미, 연결성, 안녕well-being을 추구하는 행복 동기가 매우 핵심

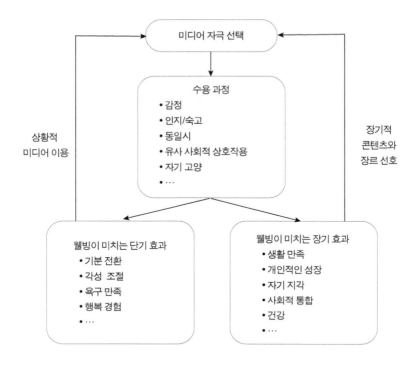

그림 9-1   미디어 사용과 웰빙 간 상호작용 모델

출처: Reinecke & Oliver, 2017: 10.

적임을 강조한다. 미디어의 긍정적 효과, 즉 미디어 효과로서의 행복 eudaimonia을 중요시하는 것이다. 이러한 두 가지의 경로 중 전자를 '반응적reactive,' 후자를 '반추적reflective' 경로로 명명하기도 한다(예를 들면 Lewis et al., 2014). 전자는 좀 더 즉각적인 반면 후자는 좀 더 숙고적, 해석적이다.

긍정 미디어 심리학의 일환으로 제안된 '미디어 사용과 웰빙 간 상호작용 모델'은 그림 9-1과 같이 표현된다(Reinecke & Oliver, 2017). 이 그림에서 미디어 자극 선택으로부터 수용 과정에 이르는 경로에 바로 뇌의 작용이 포함된다. 미디어 자극을 선택한 후 감정, 인지/숙고, 동일시, 유사 사회적 상호작용 및 자기 고양 등의 수용 과정을 거친다. 이를 통해 단기적으로는 기분 전환, 각성 조절, 욕구 만족, 행복 경험 등을 이룸으로써 안녕감을 얻을 수 있고, 장기적으로는 생활 만족, 개인적 성장, 자기 지각, 사회적 통합 및 건강에 긍정적 영향을 줌으로써 우리 삶이 이 웰빙의 방향으로 전개되어 가는 데 도움이 된다고 본다.

여기서 주의할 점은 그림 9-1에서와 같은 선순환 고리를 반복하는 것은 바람직하지만, 자칫 잘못하면 부정적인 방향으로 이와 유사한 고리가 반복될 수 있다는 것이다. 미디어 자극을 잘못 선택하거나, 또는 자기 선택과 무관하게 잘못 노출되면, 그로 인해 수용 과정에서도 뇌에 좋지 않은 영향을 준다. 이로 인해 단기, 장기 효과가 모두 웰빙과 반대되는 효과를 가져올 수도 있다. 뇌는 한 번 반복을 시작하면 지속하려는 경향이 있으므로, 미디어 이용 습관도 바람직한 방향으로 형성되도록 어릴 때부터 교육과 노력을 병행해야 한다.

미디어에서 감동적 콘텐츠를 접하면 인간애와 함께 우리는 연결되어 있다는 느낌을 갖는다(Raney et al., 2020). 이러한 미디어 경험의 구성 요소 중 감정적인 요소에는 공감, 고양, 희망, 경외심 등이 있으며, 인지적 요소들에는 의미 추구, 인지적 감정 조절, 인지적 도전, 정교화와 관여 등이 있다. 한마디로 우리가 감동적 미디어 콘텐츠를 접하면 우리 인생을 돌아보면서 뭔가 마음 찡한 울림을 느끼며 생각을 하게 만들고 우리 삶의 의미를 찾게 해 주는 효과가 있음을 뜻한다.

예를 들어, 영화 〈두 교황 *The Two Popes*〉(2019)은 서로 의견이 전혀 다른 두 교황이 이야기를 나누며 친구가 되어 가면서 사회 속 난제를 풀어갈 수 있는 지혜를 암시해 준다. 예를 들면 "영광의 길도 실수에서 시작될 수 있다," "변화는 타협이다," "뒤돌아보면 명확하지만 당시에는 누구나 헤맨다," "장벽보다 다리가 필요하다" 등과 같은 대사들은 이 영화 속 상황에만 해당하는 것이 아니라 관객 각자의 경험에서 비슷한 사건들을 떠올리며 통찰을 얻을 수 있다.

미디어는 또한 친사회적 행동을 유발함으로써 행복감과 의미를 증진시키기도 한다. 행복 지향 미디어 경험의 감정적 요소에 해당하는 고양된 느낌, 희망, 경외심, 공감 등은 모두 친사회적 동기와 행동을 증가시키는 방향으로 작용한다(Pohling & Diessner, 2016; Stellar et al., 2017). 영감을 주는 유튜브(Clayton et al., 2018)를 보거나 감동적인 영화를 관람(Oliver et al., 2012)하는 것도 다른 사람들에게 선행을 베풀거나 무엇인가를 공유하고자 하는 동기를 증가시키는 경향이 있다.

이처럼 좋은 내용의 미디어는 사람의 마음을 움직임으로써 긍정적 감정에 영향을 주어 웰빙을 증가시킬 수 있다. 뿐만 아니라 이것을 바버라 프레드릭슨(Fredrickson, 2004)은 '확장과 구축 이론 broaden-and-build theory'이라 명명하면서, 긍정적인 감정이 개인의 생각-행동 레퍼토리를 확장시켜 웰빙을 증가시킬 수 있는 기술과 자원을 구축하는 데 도움이 된다고 보았다.

긍정 정서를 느끼는 사람이 더 창의적이며 건설적인 결과물을 내놓는 경향이 있다는 사실도 위 연구들에서 밝혀졌다. 성공하면 행복할 것이고 그러면 감사하겠다는 마음보다는, 감사할 줄 알면 행복하고 행복을 잘 느끼면 성공할 확률도 높아진다는 말이 더 진리에 가깝다.

2) 미디어, 뇌, 마음의 관계 모델: 복층 처리

미디어를 통해 사람에게 입력되는 자극은 외부 자극이다. 이 외부 자극이 '사람'이라는 유기체 안으로 들어와 특히 뇌의 복잡한 처리 과정을 거친 후 다양한 반응으로 보여지게 된다. '외부 자극 ― 유기체 ― 반응'으로 이어지는 'S-O-R' 체계는 행동주의에 대한 대안으로 등장해 학문의 큰 패러다임으로 작용해 오다가, 최근에는 뇌와 컴퓨터의 작용을 비유적으로 연계하면서 유용한 개념으로 다시금 부활하여 진화하고 있다. 이러한 틀을 토대로 미디어 콘텐츠 처리와 관련하여 미디어, 뇌, 마음의 관계를 도식화한다면 그림 9-2와 같다.

그림 9-2에서 특히 주목해야 할 부분은 '뇌의 작용'이다. 어떤 미디어 자극이나 내용이 우리의 관심과 주목을 끌어 더 깊은 처리 과정으로 인도되면, 우리는 그때까지 자신이 경험해 왔던 내용을 바탕으로 형성된 기억에 비추어 이 사건들을 평가하고 해석하며 즐기

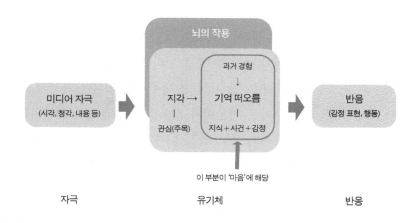

그림 9-2 미디어, 뇌, 마음의 관계에 관한 모형

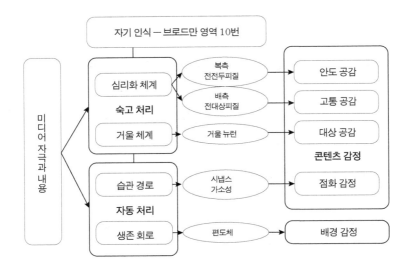

그림 9-3 미디어 자극과 내용이 뇌의 복층 처리를 거쳐 감정으로 경험되는 과정
　　　　 의 모형화

게 된다. 이 부분이 '마음'에 해당한다고 볼 수 있다. 이러한 마음의
과정을 거쳐 감정 표현이나 다양한 행동으로 그 반응이 표출된다.

　그림 9-2의 유기체 부분에 해당하는 내용을 좀 더 구체화하면
서 미디어와 관련된 뇌와 마음의 '복층 처리 모델'을 이 책에서 제안
하려 한다(그림 9-3 참조). 우선 가장 큰 범주로는 미디어 자극과 내
용 중 우리가 크게 주의를 기울이지 않아도 자동적으로 처리되는
'자동 처리' 부분과 우리의 숙고 과정을 거치는 '숙고 처리' 부분으
로 나누어 볼 수 있다. 모든 미디어 내용 처리가 숙고적인 것이 아니
며 자동적인 처리도 중요한 영향력을 행사할 수 있다.

　자동 처리와 숙고 처리를 각각 좀 더 세분화된 두 가지 층위로
구분할 수 있다. 자동 처리는 ① 생존 회로를 통한 배경 감정의 유발

과정과 ② 습관 경로를 통한 점화 감정의 유발 과정으로 나눌 수 있으며, 숙고 처리는 ③ 거울 체계를 통한 대상 공감 과정과 ④ 심리화 체계를 통한 고통 공감 및 안도 공감 과정으로 나눌 수 있다. 각 처리 과정에서 주로 활성화되는 뇌의 영역까지 포함하여 도식화하면 그림 9-3과 같다.

그림 9-3은 편의상 각 층위별로 병렬적 연결을 해 놓았지만, 실제로 뇌에서 미디어 정보들이 처리되는 과정은 서로 다른 뉴런들이 무수히 다양한 조합으로 협력하여 그다음 과정을 만들어 내는 협력적 네트워크의 모양새를 지닌다. 또한 이와 같은 뇌의 복층 처리는 아래에서 위로 항상 순차적 처리가 일어나는 것이 아니라, 미디어 자극이 주어지는 상황과 공간 및 내용의 중요성과 현저성 등에 따라 '동시적' 처리가 일어날 수도 있고 특정 처리 단계가 집중적으로 발생할 수도 있다. '자기 인식' 또는 '나'의 존재는 (때로는 의식적으로, 때로는 비의식적으로) 이 모든 과정에 영향을 준다고 할 수 있다. 자극이 입력되는 매 순간 우리 뇌의 뉴런들은 부지런히 서로 조합하여 기능함으로써 그때그때 다른 판단과 감정을 내놓게 되고, 이렇게 1차적으로 정리된 판단과 감정이 또 그다음 순간에는 새로운 경험으로 입력이 된다. 이제 각 층위에서 발생하는 감정을 하나하나 살펴보자.

생존 회로와 배경 감정

생존 회로는 특히 우리 존재가 유지되느냐 마느냐를 결정할 수 있는 큰 위협을 마주했을 때 작동한다. 생존 회로는 우리가 의식적으로 주의 집중을 하고 있지 않은 상황에서 어떤 위협이 갑작스럽게 느껴져 우리의 주의를 그쪽으로 돌리도록 만든다. 무엇인가 위협적인 자극이 우리의 주의를 끌어 감지된 이후 그 자극으로부터 스스로를 보호하기 위해 일련의 신경 과정을 활성화시키기도 한다. 평상시 우리의 '배경 감정'은 우리가 보통 때 특별히 주의를 기울이거나 의식하지 않아도 생리적으로 항상성을 잘 유지하는 상태라 할 수 있다. 이러한 항상성을 무너뜨리는 사건이 갑자기 발생하면 우리는 그 사건에 주의를 기울이며 경계하게 되는 것이다.

주변 환경에 대한 우리 몸과 뇌의 반응이 전반적인 배경 감정을 형성한다. 그러다가 환경 속에서 무언가 존재를 감지했을 때, 가장 먼저 우리는 그것이 자신에게 위협이 되는지에 거의 본능적으로 반응한다. 예를 들어, TV를 보는데 갑자기 큰소리가 나면서 3차원 이미지가 튀어나오는 것처럼 보이면 우리는 깜짝 놀라 마치 그 대상이 실제로 우리를 공격하는 것처럼 느껴 눈이나 얼굴을 가리고 몸을 움츠리는 방어적인 자세를 취할 수 있다. 실제로는 화면상의 변화임에도 불구하고 뇌는 초기에 마치 그것이 실제 상황인 것처럼 작동할 수 있는 것이다.

여기서 중요한 점은 이 과정이 매우 순간적, 즉각적으로 일어난다는 사실이다. 우리 생존에 중요하다고 생각되는 자극은 생각이 개입될 틈도 없이 거의 자동적으로 처리되어 반응까지 보인다. 이미 그러한 반응은 앞서 살펴본 르두(LeDoux, 2015/2017)의 생존 회로 작동처럼 본능적인 1차적 반응이기 때문이다.

미디어 내용을 즐기는 장면에서는 배경 감정이 미디어 내용과는 독립적으로 감지되는 우리 몸의 상태에 대한 느낌을 나타낸다. 같은 영화를 보더라도 안락한 소파에 편안하게 비스듬히 누운 자세로 보는 것과 딱딱한 나무 의자에 자세를 꼿꼿이 세운 채 보는 것은 우리 몸이 감지하는 배경 감정 측면에서 큰 차이를 보일 수 있다. 또한 사랑하는 사람과 함께 보는 상황과 외롭게 혼자 보는 상황에서 오는 배경 감정도 확연히 다를 수 있다. 이러한 차이는 생존을 위협할 정도의 차이는 아니라 할지라도 미디어를 즐기는 상황에서 우리가 느끼는 배경 감정에 영향을 주게 된다.

영화 속의 자극 중에서 느낄 수 있는 '감각sensation'과 '지각perception' 관련 사례를 들어 보자. 예를 들어 붉은색으로 가득 찬 영화 스크린을 본다면 '붉다'는 감각적 수준의 시각 자극이 우리의 눈으로 들어올 것이다. 그러면 우리 뇌는 '저 붉은색은 무엇일까' 궁금해하며 '피인가, 붉은 옷인가, 물감인가……' 등의 예측과 추측을 하며 다음 장면을 기다린다. 감각 수준의 처리는 궁금해하는 과정 이전까지의 단계, 즉 '붉은색이구나'까지의 처리 과정을 의미한다. 그것이 무엇으로 보이는지의 단계로 넘어가면 이것은 '감각'이라기보다는 '지각'의 영역이라고 할 수 있다.

소리도 이와 유사하며, 촉각도 마찬가지다. 예컨대, 4D 영화에서 어떤 장면을 보다가 갑자기 의자가 흔들린다든지, 혹은 물방울이 튀어나오는 것처럼 느껴진다고 하자. 실제로는 물방울이 다른 곳에서 뿌려졌다 하더라도 우리는 촉감으로 의자의 흔들림이나 물방울의 차가움을 느낀다. '이게 뭐지?'라고 생각하기 직전까지 과정이 바로 감각 수준의 처리 과정이다. 시각 자극이든 청각 자극이든 감각 수준에서 이것이 위협으로 감지되면 의식을 거치지 않는 생존 회로를 통해 빨리 처리된다. 그 위협이 무엇인지를 파악한 지각 과정까지 거쳤다면 '실제 상황이 아닌 영화 속 장면'이라는 사실을 깨닫고 이내 평소의 배경 감정을 회복하게 된다.

여기서 중요한 것 중 하나는 주의 집중 과정이다. 만약 우리가 영화 스크린에 주의를 기울이고 있지 않았다면 갑자기 우리 주변에서 다가온 시청각 자극이나 촉각 자극은 지각 이후의 과정에서 달리 처리될 수 있다. 영화 스크린에 감각을 집중시키지 않고 있을 때 물방울이 떨어지면 우리 뇌는 이 물방울을 영화와 연관 짓지 않고 물방울의 감각을 해석해야 한다. 그런 연유로 영화에 집중하고 있을 때의 해석과는 완전히 달라져 '천정이 새는 것일까' 하는 방향으로 우리 뇌가 예측을 이어갈 수도 있다.

앞서 다룬 내용과 연결시켜 보면, 정서를 처리하는 변연계 중에서 특히 편도체는 위협으로 인한 얼어붙기 반응 등에 중요하게 작용할 것이다. 청반핵nuceus of locus coeruleus에서 분비되는 노르에피네프린이 주의 집중 과정에서 중요한 역할을 할 것이다. 환경 혹은 미디어의 감각 자극으로 인해 우리의 전반적인 각성 수준이 높아졌다면 세로토닌의 역할도 추가될 것이다(박문호, 2017: 257). 외부 자극이 우리에게 들어올 때 뇌를 구성하는 뉴런 중 어떤 것들의 조합이 반응을 보이느냐에 따라 우리가 경험하는 정서와 이후의 처리 과정이 달라지는 것이다.

여기서 다음 단계로 넘어가기 전에 '주의 집중'에 관해 좀 더 살펴보자. 배경 감정을 자연스럽게 느끼는 상태에서 미디어 자극을 포함한 환경 자극을 접할 때 가장 처음 작용하는 과정은 주의를 기울이는 것이다. 사람은 동시에 일어나는 모든 것에 주의를 집중시킬 수 없다. 따라서 뇌가 주의 집중을 배분해야 한다. 주목 또는 관심으로 번역되기도 하는 주의 집중attention은 "이 세상 속의 정보 중 어느 것을 선택해 처리할지 고르는 정신적 활동"을 말한다(Carrier, 2018: 109).

주의 집중은 동일한 사건도 달리 해석하게 만들 수 있을 정도로 강력하면서도 중요한 과정이다. 예컨대, 우리가 소설이나 드라마 또는 영화와 같은 픽션을 볼 때에도 마치 그러한 사건들이 현실 속에서 일어나는 것과 유사한 감정을 느낄 수 있는 것은 우리가 그러한 콘텐츠에 주의 집중을 기울이는 동안은 그것이 '픽션fiction'이라는 사실, 즉 그것이 진짜가 아니라는 사실에 주의를 기울이지 않기 때문이다. 단지 그 내용과 줄거리의 흐름에 주의 집중을 쏟는 것이고 그렇기 때문에 해당 내용과 관련된 '콘텐츠 감정'을 느끼며 즐기게 되는 것이다.

습관 경로와 점화 감정

그림 9-3의 콘텐츠 감정은 우리가 따뜻함과 추움 등을 느끼는 항상성 또는 안전하고 아늑하게 느끼는 배경 감정과는 다른 감정으로, 미디어 자극과 내용의 처리에서 오는 감정을 말한다. 이 미디어 콘텐츠로 인해 우리에게 유발되는 감정 중에서도 습관적, 자동적으로 처리되는 '점화 감정'과 생각의 과정을 거쳐 숙고 처리되는 보다 상위의 감정이 있다.

습관화된 자동적 과정으로 발생하는 감정도 매우 중요하다. 40여 년간 감정을 연구해 온 리처드 래저러스Richard Lazarus(1991)는 의식적인 통제하의 평가와 자동적이고 무의식적인 평가를 구분하는 대표적인 학자다. 정서의 2요인설을 주장했던 스탠리 샥터Stanley Schachter와 제롬 싱어Jerome Singer(1962)는 인지적 평가를 감정의 매우 중요한 요소로 본다. 반면에 로버트 자이언스Robert Zajonc(1980)와 제니퍼 로빈슨Jenefer Robinson(2005/2015), 그리고 르두(LeDoux, 2015/2017)는 인지적 활동보다 감정적 활동이 더 즉각적으로 먼저 발생할 수 있다고 주장한다. 여기서 중요한 것은 학자들의 생각 차이나 구분이 아니라, 자동화 및 습관화의 과정을 거쳤든 그렇지 않든 감정적 반응이 인지적 반응보다 더 강렬하게 일어날 가능성이 크다는 사실이다. 감정에 대해 인지적으로 평가하고 이름을 붙이는 과정과는 별도로, 비록 습관적으로 점화된 감정이라 하더라도 이후의 메시지 처리와 행동에 큰 영향을 줄 수 있기 때문이다.

콘텐츠 감정에서 가장 기저에 있는 점화 감정은 습관 경로를 통해 느낀다. 복층 처리 모델의 2층에 놓여 있는 습관 경로는 후천적으로 조건 형성이 되어 뇌가 습관적, 자동적으로 처리하게 된 과정이다. 이는 외부의 자극이 우리 뇌 안에서 자동적으로 처리되는 과정을 거친다. 예를 들어 어린 시절부터 검은 안경을 쓴 사람에게 지속적으로 학대를 받아 온 사람이 있다고 하자. 검은 안경을 쓴 사람을 실제로 보는 경우와 미디어를 통해 보는 경우 모두 그의 뇌는 깊은 사고 과정을 거치지 않고서도 감정적으로는 혐오 반응에 가깝게, 행동적으로는 회피 반응을 보이게 된다.

점화priming란 "서로 연결되어 있거나 가까이에 있는 신경망의 집단이 활성화되는 것"을 말하며, 대개 무의식적이고 반사적으로 반응이 나타난다(Dispenza, 2007/2009: 464). 이와 같은 '세상을 이해하는 습관' 때문에 고정관념이나 편견이 강하게 작용하기도 한다. 차별은 좋지 않은 것이라고 우리가 의식하기도 전에 이미 감정적으로 차별하는 자신을 발견하기도 한다. 예컨대, 신문이나 SNS에서 접하는 외집단 메시지와 내집단 메시지를 동일하게 냉정하게 받아들이려 '의식적으로' 노력한다고 하자. 그렇게 하더라도 자기도 모르는 사이에 내집단 메시지가 외집단 메시지보다 '왠지 더 타당하게' 느껴질 수 있다. 이는 우리 뇌에서 이미 강하게 연합된 내집단-호감의 감정과 외집단-비호감의 감정 신경망이 부지불식간에 점화되어 감정이 인지보다 더 강렬한 효과를 발휘하게 되는 상황이라 할 수 있다.

그림 9-3에 나와 있는 '시냅스 가소성synaptic plasticity'은 습관 경로에만 한정된 뇌의 작용은 아니다. 뇌의 모든 부위에서 작용하는

가장 기초적인 작동 단위가 뉴런이며, 뉴런들 사이의 연결 부위가 시냅스다. 이런 연유로 시냅스 가소성도 이 모형의 모든 층위에서 작용한다. 그럼에도 불구하고 점화 감정에 큰 역할을 하는 습관 경로 부분에서 시냅스 가소성을 강조한 것은 그만큼 (원래는 강하게 연합되어 있지 않은 것들 사이에 강한 연합이 형성되어) 우리가 습관적으로 반응하게 되는 과정이 미디어에 대한 반응은 물론이려니와 대부분의 사회적 상황 관련 정보 처리 과정의 토대로서 매우 중요하다고 보았기 때문이다. 시냅스 가소성이란 "시냅스 연결의 세기[9]는 고정적이지 않고 가변적"임을 뜻한다(Kandell & Squire, 2009/2016: 90). 학습으로 인해 시냅스, 즉 뉴런 사이의 연결이 강해질 수 있고 강하게 연결된 것은 그만큼 기억과 감정에서 더 큰 영향을 발휘하게 된다.

우리는 명시적인 진술적 기억이 없어도 감정적으로 무엇인가를 기억하고 반응할 수 있다(LeDoux, 1994; Robinson, 2005/2015). 이와 관련해 20세기 초 프랑스 의사 에두아르 클라파레드Edouard Claparede 의 환자 사례가 자주 언급된다. 내측 측두엽 기억 체계에 손상을 입은 그 환자는 의사가 이전에 방문했던 것을 기억하거나 의사를 알아보지 못했지만, 악수할 때 압정이 살짝 박히게 하는 경험을 하게 한 이후로는 악수를 거부했다고 한다. 의사를 기억하거나 사건을 기억하지는 못하지만 감정적 기억은 있었다고 할 수 있다.

이러한 사례는 우리가 반드시 '인지적' 기억을 해내야만 감정을 느끼고 행동하는 것은 아니라는 사실을 말해 준다. 동시에 뭔가 느끼는 데는 최소한 감정적 기억과 같은 '기억'은 필요하다는 사실도

---

9   한 세포에서 발생한 활동 전위가 표적 세포를 얼마나 쉽게 흥분시키는가 혹은 억제하는가 하는 정도를 말한다.

알려 준다. 일반적으로 기억이라고 하면 인지적인 기억, 진술적인 기억을 많이 떠올린다. 하지만 우리는 우리 신체의 일부 또는 전부로 환경 속의 다양한 자극들을 접하면서 경험을 축적하고, 이것을 감정적 기억으로 저장하고 있다가 필요한 순간에 발현시킬 수 있는 것이다. 이를 캔델과 스콰이어(Kandel & Squire, 2009/2016)는 서술 기억에 대비되는 '비서술 기억'이라 부르며, 점화 효과도 비서술 기억으로 인해 나타난다고 보았다.

우리가 소통의 장면에 들어올 때 빈 머리와 빈 가슴으로 들어오지 않듯이(나은영, 2015 참조), 미디어 소비 장면에 들어올 때도 우리 뇌에 과거 경험의 흔적이 전혀 없는 상태에서 들어오는 것이 아니다. 우리가 태어나서 해당 시점까지 살아오면서 경험해 왔던 내용들이 고스란히 감정과 함께 기억되어 있다. 비록 특정 단서가 없어 떠오르지는 않았더라도 어느 곳엔가 저장이 되어 있어 무엇이든 촉발 단서를 접하면 떠오르게 된다. 우리가 미디어와 감정을 이해하려 할 때 기억과의 연관성하에서 논의해야 할 필요가 바로 여기에 있다.

캐리어(Carrier, 2018)는 스마트폰을 포함한 기술이 우리 뇌와 행동에 어떠한 영향을 주는지에 관해 상세한 연구 결과들을 정리하였다. 인지심리학적, 생리심리학적 근거들을 바탕으로 한 그의 주장에 따르면(p.31), 뇌의 뉴런들은 전기적 메시지를 보내고 받는 세포들로 서로 연결되어 있어서, 하나의 정보와 관련되어 있는 뉴런들이 활성화되면 그와 관련된 뉴런들도 함께 활성화된다. 따라서 우리가 TV 화면이나 컴퓨터 화면에서 총 이미지를 보면 총상 이미지까지 활성화되는 점화 과정이 발생하고, 뒤이어 관련 행동이 유발된다. 뇌 안의 지식이 점화되면 그에 대한 접근 가능성이 높아져 관련 행동을 보이게 될 확률이 높아지는 것이다.

이러한 점화 과정으로 인해 '기대 편향expectation bias'이 유발될 가능성도 커진다. 여기서 편향이란 사건들을 특정한 방향으로 해석하려는 경향을 뜻한다. 우리 머릿속이 과거 경험으로 인한 지식으로 채워져 있지 않다면 총을 보아도 그것을 어디에 사용하는 것인지 기억에 떠오르는 것이 없기 때문에 감정이 일어나기도 어렵지만 편향도 그만큼 적어질 수 있다. 일반적으로 우리가 미디어 콘텐츠를 접할 때 지금까지 살아오면서 경험한 많은 지식들이 머릿속에 이미 저장되어 있어, 어떤 사물이나 콘텐츠를 보면 자연스럽게 그와 관련된 지식과 감정이 함께 떠오르며 편향도 작용하게 된다.

사전 지식과 기대, 이로 인한 예측과 편향성으로 인해, 우리 뇌는 한 번 좋게 생각하면 계속 좋게 생각하고 한 번 좋지 않게 생각하면 계속 좋지 않게 생각하는 경향도 보인다. 그래서 코브(Korb, 2015/2018)가 이야기하는 우울증으로의 하강 나선에 빠지면 계속 우울한 생각과 느낌을 강화하는 방향으로 주의 집중을 하게 되고 이로 인해 더욱 우울한 감정에 깊이 빠져들게 된다. 반대로 좋은 계기를 촉발시켜 상승 나선으로 돌아서기 시작하면 조금씩 더 수월하게 행복한 생각과 느낌을 강화하는 방향으로 뇌가 움직이게 된다. 조 디스펜자Joe Dispenza(2007/2009)도 우리가 의식적 노력을 하지 않으면 환경의 자극에 반응하여 '생각 없이' 점화되는 방향으로 살아가게 된다고 경고한 바 있다. 따라서 힘들이지 않고 무의식적 습관에 따라가기보다 뇌를 자신이 원하는 방향으로 이끌어 가는 것이 좋으며 그렇게 할 수 있다고 그는 조언한다.

미디어 콘텐츠를 즐길 때도 마찬가지다. 미디어 콘텐츠 자체가 전반적으로 분노를 촉발시킬 수도 있고, 또는 전체적인 콘텐츠 안에서 특별히 공격적 자극에 선택적으로 주의를 기울임으로써 분노가 촉발되어 공격적 행동으로 이어질 수도 있다. 반대로, 동일하거나 유사한 콘텐츠에서 보다 긍정적인 자극에 집중한다면 조금은 다른, 조금은 덜 부정적인 기억과 연관된 감정이 촉발되어 순차적으로 조금은 덜 부정적인 행동으로 이어질 수 있다. 미디어 콘텐츠가 재미 있으면서도 평화로운 감정을 유발하는 내용을 담고 있다면, 그것을 감상하는 우리 뇌는 긍정적인 감정을 촉발하여 그것에 접근함으로써 그와 연관되는 긍정적인 행동(친사회적 행동이나 개인의 행복감을 상승시키는 동작 등)을 유발할 수 있을 것이다.

거울 체계와 대상 공감

대부분의 미디어 내용은 장르를 불문하고 다른 사람들이 등장하는 '사회적 상황'에 대한 것이므로 자연스럽게 '사회적 뇌'가 작동한다. 주변 사람들이 행복해 보이면 나도 어느 정도 행복한 것 같고, 주변 사람들이 불행해 보이면 나도 어쩐지 불행한 것처럼 느끼기도 한다. 이 경우 주변 사람들에 대한 배경지식이나 그들의 행복 또는 불행에 대한 인과관계 추론 없이 깊은 사고 과정을 거치지 않고 거울 체계 의 모방 기능을 위주로 그러한 감정에 도달할 수 있다.

그러나 여기에서 한 단계 더 나아가, 다른 사람을 도와준 후 상대가 행복해하는 모습을 볼 때 나도 행복한 느낌을 갖게 되는 상황에는 조금 더 깊은 추론이 포함된다. 이 과정 안에는 단순한 거울 체계의 작동에 더하여 그 전에 내가 이 사람을 내 신체를 움직여 도와주었다는 느낌과 인과관계에 대한 해석이 포함되어 있다. 따라서 여기에는 리버먼(Lieberman, 2013/2016)이 《사회적 뇌》에서 말한 '심리화 체계'의 작동까지 담겨 있다고 볼 수 있다.

거울 체계에서 심리화 체계로 넘어가는 부분은 지각 수준의 처리에서 인지 수준의 처리로 넘어가는 과정과 유사하다. 물론 거울 체계의 작동은 상대가 '무엇'을 하는지 관찰하고 그것을 그대로 따라 할 수 있는 모방 행동까지 이어지기는 하지만, 그 이상의 깊은 생각으로 까지는 이어지지 않는다는 점에서 그렇다. 똑같은 것을 보거나 듣더라도 우리에게 그것이 무엇으로 보이는지 혹은 들리는지 하는 것은 처리의 수준과 경로에 따라 달라질 수 있다. 앞서 들었던 예에서, 영화를 보던 화면에서 뭔가 튀어나오는 것처럼 보였다고 하자. 이때 처음에는 무의식적인 생존 회로의 작동으로 이것을 피하는 행동을 보인다(이 경우, 이 물체가 실제로 나를 공격하는 것처럼 감지되었을 수 있다). 그러다 이내 '영화를 보고 있다'는 것을 깨닫고 '영화 속 물체'임을 파악하고는 원래의 배경 감정을 되찾아 영화 관람 행위로 돌아가게 된다.

영화를 보며 갑자기 물방울이 튀는 것을 지각할 때도 단순히 '물방울이 내 몸에 닿았구나'라는 경험까지가 감각이라면, '화면에서 물이 뿌려진 건가?' 하는 얕은 수준의 해석이 포함된 경험까지를 지각이라 할 수 있다. 더 나아가 '저 사람이 화나서 물을 이렇게 세게 뿌렸나?'라고 생각하게 되면서 옷이 조금 젖어 기분이 나빠지며 '무슨 이런 영화가 다 있나!'까지 생각이 미쳤다면 인지 수준의 처리로 들어간 것이다.

영화 속 등장인물이 슬픈 표정을 보일 때 나도 모르게 슬픈 표정을 짓게 되기도 한다. 여기까지가 거울 체계의 작동으로 발생하는 영역이다. 이러한 슬픔의 원인과 등장인물이 처한 상황 및 미래에 대한 기대까지 머릿속에 떠오르게 되면, 이 과정이 바로 심리화 체계까지 작동하는 상태라 할 수 있다.

박문호(2017)는 정보가 전환되는 과정이 매우 창조적인 개인적 과정임을 강조한다. "단편적 감각 자극이 무엇인지 알아가는 과정은 수억 개 이상의 신경세포가 서로 연결되어 상호작용하는 과정에서 생겨나는 확률적 과정"이라는 점이 중요하다(p.99). 뇌의 작용은 서로 연결된 뉴런들이 연락을 주고받는 소통의 과정이다.

우리가 직접 경험을 할 때와 다른 사람이 경험하는 것을 관찰할 때 비록 비슷한 뇌파를 보인다 할지라도 후자의 경우 그 강도가 더 약하다. 실제로 경험할 때는 심리화 체계까지 작동하는 반면, 다른 사람의 경험을 관찰할 때는 거울 체계가 주로 작동하기 때문이다. 이러한 현상은 최초로 거울 뉴런을 발견했을 당시의 연구들에서도 마찬가지로 발견되었다. 땅콩을 집는 인간의 뇌파 패턴이 그것을 보는 원숭이의 뇌파 패턴보다 더 뚜렷하게 나타난 것이다(Rizzolatti et al., 1990, 2004). 직접 경험이 간접 경험보다 강함을 보여 주는 이러한 현상은 어쩌면 당연하다고도 할 수 있다.

드라마나 영화와 같은 픽션을 볼 때 그 등장인물이 느끼는 감정에 '공감'은 하지만 감정의 강도는 자신이 실제로 그러한 상황에 처하게 되었을 때 느끼는 감정의 강도보다 약할 수 있다. 이와 관련된 연구 사례로 "현실에서 사건이 발생했을 때는 갑자기 눈에 눈물이 가득 차지만, 연기인 경우에는 눈물이 서서히 나온다"를 들 수 있다 (Diderot & Pollock, 1883/2007; Frazzetto, 2013: 224 간접 인용).

현실과 허구가 섞여 있을 때 활성화되는 뇌의 영역 중 하나는 거울 뉴런으로 이루어진 하전두회inferior frontal gyrus인데, 이 부분은 동작을 알아채거나 표정을 해석하는 기능을 하기 때문에 배우들에게 매우 중요하다(Jabbi & Keysers, 2008; Frazzetto, 2013/2016: 240 간접 인용). 또 다른 활성화 영역은 후부상측두구posterior superior temporal sulcus 인데, 이 부위도 다른 사람을 이해할 수 있는 기능을 한다. 이 부위가 손상되면 다른 사람이 어떤 물건을 보고 어떤 느낌을 가지게 될지 이해하지 못한다(Campbell et al., 1990). 후부상측두구는 은유를 이해하는 능력과 말을 처리하는 기능도 있어(Rapp et al., 2004), 현실과 허구를 연결할 때 특히 중요한 역할을 하는 것으로 보인다. 내가 어떤 연기를 하거나 또는 다른 사람이 연기하는 것을 볼 때 활성화되는 뇌 부위의 강도는 비록 약하지만, 모방 기능을 통해 동일한 부위가 활성화되기 때문에 비슷한 감정을 느끼게 되는 것은 분명해 보인다.

또 한 가지 흥미로운 점은 "허구에 대한 애착이 일종의 최면 상태"라는 것이다(Frazzetto, 2013/2016: 241). 이때는 잠시 '자기 참조 기능'에서 벗어나 실제로 우리 감각으로 느끼는 배경 감정보다는 공연되고 있는 연기에 몰입하게 된다. 우리가 가상 현실에 몰입할 때도 이와 같은 과정을 통해 현실과 실제 자기를 잠시 잊은 채 가상의 공간에서 프레즌스를 느끼게 될 것이라고 예상할 수 있다. 나은영과 나은경(2015)의 '심리적 공간 이동의 단계 모델'에서 이야기했듯이, 실제의 물리적 공간보다 심리적으로 형성된 공간에 더 빠져들기 때문에 나타나는 현상이며, 이 과정에도 뇌가 작동한다.

거울 체계와 공감의 관계에 관한 연구는 아직도 계속 진행 중이다. 거울 뉴런이 모든 것을 설명할 수 있는 마법의 개념도 아니지만, 그렇다고 거울 뉴런을 평가절하할 수도 없다. 여기서는 리버먼(Lieberman, 2013/2016)의 주장을 따라, 거울 뉴런을 중심으로 한 거울 체계는 '내가 저기에 있구나!'라는 자기 인식의 초기 단계에 관여하고, '저 사람이 이렇게 행동하네' 하고 생각하며 그 모습을 따라 하는 모방 행동의 단계까지 잘 설명한다고 본다. 그보다 더 깊은 의도 지각이나 미래 추론의 영역까지 포함된 생각과 감정의 과정은 '심리화 체계'로 분리해 다룰 것이다.

심리화 체계와 고통 공감 및 안도 공감

우리 뇌의 신경 체계는 무엇이 긍정적이고 무엇이 부정적인지를 알지 못한다(Dispenza, 2007/2009). 뇌는 외부에서 들어오는 자극들을 수많은 뉴런들의 조합으로 끊임없이 처리하고 보내며 우리가 이 환경 속에서 적절히 잘 살아갈 수 있는 반응을 생성해 낸다. 그러기에 인간이 구분하는 이성과 감정도 뇌의 신경계 입장에서는 그리 중요하지 않을 수 있다. 뇌는 그저 자극을 처리할 뿐이다. 생존에 급해 보이는 것은 편도체와 감정 쪽으로 빠른 속도로 처리하고, 그렇지 않은 것은 좀 더 느린 경로 쪽으로 차분히 처리하는 과정을 밟는 것이다. 우리가 그것을 편의상 인간의 언어로 구분할 뿐인 것이다.

따라서 상위 개념으로 갈수록 감정은 인지적 처리와 더욱 밀접한 관련성을 지닌다. 몸으로 막연하게 느끼던 정동이 분노, 슬픔, 안타까움, 혐오, 행복, 기쁨, 만족 등으로 이름 붙여지고 유형이 나뉜다. 몸으로는 비슷한 상태를 느끼더라도 어떤 사람은 '짜증난다'고 표현하고 또 다른 사람은 '불쾌하다'고 표현할 수 있다. 어린 시절부터 들어 온 감정 언어와 상태 간의 연결에 대한 학습의 반복 때문이다. 이로 인해 어떤 사람은 매우 다양한 단어로 유사한 감정을 표현하고 또 다른 사람들은 다양한 감정을 매우 단순한 한두 개의 단어로 표현하기도 한다(감정 입자도에 관한 설명은 6장 참조).

미디어 콘텐츠를 보며 느끼게 되는 감정 자체도 사람마다 다를 수 있고, 그러한 감정에 이름을 붙이는 방식도 사람마다 다를 수 있다. 그러나 이론과 개념은 경제성을 생명으로 하기에, 이해를 위해 단순화할 필요도 있다. 여기서는 다양한 미디어 감정을 '고통 공감'과 '안도 공감'으로 나누어 논의를 풀어 보려 한다. 이 두 감정이 서로 시소처럼 왔다 갔다 하며 미디어 콘텐츠를 즐기는 경우가 많기 때문이다. 특히 드라마의 경우 시청자들이 잘 비유하듯이 '고구마'와 '사이다' 사이를 왔다 갔다 하는 것으로 볼 수 있다. 실제로 고통 중추가 활성화될 때는 보상 중추가 억제되어 있고, 보상 중추가 활성화되는 상황에서는 고통 중추가 억제되어 있는 경우가 많아, 이렇게 심리적, 감정적으로 시소처럼 왔다 갔다 하는 상황이 뇌의 생리적 변화에도 대응된다고 볼 수 있다.

드라마나 영화와 같은 픽션을 감상할 때, 시청자가 동일시하는 주인공이 힘들어하는 모습을 보면 시청자도 그에 상응하는 뇌 부위(배측 전대상피질)의 활동[10]으로 고통을 느낄 수 있다. 행동적으로 돌보아 주고 싶은 마음까지 든다. 그러다가 주인공이 다시 좋은 상황에 놓이게 되면 마치 아이가 어머니를 다시 만났을 때 느끼는 것과 같은 안도감을 뇌의 또 다른 부위(복내측 전전두피질)의 활동[11]에서 느끼며 마음 편안한 상태로 다시 돌아온다. 드라마에서 이야기 속의 갈등으로 인해 시청자가 서스펜스를 강하게 느낄수록, 즉 시청자가 동일시하는 주인공이 악당으로부터 힘든 상황을 겪는 데 대해 함께 고통을 공감하는 마음이 강할수록, 이후에 주인공이 승리했을 때 느낄 수 있는 카타르시스, 즉 안도 공감도 더 강하게 느껴진다.

복내측 전전두피질과 배측 전대상피질에서 보이는 공감의 바탕이 다르다는 사실은 최근의 한 연구(Shin et al., 2020)에서도 증명되었다. 이 연구에서는 19~35세 성인에게 신체질환자 및 정신질환자로 표시한 사진과 위로·격려 메시지를 보여 주면서 fMRI를 통해 활성

10   감각으로 들어오는 입력 신호를 받아들인 수많은 뉴런들의 활동들이 종합되어 배측 전대상피질의 활동을 증가시킨다.
11   그 순간에 감각으로 들어오는 수많은 입력신호 처리 뉴런들의 복잡한 활동들이 종합되어 복내측 전전두피질을 활성화시킨다.

A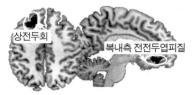

B

그림 9-4 신체질환자(A)와 정신질환자(B)로 표시된 사진과 위로·격려 메시지를 볼 때 활성화되는 뇌의 부위 차이

출처: Shin et al., 2020.

화되는 뇌의 부위를 관찰했다. 그 결과, 그림 9-4가 보여 주듯이, 신체질환자를 볼 때는 복내측 전전두피질이, 정신질환자를 볼 때는 배측 전대상피질과 전측 뇌섬엽이 활성화되었다. 자신에게 위로 메시지가 주어질 때에는 신체질환자를 볼 때와 유사한 반응을 보였다. 이로 미루어 보아, 사람들이 신체질환자를 대할 때는 자기 마음과 유사한 공감을 느끼지만, 정신질환자를 대할 때는 힘들어하면서 자신과 분리해 생각하고 느끼는 경향을 보이고 있음을 알 수 있다.

또한 익숙하면서도 구태의연하지 않고, 새로우면서도 '지나치게' 충격적이지는 않은 콘텐츠를 사람들이 즐기는 경향이 있어(나은영·나은경, 2019), 한 방송사에서 먹방이나 트로트가 인기를 끈다고 하여 모든 방송사가 이를 따라 하다 보면 시청자들은 얼마 지나지 않아 식상하다고 느끼게 된다. 이것은 새로움을 추구하는 우리 뇌의 전두엽 우측 부분이 또 다른 새로운 것을 만나면, 조금 전에 새로웠지만 이제는 좀 익숙해진 것은 뇌의 다른 영역으로 보내기 때문이라 할 수 있다(Dispenza, 2007/2009). 우리 뇌는 익숙한 경로를 따라 매일을 비슷하게 살아가면서도 산뜻한 새로움을 추구하며 즐기기

위해 미디어 콘텐츠를 찾는 경향이 있다. 다른 사람들의 삶 모습이 중심이 되는 '소통'의 미디어든, 아니면 다른 사람들이 만들어 내는 콘텐츠(노래, 스포츠, 게임 등) 자체를 즐기는 '즐김'의 미디어든(나은영, 2010 참조), 사람들이 뇌를 이용해 미디어 콘텐츠를 즐기는 과정은 이처럼 (간접적) 고통-안도의 시소와 함께 익숙함-새로움 사이의 감정의 등락을 경험하고 싶어 하는 마음이 핵심이라고 할 수 있다.

좀 더 깊은 생각의 과정이 포함되는 심리화 체계의 처리에서는 과거 경험에 의해 축적된 기억이 좀 더 본격적으로 작용한다. 또한 환경 자극 중 특히 미디어 자극을 처리하며 감정적인 부분이 개입되는 과정에서 특히 중요한 부분이 바로 기억과 감정, 창의성 및 동기 부여와 의사 결정에 관여하는 뇌의 영역이며, 이들은 서로 인접하여 밀접한 관련 속에서 함께 움직이고 있다. 앞서 설명했듯이, 작업 기억의 용량이 클수록 동시에 생각할 수 있는 내용이 많아져 서로 다른 영역의 내용들을 '연결'할 수 있는 확률이 높아지고, 따라서 창의적인 작업이 더 다양하게 가능해진다. 또한 우리의 깊은 감정에 관여하는 편도체 바로 옆에 기억을 관장하는 해마가 위치해 있어, 감정과 기억은 매우 밀접한 관련을 지니며 함께 작동한다.

배럿의 "오늘의 경험이 내일을 바꾼다"(Barrett, 2017: 325)는 말은 우리 뇌의 예측 및 구성에 의한 일련의 과정들을 잘 함축한다. 우리 뇌는 태어나면서부터 외부에서 들어오는 자극들을 바탕으로 끊임없이 예측하며 수정해 간다. 그래서 아예 경험이 전무한 상태에서 받아들이는 자극의 해석과 어느 정도 경험이 있는 상태에서 나타나는 자극의 해석은 완전히 다를 수 있으며, 경험이 무엇이었는지에 따라 동일한 자극도 달리 해석될 수 있다. 다만 우리는 인간으로서 공통적으로 경험하는 부분이 매우 많아 다른 나라에서 제작된 영화에도 공감할 수 있다.

예를 들어, 2020년 아카데미 작품상과 감독상 등 4개 부문을 석권한 봉준호 감독의 〈기생충〉은 세계 대부분의 나라에 존재하는 빈부격차의 문제를 다루면서도 다른 영화들과 달리 선악의 이분법을 벗어나 현실 속의 많은 삶을 우리 기억 속에서 떠올리게 한다. 더 나아가 이 영화는 블랙코미디와 스릴러 등 장르의 창의적 융합을 통해 사람 마음속 깊은 곳에 있는 기억과 심리를 절묘하게 건드리며 큰 공감을 얻어 냈다. 영화를 보면서 부유한 저택의 모습을 볼 때 관객 개개인이 떠올리는 기억, 반지하 또는 지하의 삶을 보며 관객 개개인이 떠올리는 기억들은 모두 다를 것이다. 각자의 기억 속에서 무엇을 떠올리느냐에 따라 마음속에서 솟구치듯 느껴지는 감정도 조금씩 다를 것이다. 이렇게 서로 많이 유사하면서도 조금씩 다른 감정을 느끼며 하나의 영화를 감상하고 나면, 이 영화 관람 경험이 또 하나의 경험이 되어 당시의 감정과 함께 우리 기억의 한 구석을 차지한다. 그러다가 이것이 우리가 또 다른 미디어 자극을 접할 때, 혹은 환경 속의 사건을 접할 때 떠오르는 기억으로 또다시 작동하게 된다. 경험이 누적되어 감에 따라 우리의 기억도 달라지고, 그로 인해 우리 뇌가 예측과 구성의 결과로 내놓는 결과 또한 지속적으로 달라져 간다.

자기 인식의 중심성

의도 파악이나 미래 예측과 같은 깊은 층위의 숙고적 처리를 통한 감정을 느끼기 위해서는 '자기 인식'이 필요하다. 뇌 전체의 부피 중 차지하는 비율이 특히 인간에게서 더 높은 브로드만 영역Brodmann area[12] 10번(내측 전전두피질의 중앙)은 더 많은 다양한 뉴런들과 상호작용할 수 있는 더 넓은 공간을 확보하고 있다. 이러한 생리적 이점을 바탕으로 인간은 충분히 자기 자신과의 연계하에 모든 미디어 자극과 내용을 풍부하게 처리할 수 있는 것이다.

미디어 감정의 복층 처리 모델(그림 9-3 참조)에서 가장 상위를 차지한 '자기 인식'은 인간만의 고유 영역이라 할 수 있다. 학자에 따라 '심리화 체계'부터 다른 동물은 보일 수 없는 인간의 특성에 속한다고 보기도 한다. 지금까지의 논의들을 종합해 보면, 심리화 체계에 속하는 고통 공감과 안도 공감을 '개념적, 언어적으로 표현'하는 면에서는 인간 고유의 영역이라 할 수 있다. 하지만 어미와 새끼가 분리될 때 느끼는 신경생리학적 변화와 이들이 마침내 다시 만나게 되었을 때 활성화되는 뇌의 부위에 관한 연구 결과들에 비추어 보면(Lieberman, 2013/2016), 이들이 '표현'을 하는 기제는 인간과 다르지만 기본적인 신경생리학적 기제는 크게 다르지 않을 수 있음을 시사한다. 따라서 인간 고유의 영역은 언어로 감정을 표현하는 상징의 세계로 들어올 때 비로소 분명해진다.

자기 인식이 고차원적이기는 하나 미디어를 포함한 외부의 자극을 처리하는 과정에서 상당 부분 '자기중심적' 처리를 하게 만드는 원인이 되기도 한다. 자기의식이 있기에 미디어 콘텐츠에 주의를 기울이고 선택하는 단계에서부터 선택적 노출이 발생한다. 선택적 노출의 단점은 우리가 대개 '보고 싶은 것만 보는' 경향이 있다는 점이다. 이 과정에서 편향이 개입된다. 편향은 우리의 잘못된 기대 때문에 생긴다. 예컨대, 정치적 성향이 다른 사람이라 할지라도 사실

---

12   1909년에 독일 신경학자 코르비니안 브로드만Korbinian Broadmann이 영장류 대뇌 피질 뇌세포의 특징적 구조와 배열에 따라 52개의 기능적 영역으로 구분한 이후, 연구가 축적되면서 더욱 세분화되었다.

은 어떤 이슈에 대해 나와 유사한 생각을 가지고 있을 수도 있으나, 과거의 경험으로 인한 기억 때문에 '저 사람은 이 이슈에 대해서도 나와 반대 의견을 가지고 있을 것이다'라고 생각하기가 쉽다(나은영, 2015 참조). 그래서 계속 마음 편하게 의견이 유사할 것으로 기대되는 사람들과만 어울리려 하여 '끼리끼리' 소통에서 벗어나기 어려워지는 경우가 많다.

자기 인식과 뇌의 관계를 좀 더 상세히 다루기 전에 지금까지 살펴본 복층 처리 모델의 내용을 요약해 보자. 미디어를 통해 우리에게 들어오는 자극과 내용들은 여러 층의 처리를 통해 여러 층의 감정으로 경험된다. 생존 회로가 주된 역할을 하는 배경 감정과 습관 경로를 통해 영향을 주는 점화 감정은 우리의 의식 과정 개입 없이 처리되는 '자동 처리'의 절차를 밟는다. 여기서 자동 처리되는 점화 감정부터 '콘텐츠 감정'에 해당이 된다. 미디어 콘텐츠에서도 점화 효과로 인해 자동적으로 떠오르는 (고정관념이나 편견을 포함한) 감정이 상당히 많고, 이것이 추후의 작용에도 적지 않은 영향을 준다.

숙고 처리 과정 중 거울 체계는 대상 공감을 유발하며, 심리화 체계는 뇌의 각기 다른 부분 활성화를 통해 고통 공감과 안도 공감 사이를 시소처럼 왔다 갔다 하면서 스토리의 흐름에 따른 감정의 등락을 즐기게 한다. 이 과정에는 등장인물이나 상대방의 의도 파악, 미래 추론과 같은 더 깊은 사고 과정이 개입된다. 깊은 사고 과정이 발생할수록 '내가 누구인가' 하는 자기 인식과의 관련성은 더욱 깊어진다.

그럼 이제 우리 뇌 안에서 발생하는 최상위 '자기 인식' 과정을 좀 더 자세히 들여다보자.

3) 자기 인식과 뇌

미디어 내용에서 감정을 느끼기 위해서는 '자기 관련성'이 있어야 한다(나은영, 2010). 그렇다면 '자기'는 어떻게 인식되는 것일까? 르두(LeDoux, 2015/2017)는 기본적인 과정에 초점을 두며 다음과 같이 말한다.

> 자극, 상황, 생각, 기억은 일단 주의를 받고 작업 기억으로 들어오면, 의미 기억 및 일화 기억에 근거한 인지적 틀과 스키마를 통해 해석되고, 자아에 미치는 영향을 포함해 인식적이고 자기인식적인 의식 상태를 낳는다. (LeDoux, 2015/2017: 303)

다른 사람의 사진이 아닌 자신의 사진을 볼 때 뇌의 우측 전전두피질과 두정엽피질parieral lobe cortex이 활성화될 뿐만 아니라, 이 영역은 우리가 자신의 신체 움직임을 주시할 때도 활성화된다(Lieberman, 2013/2016). 한때는 침팬지가 거울을 보고 자기를 알아보는 연구를 바탕으로 침팬지에게도 자기 인식이 있다고 추론하기도 했다(Gallup, 1970). 지금은 자기를 인식하는 것과 거울로 자기 신체임을 알아보는 것은 다르다는 쪽에 무게가 실리고 있다. '나를 보는 것'과 '나를 아는 것'은 별개라는 것이다.

이에 대한 신경생리학적 근거로 리버먼(Lieberman, 2013/2016)은 자기 관찰이 아닌 자기 인식, 즉 자기에 대한 개념적 이해를 위해서는 (뇌의 외측면에 있는) 전전두피질과 두정피질이 아니라 (뇌의 중앙선에 있는) 내측 전전두피질과 쐐기 전소엽(후대상피질)이 활성화되어, 별개의 신경회로가 뒷받침하고 있음을 강조한다. 중요한 점은 침팬지, 코끼리, 돌고래와 같은 지능이 높은 동물들은 '신체적 정체성'은 지니고 있지만(즉 거울을 보고 자신의 신체임을 알아차릴 수는 있지만), 인간처럼 자기 성찰을 하며 미래의 모습을 그려 보지는 못한다는 것이다. 자기 성찰을 다룬 연구 대부분(94%)에서 내측 전전두피질의 활동이 관찰되었다는 결과(Lieberman, 2010)도 이러한 생각을 뒷받침한다.

인간에게 매우 중요한 전전두피질 내벽은 크게 3개 부위로 나뉜다. 보상 중추로 알려져 있는 복내측 전전두피질은 '브로드만 영역 11번'이며, 리버먼이 거울 체계와 구분되는 더 깊은 단계로 가정하는 '심리화 체계'의 핵심 마디는 배내측 전전두피질로서 브로드만 영역 8번과 9번이다. 그사이에 있는 내측 전전두피질은 '브로드만 영역 10번'으로, 이것이 전체 뇌에서 차지하는 비율이 영장류는 0.2~0.7%인 데 비해 인간은 1.2%로, 인간과 다른 영장류를 구분하는 핵심적인 부위라고 할 수 있다(Lieberman, 2013/2016: 279~281). 특히 이 부위의 뉴런 밀도가 낮아 '각 뉴런이 더 많은 수의 다른 뉴런들과 연결될 수 있는 공간이 확보'되어 있어 인간이 자기에 대한 개념적 이해를 하는 데 도움이 되는 것으로 보인다.

리버먼(Lieberman, 2013/2016)은 '사회적 상호작용'이 자기 인식과 높은 관련성을 가지고 있음을 보임으로써, 미드(Mead, 1934/2010)의 상징적 상호작용론의 신경생리학적 기반을 제공하였다. 또한 배럿(Barrett, 2017)은 언어와 개념의 작용도 결국 함께 상호작용하는 주변 사람들의 입력과 표현에 따라 형성된다는 사실을 여러 연구 결과들을 근거로 제시함으로써 역시 미드의 상징적 상호작용론의 인지신경생리학적 바탕을 마련해 주었다.

타인의 마음을 읽는 능력은 사회적 연결을 촉진시킨다. 사람들이 쉽게 '의인화'를 적용하는 것도 사회적 뇌의 작용이라고 할 수 있다.

뇌를 연구하는 학자들도 인간이기에 사회적 뇌를 지니고 있어 의인화를 습관적으로 하기 쉽다. 바로 이런 이유 때문에 동물이 움츠러드는 행동을 보이면 '공포' 또는 '불안'이라는 감정 용어를 붙여 동물이 마치 실제로 그러한 감정을 느끼는 것처럼 오해를 불러일으킬 수 있다. 더 나아가 생명이 없는 도형의 움직임을 보아도 거기에 의도와 감정이 입혀진 해석을 덧붙여 '큰 삼각형이 작은 삼각형을 따라간다'거나 '서로 싫어한다'와 같은 표현을 자연스럽게 하곤 한다.

사회적 상호작용은 내가 먼저 이렇게 할 때 상대방이 어떻게 하는지, 상대방이 이런 말을 하거나 행동을 할 때 내가 어떤 말과 행동으로 대응을 하는지 등의 과정으로 이루어지며, 인간이 살아가는 사회 속에서 연속적으로 이루어진다. 닭이 먼저인지 달걀이 먼저인지는 알 수 없으나 서로가 서로에게 영향을 주는 과정은 끊임없이 이어지고 있는 것이다. 바로 이러한 생태적 환경 속에서 인간의 뇌는 신경계를 통해 끊임없이 외부의 정보들을 받아들이고 이것들을 종합하여 처리함으로써 기억에 저장해 두었다가 유사한 상황이 올때 꺼내 쓰기도 한다. 만약 인간이 태어난 이후 다른 인간을 한 명도 보지 못하고 자연환경 속에서만 살아간다면 '타인과의 상호작용'은 있을 수 없고, 그렇다면 인간의 뇌도 '나는 누구인가'에 대해, 그리고 감정에 대해 전혀 다른 방식으로 이해하고 느끼게 될 수 있는 것이다.

미드(Mead, 1934/2010)는 우리의 정신과 자아가 생성되는 것도 이와 같은 '사회적 상호작용'으로부터 시작된다고 보았다. 정신이 먼저 존재하고 이를 바탕으로 사회적 상호작용을 하는 것이 아니라, 사회적 상호작용이 있기에 정신과 자아가 등장할 수 있다는 것이다. 내가 어떤 의도를 가지고 상대방에게 '의자 좀 주세요' 하고 말했다면,

내 목소리를 통해 '의자'라고 말하는 것이 상대방에게도 영향을 주는 것처럼 나 자신에게도 영향을 준다. 이렇게 상대방과 나에게 동일한 것을 뜻하는 의미로 '의자'를 받아들일 때 '상징'이 작용한 것이라고 할 수 있다.[13]

거울 체계와 심리화 체계를 분리하여 설명한 리버먼(Lieberman, 2013/2016)의 연구들은 미드의 '모방' 개념에 대한 신경생리학적 근거를 제공한다. 미드는 참새가 카나리아의 소리를 계속 들으면 그 소리를 따라 할 수는 있지만, 이것은 의미가 담긴 제스처의 대화도 아니고 따라서 상징을 형성하거나 정신을 형성하는 데 도움이 되지 않는다고 보았다. 이 과정이 리버먼의 거울 체계 과정이라 할 수 있다. 처음 거울 뉴런을 발견한 리촐라티의 실험실 원숭이는 실험자가 땅콩을 집는 모습을 '따라 할' 수는 있지만('무엇을' 하는지 관찰하고 흉내 낼 수는 있지만), 그 행동에 대한 의도, 그 행동의 원인 추론, 그 행동으로 인한 결과 예측 등은 할 수 없었던 것이다. 바로 여기까지가 거울 체계의 작동 과정이라 할 수 있다. 자기 개념의 측면에서 이야기하면 침팬지가 거울을 보고 자기 신체를 인식하는 단계까지라 할 수 있다.

그러나 상대방의 의도를 파악하는 것은 상대방이 무엇을 하는지를 보는 것과 다르다. 또한 내 미래가 어떠할지를 예측하고 꿈꾸는 것은 내가 지금 거울을 보고 '이것이 바로 내 얼굴이구나'라고 아는 것과는 다르다. 당연히 '어떻게' 또는 '왜'의 생각까지 들어가는 것이 단순히 '무엇'인지를 지각하는 것보다 더 고차원적이다. 전자는 심리화 체계, 후자는 거울 체계의 활동으로서, 후자는 고등 동물에게도 가능

---

13   이에 대한 보다 상세한 논의는 미드의 《정신, 자아, 사회: 사회적 행동주의자가 분석한 개인과 사회》(1934/2010)를 참조하기 바란다.

한 활동이지만 전자는 인간에게만 가능한 활동이라고 할 수 있다. 동물도 일부(예컨대 코끼리, 돌고래, 침팬지)는 사회적 행동이 핵심적인 활동에 속해 거울 체계가 활발히 작용할 수 있지만, 심리화 체계가 인간만큼 작동하지 못하기에 상대의 '마음'을 읽을 수는 없고, 또 이것을 인간처럼 정교한 '언어'로 표현할 수도 없다.

사회적 상황을 인식하는 데 어려움을 보이는 자폐증이 있는 사람은 '정확한 상황 기술'에는 능하나 '상황에 의미를 부여'하는 과정이 원활하지 않다. 이런 이유로 이들은 드라마를 맥락 속에서 상호작용적으로 이해하는 데 어려움을 겪는다. 사이먼 배런코언Simon Baron-Cohen 등(1999)의 연구에 따르면 5세 아이들 중 자폐아는 샐리-앤 검사Sally-Anne test[14]에서 20%만 정답을 맞춘 데 비해 정상아는 85%가 맞추었고, 다운증후군 아이들은 거의 정상아와 유사한 결과를 보였다. 이러한 연구 결과의 의미는 '상대방의 관점'을 이해해야 하는 샐리-앤 검사가 자폐아에게는 어려운 검사이고, 이것은 일반 인지 능력과는 별개임을 뜻한다. 타인의 경험을 이해하려면 거울 체계와 심리화 체계의 활동 모두를 필요로 한다. 거울 체계를 통해 상대가 '무엇'을 하는지 파악하고 심리화 체계를 통해 그런 상대의 행동이 '어떻게' 이후 결과로 이어지며 '왜' 그런 행동을 했을지에 대한 추론까지 가능해지기 때문이다. 이러한 정신 작용을 위해서는 당연히 우리 뇌 속에서 "사회적 고통과 쾌감을 지원하는 신경 메

---

14   샐리-앤 검사에는 샐리와 앤이라는 인형과 바구니, 그리고 상자가 등장한다. 먼저 샐리가 구슬을 바구니에 넣은 뒤 무대를 떠나고, 샐리가 없는 동안 앤이 그 구슬을 바구니에서 꺼내 상자로 옮긴다. 그다음에 샐리가 돌아오면, 아이들에게 샐리가 구슬을 찾기 위해 어디를 열어볼 것인지 묻는다. 대개 자기중심성이 남아 있는 3세 아이들은 이 과제를 어려워하며, 자기중심성을 벗어난 5세 아이들은 이 과제를 잘 푸는 경향이 있다.

커니즘의 작용"도 있어야 하고(Lieberman, 2013/2016), 보살핌 행동에 중요한 역할을 하는 뇌 중격부의 작용도 있어야 한다.

2. 문화에 따른 감정과 뇌의 변화

1) 언어와 개념의 중요성

미드(Mead, 1934/2010)는 사회적 세계의 존재가 정신 세계보다 선행된다고 보았다. 서로 제스처의 대화를 나누며 교류하는 사회적 상호작용이 언어로 표현되면서 나와 상대에게 같은 것을 의미할 때 비로소 상징이 공유된다고 보는 것이다. 배럿(Barrett, 2017)은 감정을 설명할 때, 부모가 아이에게 '언어'로 표현하는 맥락과 상황에서 비로소 아이가 내수용 감각들을 '종합'하여 감정 경험을 하게 되는 것으로 분석한다. 이러한 추론들은 인간이 느끼는 감정과 언어 표현이 결코 별개의 것이 아님을 시사한다. 문화권에 따라 언어 상징이 다르다는 것은 문화권마다 경험하게 되는 감정도 조금씩은 달라질 수 있음을 의미한다.

인간 뇌의 작용 중에는 모든 문화에 공통적으로 기본적인 생리적 뇌의 구조상 타고나는 부분이 있지만, 태어난 이후 뇌가 학습 과정을 통해 달라지는 부분은 문화의 지배를 받을 수밖에 없다. 문화의 가장 중요한 부분을 구성하는 언어는 개념 형성에도 핵심적인 역할을 한다. 물론 언어를 학습하고 개념을 습득하는 모든 과정에서 뇌의 작용은 필수적이다. 따라서 감정을 표현하는 언어도 문화에 따라 다르고, 그에 따라 개인의 경험도 달라진다.

감정 사전(Robinson, 2005/2015)에 수록되는 감정 단어의 수는 감정 입자도(Barrett, 2017)에 따라 달라질 것이다. 동일한 감정도 섬세하게 달리 표현할 수도 있고, 서로 조금씩 다른 감정을 하나로 묶어 조악하게 표현할 수도 있기 때문이다. 사람들 중 대체로 긍정 감정은 하나로 묶어 표현하고 부정 감정은 세세하게 표현하는 사람과 그 반대의 경우가 있다면 둘 중 어느 쪽이 더 행복할까? 물론, 부정 감정도 세세하게 표현할 수 있다면 그러한 감정의 원인을 찾아 긍정적인 쪽으로 변화시키는 데 도움이 될 수 있다. 그러나 우리가 기분 좋은 상태일 때 이것을 세세하게 표현하려 노력해 본 적이 있는지 생각해 보면, '기분이 좋다, 행복하다, 평화롭다, 깃털처럼 가볍게 구름 위를 떠다니는 것 같다'처럼 자신의 기분 좋은 상태를 세세하게 표현할수록 더 다양하게 즐길 수 있을 것이다.

문화 간 차이를 살펴보면, 한국어의 경우 '붉다'와 유사한 단어로 '발그레하다, 불그스름하다, 빨갛다' 등과 같이 다양한 단어들을 찾아볼 수 있으나, 영어의 경우 이처럼 다양하지는 않다. 당연히 동일한 문화권 안에서도 개인차가 있어, 어떤 사람들은 감정이나 감각의 차이를 더 섬세한 단어로 짚어낸다. 시인은 마음을 시어로 표현하는 데 더 섬세하며, 화가는 환경을 더욱 세분화된 색감으로 표현하는 데 능하다. 예술은 감정을 표현하는 장르이기에, 예술가가 그것이 언어이든 색이든 음이든 보통 사람들보다 더 민감한 차이까지 잘 지각하고 구분할 수 있다.

로빈슨(Robinson, 2005/2015)은 문학, 음악, 예술에서 감정이 하는 역할을 정리하면서, 이성보다 더 깊은 부분을 감정이 담당하고 있다고 역설한다. 그는 일단 감정의 경우 르두(LeDoux, 1996, 1998)의 연구 결과를 따르며 ① 상황에 대한 최초의 정감적 평가가 있어 상황의 중요성에 주의를 집중시키고, ② 이에 대한 생리적 반응 및 운동적 반응이 발생하며, ③ 그 이후 상황에 대해 더 깊은 수준에서 식별하는 인지적 평가가 이루어진다고 주장한다(p.85).

르두(LeDoux, 2015/2017)는 이후 상황에 대한 최초의 평가를 공포 등과 같은 구체적 정서의 명칭으로 부를 수 없음을 강조하였다. 쥐의 '얼어붙기 반응'은 단지 본능적으로 멈추어 있는 반응일 뿐 '공포'라는 감정 용어로 지칭할 수는 없다는 것이다. 따라서 감정에 관해 이야기할 때는 언어에 의한 명명이 매우 중요한 단계로 등장함을 알 수 있다. 우리 인간의 경험에 비추어 볼 때 쥐가 마치 '얼어붙은 것처럼' 멈춰 있는 행동이 '공포감'의 발현으로 보일 뿐이라는 것이다.

특히 우리가 미디어를 통해 다른 사람이나 동물의 행동과 소리를 관찰하며 '이런 감정을 느끼고 있을 것이다'라고 미루어 짐작하면서 공감을 하고 감동을 느끼는 것은 우리가 인류 문화에서 축적한 경험에 근거한 해석이라 할 수 있다. 따라서 우리가 어떤 문화권에서 살아왔느냐에 따라 구체적으로 축적되어 온 경험도 달라질 것이며, 그에 따라 미디어 내용을 보고 느끼는 감정도 달라질 수 있다.

2) 문화에 따른 미디어 활용 차이와 뇌의 변화

'늑대 인간'을 다룬 영화에서처럼 생물학적으로는 인간이지만 태어나면서부터 인간을 한 번도 접하지 못하고 늑대들 사이에서 살아왔다면, 그 늑대 인간이 느끼는 감정은 인간이 느끼는 감정과 다를 것이다. 물론 이 늑대 인간이 삶의 어느 시점 이후 다른 인간들을 접하며 새로운 경험들을 축적해 가면서 인간의 경험을 새로이 학습할 가능성은 충분히 남아 있다.

이처럼 문화에 따라 우리는 경험의 많은 부분을 달리 가지고 있다. 인간으로서 공통적으로 경험하는 부분도 많고, 특히 요즘처럼 국가 간의 왕래가 빈번하고 미디어가 발달해 있는 환경에서는 인류의 공통 경험이 예전보다 훨씬 더 많아지고 있지만, 문화권에 따라 달라질 수 있는 경험폭은 아직까지 상당 부분 존재한다.

따라서 각 문화권에 따른 미디어 활용의 차이로 인해 우리 뇌도 영향을 받게 되며, 생리적 반응에 대한 해석, 다른 사람의 표정을 읽는 방식 등, 감정과 관련된 상당히 많은 영역의 종류와 강도에도 차이가 발생할 수 있다. 동일한 문학 작품을 읽거나 동일한 영화를 관람하더라도 문화권에 따라, 그리고 개인의 특수한 경험에 따라 감정 경험과 이후의 행동이 달라질 수 있다.

흔히 문화라고 하면 동서양의 문화 차이나 국가 간의 문화 차이를 먼저 떠올릴 수 있다. 그것이 가장 큰 문화 차이를 보이는 범주이기도 하다. 그러나 동일한 국가 안에서도 개개인이 어떠한 환경 속에서 자라왔느냐에 따라 매우 다른 뇌의 해석과 감정의 명명, 그리고 이후의 적응 행동이 나타난다. 예컨대, 어린 시절에 부모의 학대 행위에 노출된 청소년의 경우, 나중에 더 나은 환경에 있게 되더라도 그 청소년의 뇌는 외부의 자극을 최대한 방어적으로 해석하게 된다(Barrett, 2017: 295). 뇌는 두개골 속에 갇혀 외부의 자극을 해석하고 그것을 수정하며 끊임없이 예측과 가설 검증의 과정을 지속하기 때문에 과거의 경험이 쉽게 사라지지 않는다.

우울증에 갇힌 뇌, 또는 만성 통증에 시달리는 뇌도 획기적인 전환이 있기 전까지는 예전에 하던 방식대로 부정적 처리 과정을 반복하게 된다(Barrett, 2017; Korb, 2015/2018). 이렇게 부정적 처리 과정이 강화되기 쉬운 문화 속에서 일정 기간 살 수밖에 없었다면, 여기에서 서서히 빠져나와야 한다.

일단 몸을 움직이는 것부터 시작해 운동하는 것, 결정하는 것은 도파민을 증가시켜 악순환의 고리에서 빠져나오는 데 도움을 준다. 격렬한 운동을 할 때 분비되는 엔도르핀은 통증을 줄이고 불안을 달래 주는 신경 신호를 보내 마치 모르핀처럼 작용하는 것으로도 알려져 있다. 또한 목표를 정하고 결심을 하면 우리 뇌의 전전두피질이 주도해 우리가 세계를 보는 방식을 바꾸는 데 도움을 준다. 또한 우리 경험에 주로 영향을 주던 주변의 문화가 부정적이었다면, 햇볕 쬐기, 행복한 기억 되살리기, 감사한 마음 등을 통해 세로토닌을 증가시키고(Korb, 2015/2018 참조), 우호적인 사람들과 함께 있으면서 포옹과 지지 등 따뜻한 느낌으로 옥시토신 분비를 촉진시킨다.

문화권에 따라 인사하는 방식도 다르고 적절하다고 생각되는 제스처의 종류도 다르다. 중요한 것은 이러한 행위들을 실제로 보거나 미디어 콘텐츠를 통해 관찰할 때 우리 마음속에서 발생하는 변화의 과정이다. 우리가 주변의 환경 속 자극들 중 어느 곳에 주의를 기울이며 장점과 단점 중 어느 쪽에 초점을 두어 해석하는지에 따라 뇌는 전혀 다른 방향의 회로를 작동시킨다. 사물이나 사람의 부정적인 측면에만 초점을 두면 뇌는 괴로운 방향으로 활성화되어 괴로움을 계속 되짚는 방식으로 작동한다. 반대로 우리 주변 환경이나 사람의 긍정적인 측면에 초점을 두어 감사하고 칭찬하며 행복해하면 뇌는 더욱 신나 하며 긍정적 활동들을 추구하는 역동적 방식으로 작동한다. 바로 이런 이유로 인해 '성공하면 행복한' 것이 아니라 '행복하면 성공하는' 것이기도 하다.

미디어가 보여 주는 내용도 물론 문화권에 따라 차이를 보인다. 문화가 미디어에 반영되기도 하고, 미디어의 내용으로 인해 문화권 내 사람들이 조금씩 다른 정서를 경험하기도 한다. 예를 들어, 감정 표현을 상대적으로 억제하는 것으로 알려진 동양 문화권에서 볼 때는 지나치게 격한 감정 표현을 거침없이 내보내는 미디어 콘텐츠에 거부감이 들 수도 있다. 또한 동일한 강도의 감정 표현이라 하더라도 상하 관계의 예절을 상대적으로 더 중요시하는 동양 문화권에서는 아랫사람이 윗사람에게 부정적인 격한 감정 표현을 하는 것을 불편해할 수도 있고, 자라 온 환경과 경험에 따라서는 '속 시원한' 카타르시스 감정을 강하게 느낄 수도 있다. 요점은 유사한 미디어 콘텐츠라 하더라도 해당 문화권에서 평균적이라고 생각하는 반응이 무엇인지에 따라 다르게 느낄 수 있는 것이다.

뇌는 우리가 경험해 온 환경에서 누적되어 온 데이터에 근거해 자극을 느끼고 판단한다. 환경이 변화하고 경험이 다양해지는 한, 이러한 우리 뇌의 해석 체계도 지속적으로 변화를 경험한다. 한 번 형성되면 쉽게 바뀌지 않는 습관적 특성을 지니기는 하나, 영원히 굳어져 있는 것은 아니라는 뜻이다. '기록이 기억을 지배한다'는 한 광고 문구는 인간의 기억을 담당하는 뇌의 영역이 미디어의 발전으로 인해 어디까지 어떻게 달라질 것인지에 대해 예측할 수 없어 섬뜩하게 느껴진다. 미래 인간의 뇌는 과연 어떠한 방향으로 변화해 갈까?

3) 건강한 환경 속의 건강한 미디어와 뇌

인류의 문화 환경은 날로 발전하고 있다. 하루가 다르게 발전하는 미디어를 24시간 이용하면서도 미디어에 지배당하지 않고 우리 뇌와 마음을 보호하려면 어떻게 해야 할까? 미디어가 우리의 정신 건강과 신체 건강에 해가 되지 않게 하려면 어떻게 해야 할까? 기존의 미디어 리터러시media literacy가 헬스 리터러시health literacy 및 환경 리터러시environment literacy와 잘 결합되어 미디어 자체가 우리의 건강 및 생태 환경과 직결될 수 있음을 인지하고, 이것을 종합적으로 활용할 수 있는 과정의 이해와 교육이 필요하다.

다른 사람들과 함께 살아가는 사회에서 작동하는 뇌와 감정의 영역에 대한 이해도 필수적이다. 이것을 소셜 리터러시social literacy 와 감성 리터러시emotion literacy로 명명하고자 한다. 소셜 리터러시 는 다른 사람들의 존재와 마음에 대한 이해로서 '공감'과 유사하며, 감성 리터러시는 자신과 타인의 감정에 대한 이해로서 뇌에 대한 이해를 동반한다.

그림 9-5의 네모 안에 있는 것들은 평소에 우리 인간을, 특히 뇌를 괴롭히는 것들이다. 미세먼지나 오염 물질과 같은 자연/재난

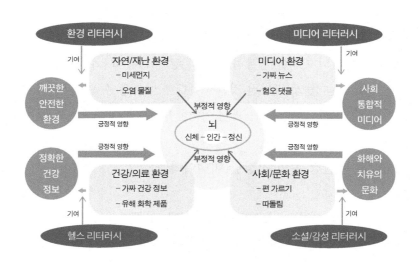

그림 9-5 인간의 정신과 신체를 지배하는 뇌의 건강을 위해 갖추어야 할 환경, 헬스, 미디어 및 소셜/감성 리터러시

환경, 가짜 뉴스나 혐오 댓글과 같은 미디어 환경, 가짜 건강 정보, 유해 화학제품과 같은 건강 및 의료 환경, 그리고 편 가르기나 따돌림과 같은 사회문화 환경은 뇌 안에서 부정적 정서를 일으키는 주범이 되고 있다. 이를 감소시키기 위해서 우선 우리가 환경 리터러시, 미디어 리터러시, 헬스 리터러시 및 소셜/감성 리터러시를 갖춰야 한다. 이를 통해 깨끗하고 안전한 환경, 사회 통합적 미디어, 정확한 건강 정보, 화해와 치유의 문화를 만드는 데 기여한다면, 인간의 신체와 정신을 지배하는 뇌의 작용도 긍정 나선을 향해 나아가는 데 도움이 될 것이다.

인간의 정신과 신체를 지배하는 뇌의 건강을 위해 갖추어야 할 환경, 헬스, 미디어 및 소셜/감성 리터러시를 간단히 설명하면 다음과 같다.

- 환경 리터러시: 자연과 기술, 공간을 포함한 환경이 우리에게 미치는 영향을 정확히 인지하고, 긍정적 영향을 극대화하면서 부정적 영향을 최소화하려면 어떤 행동을 촉발시키고 어떤 행동을 억제해야 하는지 알고 실천하는 것이다.
- 헬스 리터러시: 건강한 상태가 무엇인지에 관해 정확히 인지하고, 건강에 긍정적 영향을 미치는 것과 부정적 영향을 미치는 것을 이해한 다음, 건강을 지키는 행동을 촉발하고 건강을 해치는 행동을 억제하는 방법을 알고 실천하는 것이다.
- 미디어 리터러시: 사람과 사람을 연결해 주는 미디어의 건강한 상태가 무엇인지 정확히 인지함으로써 미디어에서 얻을 수 있는 내용에 대한 비판적 사고를 갖춘다. 그와 동시에, 자신의 생각을 다른 사람에게 미디어를 통해 정확히 전달하여 그 의미를 공유할 수 있는

제작 기술 및 미디어의 작동 방식에 대한 이해를 겸비함으로써, 사람들 간 의미 공유의 과정에 긍정적으로 참여하는 것이다.

- 소셜 리터러시: 함께 살아가고 있는 다른 사람들에 대한 이해와 공감의 방법을 터득하고 실천하는 것으로, 인공 지능 시대에 사람 간 의미 공유 과정이 더욱 중요해질 수 있어 소셜 리터러시의 습득과 실천이 더욱 필요하다.
- 감성 리터러시: 자신과 타인의 감정을 이해하고 그에 대해 적절히 반응하며, 긍정적 정서의 과정을 (뇌를 포함한) 신체와 마음으로 경험해 갈 수 있는 능력을 갖추고 실천하는 것이다.

서로 구분하여 설명했지만 위의 다섯 가지 리터러시는 상호 연결되어 있다. 물리적 환경, 미디어 환경, 사회적 환경은 모두 우리의 신체적, 정신적 건강과 밀접한 관련을 지닌다. 또한 건강한 자연을 유지하기 위해서는 환경 리터러시를 잘 갖추는 것도 필요하다. 이러한 환경이 우리에게 미치는 영향을 총체적으로 이해할 때 비로소 우리 자신이 주체가 되어 건강한 생태 환경을 유지해 갈 수 있다.

미디어는 이미 중요한 환경으로 자리 잡았고, 환경, 미디어, 건강 및 사회문화 생태계는 모두 연결되어 있다. 시스템 중 하나가 붕괴되면 다른 것들도 건강하게 유지되기 힘들다. 따라서 초연결 시대 인간의 생태계를 건강하게 유지·발전시키기 위해서는 이 모든 요소 각각을 정확히 이해하면서도 이들의 영향력이 상호 연관되어 있음을 인지하고 선순환 시스템이 되도록 노력해야 한다.

이제 미디어를 더욱 건강한 방식으로 활용하여 우리 감정에 긍정적 영향을 줄 수 있는 미디어 테라피에 관해 알아보자.

4부

미디어 테라피

10장

건강한 삶을 위한 미디어

1. 공간과 환경의 뇌과학

1) 길을 잃을 수 있는 호모 사피엔스

우리에게 처음부터 주어져 있던 것은 너무나 당연하게 생각하기에 미처 우리의 주의 집중 안에 들어오지 못하고 간과되는 경우가 많다. 산소라든가 자연환경처럼 말이다. 뇌와 신체가 없으면 생각도 감정도 가능하지 않다. 우리 뇌와 몸도 우리가 이미 가지고 있으므로 그 역할을 잊고 사는 경우가 많다. 더욱이 우리의 신체는 '공간' 속에 있으며, 또한 주변의 '환경' 안에서 활동한다.

　　세라 골드헤이건Sarah Goldhagen(2017/2019)은 《공간 혁명*Welcome to your world*》에서 인지신경과학 연구들을 소개하면서 "인지란 '마음'과 '신체'와 '환경,' 이 세 요소가 결합해 만들어진 산물"이라고 주장한다(pp.111~112). 이러한 생각은 로런스 바살루Lawrence

Barsalou(2008)가 주장한 '기반 인지ground cognition' 개념에 바탕을 둔다. 바살루는 양식 시뮬레이션modal simulations, 신체 상태 및 상황 기반 행위가 '인지'의 기저에 있다고 보는 '기반 인지' 개념을 제안한다. 이를 바탕으로 골드헤이건은 상황으로부터 '체화된 인지'를 강조한다. '체화된 인지'의 개념을 다른 말로 이야기하면 "감정은 신체와 떼려야 뗄 수 없는 관계이며, 우리 '몸속'에 있다. '체화'되어 있는 것이다"(Goldhagen, 2017/2019: 127~128). 환경에서 오는 자극을 우리가 대부분 의식하지는 못하기 때문에 '비의식적 인지'라고 할 수 있다. 하지만 이러한 비의식적 인지가 비록 강도는 약할지라도 우리의 행동을 지배하고 있다고 보는 것이다. 9장에서 이야기한 '배경 감정'과 '점화 감정' 부분이 이러한 주장과 관련이 있다.

공간과 환경으로부터 오는 자극은 앞서 다룬 점화의 형태로 대개 처리된다. 습관화되어 우리의 의식적 노력 없이 처리되는 과정인 것이다. 골드헤이건(Goldhagen, 2017/2019)은 점화를 발생시키는 촉발 단서, 즉 '프라임prime'이 "사람이 비의식적으로 지각하는 환경적 자극으로 기억이나 정서, 다양한 인지적 연상을 활성화해 이후의 사고나 느낌, 반응에 영향을 미친다"고 하면서(p.126), 비의식적인 것은 무의식과는 다르다고 본다.

특히 중요한 것은 우리의 '자전적 기억'이 공간 처리와 밀접한 관련을 지니고 있어, 우리 자신에게 발생했던 기억을 떠올리면 그 사건이 발생했던 "공간에 대한 정신적 시뮬레이션"이 동반된다는 사실이다(Goldhagen, 2017/2019: 154). 우리의 기억은 단편적인 사건만을 떠올리는 것이 아니라 그 사건이 발생했던 장소, 그 당시에 느꼈던 감정을 동시에 떠올리며 심상을 만들어 낸다.

이처럼 인간의 삶에서 공간은 중요하다. 이 공간을 몸으로 경험하면서 그에 대한 외부 자극을 받아들이며 대부분은 비의식적으로, 때로는 의식적으로 처리하는 가운데 우리의 인지와 감정이 끊임없이 영향을 받고 있다. 마침내 '신경건축학Neuro-architecture'이 탄생하여 환경과 건축, 디자인 등이 인간의 생각, 느낌, 행동에 미치는 영향을 뇌과학적 측면에서 연구하기에 이르렀다. 어떠한 공간 환경이 우리 뇌의 어떤 부위 활동을 증가 또는 감소시킴으로써 우리의 (뇌를 포함한) 신체 건강과 정신 건강, 더 나아가 다른 사람들과의 사회관계에 영향을 줄 수 있는지 등을 융합 학문의 시각에서 더 깊이 더 넓게 연구하는 것이다.

신경건축학은 미국 캘리포니아 샌디에고에서 2005년에 열린 신경건축학회Academy of Neuroscience for Architecture에서 시작되었다(정재승, 2014). 행복할 때 분비되는 세로토닌의 양을 측정한다든지, 스트레스가 높을 때 나오는 체내 코르티솔의 양을 측정하는 방법 등으로 좀 더 미세하게 '어떤 건축 환경'이 더 행복한 상태를 만들어낼 수 있는지 파악할 수 있었기에 이러한 학문이 태동할 수 있었다. 천정이 높아야 창의적인 아이디어가 나오며, 부엌에서 일할 때도 (아일랜드 키친처럼) 거실과 소통할 수 있을 때 더 행복하고, 자연 친화적 환경일수록 더 행복감을 느낄 뿐만 아니라, 모서리가 둥글수록 긴장감을 덜 느낀다는 연구들이 대부분 신경건축학에서 나왔다. TV와 같은 오락 장치보다 다른 환자들과 더 소통할 수 있는 구조가 우울증 환자들에게 더 유용하다는 사례(정재승, 2014: 62)는 미디어보다 사람이 우울증 치료에 더 도움이 될 수 있음을 시사한다. 그렇다면 단순히 '미디어 자체'를 제한하기보다 '사람들과의 관계'를 긍정적으로 이끌어 갈 수 있는 미디어 이용이 우울감 극복과 심리적 안정에 더 유익할 수도 있다는 추론이 가능하다.

마이클 본드Michael Bond는 《길 잃은 사피엔스를 위한 뇌과학 *Wayfinding*》(2020)에서 인간 뇌가 지닌 '길 찾기' 기능의 중요성을 강조한다. 공간 지각과 관련된 뇌의 기능은 쥐의 미로 찾기 연구에서 상당 부분 발견되었다. 대부분의 신경세포는 감각 정보에 반응을 보이는 데 비해 해마 부근의 '위치세포place cell'[15]는 실험동물이 '어디에 있는지'에 따라 특정 장소에서만 활성화되었다. 이후의 신경과학자들은 "내가 어느 방향으로 가고 있는지" 알려 주는 나침반 기능을 하는 '머리방향세포head-directed cell,' "내가 있는 위치를 표시"해 주는 '격자세포grid cell,' 그리고 "벽이나 경계선에 가까워지면 활동을 시작"하는 '경계세포boundary cell' 등을 발견하였다(Bond, 2020: 71).

그러나 위치세포들의 인접성이 반드시 장소의 인접성을 의미하지는 않는다. 세포들이 장소를 경험하는 방식이 미리 정해져 있는 것이 아니라 새로운 경험을 할 때마다 무선적으로 재배치되기 때문에 해마 자체가 하나의 지도인 것은 아니다(Bond, 2020: 74~76). 이러한 사실은 우리 뇌가 작동하는 방식이 영역주의보다는 구성주의에 더 가까움을 다시 한 번 시사해 준다.

더욱 흥미로운 것은 이 세포들이 서로에게 영향을 주며 함께 작동한다는 사실이다. 여기서 우리의 경험을 떠올려 보자. 우리가 어떤 장소를 향해 갔다가 같은 길로 되돌아올 때, 우리는 '동일한' 인지 지도를 이용하여 돌아오는 것이 아니다. 내가 어디에 있는지도 중요하지만 '어디로 향해 가고 있는지'를 파악하는 머리방향세포가

---

15   영국의 신경과학자 존 오키프John O'Keefe와 조너선 도스트로프스키Jonathan Dostrovsky가 1971년 처음 위치세포를 발견했다. 이 공로로 오키프는 노벨생리의학상을 받았다.

함께 작용하기 때문에, 같은 길로 되돌아온다 하더라도 우리는 갈 때와 올 때 동일하지 않은 인지 지도를 갖게 되는 것이다.

또 다른 연구에 따르면(Mallory et al., 2018), 격자 패턴의 크기가 클수록 장소의 필드가 커져 위치세포의 해상도를 결정한다. 지금도 계속 연구하는 영역이기 때문에 확실한 결론을 지을 수는 없다. 하지만 현재까지의 추론으로는 위치세포는 환경에 대한 '정적인' 감각 정보를 이용하며 격자세포는 이와 함께 '동적인' 정보를 함께 이용하고, 그 계산 결과 다시 위치세포로 돌아가 위치세포를 강화한다고 보기도 한다(Bond, 2020: 102 참조). 해마를 비활성화시켜 위치세포를 무력화하면 격자 패턴이 사라진다는 연구 결과를 바탕으로, "격자세포에 결정적인 역할을 하는 경계선에 대한 감각 정보가 위치세포에 의해 암호화(뇌가 소통하는 언어로 번역)"되는 것이 아닐까 추론하기도 한다(p.340). 정확한 것은 더 많은 연구 결과가 축적되어야 알 수 있겠지만, 분명한 것은 위치세포와 격자세포가 움직이는 동물의 공간 정보를 처리하는 데 서로 협력하여 '함께' 일하고 있다는 사실이다.

또 한 가지 흥미로운 사실은 "뇌가 추상적인 활동을 공간에 관한 일로 받아들인다"는 점이다(Bond, 2020: 126). 특히 격자세포가 추상적인 문제 해결에도 이용된다는 연구 결과가 있다(Constantinescu et al., 2016). 이것은 인간을 포함한 동물이 '외부 세계를 탐험하듯' 자신의 내부 세계를 탐험하는 것이 아닌가 하는 시사점을 준다.

따라서 우리 뇌의 '환경 속 길 찾기' 기능이 손상되면 우리 마음의 길 찾기 기능도 잘 작동하지 않게 된다. 두려움을 많이 느끼는 사람일수록 가장자리에서 중앙으로 가는 데 더 시간이 오래 걸린다든지(Bond, 2020: 78), 치매 환자들이 익숙했던 길을 잘 찾지 못하는 경우도 이와 관련이 있다. 알츠하이머병에 걸리면 의사 결정에 큰 역할을 하는 전전두엽, 학습 경로에 이용되는 미상핵caudate nucleus(꼬리핵) 등 '길 찾기'에 꼭 필요한 영역이 영향을 받는다. 뿐만 아니라 공간 관련 영역(내후각피질entorhinal cortex, 후뇌량팽대피질retrosplenial cortex, 해마)도 정상 기능을 하지 못해(p.295), 실제로 길을 잃을 때가 많다. 그래서 치매 환자들이 계속 직진하는 것은 '살기 위해서'라고 한다. 일종의 출구를 찾으려는 생존 노력인 것이다. 이런 이유로 인해 본드는 요양원의 구조를 "최대한 독립적인 생활"을 할 수 있게 하되 "길을 잃지 않고 돌아다닐 수 있도록" 설계해야 한다고 주장한다(Bond, 2020: 309). 계속해서 현재를 거닐고 있는 느낌을 주되, 어느 길로 가든 결국 그 자리로 다시 돌아오게 설계하는 것이 좋다는 것이다.

사교 능력이나 심리적 회복력에 관한 신경 신호들도 길 찾기 중추의 한가운데에 있다(Bond, 2020: 130~131 참조). 이는 길 찾기 능력이 저하되면 주변 사람들과 잘 지낼 수 있는 사회관계 능력이나 우리 마음의 길을 잘 찾을 수 있는 심리적 회복력도 저하될 수 있음을 시사한다. 우울증, 정신분열증, 자폐증 등과 같은 정신질환으로 인한 스트레스가 해마를 수축시키고, 이로 인해 생체의 여러 기능이 감소하게 되는 것도 이와 관련이 있다. 뇌를 구성하는 요소들이 모두 정상적으로 작동하면서 그 요소들 간에도 서로 소통이 잘 되어야 시원하게 뚫려 잘 연결되어 있는 길처럼 우리에게 건강한 삶을 가능하게 해 줄 것이다.

지금처럼 우리가 대부분의 기억을 미디어에 의존한다면, 우리 뇌가 스스로 기억할 수 있는 기능이 약화될 수 있다. 인간이 지금처럼 계속 내비게이션 미디어에 의존하다 보면 공간 지각과 길 찾기 방법을 잊어버릴 수 있어, 가능하면 스스로 공간 지도를 머릿속에 그리며 걷거나 운전하도록 노력할 필요가 있다(Bond, 2020). 길 찾기 뿐만 아니라, 언제부터인가 우리는 지식을 스스로 기억하려 노력하기보다 미디어에서 쉽게 검색해 보려는 시도를 먼저 하게 되었다. 인간의 편의를 위해 점점 더 고차원적으로 개발되고 있는 기계가 인간을 뛰어넘게 되면 인간의 뇌가 지닌 소중한 능력과 기능이 사라지거나 약화되는 것은 아닐까?

인공 지능에 많은 것을 맡기다 보면 인간의 지능마저 퇴화될 수도 있다. 대부분의 지적인 재산과 논리적 추론을 인공 지능에게 '외주'를 주다 보면, 인간이 환경과의 관계 속에서 스스로 느끼고 생각하며 행동할 수 있는 영역 중 상당 부분을 인공 지능으로 '대체'함으로써 편안함을 누릴 수는 있겠으나, 우리도 인식하지 못하는 사이에 뇌가 지닌 중요한 능력 중 일부가 약해질 수도 있다.

2) 물리적, 사회적 공간과 미디어 공간 속의 마음

모든 존재는 공간 속에 놓여 있다. 인간이라는 존재도 뇌를 포함한 그 신체는 환경이라는 공간 안에 거처한다. 우리의 몸과 마음이 하나이듯, 환경이 없이는 몸도 존재할 수가 없고 따라서 뇌가 몸을 통해 환경 자극을 처리하는 마음도 생겨나기 어렵다.

물리적 공간에서 우리는 '가장자리'에 끌린다. 인간뿐만 아니라 동물도 경계에 매력을 느끼며 숨을 공간을 좋아한다(Bond, 2020). 그 이유는 가장자리가 있는 공간이 우리에게 '안전한 느낌'을 주기 때문이다. 경계가 있는 곳은 변화가 적기 때문에 그만큼 뇌에도 부담을 덜 주며, '나만의 공간'을 확보하기에 유리하다. 지하철 좌석에 앉을 때도 최대한 '나만의 공간'을 넓게 확보하기 위해 사람들은 가장 먼저 가장자리에 앉고,[16] 가장자리가 모두 차면 그다음에는 그 두 사람과 가장 멀리 떨어진 중앙에 앉는다. 엘리베이터를 탈 때도 마찬가지다.

쥐를 대상으로 한 실험에서(O'Keefe & Burgess, 1996), 먼저 정육면체 상자에 쥐를 넣은 다음 한쪽 방향을 늘려 직육면체로 만들었을 때 쥐의 뇌에 어떠한 변화가 일어나는지를 관찰하였다. 그 결과, 정육면체 안에 있을 때는 뇌의 상부 왼쪽 구석의 작은 점 안에서 위치세포들이 활성화되다가, 직육면체로 변화하자 길게 늘어난 상부의 점에서도 활성화가 관찰되었다.

이러한 연구 결과는 위치세포의 활성화 패턴이 환경의 기하학적 측면과 관련이 있음을 알려 준다. 경계를 감지하는 세포를 최근에는 인간의 해마 이행부subiculum에서도 발견하였다(Lee et al., 2017). 이 경계 세포는 경계뿐만 아니라 길 찾기를 방해하는 수직 담장, 산등성이, 절벽, 벼랑 끝, 갈라진 틈 등과 같은 자극들에도 반응을 하기 때문에, 효과적인 길 찾기와 공간 기억 형성에 중요한 기능을 하는 것으로 알려져 있다.

우리가 물리적으로 안전한 공간에 있음을 느끼는 것만큼, 가까운 주변이 어떤 사람들로 둘러싸여 있는지와 같은 '사회적 공간'도 우리의 정서에 매우 중요한 역할을 한다. 때로는 반려동물처럼 인간과 상호작용하는 동물이나 로봇 등도 우리의 사회적 공간의 일부를 형성하겠지만, 우선 '다른 사람들'과 함께 살고 있는 사회적 공간을 생각해 보자.

---

16   이곳은 다른 사람들이 바로 옆에 앉을 확률이 절반으로 줄어들어 자신을 중심으로 확보된 개인 공간이 좁아질 염려가 가장 적은 곳이다.

이 세상에 대한 사전 경험이 거의 없던 어린 시절일수록 주변의 인물들이 어떻게 말하고 어떻게 행동하는지, 어떤 표정으로 어떤 분위기에서 생활하며 반응하는지 등은 아주 큰 영향을 준다. 주변 사람들의 언어, 반응 및 분위기에 따라 특정 상황에서 뇌가 적절한 예측과 검증 과정을 발달시켜 가며 이 세상과의 교류 방법을 습득해 가기 때문이다. 눈을 마주치며 웃고, 배변으로 불편할 때 편안하게 해 주고, 배고플 때 적절히 먹을 것을 주는 등, 기본적인 삶의 과정에서 인간은 주변 사람들과의 상호작용 속에서 이 세상 환경에 적응해 가는 방법을 배우고 정신적, 신체적으로 성장해 간다. 뇌의 성장에도 결정적으로 중요한 시기다. 처음에 어떤 정보가 들어가느냐에 따라 이 세상에 대한 해석 방법이 달라지기 때문이다.

인간 주변의 물리적, 사회적 환경 이외에도 요즘은 '미디어 환경'이 매우 중요한 공간으로 등장했다. 코로나19로 인해 학교에 입학하자마자 비대면 수업을 간신히 이어 온 2020학번 신입생을 생각해 보자. 봄꽃이 피는 캠퍼스 공간을 밟을 수도 없었고, 여름에 친구들과 바닷가에서 자연 공간을 즐길 수도 없었고, 가을 단풍이 만개한 숲의 공간에서 마음껏 숨 쉴 수도 없었다. 그저 컴퓨터 화면을 바라보며 거기에서 나오는 강의 영상, 비대면 대화 등에 익숙해지며 '미디어 공간'을 실컷 맛보았을 뿐이다. 물리적, 자연적 공간에서 이루어지는 활동들 중 많은 부분을 미디어 공간에서 경험할 수밖에 없었다. 2020년은 미디어 공간이 사람들의 기존 공간을 상당 부분 대체하는 것을 목격한 한 해였다.

나은영(2015)은 면 대 면 커뮤니케이션과 컴퓨터 매개 커뮤니케이션(computer-mediated communication: CMC)의 물리적, 사회적 공간을 그림 10-1과 같이 표현한 바 있다. 이 그림을 보면 내가 물리적

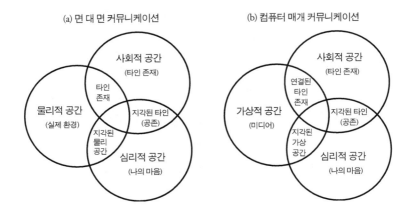

그림 10-1　면 대 면 커뮤니케이션과 컴퓨터 매개 커뮤니케이션에서의 타인 존재와 공간 지각

출처: 나은영, 2015: 60.

공간, 즉 실제 환경을 볼 때는 '지각된 물리적 공간'으로 인식되지만, 미디어를 통해 이루어지는 미디어 공간, 즉 '가상 공간'을 내 마음으로 볼 때는 '지각된 가상 공간'이 형성된다. 우리 주변의 사람들을 내 마음으로 지각할 때는 두 경우 모두 '지각된 타인'으로서 나와 함께 공존함을 느낀다. 면 대 면 커뮤니케이션은 물리적 공간에서 타인의 존재를 느끼며 직접 마주 보며 대화를 하는 상황이고, 컴퓨터 매개 커뮤니케이션은 (스마트폰이나 컴퓨터와 같은 소통 기기의 서비스로 만들어지는) 가상 공간 안에서 타인의 연결된 존재를 느끼며 대화를 하는 상황이다.

　인간이 만들어 온 도구들은 대부분 '잘 쓰면' 약이 되지만 잘못 쓰면 독이 될 수 있다. 칼도 그렇고 불도 그렇고 자동차도 그렇고 미디어도 그렇다. 칼을 유용하게 쓰면 아픈 사람을 살릴 수도 있지만 잘못 쓰면 무고한 사람을 죽일 수도 있다. 불도 유용하게 잘 쓰면 몸을 따뜻하게 하고 음식을 데울 수 있지만 잘못 쓰면 모든 것을 불태워 없앨 수 있다. 자동차도 잘 쓰면 먼 곳까지 더 빨리 갈 수 있지만 잘못 쓰면 누군가의 생명을 앗아갈 수도 있다. 미디어도 마찬가지로 잘 쓰면 휴식과 위로를 주고 활기찬 삶에 도움을 줄 수 있지만 잘못 쓰면 중독의 늪에 빠지거나 가짜 뉴스의 범람 속에서 삶의 중심을 잃을 수도 있다.

오늘날 눈부시게 발전한 '미디어 공간'은 막강한 영향력을 드러냈다. 미디어 공간은 미디어를 통해 사람이 마음속으로 만들어 내는 공간이다(나은영·나은경, 2015). 미디어를 통해 우리는 실제로는 나와 동일한 물리적 공간에 공존하지 않은 타인의 존재를 '있는 것처럼 느끼고,' 즉 프레즌스를 경험하고, 그러한 타인들과 함께 미디어 안에서 교류할 수 있는 '심리적 공간'을 창출하여 활동하는 것이다. 당연히 이러한 가상의 공간도 인간의 뇌와 삶에 영향을 줄 수밖에 없다.

휴대폰을 보기만 해도 우리의 주의력이 방해를 받는 이유는 무엇일까? 알람 소리나 메시지 도착 신호 등이 없어도, 단지 '휴대폰이 옆에 있다는 사실'만으로도 다른 사람들과의 접촉 등 사회적 존재나 정보와의 연관성이 우리 주변 환경의 하나로 우리 뇌에서 '점화'되어 작동하기 때문이다. 이것은 지금까지의 경험에서 반복된 연합으로 인해 휴대폰의 어포던스affordance를 비의식적으로 지각하는 단계다.

어포던스란 휴대폰이라는 환경이 나에게 어떤 기능을 제공하는가, 즉 휴대폰이 나에게 어떤 행동을 유도하는가에 대한 나의 지각을 말한다(Gibbson, 1977; 나은영, 2015). 휴대폰이라는 존재 자체가 이미 우리에게 '다른 사람과 연결될 수 있다'는 생각과 느낌을 주는 것이다. 과거에 반복적으로 이 휴대폰을 통해 다른 사람들과 연결되어 왔기 때문에, 이런 과정들이 우리의 기억 속에 당연히 저장되어 있을 것이다. 따라서 휴대폰을 보는 것은 이러한 연결의 기억들을 자동적으로 떠올리며 그로 인한 정서의 유인가valence of emotion, 즉 그 정서가 긍정적인지 부정적인지 하는 부분들도 함께 우리를 자극하게 된다.

동일한 휴대폰이 때로는 사랑하는 사람과의 연결로 기쁨을 주었을 것이고, 때로는 업무를 지시하는 직장 상사와의 연결로 부담감을 주었을 것이고, 때로는 만나고 싶지 않은 사람과의 강제 연결로 불편함을 주었을 수 있다. 어쨌거나 이 휴대폰 자체는 한 개인에게 긍정적, 부정적 감정의 무수한 원천이 되는 수많은 사람들과의 연결을 의미하며, 바로 이런 이유 때문에 휴대폰을 보기만 해도 뭔가 자기 일에 몰두하던 주의 집중이 흐트러질 수 있다.

현대 사회의 미디어 환경에서는 또한 우리가 원하지 않아도 어쩔 수 없이 특정 미디어 콘텐츠에 지속적으로 노출되어 우리의 주의를 빼앗기게 되는 경우가 많다. 아름다운 동영상 콘텐츠를 즐기는 중간에 별로 보고 싶지 않은 광고를 어쩔 수 없이 봐야 한다거나 지하철을 조용히 타고 가고 싶은데 지하철 안 곳곳에 광고 이미지와 메시지들이 붙어 있어 방해를 받는다. 이러한 각종 정보의 과잉으로 인해 우리 뇌는 대부분 과부하 상태로 지내게 되며, 이러한 환경에 최대한 적응하면서 멀티태스킹에 자연스럽게 익숙해진다. 멀티태스킹이 효율적인 측면도 있지만, 우리도 모르는 사이에 필요한 곳에 집중하는 과정을 방해하기도 한다.

우리 뇌는 주변에서 진행되는 일들에 관해 단서를 제공하는 환경에서 필요한 정보에 주의를 기울여 선택하고, 이것을 느끼며 생각하고 행동한다. 현재의 기술 미디어는 우리로 하여금 멀티태스킹, 즉 동시에 여러 정보를 처리할 수밖에 없도록 만드는 어포던스를 지니고 있다. 캐리어(Carrier, 2018)는 우리가 사용하는 기술 미디어가 지닌 네 가지 어포던스가 우리의 인지적 통제를 방해한다고 본다(p.106). 첫째, 전자 기기는 즉각적 보상을 제공한다. 둘째, 기술 미디어는 습관 형성을 촉진시킨다. 셋째, 요즘은 대체로 언제 어디서나 인터넷 사용이 가능하기에 우리로 하여금 '항상 쓰도록' 북돋우는 경향이 있다. 넷째, 알림 메시지 등이 수시로 울려 우리를 방해하거나 우리가 하는 일에 수시로 끼어든다. 우리는 자신도 모르는 사이에 기술 미디어의 기능 속으로 빨려 들어감으로써 인간 고유의 능력을 상실해 가고 있는지도 모른다.

웹 페이지의 하이퍼텍스트 기능도 우리에게 멀티태스킹을 하도록 어포던스를 제공한다. 하나의 텍스트를 읽다가 궁금한 단어가 나오면 이내 그 단어를 클릭하게 되는데, 그러다 보면 정보 처리는 선형적 처리가 아닌 멀티태스킹의 형태를 띠게 된다. 멀티태스킹을 지나치게 많이 하게 되면 감정적, 정신건강적으로 부정적인 영향을 미친다. 우리가 무작정 미디어 기기가 할 수 있는 것을 모두 다 따라 한다고 하여 마음의 평화와 정신 건강을 지킬 수 있는 것은 아니다. 미국 대학생을 대상으로 한 연구에서(Carrier, 2018: 113), 멀티태스킹 수준이 높은 학생들의 경우 우울 증상과 사회적 불안감(다른 사람들이 주변에 있는 것을 불편해함)이 높아지는 현상을 발견하였다.

뿐만 아니라, 컴퓨터나 휴대폰으로 공격적 비디오 게임을 많이 하는 청소년의 경우 공감 능력이 손상된다는 연구 결과도 있다. 캐리어(Carrier, 2018)는 직접적으로 눈을 마주치지 않는 컴퓨터나 휴대폰 소통이 사람 사이의 대화에서 자연스럽게 형성될 수 있는 공감 능력 생성에 지장을 초래한다는 연구 결과들을 소개한다. 특히 어린이의 뇌는 지속적으로 발달해야 하는데 그 시절에 TV나 컴퓨터의 모니터 혹은 휴대폰 등을 쳐다보며 사람과 눈을 마주치는 경험이 부족해지면, 그와 관련된 공감 능력이 훼손될 수 있다고 한다. 사람들이 셀피를 많이 찍는 것도 기본적으로 타인보다는 자기에게 초점을 둔 행동으로서 공감 능력을 감소시키는 기능을 하고 있음을 지적한다.

특히 자폐증 환자에게는 '사회적 공간'이 자신의 처리 용량을 넘어서는 과도한 자극으로 인식되어 민감해질 수 있다. 이로 인해 사회적 자극에 주의를 기울이지 않음으로써 얼굴 표정에 대한 공감이 어려워질 수 있다. 한동안 자폐아들이 타인을 모방하는 데 어려움을 겪는다는 사실을 근거로 '깨진 거울 가설'이 힘을 얻었다(Nishitani et al., 2004; Ramachandran & Oberman, 2006). 그러나 여러 연구 결과들을 토대로 리버먼은 성공적인 모방을 위해서는 "무엇을 언제 모방할지를 알아야" 하고, "그것을 정확히 수행할 수 있어야" 하므로 "모방 이상의 것"이 요구된다고 보았다(Lieberman, 2013/2016: 255). 여기에는 마음 이론을 바탕으로 한 '심리화 체계'가 필요하다. 에린 히어리Erin Heerey 등(2003)은 자폐아를 대상으로 마음 이론과 자기의식적 감정 간의 관계를 살펴보았다. 당황스러움과 수치심은 자기의식적 정서로서 사회적 규범을 위반했다고 생각할 때 발생한다. 이들의 연구 결과, 자폐아 그룹은 다른 정서(분노, 혐오, 공포, 슬픔, 기쁨, 놀라움 등)에서는 정상아 그룹과 차이가 없었으나 이와 같은 자기의식적 정서를 파악하는 정도는 정상아에 비해 낮았다. 이러한 결과는 이야기 속 등장인물의 마음 상태를 잘 추론하는 '마음 이론' 측정치와도 관련이 있었다.

사라 아르노Sarah Arnaud(2020)는 자폐증에서의 감정 인식을 설명하는 마음 이론을 넘어 '사회정서적 현저성social-emotional salience' 가설을 제안한다. 아르노는 다른 사람들의 마음에 관한 이론의 구축을 전제로 한 배런코언(Baron-Cohen, 1997)의 마음 이론에 의문을 제기한다. 우리는 끊임없이 다른 사람들과 상호작용하기 때문에 추상적으로 지니고 있는 정신 상태 이상의 것이 작동한다는 것이다. 즉 실제 사회적 상호작용에서는 항상 작용하는 감정 귀인의 '맥락적' 특성을 마음 이론은 잘 설명하지 못한다고 본다.

아르노(Arnaud, 2020)는 자폐증을 지닌 사람들에게는 '사회정서적 현저성'이 존재하지 않는다고 주장한다. 발달 초기에 다른 사람들과의 상호작용 중 감정적, 사회적 교환이 발생하는 상황에서 다른 사람들이 바라보는 눈빛을 탐지하는 과정은 매우 중요하다. 비사회적 자극보다는 사람의 목소리나 얼굴과 같은 사회적 자극에 자연스럽게 주의를 더 많이 기울이게 된다(Sasson & Touchstone, 2014). 신경적 측면에서도 사회적 자극에 대한 민감성이 떨어지면 자폐증의 위험이 증가한다는 연구 결과(Lloyd-Fox et al., 2013)가 있다.

어린 시절 자연스럽게 부모를 포함한 다른 사람들과 함께 살며 그들의 얼굴 표정과 목소리를 들을 수 있다면 '사회정서적 현저성'이 정상적으로 발달할 수 있다. 그렇지 않은 경우에는 사회정서적 자극도 일반 자극과 유사하게 처리되는데, 이 과정이 자폐증을 지닌 사람들의 처리 과정에 해당한다(Arnaud, 2020: 10). 따라서 아르노는 보통 사람들은 다른 자극들보다 복잡하여 눈길을 끄는 사회정서적 자극들의 현저성으로 인해 더 우선적으로 또는 자동적, 암묵적으로 표정이나 감정을 처리하지만, 자폐증을 지닌 사람들은 사회정서적 자극들도 비사회정서적 자극들처럼 명시적으로 처리한다고 주장한다.

사회정서적 현저성 가설에 바탕을 두고 추론해 보면, 자폐증을 지닌 사람들은 사회적 공간을 물리적 공간과 유사하게 인식하고 처리한다고 해석할 수 있다. 그만큼 자신의 전체 마음 공간에서 차지하는 사회적 공간의 비중이 적다고도 할 수 있다.

지금의 인류 문화는 미디어 과부하 문화라 할 수 있다. 미디어의 발전이 우리 뇌와 관련된 능력의 일부를 퇴화시킬 가능성이 있다면, 이 또한 우려하지 않을 수 없는 일이다. 자극이 너무 적은 환경은 권태감을 유발하며 기력을 떨어뜨리고 스트레스를 증가시키기도 하지만(Ellard, 2015), 자극이 너무 강렬하거나 많아도 우리에게 좋지 않은 영향을 줄 수 있다. 정보 부족도 문제이지만 너무 많은 정보를 처리해야 하는 것도 문제이며 우리의 인지와 감정에 모두 부담을 준다.

움직이지 않는 물질들로 이루어진 물리적 공간, 개인과 상호작용하는 사람들과 동물들로 이루어져 있는 사회적 공간이 모두 생태학적으로 인간의 뇌와 마음에 큰 영향을 준다. 마찬가지로 미디어의 발전으로 더욱 넓어지고 있는 미디어 공간도 인간이 관리해야 할 중요한 공간이 되고 있다. 미디어 공간은 사람들이 그것을 주로 어떻게 인지하고 사용하느냐에 따라 매우 다양한 양상으로 다가올 수 있다. 다른 사람들을 만날 수 있는 심리적 공간 또는 즐거운 콘텐츠를 즐길 수 있는 심리적 공간이라고 생각하면 긍정적인 마음의 영역을 넓혀줄 수 있는 미디어 공간으로 기능할 것이다. 의견이 양극화된 사람들끼리 싸우는 공간 또는 서로 마음에 들지 않는 사람들끼리 악플을 주고받는 혐오의 공간이라고 생각하면 부정적인 마음의 영역을 넓히는 미디어 공간이 될 것이다. 또 게임에 중독된 사람은 마음의 영역이 대부분 게임에 관한 생각으로 가득 차 있어 더 좋은 미디어 콘텐츠도 눈에 들어오지 않을 것이고 자신을 사랑하는 사람들의 염려마저도 중요하게 여길 마음의 공간이 남아 있지 않을 것이다.

바로 다음에서 이야기할 '신체 예산'의 할당 및 처리에 못지않게 중요한 것은 우리 뇌가 마음의 길을 잃지 않도록 툭 트인 '마음의 공간'을 얼마나 확보할 것이며 무엇으로 채울 것인가 하는 점이다. 넓고 잘 정비된 긍정적 마음의 공간을 지닌 사람은 마치 다양한 뉘앙스의 긍정적 감정 표현 단어들을 많이 알고 있는 '감정 입자도' 높은 사람처럼 약간의 부정적 요소가 들어오더라도 넓은 긍정적 마음의 공간 안에서 금세 희석되어 전체적인 긍정의 기운을 잃지 않을 수 있다. 그러나 마음의 공간 자체가 좁거나 그마저 부정적인 내용으로 가득 차 있다면 상당히 많은 양의 긍정적 콘텐츠를 부어 주어야만 그러한 부정적인 내용들이 비로소 조금씩 희석될 수 있을 것이다. 몸과 마음은 하나이기에 우선 뇌를 포함한 신체의 예산이 바닥나지 않도록 잘 관리한다면 마음의 공간도 긍정적인 내용으로 채워 가며 점점 넓혀 갈 준비가 될 것이다.

3) 감정 조절과 신체 예산의 할당 및 처리

복잡한 사회 속에서 건강한 마음을 가지고 살기 위해서는 어떻게 하는 것이 좋을까? 한 인간이 자연환경과 사회적 환경 속에서 마주하게 되는 수많은 자극을 받아들이는 과정에서 신체 예산의 할당과 감정 조절이 잘 이루어져야 건강한 신체와 긍정적인 마음 상태를 지닐 수 있다. 견디기 힘든 상황이 되면 신체도 힘들어진다. 번아웃 증후군은 신체 예산을 잘 관리하지 못하다 마음이 손상되고, 마음이 지나치게 손상되어 신체까지 지치게 된 것이라 할 수 있다. 코브(Korb, 2015/2018)가 지적하듯이 어느 순간에 우리 뇌가 일상적인 수준을 넘어서는 우울감에 빠지면 하강 나선에서 헤어나기 힘들어진다. 뇌는 늘 하던 습관을 좋아하기 때문이다. 여기서 벗어나려면 간단한 행동이라도 '시동'을 거는 것이 좋다. 조금씩이라도 움직이고, 조금이라도 즐거울 수 있는 콘텐츠를 찾아보고, 한마디라도 이야기해 보는 행동이 우리 뇌를 아주 조금씩이나마 상승 나선으로 유도할 수 있다.

1차적으로 자기감정을 조절하려면 우선 주의력 단계에서부터 노력하는 것이 중요하다. 물이 반쯤 담겨 있는 컵을 어떻게 해석하는지도 어떤 측면에 주의를 기울이는지에 따라 달라진다. 소셜 미디어를 활용할 때도 다른 사람에게 발생한 일 중 어떤 사건에 주의를 기울이는지에 따라 내가 느끼는 감정이 달라지며, 나에게 발생한 일 중 어떤 사건에 주의를 기울이는지에 따라서도 내가 느끼는 감정이 달라진다. 타인에게 발생한 좋은 사건과 나에게 발생한 좋지 않은 사건에 주의를 기울이며 비교하면 사회 비교 과정에 의해 우울한 감정을 느낄 수 있고(김선정·김태용, 2012), 타인과 나에게 발생한 좋은 사건들에 주의를 기울이면 좋은 감정이 전이되는 경험이 가능해진다.

일단 미디어를 포함한 환경 속 어떤 자극에 주의를 기울이고 나면, 우리는 그와 관련된 정보에 대한 기억을 뇌에서 떠올린다. 이때 그 기억과 연결되어 있던 사건과 감정이 뇌에서 함께 인출되어 감정을 함께 느낀다. 이 감정은 또다시 이후 반응과 행동에 영향을 준다.

감정의 구성주의 입장을 제시한 배럿(Barrett, 2017)의 관점도 앞서 언급한 코브(Korb, 2015/2018)의 처방과 상당히 유사하다. 가장 중요한 것은 너무나도 상식적이다. 좋은 식습관, 운동, 수면이 바로 우리의 신체 예산 관리에 중요한 기본적인 자산이다. 그다음으로 배럿은 '신체적 안락감'을 꼽는다. 이를 위해 배럿과 코브는 모두 운동 후 마사지가 효과적이라고 본다. 그 이유는 운동하면서 손상되었던 근육 조직이 이를 통해 회복될 수 있기 때문이다. 요가는 느린 박자의 신체 활동과 호흡이 결합함으로써 우리의 신체에 유해한 염증을 일으키는 전염증성 시토킨proinflammatory cytokine이라는 단백질 수준을 감소시키고, 동시에 항염증성 시토킨을 증가시켜 심장병이나 우울증 등의 위험을 낮춘다(Barrett, 2017: 333). 또한 낯설고 흥미진진한 일에 몰두하기, 공여와 감사 등도 우리의 몸과 마음과 뇌에 모두 생명력을 불어넣는 작업에 속한다(Dunn et al., 2011; Dunn & Norton, 2013). 애완동물 키우기, 공원 산책하기 등과 같은 행위도 우리의 신체 예산이 적절히 활용되어 뇌와 마음에 건강한 기운을 불어넣는 데 기여할 수 있다.

또한 비슷한 기분을 표현할 수 있는 단어들의 수많은 뉘앙스를 알고 있다면, 뇌가 예측과 범주화, 감정 지각의 옵션을 훨씬 더 많이 갖게 되고, 이로 인해 더욱 유연한 대처가 가능해진다는 점을 배럿(Barrett, 2017)은 중요시한다. 또한 새로운 관점을 시험함으로써 뇌로 하여금 개념 조합을 통해 새로운 개념을 형성하도록 자극할 수도 있다. 새 단어를 학습하면 "단어는 개념의 씨앗이 되고, 개념은 예측의 원동력이 되며, 예측을 통해 신체 예산이 조절되고, 신체 예산에 따라 기분이 좌우"(Barrett, 2017: 337)되기에 이 또한 큰 도움이 된다.

감정 표현을 위해서는 무엇보다 '감정 경험을 얼마나 섬세하게 구성하는가' 하는 감정 입자도가 사회생활에 도움이 되는 '감성 지능'을 잘 설명하므로, 유사해 보이는 감정도 매우 다른 표현으로 드러낼 수 있음을 알고 실천하는 것이 좋다. 실제로 불쾌감을 50가지 뉘앙스로 섬세하게 구분하여 표현할 수 있는 사람들은 감정 조절 시 융통성을 30% 더 발휘했으며(Barrett et al., 2001), 스트레스를 받아도 술을 약 40% 덜 소비했다(Kashdan et al., 2010).

끝으로, 긍정적인 개념을 매일 기록하는 것도 뇌가 그러한 방향으로 활동하도록 만듦으로써 신체 예산을 조절하고 감정을 관리하는 데 기여할 수 있다. 이러한 내용 중에는 수많은 자기개발서에서 권하는 지침들과 중복되는 권장 사항들이 많지만, 배럿(Barrett, 2017)은 '왜' 그러한 행동들이 효과가 있는지에 대한 뇌신경학적 근거들을 먼저 제시하면서 처방을 이야기한다.

마음과 신체는 하나이며, 마음에서 감정이 중요하다. 신체 예산을 잘 할당하고 처리해야 마음이 편안해지고 뇌가 건강해질 수 있다. 만약 매일 똑같은 일상과 과중한 업무에 지쳤다면 여행을 떠나보는 것도 괜찮다. 여행을 떠나면 일상에서 벗어나 새로운 장소를 경험할 수 있고 새로운 사람들을 만날 수 있다. 그래서 여행은 우리의 '공간 경험'을 확장하면서도 새로운 자극에서 오는 즐거움을 느낄 수 있게 하기에 일상에 지친 뇌를 다시 신선하게 만들어 주면서 마음까지 상쾌하게 해 줄 수 있는 방편 중 하나가 될 수 있다.

책을 읽는 것도 우리 뇌의 활동을 활발히 만드는 데 큰 도움이 된다. 새로운 내용을 서로 연결하여 개념화하는 과정에서 뇌 속의 뉴런들이 서로 많은 신경전달물질을 분비하며 강하게 연합하여 더욱 촘촘하고 건강하게 기능하는 뇌를 만들기 때문이다. 환경 속에서 몸과 뇌를 움직이는 것, 이것이 우리의 정신 건강과 신체 건강, 그리고 다른 사람들과의 관계를 모두 건강하게 만드는 지름길이다.

2. 건강한 삶을 위한 소통의 중요성

1) 통해야 산다: 공간의 길 찾기와 마음의 길 찾기

공간이든 몸이든 마음이든 잘 '통해야' 건강하다. 혈관의 흐름도 원활해야 하고, 소통의 흐름도 원활해야 하고, 미디어 네트워크에도 건강한 콘텐츠가 잘 흘러야 한다. '통하다'란 국어사전에 '막힘이 없이 들고 나다'로 정의되어 있으며, 영어로는 'go through/flow through' 또는 'circulate'라 번역된다. 어느 한 곳이 막혀 흐름을 방해하면 결국 시스템 전체에 손상이 올 가능성이 커진다.

뇌과학자 배럿(Barrett, 2017)은 뇌의 작용을 사회의 작용과도 연결시켜 논의를 전개한다. 그의 《감정은 어떻게 만들어지는가*How emotions are made?*》를 관통하는 '예측'과 '구성'이라는 개념들도 결국 우리 몸 또는 뇌 안의 요소들이 서로 '통해야' 가능해진다. 어느 한 곳이 막히면 통하지 않으므로 예측도 구성도 불가능해지고, 따라서 우리가 정상적으로 느끼거나 생각하거나 행동하는 것도 불가능해진다.

뇌 안에서 뉴런들이 서로 연락을 주고받는 과정도 소통과 매우 유사하다. 뉴런은 혼자 활동하는 것이 아니며 특정 정서만 담당하도록 정해져 있는 것도 아니다. 경우에 따라 이런 뉴런들의 모임, 저런 뉴런들의 모임이 힘을 합해 우리에게 정서를 느끼게 하고 행동을 하게 한다. 이것은 마치 우리 사회를 구성하는 개개인이 사회의 모든 일을 담당하는 것은 아니지만 서로 유기적으로 소통하면서 사회 전체가 잘 굴러가게 하는 과정과도 닮아 있다.

지금까지 살펴보았듯이, 어떤 내용은 뇌의 많은 부분이 함께 작동하여 처리되며, 어떤 내용은 뇌의 적은 부분으로도 쉽게 작동하여 처리된다. 더 나아가, 처음에는 어려웠지만 반복을 거듭함에 따라 자동화되어 나중에는 더욱 쉽게 처리되는 과정도 존재한다. 한번 자동화되면 이미 경로가 형성되어 있어 그 과정을 작동시키는 데 더 적은 노력이 들게 되는 것이다. 예를 들어 아침에 일찍 일어나는 행동, 매일 운동하는 행동 등을 처음 시작할 때는 많은 노력이 들지만 반복적 행동으로 뇌에 '통하는' 경로가 이미 습관화되어 있다면 이런 행동은 훨씬 더 쉽게, 큰 노력 없이 이루어진다(Dispenza, 2007/2009). 새로운 습관을 형성하기까지 더 많은 노력이 들게 되는 이유는 그때까지 존재하지 않던 새로운 길, 즉 경로를 만들어 '통하게' 해야 하기 때문이다.

이 경로를 '긍정적인' 방향으로 만드는 것은 삶의 질에 중요하게 작용한다. 그러려면 어린 시절부터의 경험이 뇌의 긍정적 처리 경로 형성에 도움이 되는 방향으로 쌓이는 것이 바람직하다. 어린 시절 자신이 겪은 경험을 스스로 통제할 수 없어 부정적 경로가 이미 형성되어 버렸다면, 이것을 긍정적 경로로 바꾸는 데는 훨씬 더 큰 노력이 들 것이다. 그렇지만 불가능한 것은 아니다. 코브(Korb, 2015/2018)가 이야기했듯이, 일단 작은 행동이라도 시도하는 것이 매우 중요하다. 그러면 이로 인해 점차 더 좋은, 더 긍정적이면서도 강한 행동을 위한 경로가 마련되어 '통할' 준비가 되어 가기 때문이다. 다행히 어린 시절의 경험으로 긍정적인 상승 나선의 통로가 형성되어 있다면, 이것이 특정 경험으로 인해 막히지 않고 항상 잘 통할 수 있도록 주의를 기울여야 한다.

개인 내에서 신체와 정신 간의 관계, 그리고 사회 내에서 개인과 개인 간의 관계, 더 나아가 사회 전체의 구조가 움직이는 방식에서도 '통하는' 과정이 중요한 것은 마찬가지다. 공간의 길 찾기와 마음의 길 찾기가 모두 원활할 때 사회와 개인이 모두 행복할 수 있다. 아무리 훌륭한 생각이어도 흐르지 않고 '갇혀' 있으면 긍정적인 힘을 발휘하지 못한다. 자기 고집에 빠지게 되는, 네트워크 속의 외로운 섬이 될 수 있다. 고인 물은 썩게 되어 있다. 흐르는 물이 건강하다. 물이 이미 썩은 후에 흐르면 잘 흘러도 소용이 없다. 그때는 썩은 물을 정화시키는 방향으로 흐르게 만들어야 한다. 흐름의 방향이 '긍정적'이 될 수 있도록 뇌의 긍정적 나선을 활성화시켜야 한다.

2) 헬스 커뮤니케이션과 미디어

최근에 헬스 커뮤니케이션의 중요성이 부각되는 이유도 지금까지 언급한 통하는 소통과 뇌의 역할이 신체와 마음의 건강에 중요한 요소로 등장하기 때문이다. 헬스 커뮤니케이션은 기본적으로 '건강과 헬스케어 전달에 미치는 메시지의 영향력'에 관심을 둔다(Thompson et al., 2003/2010: 3). 미디어를 통해 접하는 건강 관련 메시지는 참으로 다양하다. 병원 안에 비치되어 있는 안내 책자, 보건복지부에서 제공하는 기침 예절 홍보 동영상, 신문과 SNS 등에 실리는 전문가의 칼럼, 담뱃갑 경고 그림, 의사와 환자 간의 커뮤니케이션 등 우리 삶의 상당히 많은 영역에 헬스 커뮤니케이션이 들어와 있다. 최근에는 건강 관련 앱을 스마트폰에서 활용하는 방식과 관련된 내용도 다룬다.

그런데 정작 이러한 헬스 관련 메시지들이 미디어를 이용하는 사람들의 '뇌의 작용'이나 이후의 건강 및 행복과 어떻게 관련되는지를 다룬 연구는 많지 않다. 캐리어의 《스마트폰에서 소셜 미디어로 From smartphones to social media》(2018)는 이러한 방면에 생각할 거리를 제공한다. 그는 먼저 첨단 미디어 기술이 우리의 잠을 방해하고 있음을 지적한다(p.227). 우리가 미디어를 이용하는 시간이 많아질수록 몸을 움직이는 활동은 그에 비례해 줄어들 뿐만 아니라, 잠자는 시간도 줄어든다.

영국의 11~18세 청소년 600명을 대상으로 한 조사 결과에 따르면, 비디오 게임은 이들의 신체 건강(특히 BMI 지수)에 좋지 않은 영향을 주었지만 휴대폰 이용은 그렇지 않았다(Carrier, 2018: 227~228). 그나마 휴대폰은 움직이면서 사용할 수 있는 미디어 기기이므로 움직임의 양을 감소시켜 BMI 지수를 증가시키는 방향의 영향을 주지는 않았던 것이다. 그러나 대체로 새로운 미디어를 활용할 수 있는 여지가 많아질수록 잠이나 운동 등이 미디어 사용으로 대체되어 건강에 부정적인 영향을 준다고 캐리어는 주장한다.

반면 스마트폰으로 개인의 건강을 추적할 수 있어 미디어가 건강에 긍정적인 작용을 하기도 한다. 특히 신체 활동이 스마트폰의 기록에 남아 있고 이것을 다른 사람들과 비교도 하면서 더 많이 움직이는 동기가 발생하는 점은 긍정적이다. 또한 신체 및 정신적 요소를 포함한 스트레스 정도도 휴대 가능한(또는 착용할 수 있는) 미디어 기기로 추적할 수 있다. 개인의 일상적 건강을 미디어를 통해 관리할 수도 있다. 항상 몸에 지니고 다니면서 정지해 있을 때마다 게임에 빠지는 일을 조절할 수 있다면, 휴대폰을 긍정적인 동기 부여 도구로 잘 활용할 수 있다면, 미디어가 선으로 기능할 여지가 얼마든지 있다.

미디어를 포함한 기술의 발전은 우리의 신체 건강에 영향을 주는 것 못지않게 우리의 정신 건강에도 영향을 준다. 이와 관련해 한국에서 발생한 세 가지 사례가 있다(Carrier, 2018: 238). 첫 번째는 게임 중독에 빠진 한 청소년이 어머니를 먼저 살해한 후 자살한 사건, 두 번째는 23세 청년이 중독 치료를 잘 받았으나 게임 세계에서의 우정을 상실한 대가가 너무 크게 다가와 결국 자살한 사건, 세 번째는 한 젊은이가 잠도 안 자고 먹지도 쉬지도 않고 게임만 하다가 마침내 게임이 끝났을 때 죽게 되었다는 사건이다. 이 사례들은 매우 극단적인 것들이지만, 한 번 게임에 중독되어 뇌가 망가지기 시작하면 얼마나 비참한 최후까지 이어질 수 있는지를 보여 준다.

　인터넷 중독은 단지 온라인에서 시간을 많이 보내는 것만을 의미하지는 않는다. 온라인상의 관계에 지나치게 몰입하면 현실 관계도 큰 타격을 입는다. 우리 뇌는 우리가 '실제' 세계를 보고 있는 것인지 '가상' 세계를 보고 있는 것인지 잘 구분하지 못한다. 물론 미디어 자극을 받기 '시작할' 때는 '내가 가상 현실 체험을 이제 시작할 것이다'라는 생각할 수 있다. 하지만 일단 그 세계로 들어가면 뇌는 그것을 하나의 환경 자극으로 받아들여 우리가 실제 환경 속에서 겪는 자극의 입력을 예측하고 처리하는 방식과 똑같이 처리하기 때문에 구분이 안 되는 것이다. 뇌로 들어오는 자극이 게임 스토리든 가상 현실이든 실제 인물의 이야기든, 뇌는 여러 자극들을 받아들이며 뉴런 활동의 조합과 소통, 신경전달물질의 배출 등을 통해 실제 상황 속의 사건과 비슷한 감정을 느끼고 생각을 하며 예측하고 예측을 수정해 나아갈 뿐이다.

　우리 주변의 환경을 건강하게 만드는 것이 우리 신체의 건강과 마음의 건강에 매우 중요하다. 주변의 환경은 자연환경과 물리적 환경 및 미디어뿐만 아니라 주변 사람들로 이루어지는 사회 환경도 포함한다. 예를 들어 부모의 학대로 인해 격리되어 치료를 받은 아이가 또다시 학대하는 부모와 함께 살게 된다고 하자. 이러한 '학대하는 부모'라는 환경은 아이에게 결국 부정적인 뇌의 경로를 (처음 형성될 때보다) 더 빨리 재생시키는 결과를 낳게 되고 애써 받은 치료도 무용지물이 되어 버릴 것이다.

누군가와 지지적 대화를 나눔으로써 '변연계의 반응성'을 낮추는 것(Korb, 2015/2018)과 '의식의 엔트로피'를 낮추는 것(황농문, 2011)은 모두 마음의 안정을 지향하는 과정이다. 이는 11장에서 제안할 '감정 굴곡의 민감성 모델'이 시사하는 '부정적 정서에 대한 민감성'을 낮추는 것과 유사한 효과를 가져올 수 있다. 신체적, 정신적 변화를 조금씩 다른 용어로 표현했을 뿐, 우리 몸과 마음에서 일어나는 변화는 동일할 수 있다.

이 과정을 우리 뇌에서 일어나는 과정으로 설명하면, 예컨대 우울증의 경우 전두엽과 변연계 간의 소통에 이상이 생긴 것이다(Korb, 2015/2018: 284). 심리 치료 과정은 변연계의 활동을 정상화하여 이들이 다시 잘 통하게 만드는 과정이다. 독일의 한 연구(Buchheim et al., 2012)에 따르면, 우울증 환자들을 정신분석 치료한지 1년 후 그들에게 고립감, 대인관계의 어려움 등을 떠올릴 수 있는 사진을 보여 주면서 fMRI를 살펴보았다. 그 결과, 치료 전에 우울증으로 인해 내측 전전두피질 활동을 더 많이 보였던 사람들(해당 이미지들을 자기 초점적, 감정적으로 처리하고 있었음을 의미함)이 건강한 사람들과 유사한 상태로까지 내측 전전두피질 활동을 감소시켰음을 발견하였다. 편도체, 해마, 복측 전대상피질의 반응성도 감소하여 변연계의 반응성이 낮아짐으로써 우울증도 치료되었다.

우울증 치료 이전에는 환자들의 변연계가 '감정적' 정보와 '중립적' 정보를 잘 구분하지 못했으나(이로 인해 뇌가 하강 나선으로 향하게 됨), 치료 후에는 감정적 정보와 비감정적 정보를 잘 구분하였다(Ritchey et al., 2011). 이러한 연구 결과도 편도체, 해마 등 변연계의 핵심 영역들이 구별 활동을 더 잘하게 되어 전두엽과 변연계 간의 소통이 회복된 것이라고 할 수 있다.

이와 같은 뇌의 긍정 효과, 마음의 긍정 효과를 가져오기 위해서는 환경, 자연, 예술, 그리고 주변의 좋은 사람들이 유용한 도구가 된다. 이러한 환경, 자연, 예술, 사람들을 잘 버무려 담아낼 수 있는 것이 미디어이기에 미디어를 잘만 활용하면 이를 토대로 마음의 평화, 마음의 건강을 찾을 수 있게 되는 것이고, 이것이 긍정 미디어 심리학의 핵심이 된다.

3) 디지털 헬스케어와 미디어 기술

디지털 시대가 되면서 콘텐츠 공유와 함께 미디어 소유자의 건강 상태, 활동량, 또는 우울한 정도 등을 스마트폰이라는 미디어를 통해 파악할 수 있게 되었다. 스마트폰에 내재되어 있는 센서를 통해 휴대폰 소유자의 건강 관련 변인들을 체크할 수 있게 된 것이다.

우리가 자연스럽게 사용하는 스마트폰에 부착되는 센서의 수도 점점 더 증가하고 있다. 이 센서는 우리의 활동이나 상태 중 일부를 감지하여 우리에게 신호를 보내 주기 때문에, 마치 다른 사람과 상호작용하듯 우리는 이 센서들을 통해 우리 자신과, 그리고 주변 환경과의 상호작용이 가능하다. 내가 오늘 몇 걸음을 걸었는지, 내 얼굴이 휴대폰과 얼마나 가까이에 있는지, 주변의 밝기는 어떠한지 등에 관한 정보를 나는 인식하지 못하지만 휴대폰은 다 알고 있다.

커뮤니케이션을 "한 개체와 다른 개체가 정보의 흐름을 통해 의미를 공유하는 것"이라고 정의한다면(나은영, 2015), 이처럼 휴대폰 센서를 통해 개인이 환경과 뭔가 의미를 공유하는 것도 크게 보아 커뮤니케이션에 속한다고 할 수 있다. 여전히 인간을 중심으로 본다 하더라도 인간이 소통할 수 있는 대상은 휴대폰 센서를 통해 점점 더 확대되고 있는 것이다. 컴퓨터 비전 등의 발전으로 인간의 감각 기관 일부를 기계가 조금씩 대체해 가고 있는 요즈음, 인간 대 기계, 인간 대 자연 등의 이분법적 구조를 벗어나 조화 속에서 함께 바라 보아야 할 필요성이 증가하고 있다(김주옥, 2019).

최근에 각광받는 디지털 헬스케어 분야는 디지털 미디어 기기 가 단순히 콘텐츠를 매개하는 도구에서 더 나아가 미디어 소유자의 건강 지킴이 역할까지 하게 되었음을 구체적으로 보여 준다(최윤섭, 2020). 특히 모바일을 넘어 웨어러블 기기로까지 발전이 이루어짐에 따라 스마트폰으로 심박수와 활동량 등은 물론 부정맥 진단, 혈당 관리까지 가능해졌다. 특히 IBM 왓슨을 이용한 혈당 관리용 슈거아이 큐 앱은 사용자가 입력한 식습관, 인슐린 사용법 등의 데이터를 합하 여 몇 시간 뒤의 혈당 변화를 예측할 수 있다(최윤섭, 2020: 354). 이쯤 되면 처음에는 소통 수단으로 개발된 휴대폰이 알람 시계, 지도책, 수첩, 명함집 등 생활 기기의 대체(이진아·나은영, 2012)에 이어 이제 개 개인의 건강 관리 기기로서의 기능까지 하게 되었다고 할 수 있다.

미디어 이용 패턴으로 불면증도 알 수 있고, 언어 사용 패턴에 서 정신 건강도 일부 파악할 수 있다. 스마트폰을 통해, 또는 스마트 폰 이외의 기기를 활용한 페이스북, 트위터, 인스타그램 등 SNS를 통해 디지털 방식으로 드러난 '디지털 표현형'은 우리 삶의 모습을 다양한 방식으로 드러낸다. 그림 10-2에서 알 수 있듯이, 트윗의 양 과 내용을 살펴보면 불면증과 관련된 증상을 추론할 수 있다. 생각 을 멈출 수 없어 잠을 이룰 수 없다든지, 피곤하지만 잠을 잘 수 없 다든지, 나만 깨어 있는 것 같다든지 하는 내용이 트위터에 자주 올

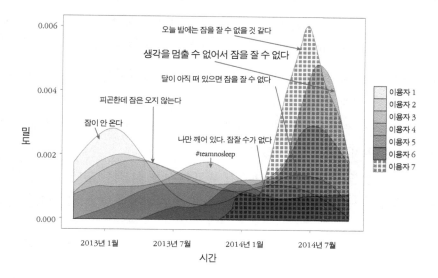

그림 10-2 불면증과 관련된 트윗의 빈도

출처: Jain et al., 2015; 최윤섭, 2020: 197.

라오며, 특히 대부분의 사람들이 잠을 자는 시간에 트위터에 이런 내용이 업로드되는 경향이 있다(Jain et al., 2015; 최윤섭, 2020: 197).

정신 건강과 관련된 미디어 이용 패턴 연구는 그리 많지 않다. 이와 관련된 한 연구(Dagum, 2018)에서 20~30대 피험자 27명을 대상으로 인지 테스트 진행 후 7일 간의 스마트폰 사용 패턴을 분석하였다(최윤섭, 2020 재인용). 그 결과, 숫자 거꾸로 세기, 논리적 기억력, 간편 시공간 기억 검사 등 인지 능력 검사 점수가 스마트폰 이용 패턴과 높은 상관관계를 보이는 것으로 나타났다.

더욱 흥미로운 것은 미디어 이용자의 이용 패턴을 보면 정서 상태까지 알 수 있다는 연구 결과들이다. 특히 스마트폰 사용 패턴 중 우울증의 정도와 관련 있는 지표들은 장소의 다양성, 엔트로피, 집에 머무는 시간, 생활의 규칙성, 움직인 거리, 전화 사용 빈도, 전화 사용 시간 등이었다. 그림 10-3에서 알 수 있듯이, 우울한 사람이 그렇지 않은 사람보다 엔트로피와 장소 다양성, 생활의 규칙성은 더 낮으며, 집에 머무는 시간, 전화 사용 시간과 빈도 등은 더 높다. 스마트폰 이용자들의 위치를 5분마다 GPS로 추적한 데이터로서 신뢰할 만한 자료라고 할 수 있다.

우울증 환자와 정상인은 인스타그램 사용 시 색감 필터의 사용에서도 차이를 보인다. 우울증 환자의 경우 사진을 흑백으로 만들

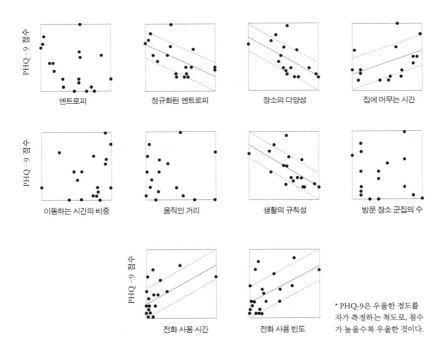

그림 10-3 스마트폰 사용 패턴과 우울증 간 상관관계

출처: Saeb et al., 2015; 최윤섭, 2020: 190.

어 주는 잉크웰inkwell 필터를 좀 더 많이 사용하는 경향이 있으며, 정상인의 경우는 이와 대조적으로 색감을 더 밝게 해 주는 발렌시아valencia 필터를 좀 더 많이 사용하는 경향이 있었다(최윤섭, 2020: 204). 이는 전반적으로 우울증 환자들이 더 어두운색, 푸른 계통의 색, 단색을 선호하는 경향이 있다는 연구 결과들(Barrick et al., 2002; Boyatzis & Varghese, 1994; Hemphill, 1996)이 미디어 이용에도 반영되어 나타난 것이라고 해석할 수 있다.

우리가 사용하는 디지털 미디어에는 우리가 어떤 사람인지가 나타나게 된다. 이것을 '디지털 표현형digital phenotype'이라 할 수 있는데(Jain et al., 2015; 최윤섭, 2020: 205), 여기에는 우리의 '건강'이나 '정서'와 관련된 내용들이 상당히 많이, 그리고 비교적 정확히 담긴다는 사실이 매우 중요하다. 우리가 사람과 사람 사이의 소통을 보다 쉽게 하기 위해 개발한 미디어 기술이 무선화, 개인화되면서 한 사람 한 사람 바로 옆에 붙어 이제 개개인의 내적 상태와 소통하는 형국이 된 것이다.

이러한 기술의 발전이 디지털 헬스케어의 형태로 긍정적 활용의 가능성을 열어 놓았다는 점은 부인할 수 없다. 반면에, 나에 관한 신체 건강, 활동량, 위치, 정서 상태 등이 나뿐만 아니라 디지털 미디어 네트워크상에 있는 모든 이와 공유된다는 것은 익명의 과정을 거친다 해도 뭔가 불편한 마음이 들게 하는 것도 사실이다. 기술의 발전은 언제나 양지의 혜택과 함께 음지의 단점을 갖고 있기에, 이 둘 사이의 균형을 잘 고려하여 도움이 되는 방향으로 이끌어 가야 할 책임 또한 우리 인간에게 있다고 할 수 있다.

11장

미디어를 통한 힐링

1. 감정의 변화와 미디어를 통한 힐링

1) 기본적인 감정 구분과 힐링의 방향

미디어를 통해 울고 웃는 과정에서 사람들은 마음의 변화, 감정의 변화를 경험하며 분노도 느끼고 편안함도 느낀다. 긍정적이면서도 각성 수준이 중간 정도인 상태를 추구하는 것이 힐링의 방향이라고 본다면(그림 11-1 참조), 인간은 분노와 우울에서 벗어나 평온함 속에서 신남을 추구한다고 할 수 있다. 화가 나 있다면 각성 수준을 낮추면서 긍정적인 평온의 방향으로, 우울한 상태라면 각성 수준을 높이면서 긍정적인 신남의 방향으로 변화를 추구하는 것이다.

그렇다면 감정이 움직이는 방향과 속도는 어떤 특성이 있으며, 미디어 콘텐츠가 여기에 영향을 주는 방식은 어떠한지, 또한 이러한 방식은 개개인의 특성에 따라 어떻게 달라질 수 있는지를 살펴보자.

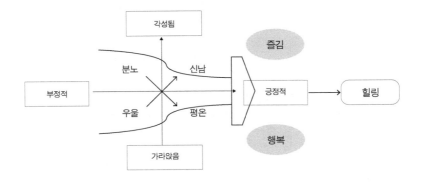

그림 11-1　분노와 우울에서 벗어나 평온함 속에서 신남을 추구

출처: 나은영, 2010: 21의 그림을 일부 변형, 발전시킴.

2) 감정 기준선의 개인차: 감정 굴곡의 기준선 모델

사람들은 기본적으로 중간 정도의 각성 수준을 유지하고 있을 때 최상의 수행 실적을 보인다(Hebb, 1955; 나은영, 2010). 생리적 각성 수준으로 표출되는 심리적 긴장이 지나치게 높아도 수행 실적이 저조해지며, 지나치게 낮아도 저조해진다. 적절히 깨어 있으면서도 지나치게 긴장한 상태가 아닐 때, 즉 최적의 각성 수준에서 최상의 컨디션을 유지하며 실력을 가장 잘 발휘하게 되는 것이다.

　그림 11-2에서 보듯이, 이 '최적'의 각성 수준은 개인에 따라, 시대에 따라, 문화에 따라 다를 수 있다(나은영, 2010; 나은영·나은경, 2019). 어떤 사람은 너무 조용한 것보다 조금씩은 사람들이 움직이는 소리, 잔잔한 음악 소리 등이 들릴 때 더 공부가 잘 되어 그림 11-2의 C 정도 각성 수준에서 수행이 최대가 된다. 또 다른 사람은 조용할 때 집중이 더 잘 되어 그림 11-2의 A 정도 각성 수준에서 수행이 최대가 된다. 태어날 때부터 상대적으로 자극 수준이 높은

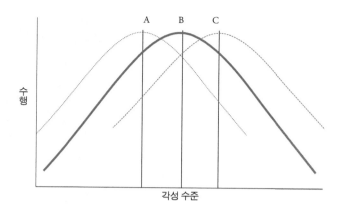

그림 11-2 개인차에 따른 최적 각성 수준 모델의 변환

출처: 나은영·나은경, 2019: 337; Hebb, 1955 참조.

환경 속에서 자라 온 신세대는 전자에 해당하여 도서관보다 카페에
서 더 잘 집중하는 데 비해, 비교적 조용한 시대를 살아 온 장노년층
의 경우 작은 음악 소리도 집중에 방해를 느낄 수 있다(나은영·권예
지, 2016). 이처럼 개인, 세대, 문화권에 따라 적절한 각성 수준이 달
라지는 것은 감정 및 심리와 관련된 원리들에 포괄적으로 적용될
수 있다.

　미디어 수용 과정에서 감정의 변화가 어떻게 이루어지는지에 관
해 나은영과 나은경(2019)은 그림 11-3과 같은 '감정 굴곡의 기준선
모델'을 제안한 바 있다. 이들은 레이건 등(Reagan et al., 2016: 6)의 연
구에서 여섯 가지 내러티브 구조에 따른 정서의 변화를 포물선으로
표현한 그래프들을 일반화하여 모형화하면서 정서의 기준선을 추가
하고, 앞서 언급한 바와 같이 이 기준선이 사람마다 다를 수 있다는
점에 착안하여 모델을 제안한 것이다.

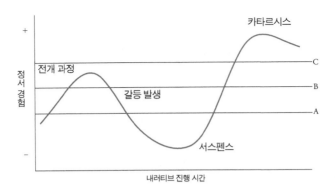

그림 11-3 감정 굴곡의 기준선 모델

출처: 나은영·나은경, 2019: 340.

　동일한 내용의 미디어에 노출되더라도 사람들마다 받아들이는 데 차이가 발생한다. 이는 감정의 기본 재료가 되는 과거의 경험이 사람마다 다르기 때문이다. 감정 굴곡의 기준선 모델에 따르면, 레이건 등(Reagan et al., 2016)의 주장과 마찬가지로 일단 우리가 미디어의 스토리나 장면을 접할 때 내러티브의 진행 시간에 따라 감정의 등락을 경험한다고 가정한다. 일반적으로 전개 과정에서는 이야기에 대한 기대 등으로 비교적 긍정적인 방향으로 감정이 강해지며, 이어 갈등이 발생하는 시점부터 서스펜스를 비롯한 다소 긴장된 상태의 부정적 감정이 강해진다. 이어 가장 극적인 갈등과 긴장이 발생하는 지점에서 서스펜스가 극도로 강해지는 변곡점을 지나 마침내 갈등이 해결되며 극적인 카타르시스를 느끼는 긍정 감정으로 급변하면서 대단원의 막을 내린다.

　나은영과 나은경(2019)은 이러한 감정의 포물선에 감정 기준선을 그림 11-3과 같이 추가하였다. 감정 기준선이 A인 사람은 긍정 감정의 역치가 낮아 웬만한 일에 기뻐할 수 있는 사람이며, 감정 기준선이 C인 사람은 긍정 감정의 역치가 높아 매우 기쁜 일이 아니면 기뻐하기 힘든 사람을 의미한다. B는 보통 사람들의 감정 기준선이라 할 수 있다. 이 책에서 지금까지 논의한 감정과 뇌의 관계에서 본다면, 감정 기준선이 A인 사람이 동일한 환경이나 미디어 자극으로 더 큰 기쁨을 느껴 뇌가 상승 나선을 탈 가능성이 높고, 긍정 감정의 선순환을 느낄 가능성이 더 크다고 할 수 있다.

3) 감정 변화 민감성의 개인차: 감정 굴곡의 민감성 모델

나은영과 나은경(2019)이 제안한 '감정 굴곡의 기준선 모델'에서 한 단계 더 나아가, '감정 굴곡의 민감성 모델'을 새로이 제안한다. 이 모델은 감정이 변화하는 과정에서 '급격히' 변하는 사람과 '서서히' 변하는 사람 간의 차이, 그리고 긍정 감정에서 부정 감정으로 움직일 때 급격히 또는 서서히 변하는 사람과 그 반대로 부정 감정에서 긍정 감정으로 움직일 때 급격히 또는 서서히 변하는 사람 간의 차이에도 주목하여 감정 굴곡의 기준선 모델을 변형한 것이다. 이는 그림 11-4와 같이 표현할 수 있다.

감정 굴곡의 민감성 모델에서는 미디어 내용을 감상하는 과정에서의 감정 변화의 민감성이 포물선의 '기울기'로 나타난다. 감정이 급격히 변화하면 포물선의 기울기가 급하며, 감정이 서서히 변화하면 포물선의 기울기가 완만하다. 구체적으로, 애초에 부정 감정 경험이 긍정 감정 경험보다 많이 쌓여 있는 사람은 부정 감정에서 긍정 감정으로 변화할 때는 천천히 변화하나 긍정 감정에서 부정 감정으로 변화할 때는 빨리 변화함으로써(그림 11-4의 아래 참조), 뇌의 작

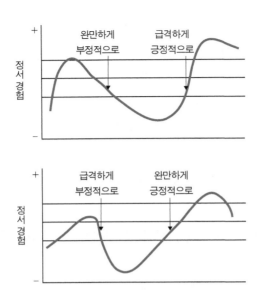

그림 11-4 감정 굴곡의 민감성 모델: 긍정 정서의 민감성이 더 높은 경우(위)와 부
정 정서의 민감성이 더 높은 경우(아래).

용도 하강 나선을 그릴 확률이 높아진다.

　반대로, 애초에 긍정 감정 경험이 부정 감정 경험보다 많이 쌓여
있는 사람은 부정 감정에서 긍정 감정으로 변화할 때는 빨리 변화하
나 긍정 감정에서 부정 감정으로 변화할 때는 천천히 변화함으로써
(그림 11-4의 위 참조), 뇌가 상승 나선을 그릴 확률이 높아진다. 하강
나선이든 상승 나선이든 어느 한쪽의 나선으로 들어서면 뇌는 또 습
관적으로 그 방향의 처리를 강화하려는 경향이 있을 것이다.

　우리가 노력해야 할 방향은 분명해진다. 비록 모든 노력이 빠른
시일 내에 긍정적인 효과로 이어지지는 않을지라도, 우리가 조금씩
노력해 나아감에 따라 우리 뇌는 점차 하강 나선을 벗어나 상승 나
선을 탈 수 있게 될 것이다. 긍정적 미디어 콘텐츠의 효과를 즐기며

뇌와 마음의 힐링을 바탕으로 더욱 의미 있는 인생을 살아갈 수 있게 될 것이다.

2. 명상과 뇌

뇌의 긍정적 작용과 우리 삶의 웰빙에 미치는 영향의 측면에서 볼 때, 긍정 미디어 심리학과 명상의 효과에 유사성이 있다. 둘 모두 긴장을 이완시키고 우리 마음에 평화를 가져다주며 뇌가 상승 나선을 그려 이후의 행동도 바람직한 방향으로 이어지는 데 도움을 주기 때문이다.

1) 명상 후 뇌의 변화

명상과 뇌 관련 연구들의 동향을 살펴보면(김병수·박성식, 2013), 정서 안정과 연관시킨 연구들이 가장 큰 비율을 차지하고 있다. 이어 뇌 기능, 뇌파 및 주의 집중, 호르몬 등과의 관계에 관한 연구들이 그 뒤를 잇고 있다.

동양식의 명상을 통한 마음의 평화가 뇌의 작용과 관련이 있음을 보이는 연구들도 축적되고 있다. 1960년대 하버드의대의 허버트 벤슨Herbert Benson 교수를 필두로 동양 명상에 대한 과학적 연구가 서양에서 시작되었다(양현정, 2017). 1970년대의 뇌파 연구, 1990년대의 fMRI, PET 등 첨단 뇌 영상 기기의 발전에 힘입은 뇌 상태 연구 등이 이어지며 명상과 뇌의 관계에 관한 신비가 하나둘 벗겨지기 시작했다.

단기간 명상을 한 경우와 장기간 명상을 한 경우 모두 뇌의 백색질에 변화를 보이는 것으로 관찰되었다(양현정, 2018). 구체적으로, 척수나 뇌량 등에서 많이 발견되는 백색질에 미엘린myelin(수초)이 많은데, 이것은 학습이나 사회성 및 신경 질환과 연관성을 보여 인간의 정신 건강 및 정신 활동과 관련이 있음을 시사한다. 4주간의 단기 명상 결과(Tang et al., 2012), 백색질 효율성과 미엘린 향상, 축색 밀도의 변화 및 기분 향상이 발견되었다. 또한 3년 5개월간 장기 명상 결과(Kang et al., 2013), 정서를 조절하는 것으로 알려진 내측 전전두엽에서 백색질이 눈에 띄게 증가한다는 사실도 발견하였다. 이러한 결과들은 명상이 최소한 우리 뇌와 관련된 정서의 측면에서 매우 긍정적인 효과를 보인다는 사실을 입증했다고 볼 수 있다.

　　특히 아주 오랜 기간 명상을 한 사람들의 뇌에는 어떠한 변화가 생길까? 명상을 1만~1만 5000시간 가량 오랫동안 해 온 티베트의 승려 175명의 뇌를 분석한 위스콘신대학교 리처드 데이비슨Richard Davidson 연구팀의 결과를 보면, 그 승려들은 우측 전전두엽의 활동에 비해 좌측 전전두엽의 활동이 더 활발했다(전채연, 2012). 이곳은 기쁨, 행복, 열정, 낙천성 등이 연관된 부위로 알려져 있다.

　　명상이 어떠한 과정을 통해 감정 조절에 영향을 주는지에 관한 모델은 그림 11-5에 요약되어 있다. 이 그림에서 주의 조절이란 자신의 주의를 집중하고 조절할 수 있는 능력을 말하며, 감정 조절이란 자신의 감정을 조절할 수 있는 능력을 말한다. 자기 지각 또는 자기 인식은 신체의 알아차림과 자기 관점의 변화를 통해 이루어지는 것으로, 이 모든 과정의 결과로서 자기 조절을 성취할 수 있게 된다. 여기서 신체의 알아차림이란 '내수용적 감각의 알아차림'으로, 미묘한 신체적 감각들을 알아차리는 능력을 말한다(이승호, 2015b: 47 참

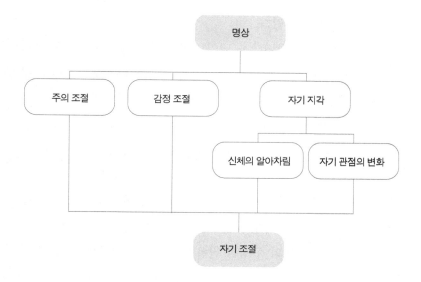

그림 11-5 명상을 통해 자기 조절에 이르는 과정

출처: 이승호, 2015b: 47.

조). 뇌의 구성주의를 강력히 주장한 배럿(Barrett, 2017)도 이와 같은 내수용적 감각의 알아차림이 명상을 통한 마음의 편안함 회복에 관련이 있음을 강조한 바 있다.

2) 명상, 긍정 정서 및 뇌의 관계

명상이 뇌의 변화를 일으키는 것은 긍정 정서의 증가 및 부정 정서의 감소와도 관련이 있다. 친사회적 행동과 관용이 안녕감을 유발하는 과정도 신경학적 바탕을 지니고 있다. 안녕감well-being은 순간적인 행복감, 즉 쾌락보다 더 지속적이며 장기적인 긍정 정서로 정의된다. 따라서 전반적으로 높은 수준의 안녕감을 지닌 사람도 순간적으로는 덜 행복할 때도 있다.

이승호(2015a)는 안녕감을 뇌의 가소성plasticity에 근거해 설명한다. 아리스토텔레스는 안녕감을 순간적 쾌락주의와 행복주의로 구분하는데, 행복주의가 더 바람직하고 지속적인 상태라 할 수 있다. 뇌의 중앙 안쪽에 자리잡고 좋은 느낌이나 보상과 깊은 관련성을 지니고 있는 복측 선조체가 이러한 정서와 깊은 관련성을 지닌다.

전통적으로 감성을 담당한다고 생각해 왔던 피질하subcortical 영역과 이성을 담당한다고 생각해 왔던 대뇌피질이 서로 밀접한 상호작용을 하고 있다. 우리가 순간적인 행복감을 느낄 때와 지속적인 안녕감을 느낄 때 뇌의 구성과 작용은 다르다. 정서신경과학 및 사회신경과학 분야의 최근 연구에 따르면, 안녕감은 ① 긍정적 정서의 유지, ② 부정 정서로부터의 회복, ③ 친사회적 행동과 관용, ④ 산만한 정신과 마음 챙김, 그리고 정서적 고착으로 구성된다(Davidson & Schuyler, 2015; 이승호, 2015a: 43). 뇌는 변화할 수 있는 가소성이 있기 때문에 명상 등을 통해 얼마든지 더 좋은 상태로 달라질 수 있다.

예를 들어, 복권에 당첨되었다고 상상할 때나 출산 후 자기 아이의 얼굴을 보여 주었을 때 fMRI 결과 각각 복내측과 복외측 전전두엽 부위가 활성화되었다(Costa et al., 2010; Nitschke et al., 2004). 부정적 정서보다 긍정적 정서를 느낄 때 이 부위가 편도체와 기능적으로 연결되는 경향이 더 강했다. 활성화되는 뇌의 부위는 두꺼워지는 경향이 있으며, 이는 명상 수련 후 전두엽피질이 두꺼워지는 현상과 관련이 있다(이승호, 2015a). 실제로 한국식 명상의 하나인 뇌파 진동 Brain Wave Vibration 수련을 받은 사람들이 그렇지 않은 사람들보다 우울감이 감소하고 긍정 정서가 증가했다는 실험 결과가 있다(Lee et al., 2015).

이와 같은 단기적 행복감에 더하여, 지속적 안녕감을 느끼기 위해서는 부정적 상황이 발생했을 때 이를 더 빨리 극복하는 과정, 즉 회복탄력성도 중요하다. 비교적 최근의 한 연구(Davidson & Schuyler, 2015)에 따르면, 복측 선조체와 배외측 전전두엽의 활동이 긍정적 정서의 지속성과 정적 관계를 보였고(그림 11-6 참조), 이것은 스트레스의 지표인 코르티솔의 분비와 부적 관계를 보였다. 복측 선조체의 일부인 중격핵septal nucleus은 보상 및 긍정적 정서와 관련이 깊은 부위다. 중격핵을 계속 자극하면 초기에는 일반인과 우울증 환자가 유사한 반응을 보이다가 시간이 지나면 일반인과 달리 우울증 환자의 경우 이 활동이 지속되지 않는다. 또한 목표 지향적 행동 및 통제를 담당하는 중전두회와 중격핵 간의 관계가 일반인의 경우는 지속되는

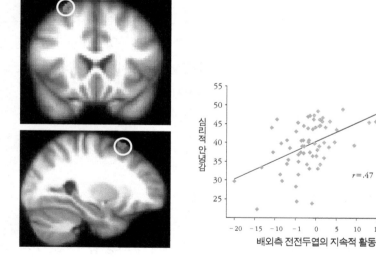

그림 11-6 뇌의 오른쪽 배외측 전전두엽의 지속적 활동에 따른 심리적 안녕감 변화

출처: Davidson & Schuyler, 2015: 93; 이승호, 2015a: 46.

데 비해 우울증 환자의 경우는 지속되지 않는다(이승호, 2015a). 이로 미루어 보아, 복측 선조체의 활동이 지속될수록 긍정적 정서도 지속되어 안녕감도 이어짐을 알 수 있다.

흔히 명상을 할 때 잔잔한 자연의 소리를 닮은 음악과 함께하는 경우가 많다. 예술 치료에 속하는 음악의 치유 효과도 명상의 효과와 연계되어 작용할 가능성이 크다. 좋은 예술 작품이나 여행 중 편안한 풍경을 보며 마음이 치유되는 과정도 우리의 감각 기관으로 들어오는 정보를 뇌가 처리함으로써 마음의 평화를 얻는 총체적인 과정의 하나라 할 수 있다.

3. 미디어 테라피

미디어를 통한 마음의 치유는 음악이나 미술 등 예술 활동을 포함한 미디어 내용을 '수용'하는 과정에서도 가능하며 무엇인가를 '표현'하는 과정에서도 가능하다. 2부에서 다룬 미디어를 수용하는 과정에서 작용했던 감정은 '수용' 과정의 치유에서 긍정적 역할을 할 것이고, 미디어 표현 과정에서 작용했던 감정은 '표현' 과정의 치유에서 긍정적 역할을 할 것이다.

1) 음악이 뇌와 마음에 미치는 영향

음악은 광고, 드라마, 영화 등 미디어 콘텐츠의 배경 음악으로서 사람들의 감정에 큰 영향을 주기도 하고, 그 자체로서 마음의 평화와 감동을 주는데도 큰 역할을 한다. 음악과 뇌의 관계를 비교적 상세히 설명한 올리버 색스Oliver Sacks의 《뮤지코필리아*Musicophilia*》에 따르면(Sacks, 2007/2008), 실제로 음악을 '듣지' 않더라도 연주를 상상하거나 다른 사람이 건반을 두드리는 손을 보기만 해도 실제 연주와 유사한 효과를 가져올 수 있다. 물론 상상의 정도에는 음악 적성에 따른 개인차가 있지만, 우리는 뇌를 통해 기대를 품고 암시를 얻을 수 있음을 의미한다.

또 한 가지 재미있는 현상은 실제로는 볼륨을 거의 0에 가깝게 줄이거나 노래를 들려준다고 말하고 실제로는 들려주지 않았는데도 들었다고 인식하는 '화이트 크리스마스 효과'다. 1960년대에 이루어진 실험으로, 당시 유명했던 빙 크로스비의 크리스마스 캐럴을 사용해 그런 이름이 붙여졌다. 이것은 사람들의 무의식적 심상이 음악의 '공백 채워 넣기'에 작용한 것으로, 나은영과 나은경(2019)이 언급했던 '채움의 즐거움'에 대한 생리적 근거를 제공하는 것이다. 특히 친숙한 노래 중간에 공백이 있는 부분을 사람들이 의식하지는 못하지만, "친숙한 노래의 공백이 낯선 노래에 있는 공백보다 청각 연합 영역을 더욱 활발히 활성화시키는" 현상을 발견하였다(Sacks, 2007/2008: 61). 음악이든 연극이든 우리는 과거 경험을 바탕으로 상상 및 암시를 통한 '채워 넣음'이 가능하고 이 과정까지 합해 즐길 수 있음을 시사한다.

한 가지 흥미로운 점은 우리의 다섯 가지 감각 중 하나의 감각이 기능을 잘하지 못할 때 다른 감각이 더 민감해질 수 있다는 사실이다. 예를 들어 한 연구(Ockeolford et al., 2006)에서 시각이 결여된 아이들의 경우 촉각과 청각이 매우 뛰어난 것으로 나타났다. 이 연구자가 가르친 시각장애아의 40~60%가 절대음감의 소유자였다(Sacks, 2007/2008: 235 간접 인용). 눈을 감으면 음악이 더 잘 들리고 촉각의 느낌이 더 섬세해지는 것도 이러한 원리에 의한 것이라고 할 수 있다.

음악 중에서 특히 리듬의 효과는 '리듬 청각 자극Rhythmic Acoustic Stimuli'이 뇌졸중 환자의 걷기 기능과 팔 기능 회복에 효과가 있음을 보여 주는 연구들에서 증명되었다(하귀현 외, 2013; Whitall et al., 2000). 알츠하이머 환자들이 기억을 잃을 때 음악적 정보를 더 나중에 잃는다는 사실, 즉 음악과 무관한 기억보다 음악과 관련된 정보를 더 오래 기억한다는 사실도 밝혀졌다(Cowles et al., 2003). 이러한 연구 결과는 음악을 통해 만들어진 기억 흔적이 더 깊이 각인된다는 사실을 의미한다(더 깊은 논의를 위해서는 Thaut, 2005/2009 참조).

음악에서의 감정과 의미 이론을 참조하면, 리듬은 시간적 순서에서 순환적, 주기적 현상을 예상하고 예측하는 과정을 통해 우리에게 영향을 준다. 기대나 예측을 일시적으로 위배하면 각성 수준이 증가하고, 이러한 긴장이 뒤이어 해소되면서 강약의 변화를 즐기는 것이다(Kreitler & Kreitler, 1972; Meyer, 1956; Thaut, 2005/2009). 이것은 마치 우리가 드라마나 영화와 같은 픽션을 즐길 때 어느 정도 익숙하기는 하지만 너무 구태의연하지는 않아야 하고, 코미디를 즐길 때 어느 정도의 기대 위반이 있어야 하는 상황과 유사하다(나은영·나은경, 2019 참조). 감정을 느끼고 즐기기 위해서는 리듬이든 멜로디든 스토리든 시간의 흐름에 따라 사람이 무엇인가를 기대하고, 그 기대가 어느 정도 충족되기도 하면서 가끔은 (또는 빈번하게) 기대가 위반되기도 하는 부분이 있어야 새로움을 느끼면서 즐기게 되는 것이다.

음악에는 우리 뇌의 해마, 전대상피질, 측좌핵 등 변연계 대부분이 관여하며(Brown et al., 2004), 음악을 들으면 마음이 차분해지고 혈압이 낮아질 뿐만 아니라 스트레스도 줄어든다(Sutoo & Akiyama, 2004). 미디어 콘텐츠에 포함된 배경 음악은 물론이려니와 음악 자체만으로도 충분히 사람들의 마음에 긍정적 정서를 충만하게 해 줄 수 있다.

음악은 감정을 표현하게 할 뿐만 아니라 사람들을 하나로 묶어 주는 역할, 믿음을 상징적으로 나타내는 역할 및 교육적 역할 등 다양한 기능을 가지고 있다. 음악이 주는 감정을 통해 사람들에게 공통적인 생각과 행동을 유도하기도 하는 것이다. 이러한 음악의 영향력을 심리 및 신경 손상 영역에서 치료에 활용하는 것이 음악 치료이며, 최근 뇌과학 및 신경과학의 발전으로 그 섬세함이 더해지고 있다.

또 한 가지 흥미로운 점은 음악을 들으며 전율을 느낄 때 활성화되는 뇌의 부위가 '보상 중추,' 즉 우리가 맛있는 것을 먹거나 쾌락을 느낄 때 활성화되는 부위와 같다는 점이다. 이곳은 뇌섬엽, 안와전두피질, 배쪽 선조체 부근이다(Furuya, 2012/2016: 244). 우리가 좋아하는 음악을 듣고 감동을 느낄 때 선조체에서 도파민이 분비되는데, 이 도파민은 우리 뇌가 보상을 받을 때 나오는 신경전달물질이다(Salimpoor et al., 2011). 또한 감동하기 직전에는 특히 선조체 중에서 미상핵 부위의 활동이 상승하며, 측좌핵 부위는 감동하는 바로 그 순간에 활동이 상승한다(Furuya, 2012/2016: 245 간접 인용).

실제로 음악 치료가 전통적인 물리 치료나 작업 치료보다 더 효과가 좋은 경우도 있다. 그 이유로 크리스토프 드뢰서Christoph Drösser(2009)는 음악의 경우 뇌 전체가 관여하기 때문이라고 말한다(p.394). 노래로 실어증을 치료한 사례도 흥미롭다. 고트프리트 슐라우크Gottfried Schlaug 등(2008)이 연구한 뇌졸중 환자는 뇌의 좌반구에 있는 브로카 영역이 손상되어 실어증 증상이 있었다. 그는 자기 이름도 말하지 못했고 생일 축하 노래의 가사도 말로 하지 못했으나, 그 노래를 부르라고 하자 가사까지 잘 불렀다고 알려져 있다. 그 이유는 가사를 포함한 노래는 뇌의 우반구에서 처리되기 때문이었다.

음악을 직업으로 하는 사람들은 뇌의 측두평면Temporal Plane, 즉 청각피질 뒤쪽에 있으며 언어와 음악 처리에 관여하는 곳의 좌우 비대칭성이 일반인보다 더 심하다(Schlaug, Jäncke, Huang, & Steinmetz, 1995). 특히 절대음감을 지닌 음악가는 좌측이 우측보다 훨씬 더 크다는 사실이 밝혀졌다. 그래서 음악을 아마추어로서 즐기기보다 전문 음악가로서 일의 영역에서 음악을 다루는 사람들은 음악 처리 시 상대적으로 더 감정적인 우뇌보다 상대적으로 더 논리적인 좌뇌를 많이 사용함을 알 수 있다.

2) 감정 및 기억 기반의 미술/사진 치료와 영화 치료

미술 치료에서 사진과 디지털 이미지를 활용하는 사례는 최근 들어 더욱 증가하고 있다(이가영·김선희, 2016). 시각 예술을 의사소통의 도구로 활용해 미술 작품 창작 활동을 하면서 표현의 즐거움을 통해 마음이 치유되기도 하고, 억눌렸던 감정이나 기억, 말로 표현하기 힘들었던 부분을 비언어적 방식으로 쏟아놓음으로써 마음의 평안을 얻기도 한다. 이것이 가능한 이유는 미술적 표현 작업을 하는 동안 우리 뇌의 보상 회로가 작동하면서 자각과 통찰을 향상시키기 때문이다(Hass-Cohen & Findlay, 2015: 171~174 참조). 살면서 겪었던 감정 경험, 즉 분노, 두려움, 혐오, 놀람, 즐거움 등과 같은 감정에 미술적 표현이 암시적 접근의 계기를 마련해 주는 것이다.

사진 미술 치료photo art therapy는 사진에서 오려낸 이미지를 드로잉 종이에 붙인 후 다양한 미술 재료를 활용해 그래픽 정교화 graphic elaboration를 시도하는 방법으로(이가영·김선희, 2016: 225 간접 인

표 11-1   상담에서 사진 치료와 미술 치료의 사진 활용 차이

	상담 및 심리 치료에서의 사진 치료 기법	미술 치료에서의 사진 및 디지털 이미지
작업 방법	지시적	지시적에서 비지시적 자발적으로 변화
적용 범위	결과물을 주로 다룸	창조적 과정과 결과물을 모두 다룸
의사소통을 위한 사진 활용	언어를 촉진하는 촉매로 사용	비언어적 의사소통 매체로 사용

출처: 이가영 · 김선희, 2016: 234.

용; Fryrear & Corbit, 1992), 사진을 활용한 미술 치료라 할 수 있다. 이 방법은 자발성과 창조성에 제약을 가한다는 측면에서 비판을 받기도 한다. 세부적인 방법에서는 이처럼 차이를 보이지만, 공통적으로 미술 치료는 이미지와 상상력에 기반을 둔 표현의 잠재성을 극대화한 방법이라 할 수 있고, 그 과정에서 사람들의 감정이 풍성하게 나타나 치유 효과까지 얻을 수 있게 되는 것이다.

미술 치료에서 사진을 활용하는 것과 사진 치료는 몇 가지 차이점을 지닌다. 이가영과 김선희(2016)는 그 차이점을 표 11-1과 같이 정리한다. 상담에서 사진을 활용하든, 미술 치료에서 사진을 활용하든 중요한 것은 사람의 마음을 치유하는 데 비언어적인 '이미지'가 활용되며, 이 이미지가 그 사람이 지금까지 경험해 오면서 축적되었던 뇌 속의 기억과 감정 경로에 영향을 주어 마음의 평안을 증가시킨다는 점이다. 음악과 미술, 사진과 영화 등이 모두 환경 속의 미디어 자극이며, 이것이 담기는 형태가 다를 뿐이다. 그런 의미에서 미디어 테라피로의 발전 가능성은 무궁무진하다고 할 수 있다.

사진 치료(포토 테라피)와 영화 치료(시네마 테라피)도 음악 치료 및

미술 치료와 함께 예술 치료(아트 테라피)에 속한다. 음악과 미술에도 감정과 기억이 당연히 영향을 주지만, 영화와 사진은 특히 그것을 보는 사람들의 기억 속 내러티브를 구체적으로 떠올리는 과정과 더 깊이 관련이 된다.

사진 치료는 영화처럼 동영상 스토리에 음악과 미술이 함께 융합된 미디어 자극이 아닌, 정지된 이미지를 통한 치료에 해당한다. 그러나 여전히 기억과 감정에 의존한다는 점에서 사진 치료와 영화 치료는 유사성을 지닌다. 사진 치료는 실물 이미지를 보았을 때 떠오르는 기억들에 치유의 기반이 존재한다. 이미지에 초점이 있으므로 미술 치료에 더 가깝다고 할 수도 있다.

사진 치료에 활용되는 사진들은 가족사진, 내담자가 스스로 자신을 찍은 사진(셀카), 다른 사람이 내담자를 찍은 사진, 또는 투사 기법이 반영될 수 있는 사진 등이다(이가영·김선희, 2016). 투사 기법은 여러 장의 사진 중 내담자에게 하나의 사진을 고르게 하여 그것으로부터 이야기를 풀어가는 것이다. 사진을 선택하는 과정과 선택된 사진 자체에 내담자의 정서 상태가 반영되어, 이를 잘 분석하면 어떤 문제가 아직 해결되지 않고 남아 내담자를 괴롭히고 있는지를 간접적으로 알 수 있다.

사진 속에는 자신을 바라보는 여러 시선들이 담긴다. 스스로를 어떻게 바라보는지, 다른 사람이 자신을 어떻게 바라보는지, 전체적인 힘의 관계는 어떠한지 등이 담기게 되는 것이다. 특히 가족사진은 어린 시절부터 자라 오면서 어떤 경험들이 기억 속에 담기게 되었는지를 보여 주는 좋은 단서가 된다. 특히 어떤 시선이나 관계의 모습이 반복적으로 표현된다면 이것은 기억과 감정에 강한 영향을 주어 왔을 것이므로 더욱 큰 의미를 지닌다.

특히 노인을 대상으로 한 사진 치료의 기억 특성 및 치유 효과는 다음과 같다(김영숙·임지향, 2015).

집단 미술 치료에서 사진이 노인의 회상 기능에 주는 심리 효과는 과거의 한 장면을 떠올리게 하고 그와 관련된 기억들(잊고 있었거나 희미한 기억 등)을 재생하게 함으로써 과거의 미해결된 감정을 정리하는 데 도움을 줄 뿐만 아니라 과거와 관련된 자신의 생각들을 통합하게 하여 노인이 심리적 안녕감에 도달할 수 있게 하는 치료적 효과를 기대할 수 있다. (김영숙·임지향, 2015: 251)

구체적으로, 노인 대상 사진 치료의 효과는 무료함, 자아 탐색, 회한 및 문제 해결 영역에서 효과를 보이며 불안감을 감소시키고 자아통합감을 향상시켰다.

또한 서로 관계가 소원해진 부부가 관계를 회복하게 되는 데도 사진 치료가 도움을 줄 수 있다. 사진은 대개 특별히 좋은 날, 또는 일상 중에서도 기록에 남겨 둘 만한 의미 있는 날 찍는 경우가 많기 때문에, 그리고 부정적 감정을 느낄 때보다 긍정적 감정을 느끼는 순간에 찍는 경우가 많기 때문에(나은영, 2015 참조), 사진을 보면서 서로 좋은 관계로 지내던 시절의 기억을 떠올리며 관계 회복의 길로 들어설 수 있다. 앞서 살펴본 것처럼 관계의 악화로 인해 뇌의 작용이 부정적 방향으로 흐르던 것을 긍정적 방향으로 돌려놓는 데 이 사진들이 촉발 효과를 지닐 수 있다.

디지털 시대에는 온라인 과정을 통해 이러한 방법들이 보다 편리하게 변용되어 효과를 보기도 한다. 디지털 이미지가 활용되기도 하지만, 디지털 미디어를 통해 지역에 구애받지 않고 네트워킹이 가능해짐으로써 서로 '공유'할 수 있는 영역이 넓어졌다는 점도 큰 장점으로 떠오르고 있다.

영화 치료는 스토리에 음악과 미술이 합쳐져 있는 종합 예술 치료로 볼 수 있다. 예술 치료는 표현 중심의 치료와 감상 중심의 치료로 나뉘는데(심영섭, 2014), 둘 모두 놀이와 상상력의 결합으로 그동안 억눌려 왔던 심리적 문제들이 표출될 기회를 제공함으로써 고통을 치유하고, 기억에 기반을 둔 경험에 변화를 가져오는 과정이 핵심이다. 영화 치료란 용어는 1990년 린다 버그크로스Linda Berg-Cross 등이 처음 사용하기 시작했으며 영화 및 영상 미디어를 심리 치료와 상담에 활용하는 것을 뜻한다.

영화 치료는 순응성, 접근성, 활용가능성, 호기심, 지지, 정서적 통찰, 라포rapport 및 커뮤니케이션의 측면에서 장점을 지니고 있어(심영섭, 2014: 15), 환자가 치료를 받아야 한다는 거부감을 극복하고 주체적으로 영화를 즐기는 가운데 자연스럽게 마음의 치유에 도달할 수 있다. 또한 여러 명이 집단적으로 함께 영화를 보면서 대인관계 측면의 도움도 받을 수 있다.

영화 치료가 사람들의 심리적 치유에 도움이 되는 근거는 어디에 있을까? 먼저, 정신분석학적 입장에서 중요시하는 심리 개념들은 동일시, 투사projection, 모방, 이상화idealization 등과 같이 영화에 등장하는 주인공에 대해 관객이 지니는 마음이다(심영섭, 2014: 18). 영화 속 주인공이나 다른 인물들이 자신과 유사한, 혹은 전혀 다른 삶을 살아가는 모습에 자신의 삶을 비춰 보며 인생의 의미를 곱씹어 보는 가운데 마음속 깊은 곳에 있는 응어리를 풀고 새로운 마음의 자세를 갖추게 되는 것이다. 이런 의미에서 영화 치료는 이 책의 앞에서 논의한 긍정 미디어 심리학의 효과와 일맥상통하는 점이 있다.

이러한 과정에서 주인공과 '동일한' 부분에 초점을 두면 정신분석학적 치유 효과가 더 두드러질 수 있으며, 주인공과 '다른' 삶에 초점을 두면 상황에 대한 새로운 인지적 해석을 돕는 인지 행동 치료적 효과가 더 드러날 수 있다. 유사한 상황도 전혀 다른 방식으로 해석하고 자신과 달리 행동할 수 있는 대안들을 영화 관람을 통해 간접적으로 '경험'하는 것도 역시 이 책의 앞에서 논의한 뇌 안의 과정을 통해 생각과 느낌의 방식이 재배선되는 데 영향을 주는 것이다.

영화 속의 긍정 심리(Niemic & Wedding, 2008/2011), 힐링 시네마 healing cinema 등의 용어와 함께 영화를 마음의 치유에 활용하는 과정들이 널리 쓰이고 있다. 영화 치료의 기법들을 요약해 보면(심영섭, 2014), 영화 속의 등장인물과 동일시하는 데 중점을 두는 '동일시 기법'과 영화 속 등장인물과의 객관적 거리두기를 강조하는 '탈동일시 기법'으로 크게 구분할 수 있다. 동일시 기법에 해당하는 영화 치료에서는 주로 메타포, 내면아이inner child,[17] 역할극 및 스토리텔링을 활용하고 있으며, 탈동일시 기법에 해당하는 영화 치료에는 의식적 자각 상태에서 영화 보기, 부정적 신념 다루기, 필름 매트릭스 및 CIA(correction of innermovie with alienation effect) 기법이 포함된다.

필름 매트릭스란 영화 속에서 자신에게 인상적이었던 인물을 사분면에 적어 넣는 것이다(김춘경 외, 2016). 1사분면에는 좋아하면서도 이해할 수 있는 인물을, 2사분면에는 이해할 수는 있지만 마음에 들지는 않는 인물을 적어 넣는다. 3사분면에는 이해가 되지는 않지만 좋아하거나 존경하는 인물을, 4사분면에는 거의 이해할 수도 없고 부정적인 감정이 드는 인물을 적어 넣는 방법이다.

17   한 개인의 정신 속에 하나의 독립된 인격체처럼 존재하는 아이의 모습을 말한다.

CIA 기법은 내면 영화를 활용해 청각적, 시각적 성질을 바꾸는 방법 등을 통한 영화 치료 기법으로, 먼저 신체 감각을 유도한 다음 내면 영화를 떠올려 이미지화한다(김춘경 외, 2016). 이후 이 내면 영화에 새 음악, 자막, 말풍선 등을 추가한 다음 새 내레이션을 더하고, 등장인물, 배경, 시간을 새로 입힌다. 이것을 액자에 넣고 제3자처럼 바라본다. 끝으로 지금까지의 작업을 토대로 또 다른 내면 영화를 만들어 붙이는 과정을 이어 가는 것이다.

영화 치료의 성공 사례를 몇 가지 살펴보면, 노인 우울증(이수진 외, 2017), 중년 여성 우울증(신경아, 2018), 청소년(심영섭, 2019), 가족(김수식, 2014), 군복무 부적응자 대상(최세일·김완일, 2013) 및 학교 폭력 가해 청소년 대상(김하강·김수진, 2019; 김하강·한미라, 2015) 영화 치료 등 다양한 사례를 찾아볼 수 있다. 영화 치료의 공통점들도 존재하지만 대상에 따라, 그리고 증상에 따라 다른 영화를 선택하여 조금씩 달리 접근해야 하는 이유는 그 대상이 그때까지 경험해 온 내용들이 달라 뇌에서 자극을 받아들이는 방식이 다를 것이기 때문이다.

특히 청소년의 경우 자기중심성을 고려해야 하고 뇌의 발달 단계를 고려해야 한다. 성인처럼 전두엽이 완전한 상태에까지 발달하기 이전이므로 충동적 반응을 보이기 쉽고, 동일한 상황이라도 자신을 중심으로 특수하게 해석할 가능성이 높기 때문이다. 청소년의 경우 성인에 비해 영화 선택의 여지가 좁고, 통찰에 의지한 방법보다는 욕구나 판타지를 충족시켜 대리 만족을 느낄 수 있도록 하는 것이 더 효과적일 수 있다.

특히 학교 폭력 가해 학생의 경우 영화 치료 과정에서 분노를 감소시키는 것이 중요하다. 김하강과 김수진(2019)의 최근 연구 사례를 살펴보면, 도입 단계(1회기)는 프로그램 소개 및 친밀감 형성으로 구성되며, 시작 단계(2~4회기)는 자기효능감 증진과 반사회성 감소가 핵심으로 이루어진다. 이 단계에서 영화 〈폭력 써클〉(2006)을 통해 폭력의 심각성을 인식시키고, 영화 〈키드*The Kid*〉(2000)를 통해 자신에 대한 인식을 증가시킨다. 더 나아가 영화 〈죽은 시인의 사회*Dead Poets Society*〉(1990)를 사용해 긍정적 자아상을 가질 수 있도록 돕는다.

이어 변화 단계(5~6회기)에서는 정서적 안정성 향상과 분노 감소를 이루게 되는데, 등장인물의 감정과 그 원인을 자신의 것과 비교해 보며 정서를 이해하면서 자신의 분노를 더 잘 이해하게 된다. 특히 영화 〈똥파리〉(2009)를 통해 자신의 분노 이해에 도움을 받으며, 영화 〈앤트원 피셔*Antwone Fisher*〉(2002)를 통해 분노를 어떻게 합리적으로 표현할 수 있는지 생각해 본다.

유지 단계(6~9회기)는 사회 기술 향상과 공격성 감소를 초점으로 진행된다. 영화에 등장하는 의미 있는 인물들의 장면을 모방하여 역할극을 진행하거나 자신의 갈등 해결 방법을 돌아보며 더 좋은 표현 방법을 찾기도 한다. 영화 〈마빈의 방*Marvin's Room*〉(1996)을 통해 타인에 대한 이해와 자기표현 방식을 돕고, 영화 〈빌리 엘리어트*Billy Elliot*〉(2000)를 보며 갈등 해결의 지혜를 얻는다. 끝으로 종결 단계(10회기)에서는 지금까지 진행된 내용들에 대한 소감을 작성하고 자신의 변화를 인식하며 서로 칭찬 피드백으로 용기를 준다.

가족 치료에 영화를 활용하는 것도 좋은 방법이다. 김수식(2014)은 가족 치료 시 가족 내 문제에 초점을 맞추기보다 문제 해결 과정에 초점을 맞추는 것이 더 중요함을 강조한다. 더 나아가, 가족 치료에 참여하기를 꺼리는 구성원이 좋아하는 영화를 활용하는 것이 동기 부여에 도움이 된다는 사실도 지적한다. 어떤 이론적 접근을 바탕으로 가족 치료를 시도하느냐에 따라 선호하는 영화의 목록이 달라질 수 있으나, 결국 건강한 가족의 기능을 회복해 가족 개개인의 뇌의 활동이 긍정적 나선을 탈 수 있는 방향으로 도움을 주는 것이 핵심이라는 점에는 변함이 없다. 가족 영화 치료 전에는 부정적으로 해석되던 가족 구성원의 행동을 치료 후 긍정적으로 해석하기 시작하면, 이것이 점차 더 긍정적인 방향으로 강화되어 선순환 구조에 근접하게 될 것이기 때문이다.

지금까지 살펴보았듯이, 영화 치료는 기본적으로 영화의 등장인물이 살아가는 방식과 스토리에서 자신의 기억을 떠올리며 차츰 순화시켜 가는 과정이 담겨 있다. 따라서 영화라는 미디어 콘텐츠를 보며 우리 뇌가 기억과 연계되어 있는 감정을 떠올리지 않으면 영화를 즐길 수도 없고 치료 효과를 기대할 수도 없을 것이다. 따라서 뇌의 작동 과정과 특히 그 안의 기억 및 감정의 진행 과정이 미디어 감상 및 이를 통한 치유에 핵심적이라고 해도 과언이 아니다.

3) 미디어 테라피의 가능성

미디어 테라피란 미디어를 통해 마음의 불편함을 해소하고 건강한 상태를 찾는 것을 말한다(나은영, 2017a). 신체적, 심리적 과부하 등으로 인해 마음이 긴장 상태가 되었을 때 우리는 스트레스를 느낀다. 이러한 상태가 각성 수준 높은 부정적 상태이면 미디어 콘텐츠에서 마음의 평화를 찾을 수 있는 내용으로 긴장을 낮추고 긍정적 정서를 회복할 수 있는 방향으로의 전환을 꾀할 수 있다. 반대로 불편한 상태가 각성 수준 낮은 부정적 상태이면 미디어 콘텐츠에서 좀 더 신나는 내용을 찾아 몸과 마음의 상태를 활기차게 만들면서 긍정적 정서를 회복할 수 있는 방향의 전환을 꾀할 수 있다.

몸과 마음이 편안한 상태로 회복된다는 것은 곧 우리가 일상적인 삶을 정상적이면서도 활기찬 상태로 이어갈 수 있는 상태가 되는 것을 의미하며, 뇌의 정상적인 상태를 회복하는 것과도 직결된다. 뇌의 건강함과 평안함까지 갖추어졌을 때 비로소 (미디어) 테라피가 완료되었다고 할 수 있다.

7장에서 언급했듯이, 배럿 연구팀은 우리 뇌가 '상상만 해도' 우리 뇌의 신체 예산 관리 부위가 작동하여 몸에 필요한 적절한 생리적 활동을 개시한다는 사실을 강조하였다(Wilson-Mendenhall et al., 2011). 가족사진이나 연인의 사진을 보는 것만으로도 힘든 상황을 극복하는 데 필요한 신체 예산 관리에 유리하도록 뇌가 작동한다는 것이다.

미디어 테라피에서 '테라피therapy'란 '긍정적인 정상 상태를 회복한다'는 의미로 쓰이며, 최근 많이 회자되는 '힐링healing'을 뜻한다(나은영, 2017a). 미디어 테라피의 목표는 특히 인지적인 부분보다 정서적인 부분의 긍정적 정상화에 있다. 스스로 좋은 콘텐츠를 찾아 즐김으로써 마음의 평온을 되찾을 수 있다는 점에서, 우리가 마음만 먹으면 스스로 치유할 수 있다는 데 큰 장점이 있다.

미디어 테라피의 힐링 조건으로 '자기관련성'과 '정서'를 들 수 있다. 일단 마음의 불편함이 해소되기 위해서는 자기 자신과 관련성이 높은 콘텐츠가 필요하다. 자신이 취업의 실패로 인해 어려움에 처해 있다면, 그 '취업'이라는 주제와 관련이 있으면서도 마음에 감동을 줄 수 있는 콘텐츠가 미디어 테라피에 더 잘 활용될 수 있다. 더 나아가, '음악'을 통해 마음의 위로를 받을 때도 얼핏 보면 음악이 취업과 무관할 수 있으나 그 음악이 취업에 실패한 사람의 마음을 어루만져 줄 수 있는 가사의 내용이나 멜로디를 담고 있다면 테라피의 효과가 더 크게 나타날 수 있을 것이다.

미디어 콘텐츠의 여러 장르 중 '생각하게 하는 장르'와 '느끼게 하는 장르'의 효과가 조금 다를 수 있다. 생각하게 하는 장르의 대표적인 사례로서 다큐멘터리 프로그램은 정보를 통한 정서의 변화를 제공한다. 특히 '감정을 움직일 수 있는 정보' 제공이 미디어 테라피의 효과를 가져올 수 있다. 미디어 테라피의 효과인 힐링을 가져올 수 있는 종속 변인 쪽에는 '정서'가 놓이지만, 미디어 테라피를 일으킬 수 있는 독립 변인 쪽에는 정보와 정서가 모두 놓일 수 있음을 알 수 있다. 정보를 통해서도 정서의 변화가 발생하며, 정서를 통해서도 정서의 변화가 발생할 수 있기 때문이다. 예를 들어, 휴먼 다큐멘터리를 보고 다른 사람이 살아가고 있는 방식을 알고, 사회 비교 과정을 통해 자신의 삶과 비교하고, 이를 통해 무엇인가 느낌으로써 치유에 이를 수 있는 것이다.

토크나 강연 프로그램은 '유사 사회적 상호작용'을 통해 치유에 도움을 줄 수 있다. 이 프로그램을 어떤 매체와 채널을 통해 즐기는가 하는 것보다 그 내용이 어떠한지가 더 중요하다. 개인 휴대폰으로 유튜브 채널을 통해 즐길 수도 있고, TV 프로그램을 통해 즐길 수도 있다. 하지만 그 내용이 자신의 삶과 관련이 깊을 때 사람들은 그 안에서 생각하고 느끼며 토크와 강연자뿐만 아니라 토크와 강연의 내용에 등장하는 사람들과 자신이 마치 실제 상호작용을 하는 것처럼 공감을 느끼고 반응하는 가운데 마음의 응어리가 풀리며 삶의 에너지를 얻을 수 있다.

오락, 예능, 코미디 프로그램은 정서 자체에 바로 작동한다. 가볍게 웃으며 털어 버리는 가운데 왠지 우울했던 감정이 다소 사라지면서 즐거운 마음 쪽으로 변화할 수 있고, 다소 가라앉았던 감정의 각성 수준이 올라가면서 일상으로 돌아갈 기운을 회복할 수 있다. 최근에는 여러 장르들이 융합된 프로그램들도 많아, 사람들의 마음을 다양하게 즐길 수 있도록 해 준다. 예를 들어, 오디션 프로그램 〈내일은 미스터트롯〉(2000, TV조선)의 결승에 진출했던 7인의 트롯맨들은 다양한 예능 프로그램에 출연하고 있다. 이들은 노래는 물론 서로의 관계와 지나온 삶에 대한 토크, 개인기, 댄스를 보여 줄 뿐 아니라 시청자들과 직접 전화 연결까지 하면서 다양한 모습을 보여 줌으로써 답답한 코로나 시대의 시청자들에게 힐링 효과를 주기도 했다.

끝으로, 드라마, 영화 등 픽션을 통해서는 등장인물과의 동일시와 몰입을 통해 다양한 감정을 느끼며 그 당시의 복잡한 문제들에서 잠시 벗어나 힐링 효과를 즐길 수 있다. 비록 픽션이지만, 그리고 그것이 픽션임을 시청자들도 알고 있지만, 우리 뇌는 감사하게도 그것을 즐기는 동안만큼은 픽션임을 잠시 잊고 마치 실제로 발생하는 사건들인 것처럼 몰입하게 만들어 준다. 물론 이 픽션에 지나치게 몰입하여 현실 속으로 돌아와서도 실제와 허구를 구분하지 못하는 상태가 되면 중독 또는 병리적 상태가 될 수 있지만, 최소한 그 픽션을 즐기는 동안만큼은 힐링이 발생하고 그 효과가 어느 정도 지속되는 것이다.

미디어 테라피 사례로, 영상, 소리, 색으로 이루어진 미디어가 사람의 마음에 힐링 효과를 줄 수 있다는 연구도 흥미롭다. 최지애 등(2014)은 미디어를 활용한 치유 공간을 20대 미취업 학생들에게 제공함으로써 심리적 안정을 줄 수 있음을 보여 주었다. 구체적으로, 이 연구자들은 먼저 영상 활동을 심리 치료에 활용하는 영상 치료 방법을 적용하여, 4개의 방으로 이루어진 공간에서 영상 활동이 이루어지도록 하였다. 음악이 흐르는 첫 번째 방을 지나 두 번째 방에서 자신의 일상을 돌아보고 다른 사람들의 인터뷰 영상을 보면서 자신의 꿈을 생각해 볼 기회를 제공하였고, 그다음 방에서는 자신의 꿈에 관한 생각을 정리할 기회를 주고 이를 디지털 데이터로 저장하였다. 마지막 방에서는 취업 준비생들의 방명록 형태로 서로 비슷한 미취업 상태에 있는 사람들의 마음을 공유하였다. 그들의 이야기, 너의 이야기, 나의 이야기, 우리의 이야기를 관통하는 이러한 과정을 통해 어려움이 자신만의 것이 아님을 깨달음으로써 심리적 안정을 얻었다.

여기서 첫 번째 방은 음향만으로 구성하였고, 두 번째 방은 음향과 영상으로 이루어졌다. 두 번째 방에서 이들이 보게 될 영상의 스토리는 취업준비생의 꿈을 찾아 주는 내용과 관련된 4분 분량의 내용이었다. 이를 통해 세 번째 방에서 편안하고 자연스러운 분위기 속에 자신의 꿈에 관한 이야기를 적을 수 있었다. 이러한 과정을 통해 단지 영상, 소리, 색을 활용한 공간을 10분간 체험하게 함으로써 취업 걱정에서 벗어나 마음의 평온을 찾고 의욕적으로 그다음 길로 나아갈 수 있게 되었다.

미디어 테라피는 미디어라는 수단을 활용해 사람들의 마음을 달래 주고 위로해 주는 콘텐츠로 힐링 효과를 얻는 것이기 때문에, 결국 미디어 기술 자체보다는 그것을 통해 어떤 내용을 전달하느냐가 힐링 효과에 더 중요하게 작용한다. 미디어 기술은 단순히 사람과 사람 사이에 정보가 흐를 수 있도록 연결해 주는 데서 더 나아가 항상 옆에 두고 쓰는 일상 기기를 대체하기에 이르렀고, 이제 항상 옆에서 나와 함께 이야기하며 마음을 나눌 수 있는 사람마저 대체하는 단계를 넘보고 있다. 기계가 사람을 대체한다는 것은 곧 사람이 다른 사람에게 해 줄 수 있는 위로에 관한 데이터들을 모아 마치 사람이 반응하는 것처럼 대응해 주는 것을 의미한다. 사람들에 관한 데이터가 없으면 그 기계는 무용지물이 될 것이다. 따라서 결국 미디어 테라피의 콘텐츠가 되는 것은 함께 살아가는 사람들이라고 할 수 있다.

'사람'이라는 콘텐츠에 이어, 미디어 테라피의 수단이 되는 미디어를 통해 마음을 편안하게 해 주는 두 번째 콘텐츠는 자연과 예술이다. 계절에 따라 바뀌는 아름다운 자연 그대로의 모습, 신비한 생명의 모습과 함께, 듣기만 해도 위안이 되는 음악, 보기만 해도 마음이 편안해지는 그림, 같은 공간에서 함께 호흡하며 즐기는 공연 등은 그 자체로서 피로에 지친 사람들의 정서를 정상화시켜 주는 역할을 한다. 그뿐만 아니라, 이러한 자연과 예술이 미디어를 통해 전달될 때에도 실제로 경험하는 것과 유사한, 또는 색다른 체험의 과정을 거쳐 역시 사람의 뇌를 움직임으로써 감정에 와 닿는다.

결과적으로 '미디어 테라피'에서 미디어는 계속 발전해 가는 기술적 수단에 해당하며, 테라피를 이루는 콘텐츠는 사람, 자연, 예술 자체 또는 그에 기반한 경험과 데이터들에서 온다고 할 수 있다. 사람의 마음을 어루만지는 내용을 이루는 세부 자극들은 언어뿐만 아니라 비언어적 영상, 색, 소리, 율동 등 다양한 모습으로 나타나지만, 결국 힐링 효과를 가져오는 것은 이러한 요소들이 우리 뇌가 느끼기에 평안하고 조화로운 형태로 전체를 이루어 마음에 울림을 줄 때라고 할 수 있다.

12장

기술, 생명, 마음의 융합

1. 기술, 생명, 마음의 경계는 유효한가

1) 인간의 뇌를 만들 수 있을까

인간의 뇌를 만들 수 있을까? 즉 기술이 인간의 뇌를 100% 모방할 수 있을까? 마음을 가진 생명체인 인간의 활동에 최신 기술의 도움이 더욱 큰 비중을 차지해 가고 있는 것은 분명하다. 이제 인간은 기계와 함께 살아가고 있다. 심지어 그 기계가 인간과 유사한 마음도 가질 수 있게 되는 상황에 근접하고 있다.

처음에 컴퓨터 매개 커뮤니케이션(CMC)이 등장했을 때는 이것이 사람의 감정을 잘 전달하지 못할 것이라고 생각했다. 하지만 인간은 이모티콘을 개발해 다양한 감정을 전달했다. 이모티콘에 각종 소리와 움직임까지 더해 놀이의 일종으로 즐김의 감정까지 더하기에 이르렀다.

미디어의 디지털화와 모바일화는 인접 기술 영역의 자동화, 가상화, 로봇화와 더불어 인간성의 우위를 삼켜 버릴 수 있는 단계까지 도달하였다. 미래학자 게르트 레온하르트Gerd Leonhard는《신이 되려는 기술Technology vs. Humanity》에서 기계적 알고리즘으로 규정되거나 복제될 수 없는 인간적인 특성을 '안드로리즘androrism'이라 하고, 창의성과 연민, 독창성, 상호성과 책임성, 공감이 여기에 속한다고 보았다(Leonhard, 2016/2018: 9, 64). 레온하르트는 사람들이 기계가 제공하는 서비스를 인간관계보다 더 좋아할 수도 있다는 점을 염려한다. 무엇이든 기계에 의존하다 보면 우리 스스로 뇌를 사용해 무엇인가를 스스로 생각하고 느끼고 감동하는 부분이 점점 더 약화될 수 있기 때문이다. 쉬운 예로 우리는 이미 모든 전화번호가 저장된 휴대폰에 의지해 자기 집 전화번호도 머릿속에 담고 있지 못한 경우가 흔하다.

지금의 기술은 이런 간단한 기억의 무력화에서 더 나아가, 섬세한 대인관계와 감정 지각 및 표현의 영역에까지 깊이 들어와 있다. 2015년 휴머노이드 '한'을 선보인 바 있는 핸슨 로보틱스가 개발한 인간형 휴머노이드 '소피아Sophia'는 2018년 1월 한국을 방문했다. 같은 해 10월에 로봇으로는 처음으로 사우디아라비아에서 시민권을 발급받았을 뿐만 아니라, 2019년 MWC(Mobile World Congress) 전시장에서 다양한 표정을 지으며 사람들과 대화를 나누기도 했다. 이 로봇에 내장된 뇌의 알고리즘에는 사람과 눈을 마주치며 얼굴을 인식하는 기능도 있고, 근육 시뮬레이션을 통한 "기쁨, 슬픔, 호기심, 혼란, 생각에 잠김, 슬픔, 좌절감" 등 감정 표현 기능도 담겨 있다(구채은, 2019). 딥러닝 기술뿐만 아니라 신경생리학 기술까지 집약된 것이다. 이쯤 되면 감정을 인간만의 전유물이라 하기 어려울 수도 있다.

그러나 한 가지 중요한 점은 수많은 데이터와 시뮬레이션을 통해 감정을 흉내 낼 수는 있을지언정, 이것이 생명을 지닌 인간의 감정과 완전히 같을 수는 없다는 점이다. 이러한 로봇도 바이러스에 감염이 될까? 2019년 12월 중국 우한에서 시작되어 2020년 한 해를 통째로 앗아갔던 코로나19로 인해 이 로봇이 사망에 이를 수도 있을까? 데이터를 통해 그렇게 모방을 할 수는 있을지언정, 생명을 지닌 인간이 느끼는 고통이나 감정과 완전히 동일하게 느낀다고는 할 수 없을 것이다. 그런 감정을 느끼는 '것처럼 보일' 뿐이다.

로봇이 느끼는 감정이 우리 인간의 감정과 완전히 동일하지는 않을지라도, 로봇이 일종의 또 다른 '인종'처럼 우리와 함께 살아가게 될 가능성은 여전히 남아 있다. 인간과 인간을 닮은 기계가 서로 상호작용하며 살아가게 될 날이 올 수도 있다. 인간을 구성하고 있는 일부 장기 등을 기계로 교체하여 생명을 더 연장하는 기술도 날로 발전하고 있는 상황을 고려할 때, 인간과 기계의 융합, 기술과 생물학의 융합 및 그 발전 방향에 관한 철학적 성찰도 더욱 중요해지는 시점이다.

1957년경 진화생물학자 줄리언 헉슬리Julian Huxley의 《계시 없는 종교Religon without Revelation》에 처음 등장한 '트랜스휴머니즘Transhumanism'은 1980년대에 좀 더 현대적인 의미로 변형되어 '과학과 기술로 인간의 정신적, 신체적 능력을 개선하려는 운동 또는 신념'을 뜻하게 되었다(World Transhumanist Association, 2002). 1998년 철학자들에 의해 설립된 국제트랜스휴머니스트연합World Transhumanist Association은 2002년 트랜스휴머니스트 선언을 수정해 발표했다. 그 핵심에는 다음 두 가지 내용이 담겨 있다.

• 노화를 제거하고 지능, 육체, 정신을 강화시키기 위한 기술을 개발

하고 이성의 응용으로 인간 조건 개선의 가능성, 정당성을 지지하는 지적 문화적 운동.

- 인간의 근본적 한계를 극복하기 위한 기술의 잠재적 위험과 영향을 연구하고 그런 기술 개발, 사용과 관련된 윤리적 문제를 연구하는 활동.

이러한 주장들의 바탕에는 인류가 2050년경 나노·바이오·정보·인지(NBIC) 기술로 대표되는 첨단 기술들이 성공적으로 융합하는 시기인 '특이점'[18]에 도달하게 되어, 인간에 대한 새로운 개념이 등장할 수밖에 없다는 생각이 내재되어 있다. 이 네 가지 기술이 발전에 발전을 거듭하며 융합해 나아간다면, 결국 기술과 인간이 혼합되어 인간 중에서도 기계의 비율이 어느 정도 되느냐에 따라 다양한 종의 '포스트휴먼'이 등장할 가능성도 있는 것이다.

이처럼 과학 기술의 발전으로 변형된 인간의 등장에 대해 인간 능력의 한계를 뛰어넘었다는 사실을 긍정적으로 받아들이는 관점과 함께, 프랜시스 후쿠야마Francis Fukuyama나 게르트 레온하르트처럼 인간의 비극으로 바라보는 관점도 공존한다. 과학 기술의 발전 중 하나인 최근 디지털 미디어의 눈부신 도약과 모바일화는 더 이상 소통의 도구에 머무는 기계가 아닌 인간 기능 일부 또는 전부의 대체자로서 그 역할을 점점 더 넓혀가고 있다.

---

18   인공 지능 기술이 발전하여 인류의 지성을 뛰어넘는 시점을 가리키는 기술적 특이점을 말한다.

2) 인간, 자연, 예술이 감정에 끼치는 영향

미디어 생태학자들은 미디어의 발전과 변화가 단순히 인간의 부분적 행동에만 영향을 주는 것이 아니라 인간이 살아가는 생태계 전체에 영향을 준다고 본다. 미디어를 인간 감각의 확장으로 바라본 마셜 매클루언Marshall McLuhan(1964)부터 닐 포스트먼Neil Postman(1993)에 이르기까지, 기술의 발전이 인간성에까지 영향을 줄 수도 있지 않을까 염려하는 미디어 생태학자들의 주장을 이 시점에서 한 번 되돌아볼 필요가 있다. 미디어 생태학자들마다 생각이 조금씩 다르기는 하지만, 미디어의 영향이 부분적인 것이 아니라 인간 삶에 전체적으로 영향을 준다고 보는 데는 대체로 동의하는 것으로 보인다. 특히 닐 포스트먼(Postman, 1993: 14)은 "연필을 가진 사람은 모든 것이 리스트로 보이고, 카메라를 가진 사람은 모든 것이 이미지처럼 보이며, 컴퓨터를 가진 사람은 모든 것이 데이터로 보이는 것처럼, 우리가 사용하는 미디어가 우리의 세계관을 결정짓고 지식의 특성을 바꾸어 놓는다"고 본다(이동후, 2013, 간접 인용). 미디어도 다른 기술들과 마찬가지로 인간에게 이익을 주는 만큼 손실을 주는 부분도 있다.

스마트폰 기술이 발전하기 전까지 우리가 당연하게 생각하던 것과 스마트폰 기술 발전 이후에 우리가 당연하게 생각하는 것은 매우 다르다. 예전에는 서로 얼굴을 마주 보며 이야기하는 것이 당연시되었고 글자로 소통하는 것은 예외적으로 간주되었다. 그러나 지금은 문자 소통이 오히려 더 자연스럽고 당연하게 여겨진다. 예전에는 지도책을 찾아보는 것이 당연시되었으나 요즘은 지도책이 사라진 지 오래다. 그것은 이미 우리 손안의 스마트폰 속에 다 있을 뿐만 아니라, 우리가 움직이는 곳마다 그 주변의 지도를 쉽게 찾아볼 수 있기 때문이다. 예전에 존재하던 명함집, 일정을 적어서 기록하는 수첩이나 다이어리도 요즘은 그런 것이 있었던가 할 정도로 존재감이 사라졌다.

이러한 현상은 앞서 논의했던 우리 뇌의 특성과도 깊은 관련이 있다. 뇌는 새로운 것이 오면 호기심을 가지고 도파민을 분비하며 재미있어 한다. 처음에 약간 덜 익숙해서 조금 불편하던 것들은 이내 익숙해져서 편리한 것으로 돌변한다. 그렇게 익숙해진 다음에는 또 그 자체가 우리의 일상이 되고, 습관적으로 그 기계를 이용하면서 그것을 당연시하게 되는 것이다. 그러니 우리를 도와주는 비서로봇이 우리 옆에서 우리가 생각할 것, 정리할 것, 행동할 것 등을 모두 대신하게 된다면, 우리 뇌는 오직 그 로봇에게 무엇인가를 하도록 데이터를 입력해 주기만 하면 되는 상황이 올 것이다. 그러면 그 비서 로봇은 점점 더 많은 데이터를 자원 삼아 더욱 발전하게 될 것이고, 인간은 점점 더 많은 일들을 그 로봇에게 하도록 하면서 우리 뇌가 퇴화되어 가는 것도 인식하지 못한 채 인간으로서의 소중한 가치를 상실하게 될 수도 있다.

태초의 인간으로 되돌아가보면, 인간은 주변의 자연환경을 즐기고 이용하며 살아왔다. 또한 주변의 다른 사람들과 군락을 이루어 때로는 협력적으로, 때로는 대립적으로 다양한 사회 환경을 구성하며 살아왔다. 이러한 자연환경과 사회 환경 속에서 인간이 느끼는 감정, 그리고 그 과정에서 작용하는 뇌와 미디어의 역할을 이 책에서 지금까지 살펴본 것이다.

미디어의 발전사에 따라 자연과 예술이 인간의 감정에 영향을 주는 과정이 조금씩 달라져 왔다. 미디어가 없이 자연과 더불어 살면서 '자연과 내가 하나가 된' 상태에서 살아가던 시절에는 자연이 생존의 수단이었을지언정 '감정적 위로'의 수단이 된다는 사실은 미처 깨닫지 못했을 것이다. 사람은 항상 '주변에 넘쳐' 많이 제공될 때는 그 소중함을 깨닫지 못한다. 지금 우리 주변에 산소가 충분히 공급되기에 산소의 중요성을 깨닫지 못하는 것처럼 말이다.

복잡한 대중교통, 딱딱한 건물 속 사무실에서 매일의 일상을 보내며 자연과 더불어 사는 의미를 알지 못하던 현대인이 어쩌다 한 번 자연으로 나아가 자연과 함께 호흡해 보면 그것이 얼마나 몸과 마음에 힐링이 되는지 느끼게 된다. 자연의 소중함은 자연이 결핍된 환경 속에서 장시간 지내는 일상을 반복하는 상황에서 더 잘 깨닫게 된다.

왜 그럴까? 우리 뇌는 '새로운' 자극에 더 열광하기 때문이다. 자연이 항상 주변에 있으면 그 소중함을 알지 못하다가, '새로운' 자극으로서 등장하게 되면 비로소 그 소중함을 깨닫는다. 그런데 본질적으로 자연은 인간의 깨달음과 관계없이 인간에게 매우 필요하며 위로를 준다. 위로가 절실할 때 비로소 그 존재의 중요성을 깨닫는 인간의 한계가 있을 뿐, 자연이 인간에게 중요하다는 사실 자체에는 변함이 없다.

예술도 마찬가지다. 예술은 우리 인간의 뇌와 마음에 어떤 영향을 주는가. 아름다운 음악을 들을 때, 미술 작품을 감상할 때, 심금을 울리는 스토리가 담긴 영화를 실감 나는 영상으로 감상할 때, 내 마음을 옮겨 놓은 듯한 소설책을 읽을 때, 우리는 공감하며 감정에 빠져들어 위로를 얻고, 이를 바탕으로 또 일상으로 돌아가 일할 수 있는 활력을 얻는다. 일상이 너무 버거울 때는 예술 작품을 감상하는 것 자체가 사치로 느껴질 때도 있다. 그래서 예술 자체는 필수가 아닌 선택으로 간주되기에 우리의 일상 시간 속에서 항상 뒷전으로 밀리기도 한다. 일을 다한 연후에야 비로소 예술을 좀 즐길 수 있는 여유가 생기는 것이다.

그런데 이렇게 일을 다한 후에 무엇인가 우리의 감정을 어루만 지고 마음의 평화를 얻을 수 있는 활동을 하려고 한다면, 어쩌면 우 리는 평생 중에서 아주 극소수의 시간 정도밖에는 예술이 주는 즐 거움을 느끼지 못할 수 있다. 예술은 마음의 위로, 감정의 평안함을 주기도 하지만, 인생을 살아가는 데 통찰을 주기도 한다. 그런 의미 에서라도 매 순간 우리 주변에서 예술적 감성을 느낄 수 있는 약간 의 여유를 가져 보는 것도 좋을 것이다. "예술은 인생이다, 인생은 예술이다"라고 이야기하며 일상에서 예술을 구현한 키스 해링Keith Haring의 말을 곱씹어 보자.

예술과는 다르지만, 매 순간의 일상에서 가까운 사람들과 감정 의 위로를 주고받을 수 있는 순간도 중요하다. 일을 모두 다 잘해 낸 후에 아기와 함께 놀아 주려 한다면, 이미 아기는 부쩍 커버려 더 이 상 어른과 놀 필요가 없어지거나 오히려 놀아주려 하는 어른을 귀 찮아할 수도 있다. 매 순간, 우리 주변에서 소중한 것들을 찾아내고 지켜내는 힘이 필요하다. 인간은 바로 옆에 있는 소중한 것들에는 눈길을 돌리지 않으면서 아주 먼 곳에 있는, 붙잡기도 힘들고 붙잡 아도 금세 날아가 버리는 것들에 마음을 쏟는 욕구를 지니기 때문 이기도 하다. 가지지 않은 것보다 가지고 있는 것들의 소중함을 깨 닫는 것도 큰 축복이다.

이와 같은 자연과 예술의 중요성, 인간에게 주는 의미 등을 생 각해 볼 때, 과연 나노, 바이오, 정보, 인지의 융합으로 이루어진 휴 머노이드에게 이러한 자연과 예술은 어떠한 의미를 지니며, 어떠한 감정을 느끼게 하며, 어떠한 통찰을 줄 수 있을지 한 번 생각해 보 자. 몇 달 동안 사무실에서 밀려오는 일들을 처리하느라 자연을 접하지 못했던 회사원이 오랜만에 시원한 바닷가에 나아가 마음의 후련함을 느끼는 것, 이것을 휴머노이드가 똑같이 느낄 수 있을까? 수많은 데이터들을 학습하면 인간과 유사한 반응을 충분히 보일 수 있을 것이다. 그런데 이것을 과연 인간이 느끼는 것과 동일한 정서라고 할 수 있을까? 물론 정서와 감정을 어떻게 정의하느냐에 따라 동일하다고 주장할 수도 있겠지만, 시원한 바닷바람이 몸 안으로 들어올 때 느낄 수 있는 상쾌함, 마음과 몸의 변화 등이 그대로 전달되기는 아마도 불가능할 것이다. 혹시 가능하더라도 아주 오랜 기간 동안 힘들지 않을까?

2. 인공 지능과 감성 예술

1) 인간성, 감정, 그리고 미디어 기술

어떤 것이 사람다운 것일까? 마음을 끝까지 지킬 수 있을까? 인공 지능이 사람의 거의 모든 것을 모방하려고 하는 요즘, 이 질문을 생각해 보지 않을 수 없다.

> 인간성이란 정말 자신을 재창조하고, 프로그래밍하고, 무엇이든 될 수 있고, 죽지도 않고 …… 결국에는 신과 같이 되도록 운명지어진 것일까? (Leonhard, 2016/2018: 74)

레온하르트(2016/2018)는 이 질문이 인간성에 대한 고찰의 핵심이라고 생각했다. 인간이 초능력을 가진 기계처럼 되는 것, 이것을 인간성이라고 하기에는 의문점이 남기에, 그는 트랜스휴머니즘의 핵심 전제, 즉 '인간의 생물학적 한계를 초월'하려는 전제에 문제가 있다고 본다. 그러면서 '기술과 인간성 사이를 관통하는 중용의 길'을 구체화하려 노력한다.

인간성humanity은 인간의 본성human nature이라 할 수 있으며, 시대마다 조금씩 그 정의에서 강조점이 달라져 온 것도 사실이다. 계급 사회에서는 계급마다 마땅히 인간으로서 해야 할 의무가 달랐기에 지배 계급의 시각에서 정의되는 경향이 있었고, 중세 봉건 사회에서는 신과 인간이 어떻게 다른지에 초점을 두어 인간은 신에게 종속되는 존재로서의 의미에 중점을 두면서 정신적인 부분을 강조했다.

르네상스 시대가 오면서 비로소 인간성이 빛을 발하기 시작하였다. 인간으로서의 고유한 가치에 주의를 기울이게 된 것이다. 그러나 이 시기에는 육체적인 노동이나 물질적인 가치보다는 여전히 정신적인 영역에 더 중점을 둔 인간성의 정의가 주류를 이루었다. 그러다가 마르크스 이후 '자기가 만든 것으로부터의 소외' 개념과 함께 자본주의 사회에서 인간이 생산의 수단으로 전락하는 것을 비판적으로 바라보게 되었다.

20세기까지는 이분법적 사고가 유행하여 이성이 감성보다 우월하고 정신이 신체보다 우선하고 어떤 문화가 다른 문화보다 더 우월하다는 생각이 지배적이었다면, 21세기 다원화 사회에 이르러서는 감성과 이성이 동일하게 중요하거나 또는 감성이 오히려 이성보다 더 중요할 수 있다는 생각들이 힘을 얻게 되었다. 어떤 문화도 다른 문화보다 더 열등하지 않다는 문화상대주의적 시각도 확대되었다. 인간은 모두 소중하며, 인간의 감성도 이성 못지않게 핵심적이고 중요하다는 사실을 깨달은 것이다.

인간의 역사 속에서 인간을 통해 기술이 발전을 거듭하며 지금은 인간이 만들어 내는 기계 장치들이 인간을 점점 더 닮아가고 있는 상태를 넘어 인간을 지배하게 될 수도 있는 신의 경지까지 탐하고 있다. 인간의 본성이 무엇인지를 생각하다 보면 다른 존재와의 차이에 초점을 두게 된다. 인간은 신과 어떻게 다른가, 동물과 어떻게 다른가, 기계와 어떻게 다른가 등을 생각해 보면 인간만이 가진 특성에 주의를 기울일 수 있다. 인간은 신처럼 완전하지는 않은 불완전한 존재이지만 최선을 다해 이 땅에서의 삶을 살아가고 있다. 인간은 동물과 유사한 점도 지니고 있지만 이를 넘어서는 고귀한 정신과 이성, 언어라는 도구도 보유하고 있다. 인간은 기계와 유사한 점도 있고, 어떤 측면에서는 기계보다 더 잘해 낼 수 없는 영역의 일도 있지만, 기계로서는 감히 상상하기 어려운 접근 불가능한 영역도 있다. 그 부분이 바로 알고리즘으로 정의할 수 있는 한계를 넘어서는 감성의 영역과 기계적 장치만으로는 재현해 내기 어려운 생물학적 영역일 것이다.

인간에게는 현재보다 더 나은 것을 추구하려는 욕구가 있다. 이러한 욕구를 실천에 옮기려는 의지도 있다. 이 욕구나 의지가 뜻대로 되지 않았을 때 느끼는 좌절감, 잘 이루어졌을 때 느끼는 성취감과 같은 다양한 감정이 있다. 문제는 지금의 컴퓨터도 이미 우리가 우리의 욕구를 알아채기도 전에 미리 파악할 수 있는 능력이 있다는 것이다. 유튜브에서 자신이 좋아하는 동영상을 몇 개만 플레이하고 나면 뒤이어 그와 유사한 영상들이 줄줄이 나타난다. 이미 유튜브는 사용자가 무엇을 좋아하는지 알고 있는 것이다. 여기까지는 기계가 수동적으로 사람을 위해 봉사한다고 할 수 있을 것이다. 그런데 만약 유튜브가 자신의 욕구를 발휘하고 싶게 된다면? 사람으로 하여금 의도적으로 특정 동영상만을 많이 보고 싶도록 만들고자 하는 의지를 가지게 된다면? 미디어를 이용하는 사람들은 자기도 모르는 사이에 기계의 조종에 빠져들 수도 있을 것이다.

휴머노이드와 같은 기계가 사람을 점점 더 많이 닮아 간다면, 그러한 기계 장치도 과연 자아 실현을 할 수 있을까? 행복을 느낄 수 있을까? 인간이 인위적으로 바람직한 가치관을 가진 기계만을 생산하는 것이 가능할까? 인간의 사회 속에 선과 악이 공존하는 한, 그것을 기반으로 한 빅데이터를 양분 삼아 성장하는 인공 지능의 욕구, 감정, 자유의지, 가치관도 인간을 닮을 수밖에 없을 것이다.

2) 인간과 로봇이 함께하는 감성 예술

최근 인공 지능의 발전과 그 응용은 가히 폭발적이다. 불과 얼마 전까지만 해도 온전히 인간의 것이라 여겼던 감성과 예술의 영역에까지 인공 지능이 그 능력을 발휘하는 것이 사실이다. 태혜신과 김선영 (2019)이 정리한 바에 따르면, 음악의 경우 작곡과 연주, 미술의 경우 모방, 재현, 추상화에서 더 나아가 도자기를 빚는 것과 같은 공예의 영역까지 인공 지능이 해낼 수 있게 되었다. 뿐만 아니라, 연극, 오페라, 판소리 등과 같은 공연 영역에서도 로봇이 실제로 배우로 등장하거나 인간 배우와 상호작용하는 역할을 함으로써 예전에 부수적인 역할만을 하던 기술이 주인공의 영역으로까지 들어오고 있다(주현식, 2017). 이제 기계도 더 이상 객체가 아닌 주체가 되는 공간이 확대되는 것이다.

아직 무용의 영역은 비교적 인공 지능의 진입이 더디기는 하지만(태혜신·김선영, 2019), 대부분의 인간 예술 영역에서 인공 지능이 인간과 유사한 감성을 발휘하게 될 날이 머지않았다. 이미 영화와 소설 영역에서 스토리텔링에 도전하여 상당히 의미 있는 작품들을 내놓고 있을 뿐만 아니라, 포스트휴머니즘 시대 로봇 퍼포먼스에 관한 논의도 점점 더 활발해지고 있다.

노진아(2019)는 딥러닝을 활용하여 예술 로봇이 관객의 감정을 파악하고 공감적 표정을 생성해 낼 수 있는 가능성을 보여 주었다. 3만여 개의 비디오 데이터로 관객의 표정을 학습한 로봇은 88%의 정확도로 관객의 표정에 맞는 대응을 할 수 있어, 마침내 비디오 시퀀스 표정 생성 대화 시스템을 제안하기에 이른 것이다.

《사피엔스*Sapiens*》로 유명한 역사학자 유발 하라리Yuval Harari가 2016년 내한 강연에서도 이야기한 바와 같이, 최근의 인공 지능은 감성 지능도 탁월하게 발휘할 수 있다. 인간의 감정을 잘 포착하고 대응해 주는 것이다. 예를 들어, 인간의 미세한 근육 움직임을 파악하거나 전화로 들려오는 목소리의 높낮이 등을 파악하여 그 사람이 현재 어떤 감정 상태에 있는지 이해하고, 그에 적절한 반응을 해줄 수 있다. 화가 나 있는 사람에게는 어떻게 대응해 주는 것이 가장 좋은지를 인공 지능이 수많은 데이터를 기반으로 이미 학습하고 있다면, 오히려 사람보다 더 잘 대응할 수도 있다. 사람은 화를 내는 사람을 대할 때 생각과 달리 ('함께 화내지 말고 참아야지' 생각해도) 자기도 모르는 사이에 화가 치밀어 충동적으로 대응할 수 있다. 그러나 기계는 '이런 상황에서는 이렇게 하는 거야'라고 쿨하게 알고리즘대로 반응하기 때문에 어쩌면 화가 났던 사람은 기계의 반응을 더 좋아하게 될 수도 있다.

이와 같은 상황이 반복되어 만약 사람들이 사람이 아닌 기계를 더 선호하게 된다면 어찌 될 것인가? 사람은 자꾸 자기를 괴롭히는 데 기계는 계속 자기를 위로해 준다면? 그럼 점점 더 사람들이 기계를 찾게 되지 않을까?

하라리의 염려는 빅데이터 시대 전염병에 대한 대처에서도 이어진다(Harari, 2020). 그는 〈파이낸셜 타임스_Financial Times_〉에 기고한 글에서, 코로나19로 인해 우리가 두 가지 중요한 선택의 기로에 서 있음을 강조한다. 첫 번째 선택은 전체주의적 감시 체제와 시민적 역량 강화 사이의 선택이며, 두 번째 선택은 민족주의적 고립과 글로벌 연대 사이의 선택이 그것이다.

먼저, 초연결 시대의 기술이 전염병 예방의 필요성과 만날 때, 연결로 인한 감시 시스템의 활성화가 촉진될 수 있다는 염려는 매우 중요하다. 일시적으로 이런 감시 시스템을 작동시킨다 하더라도 그 시스템이 작동한다는 사실을 확인한 이상 언제든 감시가 일상화될 수 있고, 결국 인간은 지속적으로 감시를 당할 위험에 놓이기 때문이다. 하라리(Harari, 2020)는 특히 '근접 감시over the skin'에서 더 나아가 '밀착 감시under the skin'로까지 침범할 수 있음을 염려한다. 예를 들어, 한 개인이 스마트폰의 앱을 클릭할 때 정부가 개개인의 체온과 혈압까지 알게 된다면? 위기 상황에서는 당연히 프라이버시보다 건강을 더 중요시하여 프라이버시를 쉽게 포기하지만, 이것이 일상화될 수 있다는 점이 큰 문제인 것이다. 기침을 식별하듯 우리가 정부의 특정 글을 읽을 때 분노나 기쁨, 지루함이나 신남 등이 고스란히 감지되어 감정이 전달된다면? 그야말로 생체 감시가 가능해지는 디스토피아를 연상시킨다.

기술의 발전이 인류의 시스템을 붕괴시키고 인류를 무용지물로 만들 가능성이 있다면 우리는 이 기술을 어디까지 발전시켜야 할지 현명한 선택을 해야 한다. 사람보다 더 사람의 감정에 잘 대응하는 로봇을 어느 수준까지 발전시킬 것인가? 로봇이 스스로 자아 개념을 터득할 수 있고 철학적 사유까지 할 수 있는 수준으로 발전시키는 것이 옳은가? 음악 작곡이나 공예, 공연, 스토리텔링 등의 예술적 영역에서도 인간이 인공 지능과 대결을 해야만 하는가? 이러한 문제들에 대한 인간의 최종 선택은 무엇이며, 그 결과 인류의 미래는 어디를 향해 나아갈 것인가? 이러한 문제를 숙고한 후에 나아가야 하지 않을까. 산업 혁명 시대를 거치며 인간의 신체 능력을 기계가 대체한 데 이어, 인공 지능 시대를 지나며 인간의 인지 능력까지 기계가 대체하는 시대, 더 나아가 감정과 예술의 영역까지 기계가 대체하는 시대가 되면, 인간은 어느 영역에서 그 능력을 인정받으며 인간다움을 지키면서 살아남을 수 있을 것인가? 이는 심각한 문제다.

3. 인간 친화적 기술의 미래

예전에 뚜렷한 경계가 있었던 부분들이 점점 더 하나로 이어져 가는 세상의 미래는 어떤 모습일까? 과연 어떠한 기술들이 인간 친화적 기술로서 자연과 생명을 위협하지 않으면서 인간과 평화롭게 공존할 수 있을까? 더욱 조화로운 미래의 삶을 위해 우리는 어떤 자세를 가지고 하루하루를 살아 가야 할까?

1) 인간을 위한 기술인가, 기술을 위한 인간인가

인간과 기계가 공존하는 사회 속에서 과연 인간이 주체가 되어야 하는가, 아니면 기계를 인간과 동등하게 대해야 하는가? 이 문제에 대해서 지금은 당연히 인간이 주체가 되어야 한다고 생각하겠지만, 시간이 흐르면 그에 대한 대답이 그렇게 분명하지 않을 수 있다. 예전에 노예를 거느리고 살던 시대의 봉건 귀족에게 노예를 귀족과 동등하게 대해야 하는지 묻는다면, 당연히 귀족이 주체가 되어야 한다고 대답했을 것이다. 그러나 지금은 어떤가? 인간이면 모두 동등한 인간으로서 대우받아야 하는 것이 마땅하다. 따라서 인간을 닮은 기계 인간과 공존하게 되는 미래 사회에 휴머노이드도 인간과 동등한 권리를 주장하고 인간도 그것을 받아들이게 될 수 있다.

애초에 기술은 인간을 위해 개발되었다. 간단한 도구에서 시작해 첨단 기기에 이르기까지 인간은 인간이 좀 더 편리한 삶을 살기 위해 점점 더 좋은 기기를 만들었다. 특히 자동차, 비행기 등 교통수단은 멀리까지 빨리 갈 수 있게 해 주었고, TV나 스마트폰 등 미디어는 멀리 있는 사람들의 모습도 바로 앞에서 마주 보는 것처럼 느끼게 해 주었다.

사람들이 하는 일들을 대신 할 수 있는 기계의 발전은 사람들에게 여유 시간을 가져다주었고, 노동으로부터 상당 부분 해방될 수 있게 해 주었다. 세탁기나 청소기, 전기밥솥과 같은 가전 제품들은 특히 가사노동을 줄여주는 데 기여했다. 요즘은 여기에서 더 나아가 로봇이 인간 노동의 일부를 담당할 수 있는 영역이 점점 더 넓어지고 있다. 청소와 같은 일뿐만 아니라 유통업체에서 물건을 분류하고 운반해 정리하는 일 등 예전의 육체노동에 해당하던 일들은 사람보다 더 꿋꿋하게 척척 해내기도 한다.

김수아와 오동우(2018)의 연구는 인간의 커뮤니케이션 과정 중 감정과 관련성이 높은 비언어적 커뮤니케이션의 과정을 소셜 로봇에 구현하기 위해 그림 12-1과 같은 과정을 설정하고, 머리의 좌우

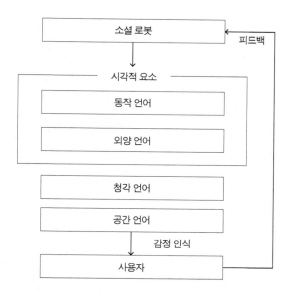

그림 12-1 비언어적 커뮤니케이션의 과정

출처: 김수아·오동우, 2018: 73.

끄덕임 및 상하 끄덕임 등과 같은 동작 언어로 의사 전달을 시도한
연구를 했다. 신체 비율, 얼굴형, 체형 등 선호도 조사 후 둥근 얼굴
을 가진 기본형 로봇을 만들어 고개 끄덕임의 방향(상하, 좌우)과 각
도에 따라 이와 상호작용하는 사람들이 감정을 어떻게 느끼는지 조
사하였다. 그 결과, 사람들은 로봇의 머리 움직임 각도가 7.5도일 때
보다 30도일 때 감정을 가지고 있다고 응답하는 비율이 높았으며,
'즐거워하는 것 같아요' 또는 '슬퍼 보여요'와 같은 표현을 통해 로봇
과 마음으로 상호작용하는 모습을 보였다. 고개 끄덕임과 가로젓기
는 긍정, 부정의 의미와 관련이 깊었으며, 고개를 숙인 상태는 슬픔
감정과, 고개를 뒤로 젖힌 상태는 기쁨이나 놀람의 감정과 관련이

깊었다. 특히 놀람은 '즐거운 소식' 또는 '서프라이즈'라는 표현으로 사람들이 더 구체적 감정 표현을 하는 경향이 있었다.

사실 이러한 결과는 생명이 없는 로봇이 움직임을 보였을 때 사람들은 자신의 과거 경험의 기억을 떠올려 상대(로봇)의 감정을 해석하는 것이라고 할 수 있다. 사람과 로봇이 상호작용하는 상황에서 결국 이 책에서 지금까지 논의해 왔던 '사람의 뇌'가 작동하는 방식에 따라 상대방의 움직임을 해석하고 있는 것이다. 소통은 혼자 하는 것이 아니라 양 당사자 간에 이루어지는 의미 공유의 과정이라 할 때, 결국 인간이 지닌 공감 능력과 생물학적 거울 뉴런의 작용, 뇌의 기능으로 인해 생물이 아닌 대상의 움직임에까지 감정이입이 일어나 '너도 슬프게 느끼는구나' 하며 상호작용을 이끌어 간다. 물론 상대방인 로봇도 더 많은 사람들을 만나며 더 많은 데이터를 축적하면 사람과 더욱 유사한 행동을 하게 되고, 그러면 사람도 그 로봇을 더욱 사람과 유사하다고 느끼며 더욱 깊은 상호작용을 하게 될 것이다.

여기까지는 그런대로 무난하다. 그런데 인간을 닮은 로봇, 인간의 감정까지 인지하고 비슷하게 표현할 수 있는 로봇이 나오는 시점이 되자 인간도 생각이 복잡해졌다. "인류를 파괴하겠다"는 말까지 서슴없이 하는 휴머노이드 '소피아'를 어떻게 바라보아야 할 것인가. 인간이 만든 로봇은 과연 인간을 위한 것인가. 혹시라도 먼 미래에 인간이 로봇을 위해 존재하는 상황이 되면 어찌할 것인가. 결국 로봇이라는 기계가 인간을 닮은 '생각'을 하고 인간과 유사한 '느낌'을 표출할 수 있게 되면서, 그리고 기계로서 가장 힘들다는, 좌우 균형을 유지하며 '걷기'나 '뛰기'까지 잘하게 되면서 로봇도 자유의지를 가질 수 있게 되는지까지 고려하기에 이르렀다.

기계와 인간의 차이점을 이야기할 때 지금까지는 그래도 인간이 우위에 있다고 자부할 수 있었던 부분이 '생명'과 '자유의지'였다. 그런데 이 생명과 자유의지를 조금만 달리 정의하면 기계도 생명과 자유의지를 가질 수 있는 것으로 간주하게 된다. 살아 움직이는 상태로 제 기능을 하는 것이 생명의 상태라면, 로봇이 고장 나기 전까지는 생명을 지닌 것이다. 또한 로봇이 인간의 뇌를 모방한 알고리즘을 따라 여러 선택지 중 하나를 선택하여 실행에 옮길 수 있게 된다면 이것 또한 자유의지를 닮았다고 할 수 있다.

인공 지능의 발전이 인간에게 끼칠 부정적 영향에 관한 우려는 특히 철학적 논의에서 많이 발견된다(예컨대 김영례, 2018). 생각과 사유를 중요시하는 학문이기에 인공 지능의 발전에 대한 회의적 시각이 앞서는 것은 어찌 보면 당연하기도 하다. 미디어의 발전도 미디어 학자들 중에는 '인간 감각 기관의 확장'이라는 긍정적 시각으로 보는 사람들이 눈에 띄는 데 비해 철학자들 중에는 '미디어가 불러 주지 않으면 존재하지 않는 인간'이라는 시각으로 부정적 관점을 제시하는 경우가 있다.

그렇다면 로봇은 과연 '나'의 존재를 인식할 수 있을까? '나'라는 존재의 인식과 자유의지의 문제는 이 책의 범위를 넘어서지만, 잠깐 살펴보면, 철학자 중에는 대체로 인간의 정신 기능을 완전히 설명할 수 있는 완벽한 기계 모델을 만드는 것이 불가능하다고 보는 사람들이 많은 듯하고(어쩌면 철학자들이 그것을 희망하기 때문일 수도 있다), 과학자들 중에는 언젠가 만들 수 있을 것이라는 가능성을 열어 두고 있는 사람들이 많은 듯하다(어쩌면 과학자들이 그것을 희망하기 때문일 수도 있다).

강한 인공 지능이 여전히 불가능한 이유는 강한 인공 지능에 필요한 정신·감정·창의성·자아에 대해 뇌 과학적으로 이해하지 못했기 때문이다. 결국 이해를 못했기 때문에 아직 못 만드는 것이지, 자아와 정신을 과학적으로 영원히 이해하지 못할 거라는 증거는 없다. (김대식, 2016: 318)

그러나 인간의 정신 기능을 완벽하게 복제할 수 있는 기계를 만들 수 있다 하더라도, 이것을 만들 것인가 만들지 않을 것인가 하는 것 또한 인간이 선택할 수 있다. 이러한 관점도 또한 평생 '인간' 중심의 연구를 진행해 온 내 희망일 수도 있을 것이다.

우리가 인간을 복제하지 않는 것은 그것을 할 수 없어서가 아니라 하지 않는 것이 옳기 때문이다. 인간의 본성 안에는 그러한 선택을 할 수 있는 훌륭한 능력이 있고, 그 안에 우리의 희망이 있다. (김영례, 2018: 125)

이런 생각에 동의하는 바이지만, 무엇이 옳고 무엇이 옳지 않은지를 판단하는 기준은 과연 누가 세울 것인가 하는 물음이 생긴다. 과거에 옳다고 여겨지던 것이 나중에는 옳지 않게 여겨질 수도 있다.

빠른 속도로 부상하는 기술들은 인간의 시각에서 볼 때 다음과 같은 문제점들을 가시화할 수 있다.

- 의존성: 편하고 빠르기 때문에 생각을 알고리즘에 맡기게 된다.
- 혼동: 내 이메일에 대한 답변을 사람이 보냈는지 인공 지능이 보냈는지 알기 어렵고, 내 결정도 내가 한 것인지 지능형 디지털 비서가 조종한 것인지 알 수 없다.

- 통제력 상실: 인공 지능이 어떤 예견을 했다 하더라도 이것이 맞는 것인지 틀린 것인지 내가 판단하고 통제할 수가 없다.
- 권위 이양: 우리의 업무를 시스템에 떠넘기는 습관으로 인해 내 권한이 상당 부분 시스템으로 넘어가게 되며, 책임도 시스템으로 떠넘기게 된다. (Leonhard, 2016/2018: 99)

예전 왕정 시대에는 왕이 옷 입는 일부터 다른 일들까지 스스로 할 수 있는 대부분의 일들을 신하에게 맡겼다. 그 왕은 아주 편할 것이다. 그러나 만약 신하들이 갑자기 없어지거나 반란을 일으켜 아무 일도 하지 않게 된다면 그 왕은 어떻게 될까? 혼자서 할 수 있는 일이 없어 무력해지고 말 것이다.

마찬가지로, 우리 인간이 시키는 일을 인공 지능이 척척 잘해 주기 때문에 인간이 스스로 생각할 필요도 없고 귀찮은 일들을 번거롭게 스스로 하지 않아도 되는 시간들이 누적되면, 당분간은 우리가 왕이 된 것처럼 편한 삶을 즐길 수 있을지 모르나 이러한 삶에 익숙해지다 보면 스스로 생각하고 판단하는 힘을 잃을 수도 있다. 셰리 터클Sherry Turkle(2011/2012)이 이야기했듯이 우리가 스마트폰을 통해 계속 문자 소통에 익숙해지다 보면 사람의 얼굴을 마주 보며 이야기하는 것이 오히려 어색해질 수 있고, 그 사람과 이전에 어디까지 이야기했더라 하는 기억을 떠올리는 일마저 기계에 의존해 업로드, 다운로드를 반복한다면 인간의 기억마저 약화될 수 있는 것이다. 인간은 상황에 익숙해져 가는 존재다. 따라서 기계가 인간의 일을 넘겨받는 부분이 많아질수록 인간의 특정 부분에 해당하는 능력은 퇴화의 길을 걷게 될 수 있다.

2) 미디어, 인간의 감정을 어루만지다

미디어는 연결의 도구이며, 이 연결의 통로로 전달되는 것은 콘텐츠이다. 전달된 콘텐츠로 인해 인간의 생각, 감정, 행동이 영향을 받으며, 그중에도 특히 감정은 인간 삶의 보이지 않는 에너지로 작용한다.

코로나바이러스의 확산을 방지하기 위해 '사회적 거리 두기'가 오랜 기간 지속되었다. 이 기간 중 사람들의 마음을 달래 준 국내 콘텐츠 중 하나는 최고 시청률 35.7%를 기록했던 〈내일은 미스터트롯〉이라는 오디션 프로그램이었다. 그런 힘이 과연 어디에서 나왔을까?

TV조선은 젊은 층, 진보적인 생각을 가진 사람들이 별로 좋아하지 않던 채널이었는데, 이 프로그램은 노래로 모든 세대, 모든 계층을 끌어안아 연결하고, 위안을 주었다. 프로그램 시작할 즈음에는 팬카페의 구성원이 1500명 정도에 불과했으나, 프로그램 종료 직후 5만 명을 넘고 1년도 되지 않아 15만 명에 육박할 정도가 되었다. 사회적 상황이 좋지 않을 때 삶의 애환을 담은 음악이 연결을 갈망하던 사람들의 마음을 달래 주는 정서 치유제의 역할을 했다.

만약 로봇이라면 매번 그 프로그램을 골라 시청했을까? 자기가 좋아하는 가수의 노래를 유튜브에서 찾아 몇 번이고 다시 듣기를 반복했을까? 로봇들이 팬덤을 형성해 특정 가수를 뜨겁게 응원했을까? 팬덤은 '강한 태도'의 특성이 있다. 한 번 강한 태도가 형성되면 웬만해서는 반대 논리에 설득되지 않는다. 5장에서 언급했듯이, 강한 태도는 다음과 같은 세 가지 특성을 지닌다. ① 어떤 한 문제나 대상에 관해 끊임없이 생각하는 '자아 몰두,' ② 그(것)를 위한 일이라면 무슨 일이든 발 벗고 나설 준비가 되어 있는 '감정적 개입,' 그리고 ③ 그(것)에 관해 누구보다도 더 잘 알고 있는 '인지적 정교성'

을 지니고 있다(Abelson, 1988). 대개 강한 태도, 즉 확신conviction이라고 하면 정치적 태도나 종교적 태도를 떠올린다. 그만큼 바꾸기 어렵고 설득에 대한 저항이 크기 때문이다. 그러나 특정 인물을 강하게 선호하는 팬덤의 경우도 이러한 특성을 갖추고 있다. 그 인물에 대한 생각이 머릿속을 떠나지 않고, 그 인물에 관한 일이라면 발 벗고 나설 준비가 되어 있고, 또 그 인물에 대해 많은 정보들을 찾아보고 알고 있기 때문에 그 누구보다도 인지적 정교성을 치밀하게 갖추고 있는 것이다.

언젠가 기술이 더욱 발전하면 로봇도 이처럼 강한 태도를 지니거나 팬덤이 될 수도 있을 것이다. 그러나 아직은 이렇게 사람들이 비유적으로 이야기하는 '뜨거운 가슴'을 로봇은 가지고 있지 않은 것으로 보인다. 무수한 데이터로 면밀히 계산하여 뜨거운 가슴을 가진 것처럼 보이려 할 뿐이다. 물론 인간도 가슴으로 느끼는 것이 아니라 뇌로 느끼지만, 이처럼 뇌가 느끼는 감정의 메커니즘을 기계가 100% 모방하기에는 최소한 지금은 한계가 있다.

레온하르트(2016/2018)는 인간을 기계와 구분하는 특성으로 "질문하는 능력, 뭔가 달라질 수 있다고 상상하는 능력, 비판 능력, 사물을 다른 각도에서 보는 능력, 행간을 읽는 능력, 존재하지 않는 그 무엇인가를 보는 능력"이라고 하면서, 고품질의 콘텐츠를 만드는 데 필요한 특성이라고 본다. 인간의 결정 중 많은 부분을 소프트웨어가 대신할 경우, "놀라움과 미스터리, 실수, 우연한 발견" 등이 어려워질 수도 있다고 보는 것이다(Leonhard, 2016/2018: 124~125).

만약 인간이 만든 로봇이 인간의 감정을 잘 이해하지 못한다면, 또는 반대로 사람보다 더 잘 인간의 감정을 이해해 준다면 어떨까? 로봇도 지금 단계에서는 일종의 미디어라 할 수 있다. 나중에 로봇이 인간과 같은 주체가 되기 이전까지는, 미디어가 생활 기기 전반을 대체하듯 인간 삶의 상당 부분을 대체해 가고 있으며, 이제 사람까지 대체하려 하고 있다. 언젠가 사람을 위로하는 트롯 로봇이 나올 수도 있을 것이다.

'미디어 테라피'도 다른 위안의 수단과 마찬가지로 '적절한 수준으로 활용'될 때 최적의 효과를 기대할 수 있다. 일상이 따분해 게임에 빠져들었을 때 잠시 즐거울 수는 있으나 지나치면 현실 감각을 잃고 중독의 늪에서 빠져나오기 힘들 듯이, 미디어를 활용해 마음의 위안을 얻는 과정도 일상생활을 건강하게 해 나갈 수 있는 정도의 회복을 넘어 지나친 탐닉의 수준으로 들어가면 이 또한 중독의 증상으로 건강한 생활에 방해가 될 수 있다. 결국 인간이 만든 콘텐츠로 인간이 만든 미디어를 이용해 마음의 평화를 얻으며 위로와 힐링을 갈구하더라도 '중심 잡힌' 인간의 삶에 대한 주체 의식은 여전히 인간이 지니고 있어야 함을 의미한다. 그래야 미디어도 인간의 마음을 어루만지며 긍정적 효과를 가져다 줄 수 있는 것이다.

미디어와 인공 지능, 생명 복제 기법, 최첨단 무기 등을 포함한 기술을 무작정 발전시키는 것이 아니라 인간에게 도움이 되는 방향으로 발전시킬 수 있도록 그 종류와 속도를 조절해야 할 의무와 능력도 인간이 지니고 있다. 무엇이든 지나치면 인간에게 해가 될 수 있으므로 지나치지 않은 것이 중요하다. 예로부터 본질적인 삶의 이치로 전해 내려오고 있는 중용의 원리가 여기에서도 예외가 아니다.

무엇보다 기술로 인해 인간이 "세계와 분리"되거나 "체험과 단절"되는 상황은 막을 수 있어야 한다(Leonhard, 2016/2018: 155). 《미디어 심리학》의 머리말에서도 썼던 내용을 다시금 떠올려 본다. 미디어로 인해 이 세상에 대한 온전한 지각이 왜곡되어서는 안된다. 어디까지나 인간의 오감을 통한 정확한 지각과 감동, 맑은 정신을 통한 올바른 생각과 판단 과정이 중심이 될 때, '영리해진' 미디어도 인간을 종속시키지는 못할 것이다.

인간, 자연, 기술이 조화를 이룰 때 비로소 기술, 생명, 인간의 진정한 융합 속 공존이 가능해질 것이다. '데이터 쓰나미'라든지 '외부는 풍요, 내부는 결핍'이라는 염려(Leonhard, 2016/2018: 190~191)를 넘어서기 위해서는 기계가 인간을 중재하는 과정에 온전히 인간을 내맡기는 것만은 피해야 한다. 내맡기더라도 그 과정을 인간이 알고 있고, 미디어 속에 보이는 모습이 아닌 실제 모습은 어떠한지를 판단할 수 있어야 한다. 이것이 바로 9장의 후반부에서 설명했던 환경, 건강, 미디어 및 소셜/감성 '리터러시'에 해당한다.

긍정 심리학의 대가인 마틴 셀리그먼(Seligman, 2011)의 행복과 웰빙 5요소 중 기계가 가장 쉽게 만족시킬 수 있는 부분은 쾌락과 성취이며, 그다음으로 참여에도 기여할 수 있다. 그러나 진실한 관계와 의미는 기계적 연결만으로는 부족하고 결국 인간이 만들어 내야 하는 경우가 많다. 코로나19의 여파로 2020년 대학 강좌들이 대부분 화상 강의로 열렸다. 이때 어느 정도 만족하는 사람들도 있었지만 진실한 대면 관계와 자유로운 인간적 대화의 제약으로 불편해하는 사람들이 더 많았다. 물론 기술이 더욱 정교하게 발전하고 인간이 여기에 익숙해져 가면서 이러한 불편도 차츰 편안함으로 탈바꿈할 수 있고, 로봇과 함께하는 공연과 예술도 즐길 수 있을 것이다. 하지만 인간 대 인간이 동일한 공간 속에서 함께 호흡하며 즐길 수 있는 영역이 여전히 '인간적인' 장르의 하나로 오랜 기간 남게 되기를 바란다.

참고 문헌

고현욱 · 김영광 (2017). "영화 음향 기능과 역할: 괴물을 중심으로," 〈한국엔터테인먼트산
　　업학회논문지〉, 11(7), pp.133~140.

구채은 (2019. 2. 26). [MWC2019] "인류 파괴하겠다"던 AI로봇 소피아 등장, 〈아시아경제〉.
　　https://www.asiae.co.kr/article/2019022618121540593

김기범 · 김경수 (2014). "뮤직비디오의 시각적 몰입감 분석 연구: 유튜브 조회 수 1위~3위
　　를 중심으로," 〈한국과학예술포럼〉, 18, pp.93~104.

김대식 (2016). 《인간 vs 기계》. 동아시아.

김대식 (2017). 《인간을 읽어내는 과학: 1.4킬로그램 뇌에 새겨진 당신의 이야기》. 21세기북
　　스.

김민지 · 김보명 · 김현영 · 백서연 · 신현식 · 이인성 · 김진우 (2016). "해시태그를 통한 감정 공
　　유가 지각된 관심 끌기와 사회적 상호작용성에 미치는 영향," 한국 HCI학회 학술
　　대회 논문집, pp.460~467.

김병수 · 박성식 (2013). "명상과 뇌 관련 연구 동향 분석," 〈인문과학연구논총〉, 36, pp.249
　　~280.

김선정 · 김태용 (2012). "SNS 콘텐츠의 감성이 사용자의 감정상태에 미치는 영향: 페이스
　　북 뉴스피드를 중심으로," 〈사이버커뮤니케이션학보〉, 29(1), pp.5~47.

김수식 (2014). "가족 영화 치료," 〈상담과 선교〉, 81, pp.75~88.

김수아 · 오동우 (2018). "가정용 소셜 로봇의 감정 표현을 위한 동작언어(Kinesics)에 관한
　　연구: 로봇의 머리 움직임을 중심으로," 〈한국과학예술융합학회〉, 35, pp.69~82.

김연숙 (2018). "부정적 정당 감정과 후보자 선택 2017년 대통령 선거 결과 분석," 〈한국정
　　치학회보〉, 52(4), pp.5~32.

김영례 (2018). "인공 지능 시대에 있어서 인간에 대한 철학적 성찰: 칸트의 인간학과 뇌 과학의 사이에서," 〈철학논총〉, 91, pp.105~128.

김영숙·임지향 (2015). "사진을 활용한 집단미술 치료가 노인의 회상기능과 자아통합감에 미치는 영향," 〈미술 치료연구〉, 22(1), pp.249~261.

김용수 (2017). 《퍼포먼스로서의 연극연구: 새로운 연구방법과 연구 분야의 모색》. 서강대학교 출판부.

김재윤·김정환·김성철 (2013). "시각장애인의 스마트폰 이용이 사회적 자본과 정서적 웰빙에 미치는 영향에 관한 연구," 〈한국방송학보〉, 27권 2호, pp.257~185.

김주옥 (2019). 《인공 지능 시대의 인간과 예술: 대칭적 인류학의 해법》. 그레파이트온핑크.

김지영 (2014). "영화 〈장화, 홍련〉의 상징, 가상, 실재 이미지와 의미," 〈한국콘텐츠학회논문지〉, 14(4), pp.47~57.

김춘경·이수연·이윤주·정종진·최웅용 (2016). 《상담학 사전》. 학지사. (네이버)

김하강·김수진 (2019). "학교폭력 가해청소년을 위한 상호작용적 영화 치료프로그램 효과," 〈간호와 보건연구〉, 24(1), pp.51~62.

김하강·한미라 (2015). "학교폭력 가해청소년 분노조절을 위한 영화 치료 프로그램의 효과 연구," 〈한국자치행정학보〉, 29(4), pp.177~197.

김혜련 (2010). "감정소통 매체로서의 영화와 도덕적 상상력," 〈철학논총〉, 61, pp.259~279.

김혜영·안보섭 (2018). "온라인 1인 미디어 개인방송 BJ에 대한 매력도와 신뢰성이 미디어 채널에 대한 시청 몰입, 상호작용성, 인지된 즐거움과 이용자의 반응에 미치는 효과 연구," 〈광고연구〉, 118, 78~126.

나은경·이강형·김현석 (2008). ""이게 다 노무현 때문?": 대통령에 대한 평가의 사회 정서적 근원과 미디어 이용 및 대화 요인," 〈한국언론학보〉, 52(4), pp.299~323.

나은영 (1998). "강한 태도의 편파적 처리과정을 포괄하는 새로운 패러다임의 모색: 이중처리과정 이론의 확장," 〈한국심리학회지: 사회 및 성격〉, 12(1), pp.37~70.

나은영 (2010). 《미디어 심리학》. 한나래.

나은영 (2012). "SNS 중이용자와 경이용자의 현실인식 차이: 배양효과와 합의착각 효과," 〈한국심리학회지: 사회 및 성격〉, 26(3), pp.63~84.

나은영 (2015). 《인간커뮤니케이션과 미디어: 소통 공간의 확장》 (개정판). 한나래.

나은영 (2017a). "미디어 테라피: 상처를 함께 나누고 치유하는 미디어의 기능," 〈방송문화〉, 2017 봄호, pp.237~254.

나은영 (2017b). 《조지 허버트 미드》. 커뮤니케이션북스.

나은영 (2019. 12. 30). "감정소비 과잉시대," 대학지성 In & Out. 아카데미쿠스.

나은영·권예지 (2016). "외향성과 연령대에 따른 소통공간 인식의 차이: 공간지각, 시간배분, 및 연결성과 공존감을 중심으로," 〈한국언론학보〉, 60(4), pp.235~262.

나은영·나은경 (2015). "미디어 공간 인식과 프레즌스: 심리적 공간 이동의 단계 모델," 〈한국언론학보〉, 59(6), pp.507~534.

나은영·나은경 (2019). 《엔터테인먼트 심리학》. 컬처룩.

노진아 (2019). "딥러닝을 활용한 예술로봇의 관객 감정 파악과 공감적 표정 생성," 한국콘텐츠학회 종합학술대회 논문집, pp.183~184.

이시카와 마사토 (2016). 《감정은 어떻게 진화했나: 진화심리학으로 바라본 인간 심리와 세상에 대한 이해》. 박진열 옮김. 라르고.

민희·윤성이 (2016). "감정과 정치참여," 〈한국정치학회보〉, 50(1), pp.271~294.

박문호 (2013). 《뇌과학의 모든 것》. 휴머니스트.

박문호 (2017). 《뇌과학 공부: 감각, 지각, 기억, 꿈, 그리고 자아와 세계에 관하여》. 김영사.

브레인 편집부 (2015). [아이로봇] 감정 표현 로봇에 인공적인 마음 이식? 《브레인》, 52, 40~40. http://www.irobotnews.com/news/articlePrint.html?idxno=4762

브레인 편집부 (2017). "감정, 뇌과학으로 바라보다," 〈브레인〉, 62, 한국뇌과학연구원, pp.31~34. https://www.dbpia.co.kr/journal/articleDetail?nodeId=NODE06337849

송아름 (2013). "괴물의 변화: '문화세대'와 '한국형 좀비'의 탄생," 〈대중서사연구〉, 19(2), pp.185~223.

신경아 (2018). "우울증 중년여성을 위한 영화 치료 프로그램의 효과," 〈디지털 융복합 연구〉, 16(10), pp.511~522.

심영섭 (2014). "영화 치료의 이해," 〈상담과 선교〉, 81, pp.6~27.

심영섭 (2019). "청소년 영화 치료," 대한소아청소년정신의학회 학술대회논문집, pp.103~108.

안의진 (2013). "관객은 허구에 불과한 공포영화의 괴물을 왜 무서워하는가?" 〈미디어, 젠더 & 문화〉, 26, pp.41~70.

양현정 (2017). "뇌교육 전문 리포트: 뇌교육 기반 한국식 영상 과학적, 의학적 효과 탐구," 〈브레인〉, 65, pp.54~65.

양현정 (2018). "[양현정의 뇌 활용 연구실] 우리 뇌 속 '미엘린'과 명상," 〈브레인〉, 68, pp.48~49.

양혜승 (2017). "드라마 수용자는 어떤 특성을 지닌 등장인물을 시청하려 하는가?: 등장인물의 경제적 배경과 삶에 대한 자세가 수용자의 정서반응, 공감, 시청의도에 미치는 영향," 〈한국방송학보〉, 31(1), pp.78~106.

이가영·김선희 (2016). "미술 치료에서 사진 및 디지털 이미지 활용에 관한 문헌연구," 〈한국예술연구〉, 13, pp.219~241.

이가영·나은영 (2011). "TV드라마의 긴장도에 따른 수용자의 정서 변화와 즐김: 하이더의 균형 이론을 중심으로," 〈한국방송학보〉, 25(2), pp.118~158.

이강형 (2006). "정치후보에 대한 유권자 감정 유발 요인 및 미디어 캠페인 활동의 효과에 관한 연구," 〈한국언론학보〉, 50(3), pp.337~366.

이국용 · 김공수 (2017). "SNS의 피로감과 습관이 이용 중단에 미치는 영향," 대한경영학회 학술발표대회 발표논문집, pp.35~43.

이동후 (2013). 《미디어 생태 이론》. 커뮤니케이션북스.

이승호 (2015a). "뇌와 행복, 명상, 뇌파진동," 〈브레인〉, 55, pp.42~53.

이승호 (2015b). "명상, 뇌 기능과 구조의 변화," 〈브레인〉, 52, pp.42~51.

이영완 (2012. 1. 31). "게임, 또다른 마약 ①: 게임 중독 뇌, 마약중독처럼 변해… 폭력성 띠고 ADHD(주의력결핍 과잉행동장애) 위험," 〈조선일보〉. http://news.chosun.com/ site/data/html_dir/2012/01/31/2012013100231.html

이재신 (2014). "이성과 감정: 인간의 판단과정에 대한 뇌과학과 생물학적 접근," 〈커뮤니케이션이론〉, 10(3), pp.161~194.

이재신 · 김지은 · 류재미 · 강재혁 (2010). "기사 프레임과 장르가 댓글 유형에 미치는 영향," 〈한국언론학보〉, 54(2), pp.116~137.

이재신 · 김지은 · 최문훈 (2011). "보도사진 속 감정과 댓글이 공감을 통해 태도와 의도에 미치는 영향," 〈미디어 경제와 문화〉, 9(1), pp.135~170.

이재신 · 이민영 (2008). "댓글 읽기 효과에 영향을 미치는 요인에 관한 연구," 〈한국언론정보학보〉, 42, pp.249~279.

이진아 · 나은영 (2012). "스마트폰 애플리케이션 이용 동기와 혁신성 · 적합성이 앱 이용 및 미디어 · 생활기기 대체에 미치는 영향," 〈한국언론학보〉, 56(5), pp.5~35.

이채영 (2018). "영화 〈검은 사제들〉과 〈곡성〉에 나타난 퇴마 소재 스토리텔링 기법과 악의 이미지 연구: 전통 무속 요소와 오컬트 장르 특질의 융합적 재현 양상 분석을 중심으로," 〈어문논집〉, 74, pp.97~135.

장영직 · 이현석 (2015). "TV 예능 프로그램 자막에 차용된 만화적 표현 기법," 〈디지털디자인학연구〉, 15(3), pp.779~788.

장현미 (2014). "SNS에서 글쓰기가 공감경험과 친사회행동에 미치는 효과: 페이스북 이용자를 중심으로," 〈한국언론학보〉, 58(3), pp.5~35.

전채연 (2012). "뇌과학의 눈으로 바라본 명상: 명상을 하면 뇌 구조가 바뀐다," 〈브레인〉, 32, pp.10~12.

정용국 (2018). "여대생의 뷰티 유튜브 이용동기 및 시청경험에 관한 연구," 〈사회과학연구〉, 25(3), pp.7~28.

정재승 (2014). "신경건축학: 뇌에게 행복의 공간에 대해 묻다," 〈환경논총〉, 53, pp.58~62.

조아라 (2013). "사별에 따른 슬픔의 재현 양상: 한일 장례식 관련 영화를 중심으로," 〈일본 문화학보〉, 56, pp.425~440.

〈중앙일보〉 (2015. 6. 16). "메르스 두려움, 세월호 슬픔보다 2배 강했다: 한국인의 마음, 7년 6개월 빅데이터 70억 건 분석." 1면, 4~5면.

차운아 (2010). "부러움: 연합과 접근의 동기를 알리는 전략적 커뮤니케이션," 〈한국심리학회지: 사회 및 성격〉, 24(2), pp.51~72.

최세일·김완일 (2013). "영화 치료 프로그램이 군 복무 부적응 병사의 자아존중감과 대인관계 향상에 미치는 영향," 〈대한군상담학회〉, 2(1), pp.1~24.

최윤섭 (2020).《디지털 헬스케어: 의료의 미래》. 클라우드나인.

최은정 (2012). "SNS의 불이 꺼지고 있는가?: SNS의 지속 이용 모형에 관한 연구," 〈한국심리학회지: 소비자, 광고〉, 13(2), pp.229~253.

최지애·유해연·김지욱 (2014). "미디어를 활용한 치유 공간 연구," 〈한국산학기술학회 학술대회논문집〉, pp.273~275.

최현석 (2011).《인간의 모든 감정》. 서해문집.

KBS1 (2017. 2. 5). 〈생로병사의 비밀: 긍정의 힘, 감사의 마음〉.

태혜신·김선영 (2019). "인공 지능과 예술의 융합 양상에 관한 탐색적 고찰," 〈한국무용과학회지〉, 36(2), pp.27~42.

하귀현·이명모·송창호 (2013). "양측 리듬청각자극을 이용한 트레드밀 보행이 뇌졸중 환자의 보행에 미치는 효과," 〈특수교육재활과학연구〉, 52(1), pp.295~315.

하라리, 유발 (2016. 4. 26). 인간은 과연 쓸모 없어지는가(Will humans being useless?). 내한 강연, 한국 프레스센터.

한희정 (2016). "이주여성에 관한 혐오 감정 연구: 다음사이트 '아고라' 담론을 중심으로," 〈한국언론정보학보〉, 75, pp.43~69.

홍주현·윤해진 (2014). "트위터를 통한 루머의 확산 과정 연구: 한미 FTA 관련 루머의 자극성에 따른 의견 확산 추이와 이용자의 상호작용성을 중심으로," 〈한국언론정보학보〉, 66, pp.59~86.

황농문 (2011).《몰입, 두 번째 이야기: 인생의 완성도를 높이는 자기 혁명》. RH코리아.

황혜진 (2006). "공포영화에 나타난 가족서사 연구: 장화홍련과 4인용 식탁에 나타난 기억의 문제를 중심으로," 〈영화연구〉, 29, pp.375~395.

황희숙 (2013). "감정과 지식," 〈철학연구〉, 100, pp.267~307.

Abelson, R. P. (1988). "Conviction," *American Psychologist,* 43(4), pp.267~275.

Abelson, R. P., Kinder, D. R., Peter, M. D., & Fisk, S. T. (1982). "Affective and semantic components in political person perception," *Journal of Personality and Social Psychology,*

42(4), pp.619~630.

Ahmed, S. (2017). "News media, movies, and anti-Muslim prejudice: investigating the role of social contact," *Asian Journal of Communication*, 27(5), pp.536~553.

Allen, D. (2002). *Getting things done: The art of stress-free productivity*. New York, NY: Penguin.

Allport, G. (1954). *The nature of prejudice*. Reading, MA: Addison-Wesley.

Anderson, A. A., Brossard, D., Scheufele, D. A., Xenos, M. A., & Ladwig, P. (2014). "The "Nasty Effect:" Online Incivility and Risk Perceptions of Emerging Technologies," *Journal of Computer-Mediated Communication,* 19, pp.373~387.

Andrade, E. B., & Cohen, J. B. (2007). "On the consumption of negative feelings," *Journal of Consumer Research,* 34, pp.283~300.

Anguera, J. A., et al. (2013). "Video game training enhances cognitive control in older adults," *Nature,* 2013. https://www.nature.com/article/nature12486.

Appel, M., & Weber, S. (2017). "Do mass mediated stereotypes harm members of negatively stereotyped groups? A meta-analytical review on media-generated stereotype threat and stereotype lift," *Communication Research*, pp.1~29. Online first (Sage) DOI: 10.1177/0093650217715543.

Arnaud, S. (2020, September 17). "A Social–emotional salience account of emotion recognition in autism: Moving beyond theory of mind," *Journal of Theoretical and Philosophical Psychology*. Advance online publication. http://dx.doi.org/10.1037/teo0000174

Associated Press (2007. 9. 18). "Chinese man drops dead after 3-day gaming binge."

Bakshy, E., Messing, S., & Adamic, L. A. (2015). "Exposure to ideologically diverse news and opinion on Facebook," *Science,* 348(6239), pp.1130~1132.

Balcetis, E. (2015). Approach and avoidance as organizing structures for motivated distance perception. *Emotion Review,* 1-14. DOI: 10.1177/1754073915586225.

Bandura, A. (1977). *Social learning theory*. Englewood Cliffs, NJ: Prentice-Hall.

Barberá, P., Jost, J. T., Nagler, J., Tucker, J. A., & Bonneau, R. (2015). "Tweeting from left to right: Is online political communication more than an echo chamber?" *Psychological Science,* 26, pp.1531~1542.

Baron-Cohen, S. (1997). *Mindblindness: An essay on autism and theory of mind*. Cambridge, MA: MIT Press.

Baron-Cohen, S. (2011). *Zero degree of empathy*. Penguin (Allen Lane).

Baron-Cohen, S., O'Riordan, M., Stone, V., Jones, R., & Plaisted, K. (1999). "Recognition of faux pas by normally developing children and children with Asperger syndrome or high-functioning autism," *Journal of Autism and Developmental Disorders*, 29, pp.407~

418.

Barrett, L. F. (2017). *How emotions are made?* Brockman, Inc. [최호영 옮김. 《감정은 어떻게 만들어지는가?》. 생각연구소. 2017].

Barrett, L. F., & Russell, J. A. (2014). (Eds.), *The psychological construction of emotion*. New York: Guilford.

Barrett, L. F., Gross, J., Christensen, T. C., & Benvenuto, M. (2001). "Knowing what you're feeling and knowing what to do about it: Mapping the relation between emotion differentiation and emotion regulation," *Cognition and Emotion,* 15(6), pp.713~724.

Barrett, L. F., Mesquita, B., Ochsner, K. N., & Gross, J. J. (2007). "The experience of emotion," *Annual Review of Psychology,* 58, pp.373~403.

Barrick, C. B., Taylor, D., & Correa, E. I. (2002). "Color sensitivity and mood disorders: Biology or metaphor?" *Journal of Affect Disorder,* 2002. https://pubmed.ncbi.nlm.nih.gov/11869784/

Barsalou, L. W. (2008). "Ground cognition," *Annual Review of Psychology.* 59(1), pp.617~645.

Bartels, A., & Zeki, S. (2004). "Functional brain mapping during free viewing of natural scenes," *Human Brain Mapping,* 21, pp.75~85.

Bartsch, A., Appel, M., & Storch, D. (2010). "Predicting emotions and meta-emotions at the movies: The role of the need for affect in audiences' experience of horror and drama," *Communication Research,* 37(2), pp.167~190.

Bartsch, A., Viehoff, R., & Mangold, R. (2010). Emotional gratification in media use: Exploring experiential and functional types of entertainment gratification. Paper presented in 2010 conference, International Communication Association.

Bas, O., & Grabe, M. E. (2015). "Emotion-provoking personalization of news: Informing citizens and closing the knowledge gap?" *Communication Research,* 42(2), pp.159~185.

Baumeister, R. F., DeWall, C. N., Ciarocco, N. J., & Twenge, J. M. (2005). "Social exclusion impairs self-regulation," *Journal of Personality and Social Psychology,* 88(4), pp.589~604.

Beck, A. T., & Alford, B. A. (2009). *Depression: Causes and Treatment*. Philadelphia: University of Pennsylvania Press.

Beck, A. T., Rush, J. R., Shaw, B. F., & Emery, G. (1979). *Cognitive Therapy of Depression*. New York: The Guilford Press.

Bélanger, J. J., Lafreniere, M. K., Vallerand, R. J., & Kruglanski, A. W. (2013). "Driven by fear: The effect of success and failure information on passionate individuals' performance," *Journal of Personality and Social Psychology,* 104(1), pp.180~195.

Bergson, H. (1932). *Moral Obligation. In The Two Sources of Morality and Religion*, 1932, translated by R. Ashley Audra & Cloudesley Brereton, 1935. [Frank, 2001: 237].

Berkowitz, L. (2012). "A different view of anger: The cognitive-neoassociation conception of the relation of anger to aggression," *Aggressive Behavior,* 38, pp.322~333.

Bernhardt, P. C., Dabbs, J. M., Jr., et al. (1998). "Testosterone changes during vicarious experiences of winning and losing among fans at sporting events," *Physiology & Behavior,* 65(1), pp.59~62.

Berridge, K. C. (1996). "Food reward: Brain substrates of wanting and liking," *Neuroscience and Biobehavioral Reviews,* 20, pp.1~25.

Berridge, K. C., & Kringelbach, M. L. (2016). "From pleasure to happiness: 'Liking' and 'wanting' in mind and brain," In L. F. Barrett, M. Lewis, & J. M. Haviland-Jones (Eds.), *Handbook of emotions* (4th ed.) (Ch. 7, pp.133~145). New York: The Guilford Press.

Bland, C. E., Howe, M. L., & Knott, L. (2016). Discrete emotion-congruent false memories in the DRM paradigm. *Emotion.* Online First Publication. http://dx.doi.org/10.1037/emo000153 (January 14, 2016).

Bond, M. (2020). *Wayfinding*. Mcmillian Publishers. [홍경탁 옮김.《길 잃은 사피엔스를 위한 뇌과학: 인간은 어떻게 미지의 세상을 탐색하고 방랑하는가》. 어크로스출판그룹. 2020].

Borkovec, T. D., Ray, W. J., & Stober, J. (1998). "Worry: A cognitive phenomenon intimately linked to affective, physiological and interpersonal behavioral processes," *Cognitive Therapy and Research,* 22, pp.561~576.

Bower, G. H. (1981). "Mood and memory," *American Psychologist,* 36, pp.129~148.

Boyatzis, C. J., & Varghese, R. (1994). "Children's emotional associations with colors," *Journal of Genetic Psychology*, 1994. https://www.ncbi.nlm.nih.gov/pubmed/8021626.

Brainerd, C. J., & Reyna, V. F. (2002). "Fuzzy-trace theory and false memory," *Current Directions in Psychological Science,* 11, pp.164~169.

Brown, S. L., Smith, D. M., Schulz, R., Kabeto, M. U., Ubel, P. A., Poulin, M., et al. (2009). "Creative behavior is associated with decreased mortality risk," *Psychological Science,* 20, pp.488~494.

Brown, S., Martinez, M. J., & Parsons, L. M. (2004). "Passive music listening spontaneously engages limbic and paralimbic systems," *Neuroreport,* 13(13), pp.2033~2037.

Brown, W. J. (2015). "Examining four processes of audience involvement with media personae: Transportation, parasocial interaction, Identification, and Worship," *Communication Theory,* 25, pp.259~283.

Buchheim, A., Viviani, R., et al. (2012). Changes in prefrontal-limbic function in major depression after 15 months of long-term psychotherapy. PLoS One, 7(3), e33745.

Buck, R. (1984). *The Communication of Emotion.* [전환성·조전근 옮김.《감성과 커뮤니케이션》. 나남. 2000].

Buck, R., & Powers, S. R. (2011). "Emotion, media, and the global village," In Doveling, K., von Scheve, C., & Konijn, E. A. (Eds.), *The Routledge handbook of emotions and mass media* (Ch. 11, pp.181~194). New York: Routledge.

Campbell, R., Heywood, C. A., Cowey, A., Regard, M., & Landis, T. (1990). "Sensitivity to eye gaze in prosopagnosic patients and monkeys with superior temporal sulcus ablation," *Neuropsychologia,* 28(12), pp.1123~1142.

Cantor, J. R. (1976). "Humor on television: A content analysis," *Journal of Broadcasting,* 20, pp.501~510.

Carlson, N. R. (2013). *Physiology of behavior* (11th ed.). Boston, MA: Pearson.

Carrier, M. (2018). *From smartphones to social media: How technology affects our brains and behavior.* Santa Barbara, CA: ABC CLIO, LLC.

Carroll, N. (1990). *The Philosophy of Horror.* New York: Routledge.

Carroll, N. (2008). *The Philosophy of Motion Pictures.* MA: Blackwell Publishing.

Carver, C. S., & Harmon-Jones, E. (2009). "Anger is an approach-related affect: Evidence and implications," *Psychological Bulletin,* 135, pp.183~204.

Chow, R. M., Tiedens, L. Z., & Govan, C. L. (2008). "Excluded emotions: The role of anger in antisocial responses to ostracism," *Journal of Experimental Social Psychology,* 44(3), pp.896~903.

Cialdini, R. B., Borden, R. J., Thorne, A., Walker, M. R., Freeman, S., & Sloan, L. R. (1976). "Basking in reflected glory: Three (football) field studies," *Journal of Personality and Social Psychology,* 34(3), pp.366~375.

Cikara, M., Bruneau, E. G., & Saxe, R. R. (2011). "Us and Them: Intergroup failures of empathy," *Psychological Science,* 20(3), pp.149~153.

Clayton, R., Raney, A. A., Dale, K. R., Oliver, M. B., Janicke, S. H., Hendrickse, J., ... Seibert, J. C. (2018, May). Feeling transcendent? Measuring psychophysiological responses to self-transcent media content. Presented at the annual meeting of International Communication Association, Prague, Czech Repulic.

Condon, P., & Barrett, L. F. (2013). "Conceptualizing and experiencing compassion," *Emotion,* 13, pp.817~821.

Constantinescu, A. O., O'Reilly, J., & Behrens, T. E. J. (2016). "Organizing conceptual knowledge in humans with a gridlike code," *Science,* 352(6292), pp.1464~1468.

Costa, V. D., Lang, P. J., Sabatinelli, D., Versace, F., & Bradley, M. M. (2010). "Emotional imagery: Assessing pleasure and arousal in the brain's reward circuitry," *Human brain mapping,* 31(9), pp.1446~1457.

Courchesne, E., Mouton, P. R., Calhoun, M. E., Pierce, K. (2011). "Neuron number and size in prefrontal cortex of children with autism," *JAMA,* 306(18), pp.2001~2010.

Cowles, A., Beatty, W. W., Nixon, S. J., et al. (2003). "Musical skill in dementia: A violinist presumed to have Alzheimer's disease learns to play a new song," *Neurocase,* 9, pp.493~503.

Csikszentmihalyi, M. (1990). *Flow: The psychology of optimal experience.* New York: HarperPerennial.

Dagum, P. (2018). Digital biomarkers of cognitive function. npj Digital Medicine, 2008. https://www.nature.com/articles/s41746-018-0018-4.

Damasio, A. R. (1994). *Descartes' error: Emotion, reason, and the human brain.* New York: Gosset/Putnam.

Damasio, A. R., & Carvalho, G. B. (2013). "The nature of feelings: Evolutionary and neurobiological origins," *Nature Reviews Neuroscience,* 14, pp.143~152.

Damasio, A. R., Everitt, B. J., Bishop, D. (1996). "The somatic marker hypothesis and the possible functions of the prefrontal cortex," *Philosophical Transactions: Biological Sciences,* 351, pp.1413~1420.

Darwin, C. (1859/2008). *On the origins of species by means of natural selection, or the preservation of favoured races in the struggle for life.* Reprint, Radford, VA: Wilder Publications.

Darwin, C. (1872/1998). *The expression of the emotions in man and animals.* Oxford, UK: Oxford University Press.

Davidson, R. J., & Schuyler, B. S. (2015). "Neuro science of happiness," *World Happiness Report,* 88~105.

Davison, W. P. (1983). "The third-person effect in communication," *Public Opinion Quarterly,* 47(1), pp.1~15.

De Rivera, J., Possel, L., Verette, J. A., & Weiner, B. (1989). "Distinguishing elation, gladness, and joy," *Journal of Personality and Social Psychology,* 57, pp.1015~1023.

Deci, E. L., & Ryan, R. M. (1985). *Intrinsic motivation and self-determination in human behavior.* New York: Plenum.

Demick, B. (2005. 8. 29). "Gamers rack up losses," *The Los Angeles Times.*

DeSteno, D., Condon, P., & Dickens, L. (2016). "Gratitude and compassion," In L. F. Barrett, M. Lewis, & J. M. Haviland-Jones (Eds.), *Handbook of emotions* (4th ed.) (Ch. 47, pp.835 ~846). New York: The Guilford Press.

DeWall, C., Lambert, N. M., Pond, R. R., Kashdan, T. B., & Fincham, F. D. (2012). "A grateful heart is a nonviolent heart: Cross-sectional, experience sampling, longitudinal, and experimental evidence," *Social Psychological and Personality Science,* 3, pp.232~240.

Diderot, D., & Pollock, W. H. (1883/2007). *The paradox of acting.* Kessinger Publishing.

Diefenbach, S. & Christoforakos, L. (2017). "The selfie paradox: Nobody seems to like them yet everyone has reasons to take them. An exploration of psychological functions of selfies in self-presentation," *Frontiers in Psychology,* 8: 7, pp.1~14.

Dispenza, J. (2007). *Evolve your brain: The science of changing your mind.* Health Communications, Inc. [김재일 윤혜영 옮김. 《꿈을 이룬 사람들의 뇌》. 한언커뮤니티. 2009].

Dunn, E., & Norton, M. (2013). *Happy money: The science of smarter spending.* New York: Simon and Schuster.

Dunn, E., W., Gilbert, D. T., & Wilson, T. D. (2011). "If money doesn't make you happy, then you probably aren't spending it right," *Journal of Consumer Psychology,* 21(2), pp.115~125.

Ekman, P. (1992). "Are there basic emotions?" *Psychological Review,* 99, 550~553.

Ekman, P., & Friesen, W. V. (1986). "A new pan-cultural facial expression of emotion," *Motivation & Emotion,* 10, pp.159~168.

Ekman, P., & Heider, K. G. (1988). "The universality of a contempt expression: A replication," *Motivation & Emotion,* 12, pp.303~308.

Ekman, P., Levenson, R. W., & Friesen, W. V. (1983). "Autonomic nervous system activity distinguishes among emotions," *Science,* 221, pp.223~230.

Ellard, C. (2015). *Places of the Heart: The Psychogeography of Everyday Life.* New York: Bellevue Literary Press.

Ellsworth, P. C, & Smith, C. A. (1988). "Shades of joy: Patterns of appraisal differentiating pleasant emotions," *Cognition and Emotion,* 2, pp.301~331.

Fein, S., Goethals, G. R., & Kugler, M. B. (2007). "Social influence on political judgments: The case of presidential debates," *Political Psychology,* 28(2), pp.165~192.

Festinger, L. (1954). "A theory of social comparison processes," *Human Relations,* 7, pp.117~140.

Fischer, A. H., & Manstead, A. S. R. (2016). "Social functions of emotion and emotion regulation," In L. F. Barrett, M. Lewis, & J. M. Haviland-Jones (Eds.), *Handbook of emotions* (4th ed.) (Ch. 24, pp.424~439). New York: The Guilford Press.

Fitch, W. T., Hauser, M., & Chomsky, N. (2005). "The evolution of the language faculty: Clarifications and implications," *Cognition,* 97, pp.179~210.

Fitness, J. (2000). "Anger in the workplace: An emotion script approach to anger episodes between workers and their superiors, co-workers and subordinates," *Journal of Organizational Behavior,* 21, pp.147~162.

Fleder, D., Hosanagar, K., & Buja, A. (2010). "Recommender systems and their effects on consumers: The fragmentation debate," Proceedings of the 11th ACM conference on Electronic commerce, pp.229~230.

Frank, L. R. (2001). (Ed.) *Random House Webster's Quotationary.* New York: Random House.

Frazzetto, Giovanni (2013). *How We Feel.* [이현주 옮김.《감정의 재발견》. 프런티어. 2016].

Fredrickson, B. L. (2004). "The broaden-and-build theory of positive emotions." *Philosophical Transactions of the Royal Society of London*, 359, 1367~1377.

Fredrickson, B. (2016). "Love: Positivity resonance as a fresh, evidence-based perspective on an age-old topic," In L. F. Barrett, M. Lewis, & J. M. Haviland-Jones (Eds.), *Handbook of emotions* (4th ed.) (Ch. 48, pp.847~858). New York: The Guilford Press.

Fredrickson, B. L. (1998). "What good are positive emotions?" *Review of General Psychology,* 2(3), pp.300~319.

Freedberg, D., & Gallese, V. (2007). "Motion, emotion and empathy in esthetic experience," *Trends in Cognitive Sciences,* 11, pp.197~203.

Froh, J. J., Bono, G., & Emmons, R. (2010). "Being grateful is beyond good manners: Gratitude and motivation to contribute to society among early adolescents," *Motivation and Emotion,* 34, pp.144~157.

Fryrear, J. L., & Corbit, I. E. (1992). *Photo art therapy: A Jungian perspective.* Springfield, IL: C.C. Thomas.

Furuya, S. (2012). *Pianist no nou wo kagakusuru: Chozetsugiko no mechanism.* [홍주영 옮김. 《피아니스트의 뇌: 뇌과학으로 풀어낸 음악과 인체의 신비》. 끌레마. 2016].

Gerbner, G., Gross, L., Morgan, M., Signorielli, N., & Shanahan, J. (2002). "Growing up with television: Cultivation processes," In J. Bryant & D. Zillmann (Eds.), *Media Effects: Advances in Theory and Research* (pp.43~67). Mahwah, NJ: Erlbaum.

Gerber, J. P., Wheeler, L., & Suls, J. (2018). "A social comparison theory meta-analysis 60+ years on," *Psychological Bulletin,* 144(2), pp.177~197.

Gigerenzer, G., & Selten, R. (2002). *Bounded rationality: The adaptive toolbox.* Cambridge, MA: MIT Press.

Giles, D. (2003). *Media psychology.* Mahwah, NJ: Lawrence Erlbaum Associates.

Gilovich, T., & Medvec, V. H. (1994). "The temporal pattern to the experience of regret," *Journal of Personality and Social Psychology,* 67(3), pp.357~365.

Goetz, J. L., Keltner, D., & Simon-Thomas, E. (2010). "Compassion: An evolutionary analysis and empirical review," *Psychological Bulletin,* 136, pp.351~374.

Goldhaber, M. H. (1997). *The attention economy and the net.* First Monday, April 7, 2:4.

Goldhagen, S. W. (2017). *Welcome to your world: How the built environment shapes our lives.* The Gernert Company, Inc. [윤제원 옮김.《공간 혁명: 행복한 삶을 위한 공간 심리학》. 다산북스. 2019].

Greicius, M. D., Flores, B. H., Menon, V., Glover, G. H., Solvason, H. B., Kenna, H., et al. (2007). "Resting-state functional connectivity in major depression: Abnormally increased contributions from subgenual cingulate cortex and thalamus," *Biological Psychiatry,* 62(5), pp.429~437.

Grimm, S., Boesiner, P., Beck, J., Schuepbach, D., Bermpohl, F., Walter, M., et al. (2008). "Altered negative BOLD responses in the default-mode network during emotion processing in depressed subjects," *Neuropsychopharmacology,* 34(4), pp.932~943.

Haidt, J. (2003). "Elevation and the positive psychology of morality," In C. L. M. Keyes & J. Haidt (Eds.), *Flourishing: Positive psychology and the life well-lived* (pp.275~289). Washington, DC: American Psychological Association.

Hamilton, J. P., Erkin, A., Furman, D. J., Lemus, M. G., Johnson, R. F., & Gotlib, I. H. (2012). "Functional neuroimaging of major depressive disorder: A meta-analysis and new integration of baseline activation and neural response data," *American Journal of Psychiatry,* 169(7), pp.693~703.

Hanson, R. (2013). *Hardwaring happiness: The new brain science of contentment, calm, and confidence.* Crown Publishing Group. [김미옥 옮김.《행복 뇌 접속》. 담앤북스. 2015].

Harari, Y. N. (2020). "The world after coronavirus." *Financial Times,* March 20, 2020.

Harber, K. D., & Cohen, D. J. (2005). "The emotional broadcaster theory of social sharing," *Journal of Language and Social Psychology,* 24(4), pp.382~400.

Harmon-Jones, E., & Gable, P. A. (2013). Anger and attentional myopia. Paper presented in 2013 APA (American Psychological Association) 121st Annual Convention (#3220 Symposium: Attentional and cognitive advances in understanding anger and anger regulation).

Harmon-Jones, E., & Harmon-Jones, C. (2016). "Anger," In L. F. Barrett, M. Lewis, & J. M. Haviland-Jones (Eds.), *Handbook of emotions* (4th ed.) (Ch. 44, pp.774~791). New York: The Guilford Press.

Hass-Cohen, N., & Findlay, J. C. (2015). *Art therapy and the neuroscience of relationships, creativity, and resiliency: Skills and practices*. New York: Norton & Company.

Hasson, U., Landesman, O., Knappmeyer, B., Vallines, I., Rubin, N., & Heeger, D. J. (2008). "Neurocinematics: The neuroscience of film," *Projections,* 2, pp.1~26.

Hebb, D. O. (1955). "Drives and the c.n.s(conceptual nervous system)," *Psychological Review,* 62, pp.243~254.

Heerey, E. A., Keltner, D., & Capps, L. M. (2003). "Making sense of self-conscious emotion: Linking theory of mind and emotion in children with autism," *Emotion,* 3(4), pp.394~400.

Heider, F. (1958). *The psychology of interpersonal relations*. New York: Wiley.

Hemphill, M. (1996). "A note on adults' color-emotion associations," *Journal of Genetic Psychology*, 1996. https://psycnet.apa.org/record/1996-01791-004.

Hilton, J. L., & Von Hippel, W. (1996). "Stereotypes," *Annual Review of Psychology*, 47(1), pp.237~271.

Hoffman, M. L. (1978). "Toward a theory of empathetic arousal and development," In M. Lewis & L. A. Rosenblum (Eds.), *The development of affect* (pp.227~256). New York: Plenum Press.

Hoffmann, J., & Fahr, A. (2007). Reexperiencing suspense and surprise: Processes of repeated exposure to narrative fiction. Paper presented in 2007 conference, International Communication Association.

Hofstede, G., Hofstede, G. J., & Minkov, M. (2010). *Cultures and organizations: Software of the mind* (3rd ed.). London: McGraw Hills. [차재호·나은영 옮김. 《세계의 문화와 조직: 정신의 소프트웨어》. 학지사. 2014].

Hosanagar, K., Fleder, D. M., Lee, D., & Buja, A. (2014). "Will the global village fracture into tribes: Recommender systemts and their effects on consumers," *Management Science,* 60(4), pp.805~823.

Howe, M. L., Wimmer, M. C., Gagnon, N., & Plumpton, S. (2009). "An associative activation theory of children' and adults' memory illusions," *Journal of Memory and Language,* 60, pp.229~251.

Hutchison, W., et al. (1999). "Pain-related neurons in the human cingulate cortex," *Nature Neuroscience,* 2, pp.403~405.

Iacoboni, M., et al. (2003). "Cortical mechanisms of human imitation," *Science,* 286, pp.2526~2528.

ICA (2018). From pixels to media effects: A study of 600 brains watching a suspenseful movie.

Conference Paper, International Communication Association, 2018.

Izard, C. E. (1997). "Emotions and facial expressions: A perspective from Differential Emotions Theory," In J. A. Russell & J. M. Fernández-Dols (Eds.), *Studies in emotion and social interaction (2nd series): The psychology of facial expression* (pp.57~77). Cambridge University Press.

Izuma, K., Saito, D. N., & Sadato, N. (2008). "Processing of social and monetary rewards in the human striatum," *Neuron,* 58(2), p.284.

Jabbi, M., & Keysers, C. (2008). "Inferior frontal gyrus activity triggers anterior insula response to emotional facial expressions," *Emotion,* 8, pp.775~780.

Jain, S. H., Powers, B. W. Hawkins, J. B., & Brownstein, J. S. (2015). "The digital phenotype," *Nature Biotechnology,* 2015.https://www.nature.com/articles/nbt.3223.

James, W. (1890). *Principles of psychology.* New York: Holt.

James, W. (1894). "The physical basis of emotion," *Psychological Review,* 1, 516~529.

Johnson-Laird, P. N., & Oatley, K. (2016). "Emotions in music, literature, and film," In L. F. Barrett, M. Lewis, & J. M. Haviland-Jones (Eds.), *Handbook of emotions* (4th ed.) (Ch. 4, pp.82~97). New York: The Guilford Press.

Kandel, E. R., & Squire, L. R. (2009). *Memory: From mind to moleculus.* Roberts & Company Publishers. [전대호 옮김.《기억의 비밀》. 해나무. 2016].

Kang, D. H. et al. (2013). "The effect of meditation on brain structure: cortical thickness mapping and diffusion tensor imaging," *SCAN,* 8, pp.27~33.

Kashdan, T. B., Ferssizidis, P., Collins, R. L., & Muraven, M. (2010). "Emotion differentiation as resilience against excessive alcohol use: an Ecological momentary assessment in underage social drinkers," *Psychological Science,* 21(9), pp.1341~1347.

Keller, M. C., & Nesse, R. M. (2006). "The evolutionary significance of depressive symptoms: Different adverse situations lead to different depressive symptom patterns," *Journal of Personality and Social Psychology,* 91(2), pp.316~330.

Keltner, D., Oatley, K., & Jenkins, J. M. (2013). *Understanding emotions* (3rd ed.). Hoboken, NJ: Wiley-Blackwell.

Kim, H. J. (2016). "The role of emotions and culture in the third-person effect process of news coverage of election poll results," *Communication Research,* 43(1), pp.109~130.

Kim, H. J., & Cameron, G. T. (2011). "Emotions matter in crisis: The role of anger and sadness in the publics' response to crisis news framing and corporate crisis response," *Communication Research,* 38(6), pp.826~855.

King, B., Lark, A., Lightman, A., & Rangaswami, JP (2016). *Augmented: Life in the Smart Lane.*

[커넥팅 랩(백승윤 · 김정아) 옮김.《증강현실: 현실 위의 현실, 슈퍼 리얼리티의 세계가 열린다》. 미래의 창. 2016].

Klimecki, O. M., & Singer, T. (2012). "Empathic distress fatigue rather than compassion fatigue?: Integrating findings from empathy research in psychology and social neuroscience," In B. Oakley, A. Knafo, G. Madhavan, & D. S. Wilson (Eds.), *Pathological altruism* (pp.368~383). New York: Oxford University Press.

Klüver, H., & Bucy, P. C. (1939). "Preliminary analysis of functions of the temporal lobes in monkeys," *Archives of Neurology and Psychiatry,* 42, pp.979~1000.

Konijn, E. A. (2013). "The role of emotion in media use and effects," In K. E. Dill (Ed.), *The Oxford handbook of media psychology* (Ch. 11, pp.186~211). Oxford University Press.

Konijn, E. A., & Holt, J. M. (2011). "From noise to nucleus: Emotion as key construct in processing media messages," In Döveling, K., von Scheve, C., & Konijn, E. A. (Eds.), *The Routledge handbook of emotions and mass media* (Ch. 3, pp.37~59). New York: Routledge.

Korb, A. (2015). *The upward spiral. New Harbinger Publications.* [정지민 옮김.《우울할 땐 뇌과학: 최신 뇌과학과 신경생물학은 우울증을 어떻게 해결하는가》. 푸른숲. 2018].

Kreitler, H., & Kreitler, S. (1972). *Psychology of the arts.* Durham, NC: Duke University Press.

Kringelbach, M. L., & Berridge, K. C. (2009). "Towards a functional neuroanatomy of pleasure and happiness," *Trends in Cognitive Sciences,* 13(11), pp.479~487.

Kühne, R., & Schemer, C. (2015). "The emotional effects of news frames on information processing and opinion formation," *Communication Research,* 42(3), pp.387~407.

Kuppens, P., Realo, A., & Diener, E. (2008). "The role of positive and negative emotions in life satisfaction judgment across nations," *Journal of Personality and Social Psychology,* 95(1), pp.66~75.

Kurita, S. (2006). Presence, involvement and gender differences: How do emotional dimensions explain the mechanism of presence? Paper presented in 2006 conference, International Communication Association.

Kwik, J. (2020). *Limitless: Upgrading your brain, learn anything faster, and unlock your exceptional life.* Hay House. [김미정 옮김.《마지막 몰입: 나를 넘어서는 힘》. 비즈니스북스. 2021]

LaBar, K. S. (2016). Fear and anxiety. In L. F. Barrett, M. Lewis, & J. M. Haviland-Jones (Eds.), *Handbook of emotions* (4th ed.) (Ch. 43, pp.751~773). New York: The Guilford Press.

Lamb, R. J., et al. (1991). "The reinforcing and subjective effects of morphine in post-addicts: A dose-response study," *Journal of Pharmacology and Experimental Therapeutics.* 259, pp.1165~1173.

Lambert, N. M., Fincham, F. D., & Stillman, T. F. (2012). "Gratitude and depressive symptoms: The role of positive reframing and positive emotion," *Cognition and Emotion,* 26, pp.615~633.

Lang, A., Schneider, E. F., & Deitz, R. (1999). "Emotional experience and physiological arousal during violent video game playing: Gender, experience, and presence matter." Paper presented to the Theory and Methodology Division of the Association in Journalism and Mass Communication.

Lang, P. J., Bradley, M. M., & Cuthbert, B. N. (1990). "Emotion, attention, and the startle reflex," *Psychological Review,* 97, pp.377~398.

Larsen, J. T., & McGraw, A. P. (2011). "Further evidence of mixed emotions," *Journal of Personality and Social Psychology,* 100(6), pp.1095~1110.

Lazarus, R. S. (1991). *Emotion and adaptation.* New York: Oxford University Press.

Lazarus, R. S., & Lazarus, B. N. (1994). *Passion and reason: Making sense of our emotions.* Oxford: Oxford University Press. [정영목 옮김.《감성과 이성》. 문예출판사. 1997].

Lazarus, R. S., & Smith, (1988). "Knowledge and appraisal in the cognition-emotion relationship," *Cognition and Emotion,* 2, pp.281~300.

LeDoux, J. E. (1994). "Emotion, memory and the brain," *Scientific American,* 270.

LeDoux, J. E. (1996). *The emotional brain.* New York: Simon and Schuster.

LeDoux, J. E. (1998). "The emotional brain," In J. M. Jenkins, K. Oatley, & N. L. Stein (Eds.), *Human Emotions: A reader.* London: Blackwell Publishers.

LeDoux, J. E. (2015). *Anxious: Using the brain to understand and threat fear and anxiety.* New York: Penguin. [임지원 옮김.《불안: 불안과 공포의 뇌과학》. 인벤션. 2017].

Lee, D. H., Park, H. Y., Lee, U. S., Lee, K. U., Noh, E. C., Jang, J. H., & Kang, D. H. (2015). "The effects of brain wave vibration on oxidative stress response and psychological symptoms," *Comprehensive Psychiatry,* 60, pp.99~104.

Lee, S. A., et al. (2017). "Electrophysiological signatures of spatial boundaries in the human subiculum," *Journal of Neuroscience,* 38(13), pp.3265~3272.

Lenoir, F. (2015). *La Puissance de la Joie.* [이세진 옮김.《철학, 기쁨을 길들이다》. 와이즈베리. 2016].

Leonhard, G. (2016). *Technology vs. Humanity: The coming clash between man and machine.* [전병근 옮김.《신이 되려는 기술: 위기의 휴머니티》. 틔움출판. 2018].

Levitin, D. J. (2014). *The organized mind.* The Wylie Agency, LTD. [김성훈 옮김.《정리하는 뇌》. 와이즈베리. 2015].

Lewis, M. (2016). "Self-conscious emotions: embarrassment, pride, shame, guilt, and hubris," In L.

F. Barrett, M. Lewis, & J. M. Haviland-Jones (Eds.), *Handbook of emotions* (4th ed.) (Ch. 45, pp.792~814). New York: The Guilford Press.

Lewis, R. J., Tamborini, R., & Weber, R. (2014). "Testing a dual-process model of media enjoyment and appreciation," *Journal of Communication,* 64, pp.397~416.

Lieberman, N., & Föster, J. (2000). "Expression after suppression: A motivational explanation of postsuppressional rebound," *Journal of Personality and Social Psychology,* 79(2), pp.190 ~203.

Lieberman, M. D. (2010). "Social cognitive neuroscience," In S. T. Fiske, D. T. Gilbert, & G. Lindzey (Eds.), *Handbook of Social Psychology* (5th ed., pp.143~193), New York: McGraw-Hill.

Lieberman, M. D. (2013). *Social: Why our Brain are wired to connect.* [최호영 옮김.《사회적 뇌: 인류 성공의 비밀》. 시공사. 2016].

Lindquist, K. A., Wagner, T. D., Kober, H., Bliss-Moreau, E., & Barrett, L. F. (2012). "The brain basis of emotion: A meta-analytic review," *Behavioral and Brain Sciences,* 35, pp.121~ 202.

Lindsay-Hartz, J. (1981). "Elation, gladness, and joy," In I. de Rivera (Ed.), *Conceptual encounter: A method for the exploration of human experience* (pp.163~224). Washington, DC: University Press of America.

Lissitsa, S., & Kushnirovich, N. (2019). "Harnessing digital media in the fight against prejudice: Social contact and exposure to digital media solutions," *Journalism & Mass Communication Quarterly,* 96(4), pp.1052~1075.

Lloyd-Fox, S., Blasi, A., Elwell, C. E., Charman, T., Murphy, D., & Johnson, M. H. (2013). Reduced neural sensitivity to social stimuli in infants at risk for autism. *Proceedings of the Royal Society B: Biological Sciences,* 280, 20123026. http://dx.doi.org/10.1098/ rspb.2012.3026

Lodge, M., & Taber, C. S. (2013). *The rationalizing voter.* Cambridge University Press.

Madrigal, R., Bee, C., Chen, J., & Labarge, M. (2011). "Effect of suspense on enjoyment following a desirable outcome: The mediating role of relief," *Media Psychology,* 14, pp.259~288.

Maio, G. R., & Esses, V. M. (2001). "The need for affect: Individual differences in the motivation to approach or avoid emotions," *Journal of Personality,* 69, pp.583~615.

Mallory, C. S., et al. (2018). "Grid scale drives the scale and long-term stability of place maps," *Nature Neuroscience,* 21, pp.270~282.

Masten, C. A., Eisenberger, N. I., Borofsky, L. A., Pfeifer, J. H., McNealy, K., Mazziotta, J. C., & Dapretto, M. (2009). "Neural correlates of social exclusion during adolescence:

understanding the distress of peer rejection," *Social Cognitive and Affective Neuroscience.* 4(2), pp.143~157.

Matsumoto, D., & Ekman, P. (2004). "The relationship among expressions, labels, and descriptions of contempt," *Journal of Personality and Social Psychology,* 87(4), pp.529~540.

McCullough, M. E., Kilpatrick, S. D., Emmons, R. A., & Larson, D. B. (2001). "Is gratitude a moral affect?" *Psychological Bulletin,* 127, pp.249~266.

McGaugh, J. L. (2003). *Memory and emotion: The making of lasting memories.* [김문수 옮김. 《기억과 감정》. 시그마프레스. 2012].

McLuhan, M. (1964). *Understanding media: The extensions of man.* London: Routledge & Kegan Paul.

Mead, G. H. (1934). *Mind, self, and society: From the standpoint of a social behaviorist.* The University of Chicago Press. [나은영 옮김.《정신, 자아, 사회: 사회적 행동주의자가 분석하는 개인과 사회》. 한길사. 2010].

Meyer, L. B. (1956). *Emotion and meaning in music.* Chicago: University of Chicago Press.

Mitchell, D. G. V., & Greening, S. G. (2012). "Conscious perception of emotional stimuli: Brain mechanisms," *The Neuroscientist,* 18(4), pp.386~398.

Mo, R., & Leung, L. (2015). "Exploring the roles of narcissism, uses of, and gratifications from microblogs on affinity-seeking and social capital," *Asian Journal of Social Psychology,* 18(2), 152~162.

Na, E. Y. (1992). *Resistance of identity–relevant beliefs under threat from an antagonistic outgroup.* Doctoral Dissertation, Yale University.

Nettle, D. (2004). "Evolutionary origins of depression: A review and reformulation," *Journal of Affective Disorders,* 81(2), pp.91~102.

Newman, M. G., & Borkovec, T. D. (1995). "Cognitive~behavioral treatment of generalized anxiety disorder," *Clinical Psychology,* 48, pp.5~7.

Niemic, R. & Wedding, D. (2008). *Positive Psychology at the Movies.* [백승화·최혜지·한영옥·조동원 옮김.《영화 속의 긍정 심리》. 학지사. 2011].

Nishitani, N., Avikainen, S., & Hari, R. (2004). "Abnormal imitation-related cortical activation sequences in Asperger's syndrome," *Annals of Neurology,* 55(4), pp.558~562.

Nitschke, J. B., Nelson, E. E., Rusch, B. D., Fox, A. S., Oakes, T. R., & Davidson, R. J. (2004). "Orbitofrontal cortex tracks positive mood in mothers viewing pictures of their newborn infants," *Neuroimage,* 21(2), pp.583~592.

O'Keefe, J., & Burgess, N. (1996). "Geometric determinants of the place fields of hippocampal neurons," *Nature,* 381, pp.425~428.

O'Keefe, J., & Dostrovsky, J. (1971). "The hippocampus as a spatial map: Preliminary evidence from unit activity in the freely-moving rat," *Brain Research,* 34, pp.171~175.

Oatley & Johnson-Laird (2014). "Cognitive approaches to emotions," *Trends in Cognitive Sciences,* 18, pp.134~140.http://dx.doi.org/10.1016/j.tics.2013.12.004

Olds, J., & Milner, P. (1954). "Positive reinforcement produced by electrical sttimulation of septal area and other regions of rat brain," *Journal of Comparative Physiological Psychology,* 47(6), pp.419~427.

Oliver, M. B. (2009). "Affect as a predictor of entertainment choice: The utility of looking beyond pleasure," In Hartman, T. (Ed.), *Media choice: A theoretical and empirical overview* (Ch. 10, pp.167~184). London: Routledge.

Oliver, M. B., Hartmann, T., & Woolley, J. K. (2012). "Elevation in response to entertainment portrayals of moral virtue," *Human Communication Research,* 38, pp.360~378.

Orwell, G. (1944). *Why Don't We Learn from History?* In B. H. Liddell Hart, The Dilemma of the 'Intellectual.' [Frank, 2001, p.237].

Ouwerkerk, J., & Van Dijk, W. (2008). Why do we laugh at idols? Self-evaluation and Schadenfreude following another's misfortune in the media. Paper presented in 2008 conference, International Communication Association.

Paluck, E. L. (2009). "Reducing intergroup prejudice and conflict using the media: A field experiment in Rwanda," *Journal of Personality and Social Psychology,* 96(3), pp.574~587.

Pariser. E. (2011). *The Filter Bubble.* [이현숙·이정태 옮김.《생각 조종자들: 당신의 의사 결정 을 설계하는 위험한 집단》. 알키. 2011].

Peterson, C., & Seligman, M. E. P. (2004). *Character strengths and virtues: A handbook of classification.* New York: Oxford University Press.

Phelps, E. A. (2006). "Emotion and cognition: Insights from studies of the human amygdala," *Annual Review of Psychology,* 57, pp.27~53.

Pizzagalli, D. A. (2014). "Depression, stress, and anhedonia: Toward a synthesis and integrated model," *Annual Review of Clinical Psychology,* 10, pp.393-423.

Pohling, R., & Diessner, R. (2016). "Moral elevation and moral beauty: A review of the empirical literature," *Review of General Psychology,* 20, pp.412~425.

Postman, N. (1993). *Technopoly: The Surrender of Culture to Technology.* New York: Vintage Books.

Provine, R. (1996). "Laughter," *American Scientist,* 84, pp.38~45.

Provine, R., & Fischer, K. R. (1989). "Laughing, smiling, and talking: Relation to sleeping and social context in humans," *Ethology,* 83, pp.295～305.

Putnam, R. D. (1995). "Bowling alone: America's declining social capital," *Journal of Democracy,* 6, pp.65～78.

Rachman, S. (2004). *Anxiety.* Hove, East Sussex: Psychology Press.

Raichle, M. E., Mcleod, A. M., Snyder, A. Z., Power, W. J., Gusnard, D. A., & Shulman, G. L. (2001). "A default mode of brain function," *Proceedings of the National Academy of Science,* 98(2), 676～682

Ramachandran, V. S., & Oberman, L. M. (2006). "Broken mirrors: A theory of autism," *Scientific American,* 16, pp.62～69.

Ramsay, D., & Lewis, M. (2001). "Temperament, stress, and soothing," In T. D. Wachs & G. A. Kohnstamm (Eds.), *Temperament in context* (pp.23～41). Mahwah, NJ: Erlbaum.

Raney, A. A., Oliver, M. B., & Bartsch, A. (2020). "Eudaimonia as media effect," In M. B. Oliver, A. A. Raney, & J. Bryant (Eds.), *Media effects: Advances in theory and research* (4th ed., Ch. 17, pp.258～274). New York: Routledge.

Rapp, A., Leube, D. T., Erb, M., Grodd, W., & Kircher, T. T. (2004). "Neural correlates of metaphor processing," *Cognitive Brain Research,* 20, pp.395～402.

Reagan, A. J., Mitchell, L., Kiley, D., Danforth, C. M., & Dodds, P. S. (2016). "The emotional arcs of stories are dominated by six basic shapes," *European Physical Journal Data Science,* 5(31), pp.1～12.

Reinecke, L., & Oliver, M. B. (2017). "Media use and well-being: Status quo and open questions," In L. Reinecke & M. B. Oliver (Eds.), *The Routledge handbook of media use and well-being: International perspectives on theory and research on positive media effects* (Ch. 1, pp.3～13). New York: Routledge/Taylor & Francis.

Rempel, J. K., & Burris, C. T. (2005). "Let me count the ways: An integrative theory of love and hate," *Personal Relationships,* 12, pp.297～313.

Richards, J. M., & Gross, J. J. (2000). "Emotion regulation and memory: The cognitive costs of keeping one's cool," *Journal of Personality and Social Psychology,* 79(3), pp.410～424,

Ritchey, M., Dolcos, F., et al. (2011). "Neural correlates of emotional processing in depression: Changes with cognitive behavioral therapy and predictors of treatment response," *Journal of Psychiatric Research,* 45(5), pp.577～587.

Rizzolatti, G., & Craighero, L. (2004). "The mirror-neuron system," *Annual Review of Neuroscience,* 27, pp.169～192.

Rizzolatti, G., Gentilucci, M., Camarda, R. M., Gallese, V., Luppino, G., Matelli, M., & Fogassi, L. (1990). "Neurons related to reaching-grasping arm movements in the rostral part of area 6 (area 6aβ)," *Experimental Brain Research,* 82(2), pp.337~350.

Robinson, J. (2005). *Deeper than reason: Emotion and its role in literature, music, and art.* Oxford University Press. [조선우 옮김.《감정, 이성보다 깊은: 감정 그리고 문학, 음악, 예술에서의 감정의 역할》. 북코리아. 2015].

Rodgers, S., Kenix, L. J., & Thorson, E. (2007). "Stereotypical portrayals of emotionality in news photos," *Mass Communication & Society,* 10(1), pp.119~138.

Roseman, I. J. (1979). Cognitive aspects of emotion and emotional behavior. Paper presented at the 87th Annual Convention of the American Psychological Association, New York, U.S.A.

Roseman, I. J., Spindel, M. S., & Jose, P. E. (1990). "Appraisals of emotion-eliciting events: Testing a theory of discrete emotions," *Journal of Personality and Social Psychology,* 59(5), pp.899~915.

Royzman, E., Atanasov, P., Landy, J. F., Parks, A., & Gepty, A. (2014). "CAD or MAD?: Anger (not disgust) as the predominant response to pathogen-free violations of the divinity code," *Emotion,* 14, pp.892~907.

Rozin, P., Haidt, J., & McCauley, C. (2016). Disgust. In L. F. Barrett, M. Lewis, & J. M. Haviland-Jones (Eds.), *Handbook of emotions* (4th ed.) (Ch. 46, pp.815~834). New York: The Guilford Press.

Ruch, W. (1993). "Exhilaration and humor," In M. Lewis & J. M. Haviland (Eds.), *Handbook of emotions* (pp.605~616). New York: Guilford Press.

Russell, J. A. (1980). "A circumplex model of affect," *Journal of Personality and Social Psychology,* 39(6), pp.1161~1178.

Russell, J. A., & Carroll, J. M. (1999). "On the bipolarity of positive and negative affect," *Psychological Bulletin,* 125(1), pp.3~30.

Sacks, O. (2007). *Musicophilia.* London: Wylie Agency, LTD, UK. [장호연 옮김.《뮤지코필리아》. 알마. 2008].

Saeb, S., et al. (2015). Mobile phone sensor correlates of depressive symptom severity in dily-life behavior: An exploratory study. JMIR, 2015. https://www.jmir.org/2015/7/e175.

Salimpoor, V. N., et al. (2011). "Anatomically distinct dopamine release during anticipation and experience of peak emotion to music," *Nat Neuroscience,* 14(2), pp.257~262.

Salovey, P., Rothman, A. J., Detweiler, J. B., & Steward, W. T. (2000). "Emotional states and physical health," *American Psychologist,* 55(1), pp.110~121.

Sasson, N. J., & Touchstone, E. W. (2014). "Visual attention to competing social and object images by preschool children with autism spectrum disorder," *Journal of Autism and Developmental Disorders,* 44, pp.584~592.

Satir, V. (1972). *Peoplemaking*. Science and Behavior Books. [성민선 옮김. 《사람 만들기》. 홍익재. 1991].

Sauter, D. A., Eisner, F., Ekman, P., & Scott, S. K. (2010). "Cross-cultural recognition of basic emotions through emotional vocalizations," *Proceedings of the National Academy of Sciences,* 107, pp.2408~2412.

Sayre, S., & King, C. (2010). *Entertainment and society: Influences, impacts, and innovations* (2nd ed.). New York: Routledge, Taylor & Francis Group.

Schachter, S. (1959). *The Psychology of Affiliation*. Stanford, CA: Stanford University Press.

Schachter, S., & Singer, J. (1962). "Cognitive, social, and physiological determinants of emotional state," *Psychological Review,* 69, pp.379~399.

Schieferdecker, D. & Wessler, H. (2017). "Bridging segregation via media exposure? Ingroup identification, outgroup distance, and low direct contact reduce outgroup appearance in media repertoires," *Journal of Communication* 67, pp.993~1014.

Schlaug, G., Jäncke, L., Huang, Y., & Steinmetz, H. (1995). "In vivo evidence of structural brain assymmetry in musicians," *Science,* 267, pp.699~701.

Schlaug, G., Marchina, S. & Norton, A. (2008). "From singing to speaking: Why singing may lead to recovery of expressive language function in patients with Broca's aphasia," *Music Perception,* 25, pp.315~323.

Schulz, L. (2015). "Infants explore the unexpected: Infants are more likely to explore objects that behave in unexpected ways, such as passing through walls," *Science,* 348(6230), pp.42~43.

Schwab, F., & Schwender, C. (2011). "The descent of emotions in media," In K. Döveling, C. V. Scheve, & E. A. Konijn (Eds.), *The Routledge handbook of emotions and mass media* (Ch. 2, pp.15~36). New York: Routledge, Taylor & Francis Group.

Seligman, M. E. P. (1975). *Helplessness*. San Francisco: W. H. Freeman.

Seligman, M. E. P. (2011). *Flourish: Visionary new understanding of hapiness and well-being*. New York: Atria Books.

Seligman, M. E. P., & Cskiszentmihalyi, M. (2000). "Positive psychology: An introduction," *American Psychologist,* 55, pp.5~14.

Schieferdecker, D. & Wessler, H. (2017). "Bridging segregation via media exposure? Ingroup identification, outgroup distance, and low direct contact reduce outgroup appearance in media repertoires," *Journal of Communication* 67, pp.993~1014.

Schein, C., & Gray, K. (2015). "The eyes are the window to the uncanny valley: Mind perception, autism and missing souls," *Interaction Studies,* 16(2), pp.173~179.

Shin, W. G., Woo, C. W., Jung, W. H., Kim, H., Lee, T. Y., Decety, J., & Kwon, J. S. (2020). "The neurobehavioral mechanisms underlying attitudes toward people with mental or physical illness," *Frontiers in Behavioral Neuroscience*, 12 November 2020.

Shulman, G. L., Fiez, J. A., Corbetta, M., Buckner, R. L., Miezin, F. M., Raichle, M. E., & Petersen, S. E. (1997). "Common blood flow changes across visual tasks: II. Decreases in cerebral cortex," *Journal of Cognitive Neuroscience,* 9(5), pp.648~663.

Silver, K. (2016). "Plkemon Go leading to a 'population-level' surge in fitness tracker step counts," *The Washington Post* (July 15, 2016).

Singer, T., et al. (2004). "Empathy for pain involves the affective but not sensory components of pain," *Science,* 303, no. 5661, pp.1157~1162.

Smith, E. R. (1993). "Social identity and social emotions: Toward new conceptualizations of prejudice," In D. M. Mackie & D. L. Hamilton (Eds.), *Affect, cognition, and stereotyping: Interactive processes in group perception* (pp.297~315). San Diego, CA: Academic Press.

Smith, E. R., & Mackie, D. M. (2016). "Intergroup emotions," In L. F. Barrett, M. Lewis, & J. M. Haviland-Jones (Eds.), *Handbook of emotions* (4th ed.) (Ch. 23, pp.412~423). New York: The Guilford Press.

Smith, R. H. (2000). "Assimilative and contrastive emotional reactions to upward and downward social comparisions," In J. Suls & L. Wheeler (Eds.). *Handbook of Social Comparison* (pp.173~200). NY: Plenum.

Soriano, C., Fontaine, J. R. J., & Scherer, K. R. (2015). "Surprise in the GRID," *Review of Cognitive Linguistics,* 13(2), pp.436~460.

Steel, P. (2007). "The nature of procrastination: A meta-analytic and theoretical review of quintessential self-regulatory failure," *Psychological Bulletin,* 133(1), p.65.

Steel, P., & König, C. J. (2006). "Integrating theories of motivation," *Academy of Management Review,* 31(4), pp.889~913.

Stellar, J. E., Gordon, A. M., Piff, P. K., Cordaro, D., Anderson, C. L., Bai, Y., & Keltner, D. (2017). "Self-transcendent emotions and their social functions: Compassion, gratitude, and awe bind us to others through prosociality," *Emotion Review,* 9, pp.200~207.

Sternberg, E. J. (2016). *NeuroLogic.* [조성숙 옮김.《뇌가 지어낸 모든 세계: 상처 입은 뇌가 세상을 보는 법》. 다산북스. 2019].

Sutoo, D., & Akiyama, K. (2004). "Music improves dopaminergic neurotransmission: Demonstration based on the effect of music on blood pressure regulation," *Brain Research,* 1016(2), pp.255~262.

Tajfel, H. (1978). *Differentiation between social groups: Studies in the social psychology of intergroup relations*. London: Academic Press.

Tajfel, H., & Turner, J. (1986). "Social identity theory of intergroup behavior," In S. Worchel & W. G. Austin (Eds.), *Psychology of intergroup relations* (pp.7∼24). Chicago, IL: Nelson-Hall.

Takahashi, H., et al. (2009). "When your gain is my pain and your pain is my gain: Neural correlates of envy and schadenfreude," *Science*, 23(5916), pp.937∼939.

Tamir, D. I., & Mitchell, J. P. (2012). "Disclosing information about the self is intrinsically rewarding," *PNAS(Proceedings of the National Academy of Sciences)*, 109(21), pp.8038∼8043.

Tang, Y. Y. et al. (2012). 'Mechanisms of white matter changes induced by meditation,' *PNAS*, 109(26), pp.10570∼10574.

Taylor, S. H., Ledbetter, A. M., & Mazer, J. P. (2017). Initial specification and empirical test of media enjoyment theory. *Communication Research*, 1-26. Online-first (Sage), DOI: 10.1177/0093650217741029.

Thaut, M. H. (2005). *Rhythm, music, and the brain*. London: Taylor & Francis. [차영아 옮김.《리듬, 음악, 그리고 뇌: 과학적 근거와 임상 적용》. 학지사. 2009].

Thompson, T. L., Dorsey, A. M., Miller, K. I., & Parrott, R. (2003). *Handbook of health communication. Lawrence Erlbaum Associates*. [이병관 · 백혜진 옮김.《헬스커뮤니케이션》. 커뮤니케이션북스. 2010].

Tian, Y., & Yoo, J. H. (2015). "Connecting with The Biggest Loser: An extended model of parasocial interaction and identification in health-related reality TV shows," *Health Communication*, 30, pp.1∼7.

Tomkins, S. S. (1963). *Affect, imagery, and consciousness:* Vol. 2. *The negative affects*. New York: Tavistock/Routledge.

Turkle, S. (2011). *Alone together: Why we expect more from technology and less from each other*. New York: Basic Books. [이은주 옮김.《외로워지는 사람들: 테크놀로지가 인간관계를 조정한다》. 청림출판. 2012]

Turner, J. C., Hogg, M. A., Oakes, P. J., Reicher, S. D., & Wetherell, M. S. (1987). *Rediscovering the social group: A self-categorization theory*. Oxford, UK: Blackwell.

Turner, M. M. (2011). "Emotion in persuasion and risk communication," In Doveling, K., von Scheve, C., & Konijn, E. A. (Eds.), *The Routledge handbook of emotions and mass media* (Ch. 14, pp.237∼258). New York: Routledge.

Tybur, J. M., & de Vries, R. E. (2013). "Disgust sensivity and the HEXACO model of personality,"

Personality and Individual Differences, 55(6), pp.660~665.

Vaillant, G. E. (2000). "Adaptive mental mechanisms: Their role in a positive psychology," American Psychologist, 55(1), pp.89~98.

Wann, D. & Branscombe, N. R. (1990). "Die-hard and fair-weaher fans: Effects of identification on BIRGing and CORFing tendencies," Journal of Sport & Social Issues, 14(2), pp.103~117.

Watson, J. B. (1913). "Psychology as the behaviorist views it," Psychological Review, 20, pp.158~177.

Webb, C. A., & Pizzagalli, D. A. (2016). "Sadness and depression," In L. F. Barrett, M. Lewis, & J. M. Haviland-Jones (Eds.), Handbook of emotions (4th ed.) (Ch. 49, pp.859~870). New York: The Guilford Press.

Weber, R., Huskey, R., Mangus, M., Westcott-Baker, A., & Turner, B. O. (2015). "Neural predictors of message effectiveness during counterarguing in antidrug campaigns," Communication Monographs, 82(1), pp.4~30.

Weber, R., Mangus, J. M., & Huskey, R. (2015). "Brain imaging in communication research: A practical guide to understanding and evaluating fMRI studies," Communication Methods and Measures, 9, pp.5~29.

Wenger, M. A., Jones, F. N., & Jones, M. H. (1956). Physiological psychology. New York: Holt Rinehart Winston.

Wetherell, M. (2012). Affect and emotion: A new social science understanding. Thousand Oaks, CA: Sage Publications.

Whitall, J., McCombe, W. S., Silver, K. H., et al. (2000). "Repetitive bilateral arm training with rhythmic auditory cueing improves motor function in chronic hemiparetic stroke," Stroke, 31, pp.2390~2395.

Williams, K. D., Cheung, C. K. T., & Choi, W. (2000). "Cyberostracism: Effects of being ignored over the internet," Journal of Personality and Social Psychology, 79(5), pp.748~762.

Wilson, T. D., Centerbar, D. B., Gilbert, D. T., & Kermer, D. A. (2005). "The pleasures of uncertainty: Prolonging positive moods in ways people do not anticipate," Journal of Personality and Social Psychology, 88(1), pp.5~21.

Wilson, W. R. (1979). "Feeling more than we can know: Exposure effects without learning," Journal of Personality and Social Psychology, 37, pp.811~821.

Wilson-Mendenhall, C. D., Barrett, L. F., Simmons, W. K., & Barsalou, L. W. (2011). "Grounding emotion in situated conceptualization," Neuropsychologia, 49, pp.1105~1127.

World Transhumanist Association (2002). The Transhumanist Declaration. Archived from the original on September 10, 2006.

Xia, M., Wang, J., & He, Y. (2013). BrainNet viewer: A network visualization tool for human brain connectomics. PLoS One, 8, e68910.

Yeo, E. H., & Park, K. W. (2005). "Priming of humorous violence on viewers' aggression," *Korean Journal of Broadcasting and Telecommunication Studies,* 19, pp.49~65.

Yik, M., Russell, J. A., & Steiger, J. H. (2011). "A 12-point circumplex structure of core affect," *Emotion,* 11(4), pp.705~731.

Zajonc, R. B. (1980). "Feeling and thinking: Preferences need no inferences," *American Psychologist,* 35, pp.151~175.

Zaki, J., & Ochsner, K. (2016). "Empathy," In L. F. Barrett, M. Lewis, & J. M. Haviland-Jones (Eds.), *Handbook of emotions* (4th ed.) (Ch. 50, pp.871~884). New York: The Guilford Press.

Zeigarnik, B. (1927). Über das Behalten von erledigten und unerledigten Handlungen. *Psychologische Forschung,* 1927.

Zevon, M. A., & Tellegen, A. (1982). "The structure of mood change: An idiographic/nomothetic analysis," *Journal of Personality and Social Psychology,* 43, pp.111~122.

Zillmann, D. (1971). "Excitation transfer in communication-mediated aggressive behavior," *Journal of Experimental Social Psychology,* 7, pp.419~434.

Zillmann, D. (1991a). "Empathy: Affect from bearing witness to the emotions of others," In J. Bryant & D. Zillmann (Eds.), *Responding to the screen: Reception and reaction processes* (pp.135~167). Hillsdale, NJ: Lawrence Erlbaum Associates.

Zillmann, D. (1991b). "The logic of suspense and mystery," In Bryant, J., & Zillmann, D. (Eds.), *Responding to the screen: Reception ad reaction processes* (Ch. 12, pp.281~303). Hillsdale, NJ: Lawrence Erlbaum Associates.

Zillmann, D., & Bryant, J. (1991). "Responding to comedy: The sense and nonsense in humor," In J. Bryant & D. Zillmann (Eds.), *Responding to the screen: Reception and reaction processes* (pp.261~279). Hillsdale, NJ: Lawrence Erlbaum Associates.

Zillmann, D., Hezel, R. T., & Medoff, N. J. (1980). "The effect of affective states on selective exposure to televised entertainment fare," *Journal of Applied Social Psychology,* 10, pp.323~339.

찾아보기